LA BIBBIA AVEVA RAGIONE

WERNER KELLER

LA BIBBIA
AVEVA RAGIONE

PREFAZIONE DI GIUSEPPE RICCIOTTI

76 illustrazioni nel testo e 56 fuori testo

GARZANTI

Traduzione dal tedesco di *Guido Gentilli*

Titolo originale dell'opera:

UND DIE BIBEL HAT DOCH RECHT

Prima edizione: dicembre 1956

NIHIL OBSTAT
Mediolani, 27-XI-1956
Sac. Jos. Arienti, c. e.

IMPRIMATUR
In Curia Arch. Mediolani,
die 27-XI-1956
† J. Schiavini, Vic. Gen.

Milano - Officine Grafiche Aldo Garzanti Editore - 1956

« *La più bella felicità dell'uomo pensante è di aver indagato l'indagabile e di venerare serenamente il non indagabile.* »

GOETHE
Naturwissenschaftliche Schriften

PREFAZIONE

A i suoi tempi il Voltaire poteva fare ragionamenti di questo genere: La Bibbia dice che Mosè avrebbe scritto i primi libri in essa inclusi e che trattano dei periodi più antichi della storia umana. Può darsi una fandonia più grossa di questa? Ai tempi di Mosè la scrittura nemmeno esisteva, perchè fu inventata molto più tardi!

Oggi un ragionamento di tal genere non sarebbe ripetuto da nessuno, neppure dal Voltaire: quindi l'accusa di aver detto una fandonia non va contro la Bibbia, ma contro chi ha lanciato quell'accusa. Del resto basti ricordare quello che diceva, non già un credente, ma il Renan, il quale giudicò che l'intervento del Voltaire nel campo degli studi storici era stato più esiziale di una invasione di vandali.

Ai tempi di Mosè non esisteva la scrittura? Non solo esisteva e sotto varie forme, ma esistevano moltissimi documenti storici, giuridici, mitici, religiosi e d'altri generi che sono giunti fino a noi, e che noi possiamo benissimo inquadrare sullo sfondo storico dei rispettivi tempi. Di questi documenti incisi su cocci, i babilonesi e gli assiri ci hanno tramandato intere biblioteche, e quasi ogni anno altre scoperte, in altre regioni e di materiale diverso, vengono ad accrescere questo prezioso patrimonio vecchio di millenni. Grazie a questi documenti, noi oggi possiamo scrutare abbastanza minutamente la vita culturale e religiosa dei popoli che fiorirono nell'Asia Anteriore, risalendo fino circa a 35 secoli avanti Cristo — ossia a 55 secoli prima di noi —, mentre Mosè comparirà nella storia circa 23 secoli più tardi, e vi comparirà precisamente come parziale erede di quelle antichissime civiltà.

Abramo, il capostipite degli ebrei, era babilonese di nascita e di cultura: Mosè, il legislatore degli ebrei, era egiziano di nascita e di cultura; non farà quindi meraviglia che da Babilonia e dall'Egitto dipendano molte istituzioni degli ebrei, giacchè in mezzo a quei due popoli di civiltà millenarie e sviluppatissime si formò la nazione ebraica, come un bambino in mezzo a due giganti. Il Voltaire ai suoi tempi non poteva sapere queste cose, e in ciò non aveva colpa: ma l'ebbe quando, ipotecando l'avvenire, volle distinguere il possibile dall'impossibile, definendo fandonia quella che era semplice verità.

In confronto con gli antichi lettori della Bibbia — supponiamo di mille e più anni addietro — noi oggi siamo in condizioni incomparabilmente superiori. Quegli antichi erano sforniti di moltissimi mezzi per penetrare nel senso storico dei racconti biblici; le stesse lingue originali, ebraica e greca, in cui è scritta la Bibbia, erano ignote a loro. In Occidente, dopo san Girolamo e fino al secolo XVI, fu cosa eccezionalissima la conoscenza dell'ebraico e assai rara quella del greco; anche sotto l'aspetto geografico, si sapeva ciò che avevano narrato gli antichi, ma la conoscenza diretta dei luoghi era cessata quasi del tutto dopo l'espansione dell'Islam. Quanto a fonti storiche estranee alla Bibbia stessa, servivano solo gli scritti di Flavio Giuseppe, tradotti male dal greco in latino; ma Flavio Giuseppe a sua volta si riversa quasi esclusivamente nella Bibbia. Altri documenti che formano la nostra inesausta miniera — iscrizioni, papiri, ecc. — stavano ricoperti sotto terra o erano inutili per altre ragioni.

La decifrazione delle varie scritture antiche dell'Asia Anteriore e dell'Egitto, e il conseguente impiego storico di quegli antichi documenti, ha aperto agli studiosi un orizzonte sconfinato che include la storia, oltrechè degli ebrei e della Bibbia, anche di altri popoli che furono in relazione con gli ebrei e che sono menzionati nella Bibbia. Con l'apporto di questo materiale si sono potute integrare o schiarire molte notizie contenute nella Bibbia, rettificare false interpretazioni ch'erano dominanti nel passato, proporre congetture e sintesi storiche che prima erano impossibili; è avvenuto, insomma, come quando si dissotterra un'antica statua originale ma mutilata, di cui sono conservati altrove vari frammenti o anche copie intere più recenti.

Ma nel caso nostro, il fervore della ricerca e della ricostruzione, unito con un'esperienza ancora incipiente, ha provocato spesso voli di fantasia con cui si è preteso far dire ai documenti riesumati cose che non dicono affatto. Spesso si è andati avanti troppo in fretta, e poichè la sterminata messe di documenti ricuperati è in *continuo accrescimento, ciò che ieri sembrava definitivo è richiamato in dubbio da una scoperta di oggi. Queste vicende, se rendono ancora impossibile una ricostruzione totale e definitiva, hanno certamente acquisito alla vera scienza molti punti fermi, e in genere hanno insegnato molta prudenza invitando genericamente a riavvicinarsi ad antiche posizioni. Il monito di Giuseppe Verdi riguardo alla musica:* Torniamo all'antico, e sarà un progresso, *vale anche per altri campi, compreso lo studio della Bibbia.*

Del resto l'archeologia della Bibbia s'intreccia ed è parallela a quella degli altri popoli antichi, e anche qui troviamo esempi che sono di grande ammaestramento. Ci fu un tempo in cui fra gli storici invalse l'abitudine di trattare con sfiducia e prevenzione ostile le notizie trasmesse dagli antichi. Erano tradizioni contenute nei poemi omerici? Venivano giudicate ammasso di leggende inventate o elaborate da rapsodi popolari, sprovviste quasi d'ogni fondamento nella realtà. Erano notizie trasmesse da antichi storici riguardo alle origini di Roma? Erano invenzioni interessate che dovevano respingersi in blocco, perchè create sotto la preoccupazione pro aris et focis. *Senonchè venne lo Schliemann, e guidato dai poemi omerici come da una guida turistica, riportò alla luce tale quale l'antica storica Troia; quanto a Roma, nella zona più antica del Foro, rivide la luce il* Lapis niger, *quasi per mostrare che le antiche notizie sulla Roma primitiva non erano proprio tutte campate in aria, come vari studiosi anche degnissimi andavano allora dicendo.*

Curiosa e istruttiva è l'osservazione che gli studiosi più ostili verso gli antichi dati sono, di solito, gli studiosi da biblioteca che si lasciano guidare da teorie aprioristiche, ma hanno ben poca o nessuna familiarità con l'esplorazione geografica e archeologica dei luoghi. Sono note certe fantastiche e demolitrici teorie del Loisy, crollate solo pochi anni dopo la loro comparsa. Al contrario, i viaggiatori che hanno perlustrato lungamente i posti, e specialmente gli archeologi che vi hanno eseguito scavi, sono oggi assai guardinghi nel respingere una tradizione e relegarla nel campo delle leggende. Anche qui, per citare un solo esempio, W. F. Albright, che è stato un veterano investigatore di luoghi biblici, ha condensato in un libretto (The Archaeology of Palestine, 1949) *le conclusioni dei suoi scavi, e sono conclusioni che schiariscono e precisano la narrazione della Bibbia ma non la respingono.*

La storiografia scientifica mira in genere a rintracciare i principî generali e le direttrici costanti secondo cui procedono i fatti storici. Ma, per arrivare a questa meta, bisogna seguire un lungo cammino facendo la faticosa carovana della documentazione, la quale deve servire da base a quei principî; se manca questa base, tutto potrà crollare, e una semplice iscrizione o altro documento venuto alla luce in uno scavo archeologico recente può annientare quanto era stato costruito in precedenza sovrapponendo una sull'altra soltanto ipotesi o affermazioni gratuite.

Alcuni anni addietro io stavo preparando uno studio su un certo episodio della storia ebraica antica. Nelle biblioteche europee avevo letto tutte le relazioni che si riferivano a quell'argomento, e potevo affermare in coscienza di aver ascoltato tutte le voci degli studiosi che se ne erano occupati. Ciò nonostante non mi sentivo tranquillo, perchè non avevo ascoltato la voce più autorevole di tutte le altre, cioè la voce del luogo dove era avvenuto l'episodio: per ascoltare questa « somma voce », avrei dovuto fare un'ispezione almeno rapida sul luogo e raccogliere i dati di fatto ivi reperibili. Nel frattempo avevo anche steso il racconto dell'episodio, ma ne ero diffidente e lo consideravo come un racconto ipotetico, un'informazione provvisoria, in attesa che un'occasione propizia mi permettesse l'esame diretto del luogo. L'occasione venne presto e, accompagnato da alcuni operai, potei fare l'esame topografico e archeologico del posto (un luogo solitario, e anche infestato da predoni, presso la riva orientale del Mar Morto). Pochi giorni di scavo mi bastarono, perchè bastarono a smentire il racconto che avevo già scritto: era un racconto sbagliato, che doveva essere cambiato in misura del settanta per cento. La ragione semplicissima era che le relazioni da me lette in Europa sull'argomento erano male informate: nessuno dei loro autori si era trasferito sul posto, e nessuno era andato ad ascoltare la « somma voce » del luogo. Si ingigantisca questo modesto caso e lo si moltiplichi per una cifra altissima, e si otterrà un indice approssimativo di quanto è avvenuto e avviene nel campo degli studi sulla Bibbia.

Il presente libro è un tentativo di riassumere i principali risultati ottenuti da più d'un secolo in questo campo. È superfluo dire che questo tentativo non pretende nè potrebbe pretendere di essere definitivo e completo; ma un eccellente istradamento è senza dubbio. Appare subito che non è un libro destinato a specialisti, già addestrati in questi studi. Mi sembra invece opportuno segnalare un fatto che vi si ritrova, cioè la grafia dei nomi propri di persone o di luoghi. Il libro è tradotto dal tedesco, ma a sua volta il tedesco dipende per quei nomi da testi ebraici o greci o latini, a seconda che i nomi sono stati tratti dai testi biblici originali o da antiche versioni, specialmente da quella latina della Vulgata, che è ufficiale per i cattolici romani d'Europa e d'America.

Mi sembra poter prevedere che il libro renderà eccellenti servigi alle persone colte che, senza essere specialiste in materia, s'interessano a questo particolarissimo campo di scienze storiche. Altrettanto è avvenuto nei paesi di lingua tedesca, sebbene là abbondino pubblicazioni di questo genere. In Italia, invece, tali pubblicazioni sono assai scarse.

GIUSEPPE RICCIOTTI

PREMESSA DELL'AUTORE

U N libro sulla Bibbia scritto da persona che non sia un teologo
è un fatto così insolito che a buon diritto si può esigere
dall'autore una spiegazione sui motivi che l'hanno indotto
a impadronirsi di tale materia.

Nella mia attività di pubblicista, ho dedicato da molti anni ogni
mio interesse ai risultati della scienza e dell'indagine dell'epoca
moderna. Nel 1950, mentre attendevo al mio consueto lavoro, mi ca-
pitarono tra le mani i rapporti della spedizione dell'archeologo francese prof. Parrot e del suo connazionale prof. Schaeffer sugli scavi
di Mari e di Ugarit. Le tavole in caratteri cuneiformi, ritrovate a
Mari nel corso medio dell'Eufrate, contenevano nomi biblici in forza dei quali i racconti dei patriarchi, ritenuti fino allora « pie leggende », venivano sospinti d'un tratto in epoca storica. A Ugarit, sul
Mediterraneo, erano venute alla luce per la prima volta le testimonianze del culto cananeo di Baal. Il caso volle che, nello stesso anno,
in una caverna presso il Mar Morto, si scoprisse un rotolo profetico
del libro di Isaia, al quale venne attribuita una data precristiana.
Queste notizie, che mi sia lecito chiamare sensazionali data l'importanza culturale delle scoperte, suscitarono in me il desiderio di occu-
parmi più a fondo dell'archeologia biblica, il più recente eppur così
poco conosciuto campo d'indagine dell'antichità. Mi misi a cercare
fra le opere pubblicate in Germania e in altri paesi un'esposizione
chiara e succinta, e al tempo stesso intelligibile a tutti, dei risultati
delle indagini finora conseguiti; ma non ne trovai alcuna, per la

semplice ragione che non esiste. Andai allora io stesso in traccia delle fonti e — validamente aiutato da mia moglie in un lavoro da vero detective — raccolsi nelle biblioteche di molti paesi i dati di sicuro valore scientifico contenuti nelle opere di archeologia biblica. E sempre maggiore diventava la mia emozione, man mano che approfondivo l'argomento.

La porta di accesso al mondo storico dell'Antico Testamento fu aperta nel 1843 dal francese Paul-Émile Botta. Effettuando degli scavi in Mesopotamia, a Khorsabad, egli si trovò tutt'a un tratto dinanzi ai rilievi di Sargon II, quel re degli assiri che aveva spopolato il regno d'Israele deportandone la popolazione in lunghe colonne. Le relazioni delle campagne di questo sovrano trattano della conquista di Samaria, narrata anche nella Bibbia.

Da un secolo studiosi americani, inglesi, francesi e tedeschi scavano nell'Oriente Anteriore, in Mesopotamia, Palestina ed Egitto. Le grandi nazioni hanno fondato istituti e scuole speciali per queste opere di scavo: nel 1869 fu creato il Palestine Exploration Fund; nel 1892 l'École Biblique dei Domenicani di Saint-Étienne; seguirono nel 1898 la Deutsche Orientgesellschaft, nel 1900 le American Schools of Oriental Research e nel 1901 il Deutsche Evangelische Institut für Altertumskunde.

In Palestina vengono riportati alla luce luoghi e città spesso menzionati nella Bibbia. Il loro aspetto e la loro ubicazione sono esattamente quelli descritti dalla Bibbia. Nelle antichissime iscrizioni e costruzioni sempre più frequenti sono gli incontri con personalità dell'Antico e del Nuovo Testamento. I rilievi di quell'epoca rivelano le immagini di popoli che conoscevamo soltanto per nome. Le loro fisionomie, i loro indumenti, le loro armi prendono ora forma agli occhi della posterità. Statue e figure gigantesche ci mostrano gli ittiti dal grosso naso, gli slanciati e alti filistei, gli eleganti principi cananei coi « ferrei cocchi », tanto temuti da Israele, i re di Mari, contemporanei di Abramo, col loro placido sorriso. Attraverso i millenni, i re assiri nulla hanno perduto del loro cipiglio feroce: Tiglath-Pileser III, noto nell'Antico Testamento col nome di Ful; Sanherib, che distrusse Lachis e assediò Gerusalemme; Asarhaddon, che fece incatenare il re Manasse, e Assurbanipal, il « grande e famoso Asnafar » del libro di Esdra.

Al pari di Ninive e Nimrud — l'antica Cale —, al pari di Assur e di Tebe, che i profeti chiamavano No-Amon, gli esploratori risvegliarono dal sonno dell'antichità la famigerata Babele della Bibbia con la sua torre leggendaria. Gli archeologi trovarono nel

*delta del Nilo le città di Fitom e Ramesse, nelle quali Israele espli-
cava l'odioso servizio tributario; riportarono alla luce gli strati degli
incendi e delle distruzioni che accompagnarono i figli d'Israele nella
conquista di Canaan, e a Gibea la rocca di Saul entro le cui mura
il giovane Davide cantò per lui con la sua lira; a Mageddo s'imbatterono in una gigantesca scuderia del re Salomone, che conteneva 12.000 cavalieri.*

*Dal mondo del Nuovo Testamento risorsero le imponenti co-
struzioni del re Erode; nel cuore dell'antica Gerusalemme si trovò
il pavimento elevato di pietra, il « litostroto », menzionato dall'evangelista Giovanni, sul quale Gesù stette dinanzi a Pilato; gli assiriologi
decifrarono su tavole astronomiche babilonesi gli esatti dati d'osservazione della « stella di Betlemme ».*

*Queste scoperte, così sorprendenti nella loro profusione, segnano
una svolta nello studio della Bibbia. Avvenimenti già considerati
in gran parte « pie leggende » assurgono a dignità storica. Molto
spesso i risultati delle esplorazioni concordano fin nei particolari con
le relazioni bibliche. Non soltanto « confermano », ma anche illuminano le situazioni storiche che sono alla base dell'Antico Testamento e dei Vangeli. Risaltano così le vicende e le sorti del popolo
d'Israele, sia nel colorito dell'epoca, in uno scenario vivo e pittoresco,
sia nei contrasti e nei conflitti politici, culturali ed economici degli
stati e dei grandi regni del paese dei due fiumi e del Nilo, alla
cui influenza gli abitanti della stretta regione intermedia, la Palestina, non poterono mai sottrarsi interamente per oltre due millenni.*

*Da molto tempo la Bibbia è considerata esclusivamente come
la storia della salvazione, il pegno della fede per i cristiani di tutto
il mondo. Essa, invece, è anche un libro di fatti realmente avvenuti.
Sotto questo aspetto difetta invero di completezza, in quanto il
popolo ebreo scrisse la sua storia soltanto con riferimento a Geova,
la storia, cioè, della propria colpa ed espiazione. Ciò nondimeno
questi avvenimenti sono storicamente autentici e furono annotati con
precisione addirittura sbalorditiva.*

*Grazie alle indagini archeologiche, non pochi passi biblici si
possono oggi comprendere meglio che nel passato. Esistono invero
correnti teologiche per le quali conta soltanto la parola. « Ma come
si deve intendere la parola, » domanda il celebre archeologo francese professor André Parrot, « se non la s'inquadra nella sua precisa
cornice cronologica, storica e geografica? »*

La conoscenza di queste straordinarie scoperte era rimasta cir-

coscritta solo a una piccola cerchia di esperti. Cinquant'anni or sono il prof. Friedrich Delitzsch a Berlino si chiedeva: « Perchè affannarsi tanto in quelle lontane, inospitali e pericolose contrade? Perchè questo costoso frugare in macerie millenarie, scavando fino all'acqua sotterranea, in luoghi dove non v'è da trovare nè oro nè argento? Perchè questa lotta fra le nazioni per contendersi queste squallide colline da destinare agli scavi? » L'erudito tedesco Gustav Dalman gli diede a Gerusalemme la giusta risposta, esprimendo la speranza che un giorno tutto ciò che nelle esplorazioni « fu rivissuto e contemplato venga poi utilizzato e reso fecondo in lavori scientifici, nonchè praticamente nella scuola e nella Chiesa ». Proprio questo però non avvenne.

Non esiste nella storia dell'umanità un altro libro che abbia esercitato una così profonda e decisiva influenza nello sviluppo di tutto il mondo occidentale e che abbia avuto una così vasta diffusione come il « Libro dei libri », la Bibbia. Tradotta in 1120 lingue e dialetti, oggi, dopo due millenni, essa non dà alcun segno di stanchezza nel suo prodigioso cammino.

Durante la raccolta e l'elaborazione del materiale, che non pretendo affatto sia completo, mi venne l'idea che fosse ormai tempo di rendere partecipi sia i lettori della Bibbia che i suoi detrattori, sia i credenti che gli scettici, delle emozionanti scoperte effettuate dalle diverse discipline scientifiche. E dinanzi all'enorme abbondanza di risultati autentici e sicuri, sempre più si approfondì in me, considerando la critica dubbiosa che dal secolo dell'illuminismo ad oggi vorrebbe demolire la Bibbia, il convincimento espresso in queste semplici parole: eppure la Bibbia aveva ragione!

WERNER KELLER

Amburgo, settembre 1955.

Tutte le citazioni dei passi e dei nomi biblici sono state conformate, nella versione italiana, al testo de *La Sacra Bibbia* a cura di Giuseppe Ricciotti, ed. Salani, salvo poche eccezioni in cui si è fatto espresso riferimento alla versione di Giovanni Diodati.

I nomi di località e personaggi egiziani, assiri e babilonesi seguono la grafia del prof. Ranuccio Bianchi Bandinelli.

DALL'ANTICO TESTAMENTO

I

QUANDO GIUNSERO I PATRIARCHI...

Da Abramo a Giacobbe

1 - Nella « Fertile Mezzaluna »

Quattromila anni or sono — Continenti dormienti — La grande culla della nostra civiltà — Alte civiltà nell'antico Oriente — Torri a gradini e piramidi — Piantagioni gigantesche lungo canali artificiali — Attacco di tribù arabe del deserto.

SE si traccia una linea dall'Egitto al Golfo Persico, tagliando sul Mediterraneo la Palestina e la Siria e scendendo poi lungo il Tigri e l'Eufrate attraverso la Mesopotamia, risulta una perfetta mezzaluna.

Or sono 4000 anni quel poderoso semicerchio intorno al deserto dell'Arabia, chiamato « Fertile Mezzaluna », comprendeva, come le perle di una splendida collana, una moltitudine di culture e civiltà. Da esse s'irradiò chiara luce sul consorzio umano. Fu il centro della civiltà dall'età della pietra all'età d'oro della cultura greco-romana.

Allontanando lo sguardo dalla « Fertile Mezzaluna », intorno al 2000 a. C. l'oscurità si fa sempre più fitta e meno frequenti appaiono i segni d'una vita civile e culturale. Sembra quasi che i popoli degli altri continenti siano ancora addormentati come bimbi prossimi a svegliarsi. Sul Mediterraneo orientale un bagliore già splende: a Creta fiorisce il regno dei re di Minoa, fondatori della prima potenza navale storicamente conosciuta. Già da 1000 anni la rocca di Micene protegge i suoi abitanti, e una seconda Troia si erge da lungo tempo sulle rovine della prima. Nei vicini Balcani, invece, è appena iniziata la prima età del bronzo. In Sardegna e nella Francia occidentale i morti vengono tumulati in sepolcri fatti di grossi massi di pietra: questi monumenti megalitici sono l'ultima grande manifestazione dell'età della pietra.

In Britannia viene costruito il più celebre santuario dell'epoca megalitica — il tempio del sole, di Stonehenge —, il cui gigantesco cerchio di pietre presso Salisbury è ancor oggi una curiosità avvolta in un alone di leggenda. In Germania si usano aratri di legno per lavorare la terra.

Ai piedi dell'Himalaia, si spegne palpitando sulla valle dell'Indo la solitaria luce di un'isola di civiltà. Sulla Cina, sulle vaste steppe della Russia, sull'Africa, regna la tenebra. E dall'altra parte dell'Atlantico, un fioco barlume crepuscolare emana il continente americano.

Nella « Fertile Mezzaluna » e in Egitto esiste invece, in pittoresca promiscuità, una sconcertante moltitudine di culture e di civiltà altamente sviluppate. Da mille anni i faraoni siedono sul loro trono. Intorno al 2000 a. C. esso è occupato da Amenemhet I, il fondatore della XII dinastia. La sua sfera d'influenza si estende dalla Nubia, a sud della seconda cateratta del Nilo, attraverso la penisola del Sinai fino a Canaan e alla Siria: un territorio grande come la Norvegia. Lungo la costa del Mediterraneo fioriscono le ricche città marittime dei fenici. Nell'Asia Minore, nel cuore dell'odierna Turchia, sta per sorgere il potente regno degli antichi ittiti. Nel paese dei due fiumi, tra il Tigri e l'Eufrate, governano i *re di Sumer e Acad*. Loro tributari sono i regni minori sparsi dal Golfo Persico alle sorgenti dell'Eufrate.

Le imponenti piramidi dell'Egitto, le poderose torri a gradini della Mesopotamia conobbero il fluire dei secoli. Da due millenni fattorie e piantagioni, estese quanto le nostre grandi aziende agricole, producono cereali, legumi e frutta squisite nelle valli, irrigate artificialmente, del Nilo, del Tigri e dell'Eufrate. Dappertutto nella « Fertile Mezzaluna » e nel regno dei faraoni è in uso l'arte dello scrivere in caratteri cuneiformi e in geroglifici. La usano poeti, funzionari della corte e del governo; per il commercio è da tempo divenuta indispensabile. L'attivo scambio di merci praticato da grandi importatori ed esportatori del paese dei due fiumi e dell'Egitto per strade carovaniere e vie di navigazione, dal Golfo Persico alla Siria e all'Asia Minore, dal Nilo, via mare, a Cipro e a Creta, salendo fino al Mar Nero, si riflette nella corrispondenza commerciale scritta su tavolette di terracotta e su papiri. Fra le molte merci preziose, le più richieste sono

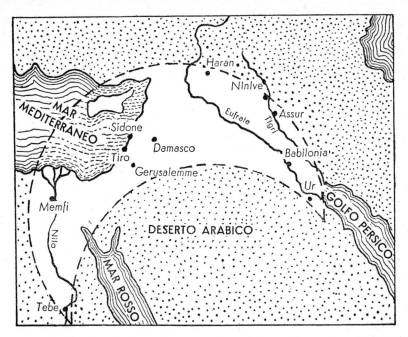

Fig. 1 - La « Fertile Mezzaluna » e l'Egitto, il maggior centro di civiltà della terra verso il 2000 a. C.

il rame delle miniere egiziane delle montagne del Sinai, l'argento delle miniere del Tauro in Asia Minore, l'oro e l'avorio della Somalia, in Africa orientale, e della Nubia, sul Corso del Nilo, la porpora delle città fenicie sulla costa di Canaan, l'incenso e le spezie rare dell'Arabia meridionale, i magnifici lini delle tessiture egiziane e gli stupendi vasi dell'isola di Creta.

La poesia e la scienza sono in piena fioritura. In Egitto nascono la prima letteratura amena e la prima poesia profana. Il paese dei due fiumi vive già il suo rinascimento. I filologi di Accad, il grande regno del basso Eufrate, compilano la prima grammatica e il primo dizionario bilingue. La leggenda di Gilgamesh e le leggende degli antichi sumeri sulla creazione e sul diluvio universale diventano in accadico — la lingua del mondo d'allora — poemi altamente drammatici. I medici egiziani producono i loro medicamenti da sperimentate piante officinali applicando dei ricettari; i chirurghi discutono tra loro di cognizioni anatomiche. Nel paese del Nilo, i matematici giungono per via empirica a quei calcoli sui lati del triangolo dai quali millecinquecento anni più tardi il greco Pitagora dedurrà il teorema che porta il suo nome. Gl'ingegneri del paese dei due fiumi risolvono su base pratica il problema del calcolo del quadrato. E gli astronomi, benchè esclusivamente a servizio dell'astrologia, calcolano, basandosi su osservazioni esatte, le orbite dei pianeti!

Profonda pace e grande benessere deve aver goduto questo mondo presso il Nilo, l'Eufrate e il Tigri, dato che finora non si è trovata alcuna iscrizione di quell'epoca che dia notizia di grandi fatti bellici.

Ma dal cuore di questa potente « Fertile Mezzaluna », dall'abbagliante e sterile immensità del deserto arabo, laddove questo è bagnato dalle acque dell'Oceano Indiano, si spinse verso quell'epoca con poderosi balzi a nord e a nord-ovest, sino alla Mesopotamia, alla Siria e alla Palestina, una fiumana di popoli e di tribù formate di nomadi semiti. In ondate incessanti gli amorrei — nome che significa « occidentali » — irruppero sui regni della « Fertile Mezzaluna ».

Il regno dei *re di Sumer e Acad* nel 1960 a. C. crollò sotto i loro accaniti attacchi. Gli amorrei fondarono una serie di stati e di dinastie. Una di queste doveva alla fine conquistare il predominio: la I dinastia di Babilonia, il grande potentato che regnò dal 1830 al 1530 a. C. Il suo sesto re fu il celebre Hammurabi.

A una di quelle tribù di nomadi semiti era frattanto riservata una missione decisiva per il destino di milioni e milioni di uomini di tutto il mondo fino ai nostri giorni. Non era che un piccolo gruppo, forse soltanto una famiglia, sconosciuta e di poco conto come un granello di sabbia nella tempesta del deserto: la famiglia di *Abramo, il capostipite dei patriarchi*!

2 - L'« Ur della Caldea » della Bibbia

*Una stazione sulla via di Bagdad — Torre a gradini di mattoni
— Rovine con nomi biblici — Gli archeologi cercano i luoghi
delle Sacre Scritture — Un console col piccone — L'archeologo
sul trono di Babilonia — Spedizione al Tell al Muqayyar —
Libri di storia escono dalle macerie — Quietanze d'imposte su
argilla — Era Abramo cittadino di una metropoli cosmopolita?*

TARE ADUNQUE PRESE ABRAMO SUO FIGLIO, E LOT FIGLIO DEL
FIGLIO SUO ARAN, E SARAI SUA NUORA MOGLIE DEL FIGLIO SUO
ABRAMO, E LI CONDUSSE FUORI DI UR DELLA CALDEA (Genesi, 11, 31).

...e li condusse fuori di Ur della Caldea: così suonano le parole
bibliche all'orecchio dei cristiani, da quasi duemila anni. Ur, nome
misterioso e leggendario come i molti nomi di re e generali, di potenti
regni, di templi e di palazzi carichi d'oro di cui parla la Bibbia. Nessuno sapeva dove si trovasse Ur. Il nome di Caldea alludeva sicuramente alla Mesopotamia. Trent'anni fa nessuno poteva sospettare che
la ricerca della biblica Ur avrebbe portato alla scoperta di una civiltà
che si addentra nel crepuscolo dei tempi preistorici più ancora delle
più antiche testimonianze dell'umanità offerte dall'Egitto.

Ur è oggi una stazione ferroviaria situata a 190 chilometri a nord
di Basra presso il Golfo Persico, una delle molte della famosa ferrovia di Bagdad. Il treno, secondo l'orario, vi fa una breve sosta
al primo albeggiare. Quando riprende la corsa verso il nord e non si
ode più il cigolio delle ruote, il viaggiatore che ne è disceso si trova
avvolto nel silenzio del deserto.

Il suo sguardo si perde su monotone e infinite distese di sabbia
d'un color giallo bruno. È come se egli stesse in mezzo a un piatto
gigantesco solcato solo dai binari della ferrovia. Un solo punto rompe
l'uniformità dell'abbagliante desolata distesa: sotto i raggi del sole

nascente, risplende un rosso poderoso moncone. Sembra quasi che
un titano vi abbia intagliato profonde tacche.

Ai beduini è molto familiare questo solitario birillo, nelle cui fes-
sure, in alto, s'annidano le civette. Lo conoscono da tempo immemorabile e lo chiamano Tell al Muqayyar, il « monte dei gradini ».
Ai suoi piedi i loro antenati piantarono le tende. E pure da tempo
immemorabile esso offre un accogliente riparo dalle tempeste di
sabbia. Anche oggi i pastori vi sostano con le loro greggi, quando
la stagione delle piogge fa germogliare l'erba come per incanto.

Una volta — quattromila anni fa — qui ondeggiavano immensi
campi di grano e di orzo e si stendevano a perdita d'occhio colture
di ortaggi, boschi di palme dattilifere e di fichi: coltivazioni estesis-
sime paragonabili alle attuali aziende agricole canadesi e alle piantagioni californiane di ortaggi e frutta. Il lussureggiante verde dei
campi e delle aiuole era solcato da un sistema rettilineo di canali
e di fossati, capolavori dell'arte dell'irrigazione. Fin dall'età della
pietra, gli esperti di queste popolazioni avevano utilizzato le acque
dei grandi fiumi. Con meravigliosa abilità e intelligenza, essi devia-
vano il prezioso liquido dalle sue naturali sponde, trasformando zone
desertiche in località di vegetazione paradisiaca.

Quasi nascosto tra boschi di palme ombrose scorreva qui l'Eufrate. Grazie a questo grande dispensatore di vita, un intenso traffico
navale si svolgeva di qui fino al mare. A quei tempi il Golfo Persico
s'addentrava assai più profondamente nell'estuario del Tigri e dell'Eufrate. Quando ancora non era stata costruita la prima piramide nella
valle del Nilo, il Tell al Muqayyar torreggiava nel cielo azzurro.
Quattro poderosi cubi sovrapposti, dal più grande al più piccolo,
rivestiti di splendidi colori, si elevavano a un'altezza di 25 metri. Sopra
il nero basamento angolare, coi suoi lati lunghi 40 metri, riluce-
vano di rosso e d'azzurro i gradini sovrastanti, adorni di alberi
tutt'intorno. Il gradino più alto formava una piccola terrazza, sulla
quale, all'ombra d'un tetto dorato, troneggiava un santuario.

Una gran quiete regnava in questo luogo consacrato al culto,
ove i sacerdoti celebravano i loro uffici innanzi all'immagine del dio
della Luna, Nannar. Del traffico rumoroso della ricca metropoli di
Ur, una delle più antiche città del mondo, appena l'eco giungeva
lassù.

Nell'anno 1854 una carovana di cammelli e asini, carichi d'un
insolito bagaglio di badili, picconi e strumenti di misura, si dirigeva
verso il rosso solitario birillo. La carovana era comandata dal console

britannico a Basra, Mr.
J. E. Taylor, che aveva
intrapreso il viaggio
non per spirito di av-
ventura nè di propria
volontà, ma per inca-
rico del Foreign Office
e per soddisfare un de-
siderio del British Mu-
seum di Londra: esplo-
rare il sud della Meso-
potamia — la regione
compresa fra il Tigri
e l'Eufrate ove i due

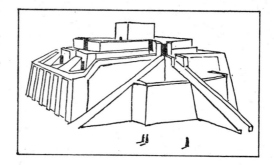

*Fig. 2 - La grande torre a gradini di Ur
(ricostruzione).*

fiumi sempre più si accostano prima di sboccare nel Golfo Persico
— per scoprirvi monumenti dell'antichità. Taylor aveva sentito parlare spesso, a Basra, dello strano e grandioso mucchio di pietre al
quale si stava avvicinando la spedizione, e aveva pensato che quello
fosse il suo obiettivo.

Verso la metà del diciannovesimo secolo cominciarono dappertutto in Egitto, in Mesopotamia e in Palestina, esplorazioni e scavi:
un'improvvisa sete di ricerca diede impulso a tale attività nella speranza di trovare in questa parte del mondo una visione scientifica-
mente fondata della storia del genere umano. E il Vicino Oriente
divenne la meta di una lunga serie di spedizioni.

Fino allora, dal 550 a. C., la storia dell'Asia Minore aveva
avuto come unica fonte la Bibbia. Solo questa dava notizia di epoche
sommerse nella tenebra del passato. Neppure agli antichi greci e
romani era rimasta cognizione di molti popoli e nomi contenuti
nella Bibbia.

Schiere di scienziati, verso la metà del secolo scorso, furono
attratte nelle regioni dell'antico Oriente. Nessuno conosceva i nomi
che ben presto sarebbero stati sulle bocche di tutti. Col più vivo stupore, le generazioni del « secolo dei lumi » presero notizia delle
scoperte. Ciò che quegli uomini, lavorando con tenacia e abnega-
zione, strappavano alla sabbia del deserto presso i grandi fiumi della
Mesopotamia e dell'Egitto, richiamava giustamente l'attenzione di
milioni e milioni di persone: per la prima volta la scienza apriva
la porta al mondo misterioso della Bibbia.

Il console francese a Mossul, Paul-Émile Botta, era un archeologo appassionato. Nel 1843 egli iniziò gli scavi a Khorsabad sul Tigri, e dalle rovine di una metropoli quattro volte millenaria ebbe l'orgoglio di trarre alla luce del giorno la prima testimonianza della Bibbia: Sargon, il leggendario sovrano d'Assiria. *Nell'anno che il Tartan venne contro Azoto, mandato da Sargon, re degli assiri...* si legge in Isaia 20, 1.

Due anni più tardi un giovane diplomatico inglese, A. H. Layard, che fu anche esploratore, scoprì Nimrud (Kalchu), la città chiamata *Cale* nella Bibbia (Genesi, 10, 11) e che porta oggi il nome del biblico Nemrod, *il forte cacciatore innanzi al Signore. Il suo regno fu da principio Babilonia, Arac, Accad e Calanne, nella terra di Sennaar. / Da quella terra uscì in Assur, e vi edificò Ninive e le piazze della città e Cale...* (Genesi, 10, 10. 11).

Poco tempo dopo, gli scavi diretti dal maggiore inglese Henry Creswicke Rawlinson, che divenne uno dei maggiori assiriologi del suo tempo, liberarono, a 11 chilometri da Khorsabad, Ninive, la capitale dell'Assiria, e la famoso biblioteca di Assurbanipal. Era la Ninive della Bibbia, quella che i profeti accusarono ripetutamente di malvagità (Giona, 1, 2).

In Palestina l'erudito americano Edward Robinson si dedicò negli anni 1838 e 1852 alla ricostruzione della topografia antica.

Il tedesco Richard Lepsius, che divenne poi direttore del Museo Egiziano a Berlino, registrò, in una spedizione che durò dal 1842 al 1846, i monumenti del Nilo.

Quando, per opera del francese Champollion, furono decifrati i geroglifici egiziani, venne anche risolto, verso il 1850, l'enigma dei caratteri cuneiformi; e vi riuscì tra gli altri lo stesso Rawlinson, lo scopritore di Ninive. Gli antichi documenti cominciavano a parlare!

Ma torniamo alla carovana diretta al Tell al Muqayyar.

Il console Taylor fa piantare le tende ai piedi del monticello rosso. Egli non ha ambizioni scientifiche nè possiede cognizioni preliminari. Da dove cominciare? Qual è il punto migliore dove mettere a scavare le squadre indigene? Quell'enorme ammasso di mattoni, capolavoro architettonico d'un oscuro passato, non gli dice nulla come costruzione. Chissà che nel suo interno non riposi qualcosa che starebbe bene nel museo, qualcosa che potrebbe interessare ai signori di Londra. Pensa vagamente a una statua antica, ad armi, gioielli, magari a un tesoro nascosto. Aggredisce il singolare cono, lo fa martellare palmo a palmo. Nessun indizio che vi sia una cavità. La gigantesca costruzione sembra essere massiccia. Il corpo inferiore si erge sulla sabbia a un'altezza di quasi dieci metri. Due larghe rampe di pietra conducono al successivo quadrilatero, più piccolo, sul quale si alzano un terzo e un quarto blocco.

Taylor s'inerpica di gradino in gradino; sotto il sole ardente, si trascina carponi lungo le intaccature, e non trova che mattoni rotti. Grondante sudore, raggiunge infine la piattaforma superiore; impaurite, un paio di civette fuggono dalla muraglia corrosa. Questo è tutto. Ma Taylor non dispera. Deciso a scoprire i segreti del misterioso cono, prende una risoluzione che oggi non si può fare a meno di deplorare vivamente. Ritira le squadre degli operai dalla base della costruzione e le mette a lavorare sulla sommità.

Ciò che era sopravvissuto ai secoli, che aveva resistito alle tempeste di sabbia e ai raggi ardenti del sole cade vittima del piccone inesorabile. Taylor ordina di demolire il gradino superiore. L'opera di distruzione inizia contemporaneamente a ciascuno dei quattro angoli. Per giorni e giorni i mattoni frantumati crollano con sordo fragore. Dopo varie settimane, cessa d'un tratto lo strepito e il persistente battere dei picconi. Alcuni uomini scendono precipitosamente dal cono e corrono alla tenda di Taylor. Essi recano in mano delle piccole verghe: cilindri di terracotta. Taylor è deluso. Si era aspettato di più. Mentre pulisce con ogni riguardo i pezzi trovati, si accorge che i rotoli di terracotta sono tutti coperti di iscrizioni: erano caratteri cuneiformi! Non ne capisce nulla, ma è felice. Ben impacchettati, i cilindri vengono spediti a Londra. Gli scienziati sulle rive del Tamigi non danno però molta importanza alla scoperta. Non vi è da meravigliarsene: in quegli anni gli studiosi guardano affascinati alla Mesopotamia settentrionale, dove sul corso superiore del Tigri, dalle colline di Ninive e di Khorsabad, vengono alla luce palazzi e giganteschi rilievi assiri, migliaia di tavole d'argilla e di statue, di fronte a cui passa in seconda linea tutto il resto. Che importanza potevano avere al confronto i piccoli cilindri di terracotta del Tell al Muqayyar! Per altri due anni Taylor prosegue imperterrito le sue ricerche, ma senza successo. Poi viene richiamato in patria.

Dovranno passare settantacinque anni prima che il mondo abbia notizia degli incalcolabili tesori che giacciono sotto l'antico cono.

Gli scienziati lasciano ricadere nell'oblio il Tell al Muqayyar. Ma intorno ad esso non ritorna il silenzio. Non appena Taylor è partito, si presentano schiere di altri visitatori. Le pareti abbattute, e soprattutto il gradino superiore distrutto dalle squadre di Taylor, costituiscono per gli arabi una cava inesauribile quanto provvidenziale di gratuito materiale da costruzione, e per anni ed anni essi qui verranno da ogni parte a caricare mattoni sulle loro bestie da soma. Fabbricati millenni or sono dalla mano dell'uomo, vi si possono ancora leggere i nomi di Ur-Nannu, il primo grande costruttore, e di Nabonid, il sovrano babilonese restauratore della torre a gradini che essi chiamavano Ziggurat. Contribuiscono inoltre all'opera di distruzione le tempeste di sabbia, il vento e il sole.

Quando, durante la prima guerra mondiale, le truppe britanniche in marcia verso Bagdad si accampano nel 1915 nei pressi dell'antico monumento, il suo aspetto è così mutato, la sua mole è così appiattita per le demolizioni e le depredazioni subite dopo il 1854, che uno dei soldati può permettersi una piccola acrobazia. Il profilo dei gradini, un tempo tagliati a spigolo netto, è scomparso a tal punto che egli può salire a cavallo d'un mulo fino alla sommità del rudere.

Il caso vuole che tra gli ufficiali della truppa vi sia un esperto, R. Campbell Thompson, del Servizio d'Informazioni dell'esercito in Mesopotamia, e, in tempo di pace, assistente al Museo Britannico. Frugando nell'enorme mucchio di mattoni, egli ne constata con sgomento la rovina. Ricerche nel terreno gli fanno sospettare l'esistenza, nelle vicinanze del tell, di altri giacimenti, vestigia di abitazioni sepolte sotto la sabbia del deserto. Thompson registra tutto con cura e trasmette urgentemente la notizia a Londra. Questo fatto induce a rispolverare i minuscoli cilindri di terracotta, quasi completamente dimenticati, e a esaminarli questa volta con grande attenzione. Le iscrizioni contengono un'informazione interessantissima e insieme una curiosa storia.

Quasi 2500 anni prima del console Taylor, già un altro esploratore aveva cercato e frugato nello stesso posto con uguale interesse! Ammiratore dell'antichità, uomo celebre, sovrano d'un grande regno e archeologo insieme, tal era il re Nabonid di Babilonia, del VI secolo a. C. Egli constatò che « lo Ziggurat era antico ». Ma Nabonid procedette in modo diverso da Taylor. « Io ho ricostruito la struttura di questo Ziggurat com'era ai tempi antichi, con calce e mattoni cotti. » Quando la vetusta torre riebbe il suo aspetto, egli fece incidere appunto su quei piccoli cilindri di terracotta il nome, da lui scoperto, del primo costruttore. Questi, come il babilonese era riuscito a decifrare da una iscrizione, si chiamava re Ur-Nannu!

Ur-Nannu? Era, dunque, il costruttore della grande torre, re di quell'Ur di cui parla la Bibbia, sovrano di *Ur della Caldea*?

La congettura non è infondata. Il medesimo nome biblico riaffiora spesse volte. Altri documenti, venuti alla luce da altri scavi in Mesopotamia, nominano Ur. Secondo i testi cuneiformi, pare che sia stata la capitale del grande popolo dei sumeri. Il Tell al Muqayyar diviene ora oggetto del più vivo interesse. Agli archeologi del Museo Britannico, si uniscono gli scienziati del Museo dell'Università di Pennsylvania nel promuovere nuove indagini. La torre a gradini sull'Eufrate inferiore potrebbe celare il mistero dell'ignoto popolo dei sumeri e della biblica Ur! Ma soltanto nel 1923 un gruppo anglo-americano di archeologi può mettersi in cammino. Ad essi è risparmiato l'incomodo viaggio a dorso di cammello: si servono della ferrovia di Bagdad, che trasporta altresì gli utensili: vagoncini, binari, picconi, badili, ceste.

Gli archeologi dispongono di fondi che permettono di frugare un'intera regione. Hanno predisposto un vasto programma e iniziano gli scavi metodicamente. Presumendo di poter fare grandi scoperte, calcolano un lavoro di parecchi anni. Capo della spedizione è Sir Charles Leonard Woolley. A quarantatrè anni egli si è già guadagnato i primi galloni in viaggi d'esplorazione e scavi in Egitto, in Nubia e Karkemish, sull'Eufrate superiore. Per quest'uomo di talento e fortunato, il Tell al Muqayyar diventa il grande scopo della sua vita. Egli non rivolge tutta la sua attenzione, come decenni prima il diligente ma sprovveduto Taylor, alla torre a gradini. La sua esplorazione s'indirizza innanzi tutto ai monticelli piatti che si alzano ai suoi piedi sull'ampia distesa di sabbia.

All'occhio esperto di Woolley non è sfuggita la loro forma strana. Piani alla sommità, i loro fianchi scendono quasi simmetricamente. Ve ne sono un'infinità, grandi e piccoli, nel Vicino Oriente: lungo le rive dei grandi fiumi, in mezzo alle ubertose pianure, lungo i sentieri e le strade calpestate da tempo immemorabile dalle carovane che attraversano il paese. Nessuno fino ad oggi li ha contati. S'incontrano nel delta del Tigri e dell'Eufrate, nel Golfo Persico sino all'altopiano dell'Asia Minore, dove il fiume Halys si getta nel Mar Nero, sulle coste del Mediterraneo orientale, nelle valli del Libano, presso l'Oronte in Siria e nella valle del Giordano, in Palestina.

Queste elevazioni del terreno sono le grandi, ricercate e talora inesauribili miniere degli archeologi. Non sono opera della natura, bensì strutture artificiali accumulate dal retaggio d'innumerevoli generazioni che ci precedettero, colossali ammassi di macerie e di residui del passato, costituiti da avanzi di capanne e di case, di mura, templi o palazzi. Ciascuna di queste collinette acquistò a poco a poco, nel corso di secoli, anzi di millenni, la sua configurazione attraverso il medesimo processo. Una volta che gli uomini ebbero creato là un primo abitato, questo fu poi distrutto da guerre o da incendi, o abbandonato dalla sua popolazione; vennero allora i conquistatori o i nuovi coloni, e costruirono nello stesso luogo. Fu così che nel corso delle generazioni furono edificati villaggi e città, gli uni sugli altri. Rovine e macerie d'innumerevoli dimore si accrebbero nel corso del tempo, formando, strato su strato, metro per metro, una collina. Gli arabi d'oggi chiamano « tell » questo monticello artificiale. Lo stesso termine si usava nell'antica Babilonia. Tell significa « mucchio ». La parola s'incontra nella Bibbia nel Libro di Giosuè 11, 13. Dove, a proposito della conquista di Canaan, si parla di città *poste sulle colline,* queste sono chiamate « tulul » (plurale di tell). Gli arabi sanno distinguere esattamente un tell dalle naturali elevazioni del terreno che chiamano « dschebel ».

Ogni tell è un muto capitolo di storia. I suoi strati sono per l'archeologo come i fogli d'un calendario, dai quali egli può far rivivere pagina per pagina il passato. Ogni strato, purchè si sappia leggerne i segni, parla di un'epoca: della vita e dei costumi, dell'arte, della cultura e della civiltà dei suoi abitanti. Da questo esame gli scavatori hanno potuto col tempo ottenere risultati meravigliosi.

Pietre rozze o tagliate, mattoni o rottami d'argilla ci ragguagliano sulla tecnica della costruzione. Fin nelle pietre marce e corrose, nei residui di mattoni ridotti in polvere si possono ancora riconoscere le piante degli edifici. E macchie nere rivelano dove un giorno era acceso il focolare.

Pezzi di stoviglie, di vasi, di utensili domestici ed arnesi, che si trovano un po' dappertutto fra le macerie, forniscono nuovi indizi all'indagine del passato. Quanto sono grati gli scienziati agli uomini dell'antichità perchè non conoscevano ancora il servizio di nettezza urbana! Tutto ciò che era diventato inutile o superfluo veniva gettato all'aperto, abbandonato alle intemperie e all'azione del tempo.

Oggi abbiamo una così perfetta conoscenza dei vasi e oggetti simili in tutta la varietà delle loro forme, colori e disegni, che la ceramica rappresenta per gli archeologi lo strumento numero uno per il computo del tempo. Alcuni cocci, e perfino minuscoli frammenti, permettono talvolta di stabilire una datazione precisa. Fino al secondo millennio a. C. il massimo margine d'errore riguardo alla determinazione della data non supera i 50 anni!

Valori archeologici inestimabili andarono perduti nei primi grandi scavi del secolo scorso, perchè non venivano considerati affatto. Si buttavano i rottami che sembravano insignificanti, si dava importanza soltanto ai grandi monumenti, ai rilievi, alle statue o ai tesori. Molti pezzi preziosi furono così persi irrimediabilmente. Un esempio di questo modo di procedere ci è dato dall'archeologo Heinrich Schliemann. Animato da un'immensa ambizione, egli si era fissato nell'idea di trovare la Troia d'Omero. Assoldò squadre di uomini e fece affondare le vanghe nel terreno. Strati che avrebbero potuto rivelarsi importantissimi come « calendari » vennero rigettati come detriti inutili. Finalmente Schliemann estrasse dalla terra un prezioso tesoro che fu ammirato in tutto il mondo. Ma non si trattava, come lui credeva, del tesoro di Priamo. Il ritrovamento risaliva a un'epoca anteriore di secoli. Nel suo incontenibile ardore di ricerca, Schliemann aveva scavato troppo in profondità. Figlio di commercianti, egli era un profano in materia. Ma gli stessi professionisti da principio non agirono meglio. Solo da pochi decenni gli archeologi procedono secondo uno schema sperimentato. Si comincia a scavare il tell dall'alto e si analizza il terreno centimetro per centimetro, vagliando ogni pezzo, ogni frammento. Innanzi tutto viene praticata una profonda apertura nella collina. Gli strati di diverso colore si offrono all'occhio dell'esperto come una torta tagliata e permettono un primo sguardo retrospettivo nella storia dei nuclei umani ivi stabilitisi e sommersi. Applicando questo metodo, la spedizione anglo-americana nel 1923 inizia i lavori di scavo nel Tell al Maqayyar.

Nei primi giorni del mese di dicembre, una nube di polvere s'innalza sui monticelli di macerie a oriente dello Ziggurat, a pochi passi dalla larga rampa per la quale in altri tempi i sacerdoti, in solenne processione, salivano al santuario del dio della Luna Nannar. Sospinta da un leggero vento, la nube si distende, e ben presto intorno all'antica torre tutto sembra come avvolto da un lieve vapore. La sottilissima sabbia, sollevata da centinaia di pale, indica che i grandi scavi sono cominciati.

Dal primo colpo di vanga, vibra intorno a ogni scavo un'atmosfera di eccitata tensione. È come un viaggio in un regno sconosciuto, che può dare sorprese imprevedibili. Anche Woolley e i suoi collaboratori sono in preda a viva agitazione. Saranno tanto sudore e

tante fatiche compensati da scoperte importanti? Svelerà Ur i
suoi segreti? Nessuno di quegli uomini può immaginare che dovrà
passare sei lunghi semestri invernali di duri sacrifici, fino alla primavera del 1929. Gli scavi in grande stile nel cuore del sud della
Mesopotamia faranno riapparire capitolo per capitolo la storia di
quei lontanissimi tempi quando dal delta dei due grandi fiumi
nacque una nuova terra ove le prime popolazioni si stabilirono. Lungo il faticoso cammino dell'esplorazione, che ci riconduce a settemila
anni addietro, più di una volta prenderanno forma concreta avvenimenti e nomi di cui parla la Bibbia.

La prima cosa che gli archeologi riportano alla luce è uno
spazio con le rovine di cinque templi che una volta cingevano in
semicerchio lo Ziggurat, costruito dal re Ur-Nannu. Sembrano fortezze, tanto spesse sono le loro mura. Il maggiore di questi templi,
con una superficie di 100 per 60 metri, era consacrato al dio della
Luna, un altro alla venerazione di Nin-Gal, dea della Luna e sposa
di Nannar. Ogni tempio ha un cortile interno circondato da una
serie di stanze. Vi si ritrovano le antiche fontane, le lunghe vasche
calafatate con bitume; profondi tagli di coltello su grandi tavoli di
mattoni fanno riconoscere il luogo dove venivano squartate le vittime offerte alla divinità. Nelle cucine del tempio vi erano dei foco-
lari che servivano per preparare le vivande per il banchetto sa-
crificale. Vi erano anche i forni per cuocere il pane. « Dopo 38
secoli, » annota Woolley nella sua relazione, « si può riaccendere
il fuoco e rimettere in funzione la più antica cucina del mondo. »

Ai nostri giorni le chiese, i tribunali, gli uffici, le fabbriche,
sono istituzioni nettamente separate tra loro. A Ur non era così. La
zona sacra, compresa nella circoscrizione del tempio, non era riservata esclusivamente alla venerazione degli dèi. Oltre alle funzioni del culto, i sacerdoti assolvevano molti altri compiti. Non
soltanto ricevevano le offerte, ma anche riscuotevano la decima e
le imposte. Ma nessuna operazione avveniva senza conferma scritta.
Ogni versamento era registrato su tavolette d'argilla, che sono certamente le prime quietanze d'imposte possedute dagli uomini. Le
esazioni venivano riepilogate da scrivani, che erano anche sacerdoti,
in resoconti settimanali, mensili e annuali.

La moneta coniata non era ancora conosciuta. Le imposte
venivano pagate in natura; ogni abitante di Ur pagava con ciò che
poteva. Olio, grano, frutta, lana e bestiame venivano immessi in
vasti magazzini: le derrate deperibili erano assegnate ai negozi di
vendita esistenti nei templi. Molte merci venivano lavorate in opifici

appartenenti ai templi; ad esempio, nelle filature dirette dagli stessi sacerdoti. Una di queste aziende produceva dodici diversi tipi di vestiti. Nelle tavole che vi sono state rinvenute figurano i nomi delle tessitrici occupate e gli alimenti loro assegnati. Vi sono minuziosamente registrati perfino il peso della lana assegnata a ogni operaia e il numero dei capi di vestiario che ne sono risultati. In un edificio destinato all'amministrazione della giustizia si trovarono accatastate con cura le sentenze, non diversamente da come si usa negli uffici dei nostri tribunali.

Da tre invernate la spedizione anglo-americana stava lavorando nell'antica Ur, e non ancora questo singolare museo della preistoria aveva dato tutti i suoi tesori, quando, fuori della zona dei templi, gli scavatori si trovarono di fronte a un'altra straordinaria sorpresa.

Nel demolire una serie di colline, a sud della torre a gradini, si vedono uscire tutt'a un tratto dalle macerie lunghe file di pareti, muri e facciate. Man mano che le pale rimuovono la sabbia, si scopre un fitto complesso di case, i cui muri raggiungono talvolta l'altezza di tre metri. In mezzo ad esse si aprono delle viuzze, di tanto in tanto interrotte da una piazza.

Dopo molte settimane di duro lavoro per sgombrare tonnellate e tonnellate di terreno franato, si presenta alla vista di quegli uomini uno spettacolo indimenticabile.

Sotto il rosseggiante Tell al Muqayyar si stende nel sole un'intera città, risvegliata da un sonno millenario dagl'instancabili ricercatori! Woolley e i suoi collaboratori sono pazzi di gioia. Dinanzi a loro è Ur, quell'*Ur della Caldea* di cui parla la Bibbia!

Con che comodità vivevano i suoi cittadini! E che case spaziose si costruivano! In nessun'altra città del paese dei due fiumi sono uscite alla luce case private così belle e confortevoli.

A paragone di esse, quelle conservate a Babilonia appaiono modeste, addirittura misere. Il prof. Koldewey, negli scavi tedeschi all'inizio del nostro secolo, non trovò che semplici costruzioni di argilla, a un solo piano, con tre o quattro stanze intorno a un cortile aperto. Così dunque viveva la popolazione intorno al 600 a. C. nell'ammirata ed esaltata metropoli del grande babilonese Nebukadnezar. I cittadini di Ur, invece, 1500 anni prima, vivevano in edifici massicci dall'aspetto di ville, per lo più a due piani e con 13 o 14 stanze. Il piano inferiore è costruito solidamente di mattoni cotti, quello superiore di quadroni d'argilla; le pareti sono lisce, intonacate e imbiancate.

Il visitatore entrava dalla porta in un piccolo atrio, dov'erano situate le vasche che servivano per lavarsi le mani e i piedi. Da lì si entrava nell'ampio e luminoso cortile interno pavimentato con bellissime lastre. Intorno al cortile erano distribuite la sala da ricevimento, la cucina, le stanze d'abitazione e del personale e la cappella di casa. Una scalinata di pietra, sotto la quale si nascondeva il gabinetto, conduceva a un corridoio circolare di dove si diramavano le stanze dei membri della famiglia e le stanze degli ospiti.

Tra le mura e le pareti diroccate venne alla luce tutto ciò che aveva appartenuto all'arredamento e alla vita di queste case patrizie. Innumerevoli frammenti di pentole, anfore, vasi e tavolette d'argilla piene d'iscrizioni formavano un mosaico dal quale si poteva ricostruire, pezzo per pezzo, la vita quotidiana di Ur. *Ur della Caldea* al principio del secondo millennio a. C. era una capitale potente, ricca, pittoresca e industriosa.

Woolley non riesce a liberarsi da un pensiero. Si narra che Abramo partì un giorno da *Ur della Caldea*: dunque Abramo dev'esser nato e cresciuto in uno di questi edifici patrizi a due piani. Egli dovette passare per queste vie, dinanzi ai muri dei grandi templi, e alzando gli occhi, il suo sguardo deve avere incontrato la possente torre a gradini con gli arborati quadrilateri neri, rossi e azzurri! « Dobbiamo rivedere a fondo, » scrive Woolley nel suo entusiasmo, « il concetto che abbiamo sempre avuto del patriarca ebreo, constatando in quale ambiente pieno di esigenze egli visse la sua giovinezza. Era cittadino di una grande città ed ereditò la tradizione di una civiltà antica e altamente organizzata. Le stesse case rivelano la comodità; addirittura il lusso. Trovammo copie di inni del servizio del tempio e, insieme con queste, delle tavole matematiche. Su queste tavole, accanto a semplici addizioni, si leggevano formule per l'estrazione di radici quadrate e perfino cubiche. E in altri testi gli scrivani avevano copiato le iscrizioni degli edifici della città, e perfino compilato una breve storia del tempio! »

Abramo, dunque, non era più un semplice nomade. Abramo: figlio di una metropoli del secondo millennio a. C.!

La scoperta è impressionante, quasi incredibile! Giornali e riviste pubblicano fotografie dell'antica torre diroccata e delle rovine della metropoli riportata alla luce, che sono d'un effetto grandioso. Tutto il mondo stupisce nel veder pubblicato un disegno sotto il quale è scritto: « Casa del tempo di Abramo ». È un'esatta ricostruzione che Woolley ha fatto disegnare da un artista in base ai ritrovamenti. Si vede il cortile interno di un edificio simile a una villa; due alte anfore sono collocate sul pavimento, che sembra di piastrelle; una balaustra di legno con ringhiera conduce alle stanze del piano superiore. Si deve considerare tutt'a un tratto errata la classica e familiare immagine, tramandata per generazioni e generazioni, di Abramo patriarca attorniato dal parentado e dalle sue greggi?

L'opinione di Woolley non rimase incontestata. Ben presto i teologi e gli stessi archeologi fecero sentire le loro critiche.

A favore della tesi di Woolley parlava il versetto 31 dell'XI capitolo del Genesi. *Tare adunque prese Abramo suo figlio e Lot... e li condusse fuori di Ur della Caldea.* Ma vi sono anche passi della Bibbia che indicano un altro luogo: quando Abramo manda il suo servo più anziano da Canaan alla città di Nacor, perchè vada a cercare una moglie per suo figlio Isacco, Abramo chiama questa Nacor *mia terra* (Genesi 24,4) e *casa di mio padre* e *mia terra natale* (Genesi 24,7). Nacor era situata nella Mesopotamia settentrionale. Dopo la conquista della Terra Promessa, Giosuè così parlò al popolo riunito: *I padri vostri, Tare padre di Abramo e di Nacor, abitarono da principio al di là del fiume* (Gios., 24, 2). Come in altri punti della Bibbia, il fiume a cui si allude è l'Eufrate. Ma la città di Ur fu scavata sulla riva destra dell'Eufrate: vista da Canaan essa giaceva al di qua, non al di là del grande fiume. Era stato Woolley troppo precipitoso nel trarre le sue conclusioni? Quali dati positivi erano risultati dalla spedizione? Dov'era la prova che Tare e suo figlio Abramo dimorassero a Ur, che fossero abitanti di una città?

« La precedente migrazione da Ur della Caldea ad Haran non ha trovato, salvo lo scavo della città stessa, alcuna conferma archeologica, » dichiara William F. Albright, professore della Johns Hopkins University di Baltimora. Il dotto, e anche lui fortunato scavatore, ritenuto il miglior conoscitore dell'archeologia della Palestina e del Vicino Oriente, soggiunse: « E la strana circostanza che i traduttori greci non menzionano mai Ur, ma parlano soltanto della naturale "terra dei caldei", potrebbe semmai significare che il trasferimento della patria di Abramo ad Ur fosse considerato come un fatto secondario e non generalmente riconosciuto nel III secolo a. C. »

Con la scoperta di Ur, era emersa dalle ombre del passato la capitale dei sumeri, uno dei più antichi popoli civili del paese dei due fiumi. I sumeri, a quanto sappiamo, non erano semiti come gli ebrei. Quando, intorno al 2000 a.C., iniziò la grande invasione dei nomadi semiti, provenienti dal deserto arabico, essa si arrestò

nel sud dapprima ad Ur con le sue estese piantagioni e canalizza-
zioni. Può darsi che il ricordo di quella grande trasmigrazione nei
paesi della « Fertile Mezzaluna », che toccò anche Ur, sia rimasto
fissato nella Bibbia. Serie esplorazioni, e soprattutto gli scavi dei due
ultimi decenni, fanno apparire come certo che Abramo non può mai
essere stato un cittadino della metropoli sumerica. Ciò contraddi-
rebbe tutte le notizie che della vita del padre dei patriarchi ci sono
tramandate nell'Antico Testamento: Abramo vive sotto una tenda;
con le sue greggi egli passa da un pascolo all'altro, da una sorgente
all'altra. Non vive da cittadino di una metropoli: egli vive la tipica
vita del nomade!

Molto più a nord della « Fertile Mezzaluna », la storia dei
patriarchi della Bibbia — come vedremo in seguito — emergerà
d'un tratto dalla mistica penombra nella luce del suo ambiente
storico.

3 - *Il diluvio universale nella luce della storia*

Le tombe reali dei sumeri — Un misterioso strato d'argilla —
Tracce del diluvio universale sotto la sabbia del deserto —
Una catastrofica alluvione intorno al 4000 a. C.

ED IL SIGNORE DISSE A NOÈ: ENTRA NELL'ARCA, TU E TUTTA LA
TUA FAMIGLIA; / ANCORA INFATTI SETTE GIORNI E POI FARÒ PIOVERE
SULLA TERRA PER QUARANTA GIORNI E QUARANTA NOTTI, E SCAN-
CELLERÒ DI SULLA FACCIA DELLA TERRA OGNI ESSERE DA ME CREATO.

PASSATI CHE FURONO SETTE GIORNI, LE ACQUE DEL DILUVIO SI
ROVESCIARONO SULLA TERRA (Genesi, 7, 1. 4. 10).

Quando sentiamo nominare il diluvio, il nostro pensiero corre
subito alla Bibbia e alla storia dell'arca di Noè. Questa straordinaria storia dell'Antico Testamento si diffuse col cristianesimo in
tutto il mondo. Divenne così la nota tradizione del diluvio universale. Ma non è affatto l'unica. Nei popoli di tutte le razze
esistono diverse tradizioni di una catastrofe di questo genere. Tra
i greci, per esempio, era familiare la storia del diluvio di Deuca-
lione; molto prima di Colombo numerosi racconti tenevano vivo
tra gli aborigeni del continente americano il ricordo di una grande
alluvione; anche in Australia, in India, in Polinesia, nel Tibet, nel
Cashmir, come pure in Lituania, storie di un diluvio sono passate
di generazione in generazione fino ai nostri giorni. È mai possibile
che tutto questo non sia altro che favola, leggenda, pura fantasia?

La supposizione più verosimile è che queste storie rispecchino
tutte una medesima catastrofe universale. Lo straordinario fenomeno
dev'essere però avvenuto in un'epoca in cui già esistevano uomini
pensanti e i sopravvissuti erano in grado di tramandare notizia
dell'avvenimento. I geologi credettero di poter risolvere l'antichis-

simo enigma con la loro scienza, attribuendo il fatto all'alternarsi di epoche calde ed epoche glaciali nella storia della terra. Quattro volte salì il livello degli oceani, quando la formidabile corazza di ghiaccio, che in certi punti raggiungeva lo spessore di molte migliaia di metri, cominciò a sciogliersi sui continenti. Le masse d'acqua, ridivenute libere, trasformarono l'aspetto del paesaggio inondando territori costieri e pianure e annientando uomini, animali e piante. In breve, tutti i tentativi d'interpretazione finivano in mere speculazioni e ipotesi. Ma lo storico non si soddisfa d'ipotesi. Egli esige sempre una prova tangibile e concreta. E nessuna prova del genere esisteva; nessuno scienziato, qualunque fosse la sua specializzazione, aveva potuto produrla. Per puro caso, nel corso d'indagini volte a tutt'altro fine, si offrì la prova tangibile del diluvio universale. E ciò avvenne in una località che già conosciamo: negli scavi di Ur!

Da sei anni gli archeologi americani e inglesi esploravano il terreno intorno al Tell al Muqayyar, che era frattanto divenuto tutto un immenso cantiere. Quando il treno di Bagdad fa qui la sua brevissima fermata, i viaggiatori guardano stupiti gli enormi ammassi di sabbia estratta dal suolo. Treni interi di terra vennero rimossi ed esaminati accuratamente; la sabbia fu stacciata e i rifiuti millenari furono trattati come cosa preziosa. La costanza, le fatiche e l'assiduità di sei anni avevano dato un profitto considerevole. Ai templi sumerici coi loro magazzini, fabbriche e tribunali, alle case simili a ville, erano seguite dal 1926 al 1928 scoperte di tale magnificenza che tutte le precedenti impallidivano al confronto.

Tali erano le tombe reali di Ur — con questo nome Woolley, nel suo entusiasmo di scopritore, aveva battezzato i sepolcri dei notabili sumeri —, sovrapposte in lunga fila, il cui splendore veramente regale la vanga aveva liberato in un cono di macerie alto 15 metri a sud dei templi. Le cripte di pietra, piene di quanto di più prezioso avesse posseduto Ur, sembravano le camere d'un tesoro. Coppe e calici d'oro, boccali e vasi di forma stupenda, vasellame di bronzo, mosaici di madreperla, opere di lapislazzuli e d'argento circondavano i cadaveri ridotti in polvere. Arpe e lire erano appoggiate alle pareti. Un giovane, « eroe del Paese di Dio », come di lui dice un'iscrizione, portava un elmo d'oro. Un pettine d'oro, ornato di fiori di lapislazzuli, adornava i capelli della bella sumera « Lady Shub-ad », come la chiamano gl'inglesi. Neppure nelle famose cripte di Nofretete e di Tut-ench-Amun si erano trovati oggetti così meravigliosi. E le tombe reali di Ur sono di 1000 anni più antiche!

Ma accanto a queste cose preziose le tombe reali presentarono uno spettacolo macabro e impressionante per gli uomini del nostro secolo e innanzi al quale non si può trattenere un leggero brivido. Nelle camere sepolcrali si vedevano dei carri carichi di suppellettili artistiche, con le carcasse degli animali da tiro ancora attaccate. Tutto il seguito aveva evidentemente accompagnato i personaggi nella morte, come dimostravano gli scheletri che stavano loro intorno, vestiti e adorni come per una festa. Venti ne conteneva la tomba di Lady Shub-ad; in altre se ne contarono fino a settanta.

Che dramma si sarà svolto in queste tombe? Neppure la minima traccia indicava che quegli uomini fossero stati sacrificati a una morte violenta. Sembra che tutto il seguito abbia accompagnato il defunto nel sepolcro, in solenne corteo, con i carri dei tesori tirati da tori. E mentre la tomba veniva murata all'esterno, essi adagiavano il defunto padrone per il riposo eterno. Prendevano poi una droga, si riunivano intorno a lui un'ultima volta e morivano volontariamente, per continuare a servirlo in un'altra esistenza!

Per due secoli gli abitanti di Ur avevano inumato i loro personaggi in questi sepolcri. Nell'aprire la più profonda ed ultima cripta, gli esploratori del XX secolo d. C. si videro tutt'a un tratto trasportati nel 2800 a. C.

Con l'avvicinarsi dell'estate del 1929 la sesta campagna di scavi presso il Tell al Maqayyar volge alla fine. Woolley ha mandato ancora una volta le sue squadre indigene sulla collina delle « tombe reali ». Egli non sa darsi pace; vuole accertare se la terra, sotto la più profonda tomba reale, tiene ancora in serbo altre scoperte per il prossimo periodo di scavi. Abbattute le fondamenta della tomba, qualche centinaio di colpi di vanga svelano la presenza di altri strati di macerie. A quale remoto passato risaliranno i muti misuratori del tempo? Quando nel sottosuolo della collina sarà apparso su terreno vergine il primo insediamento umano? Questo vuol sapere Woolley! Adagio, adagio, con ogni cautela, fa aprire dei cunicoli e, lì presente, esamina immediatamente gli strati scavati. « Poco dopo, » scriverà più tardi nella sua relazione, « avemmo conferma delle nostre congetture: direttamente sotto il suolo di una delle tombe reali, in uno strato di cenere di legna bruciata, trovammo numerose tavole di terracotta, coperte da segni grafici di tipo molto più antico delle iscrizioni tombali. A giudicare dai caratteri, le tavole potevano essere attribuite a circa il XX secolo a. C. Dovevano essere quindi di due o tre secoli più antiche delle cripte. »

Le gallerie diventano sempre più profonde, nuovi strati affiorano con frammenti di anfore, vasi e tazze. Gli scopritori notano con stupore che la ceramica rimane stranamente invariata. Ha lo stesso aspetto dei pezzi trovati nelle tombe dei re. Durante lunghi secoli, la civiltà dei sumeri non aveva subito alcun notevole mutamento. Essa doveva aver raggiunto fin da epoca lontanissima un alto grado di sviluppo.

Quando, molti giorni dopo, alcuni operai gridano a Woolley: « Siamo arrivati in fondo! », egli stesso, per accertarsene, scende nel

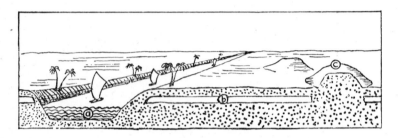

Fig. 3 - Tracce di argilla della grande alluvione
avvenuta verso il 4000 a. C.
a - alveo dell'Eufrate; b - strato di argilla dell'alluvione;
c - colline emerse dall'alluvione.

pozzo. Effettivamente, nella galleria termina tutt'a un tratto ogni traccia di civiltà. Su terreno inviolato giacciono ora gli ultimi frammenti di utensili domestici; qua e là si scorgono segni di bruciature. « Finalmente! »: ecco il primo pensiero di Woolley. Esamina attentamente il suolo e rimane perplesso: ma questa è argilla, vera argilla, come quella che può essere formata solo dai sedimenti delle acque! E come può trovarsi qui dell'argilla? Woolley cerca una spiegazione; non poteva trattarsi che di sabbia alluvionale, di ammassamenti di materie sedimentarie depositate dall'Eufrate in tempi remoti. Quello strato doveva essersi formato quando il delta del grande fiume si spingeva molto addentro nel Golfo Persico, precisamente come avviene tuttora alla sua foce, ove ogni anno la terra avanza per 25 metri dentro il mare. Quando Ur visse il suo primo periodo di splendore, l'Eufrate scorreva qui così vicino che la grande torre a gradini si specchiava nelle sue acque, e dal santuario, sulla sommità di essa, si poteva godere la vista del golfo. Sul fondo argilloso dell'antico delta doveva essere stato creato il primo abitacolo.

Ma nuove misurazioni e calcoli rifatti accuratamente ancora

una volta conducono infine Woolley a tutt'altro risultato e quindi a una nuova decisione.

« Vidi che eravamo troppo in alto. Non era supponibile che l'isola sulla quale erano state costruite le prime abitazioni potesse emergere tanto dalla palude. »

Il fondo della galleria, ove comincia lo strato argilloso, giace molti metri sopra il livello del fiume. Non poteva quindi trattarsi di materie sedimentarie dell'Eufrate. Che cosa significava allora quello strato singolare? Come si era formato? Nessuno dei suoi collaboratori gli sa dare una risposta soddisfacente. Essi continueranno quindi a scavare, per spingere la galleria a maggiore profondità. Ansioso Woolley assiste all'incessante uscire delle ceste dal pozzo e all'immediato esame del loro contenuto. Sempre più le vanghe affondano nello strato: un metro, due metri; ancora argilla. Dopo quasi tre metri lo strato argilloso cessa tutt'a un tratto com'era cominciato. E ora?

Le successive ceste portate alla luce del giorno danno una risposta che nessuno di quegli uomini avrebbe neppure sognato. Essi stentano a credere ai loro occhi. Avevano sperato di trovare a un certo punto terra vergine. Ma ciò che si presenta loro sotto gli abbaglianti raggi del sole sono di nuovo macerie e macerie, residui d'un tempo e, fra questi, una gran quantità di rottami di terracotta. Sotto un sedimento argilloso dello spessore di quasi tre metri s'incontrano di nuovo resti di abitati umani. L'aspetto e la tecnica della ceramica sono spiccatamente mutati. Al di sopra dello strato d'argilla, vasi e recipienti sono stati evidentemente torniti con la ruota del vasaio; questi, invece, sono ancora confezionati a mano. Ma per

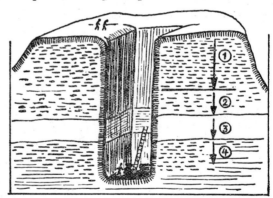

Fig. 4 - Pozzo scavato a Ur fino allo strato del diluvio.

1. tombe dei re; 2. strato della ceramica al tornio; 3. strato di argilla (3 m.); 4. strato della ceramica anteriore al diluvio.

quanto venga accuratamente stacciato il contenuto delle ceste sotto gli sguardi sempre più ansiosi degli uomini, non si scoprono avanzi di metallo. Lo strumento primitivo che si offre alla vista è la sgrossata pietra focaia. Questa dev'essere l'età della pietra!

In quel giorno un telegrafo in Mesopotamia diffonde nel mondo la notizia più sensazionale che abbia mai commosso gli uomini: « Abbiamo trovato il diluvio universale! » Dell'eccezionale ritrovamento fatto a Ur danno notizia con titoli cubitali i giornali degli Stati Uniti e d'Inghilterra.

Il diluvio universale: questa era l'unica spiegazione possibile del grande sedimento argilloso sotto la collina di Ur, che separava inconfondibilmente due epoche di civiltà umana. Il mare aveva lasciato nell'argilla le sue indubbie tracce sotto forma di resti di piccoli animali marini. Woolley deve procurarsi al più presto possibile la certezza. Anche se improbabile, potrebbe un puro caso avere indotto in errore lui e i suoi collaboratori. A 300 metri di distanza dalla prima galleria, ne fa scavare una seconda.

Le vanghe mettono allo scoperto lo stesso profilo: resti di ceramica; strato argilloso; resti di recipienti di terracotta fatti a mano.

Per eliminare ogni dubbio, Woolley ordina infine di scavare un altro pozzo in una collina naturale e perciò in strati notevolmente più alti del letto d'argilla.

Press'a poco alla medesima profondità delle altre due gallerie

Fig. 5 - Estensione dell'alluvione in Mesopotamia.

cessano anche qui d'un tratto i frammenti di ceramica fatta al tornio. Immediatamente sotto s'incontra la ceramica fatta a mano. È proprio come Woolley aveva supposto e sperato. Ma qui, naturalmente, manca lo strato argilloso di separazione. « A circa 16 piedi (5 metri) sotto un ammattonato, » annota Woolley, « che potemmo datare con approssimativa certezza al 2700 a. C., ci trovavamo tra le rovine di quell'Ur che era esistita prima del diluvio. »

Fin dove si estendeva lo strato argilloso? Quali territori furono colpiti dalla catastrofe? Comincia allora una vera caccia alla ricerca di vestigia del grande diluvio anche in altri luoghi della Mesopotamia meridionale. Altri archeologi scoprono un importante punto di riferimento presso Kish, a nord-est dell'antica Babilonia, dove l'Eufrate e il Tigri s'avvicinano formando un ampio arco. Anche qui incontrano uno strato formato da materia sedimentaria, che però ha solo uno spessore di circa mezzo metro. Saggiando il terreno in più punti, si riesce a poco a poco a stabilire l'ampiezza dell'immane diluvio. A parere di Woolley, la catastrofe ha ingoiato a nord-ovest del Golfo Persico un territorio della lunghezza di 630 e della larghezza di 160 chilometri. Se si osserva la carta geografica, si è trattato solo — come diremmo oggi — di un « avvenimento locale »; ma per gli abitanti di questo bassopiano era tutto il loro mondo.

Dopo innumerevoli esplorazioni e tentativi di interpretazione senza un risultato concreto, da molto tempo si era persa la speranza di risolvere il grande enigma del diluvio universale, che sembrava risalire alla notte dei tempi, ove nessuno sarebbe mai stato in grado di penetrare. Ma l'instancabile e preciso lavoro di Woolley e dei suoi uomini aveva ora conseguito un risultato tale da stupire gli stessi scienziati: una inondazione catastrofica, che ricorda il diluvio universale della Bibbia, considerato spesso dagli scettici come favola o leggenda, si era non soltanto avverata, ma era un fatto verificatosi in un'epoca storica determinabile.

Ai piedi dell'antica torre a gradini dei sumeri, ad Ur, sul corso inferiore dell'Eufrate, si poteva scendere con una scala in una stretta galleria e osservare e toccare con mano la testimonianza di un'immane alluvione: uno strato di argilla di quasi tre metri di spessore. E in base all'età degli strati di abitati umani, sui quali si può leggere il tempo come su di un calendario, si è anche in grado di determinare la data di questa grande inondazione.

Essa avvenne intorno al 4000 a. C.!

4 - *Il diluvio in un racconto dell'antica Babilonia*

Il poema di Gilgamesh e la Bibbia — Dodici tavole di terra-
cotta a Ninive nella biblioteca di Assurbanipal — Utnapishtim,
il Noè dei sumeri? — Il segreto del monte Ararat — Nave
gigantesca in un ghiacciaio — Alla ricerca dell'arca biblica.

ALLORA DIO DISSE A NOÈ: FATTI UN'ARCA CON DEI LEGNI LAVO-
RATI; FA' IN ESSA DELLE CELLE E SPALMALA DI BITUME DENTRO
E FUORI (Genesi, 6, 14).

All'inizio del nostro secolo, molto prima che Woolley scoprisse
Ur, ebbe luogo un ritrovamento sensazionale che dette occasione
ad accese discussioni intorno alla Sacra Scrittura.

Dalle tenebre dell'antico Oriente, era emerso un racconto
antichissimo e misterioso: un poema composto di 300 quartine,
incise su dodici massicce tavole di terracotta, che cantava le meravigliose avventure del leggendario re Gilgamesh.

Il testo era sorprendente: Gilgamesh narrava, esattamente come
la Bibbia, di un uomo vissuto prima e dopo la grande catastrofe
di un diluvio.

Di dove proveniva questa grandiosa e strana epopea?

Le dodici tavole di terracotta erano state rinvenute durante
scavi eseguiti da esploratori inglesi nei primi cinquant'anni del secolo
scorso, insieme con 20.000 altri testi su argilla disposti in bell'ordine nelle rovine della biblioteca di Ninive, considerata la più
celebre dell'antichità e costruita nel VII secolo a. C. dal re Assurbanipal nell'antica Ninive, presso il Tigri. Oggi, sull'altra sponda,
si alzano al cielo le torri delle trivellazioni di Mossul.

Un tesoro preziosissimo intraprese così, ben imballato, il lungo
viaggio da Ninive verso l'Inghilterra, destinato al Museo Britannico.

Il suo vero valore fu riconosciuto però soltanto dopo vari decenni, quando fu possibile decifrare i testi. In quell'epoca nessuno al mondo era in grado di leggerli: nonostante tutti gli sforzi, le tavole rimanevano mute. Poco prima del 1900, nelle severe aule del Museo Britannico, gli antichi testi ripresero a narrare, dopo un silenzio di 2500 anni, uno dei più bei poemi dell'antico Oriente: per la prima volta cantarono agli assiriologi l'epopea di Gilgamesh. Il poema era scritto in accadico, la lingua di corte e diplomatica al tempo del re Assurbanipal. Ma la stesura che presentava nella biblioteca di Ninive è di un millennio prima, dell'epoca, com'è stato poi accertato, del grande re Hammurabi di Babilonia, nella quale metropoli sull'Eufrate venne scoperto un secondo esemplare. Altri ritrovamenti convalidano l'ipotesi che l'epopea di Gilgamesh appartenesse al patrimonio culturale di tutti i grandi stati dell'antico Oriente. Gli ittiti e gli egiziani la tradussero nelle rispettive lingue, e tavole di scrittura cuneiforme, trovate nel paese del Nilo, lasciano riconoscere chiaramente annotazioni fatte con inchiostro rosso in quei punti che, a quanto pare, presentavano difficoltà ai traduttori egiziani.

L'origine del poema epico di Gilgamesh è chiarita definitivamente da un piccolo frammento di terracotta. La prima stesura è dovuta ai sumeri, il popolo cui era appartenuta la metropoli di Ur!

Gilgamesh — così narra il testo cuneiforme dell'XI tavola proveniente dalla biblioteca di Ninive — è deciso ad assicurarsi l'immortalità e intraprende un lungo e avventuroso viaggio per recarsi dal suo antenato Utnapishtim dal quale spera di apprendere il segreto dell'immortalità, perchè a lui gli dèi l'hanno concessa. Arrivato nell'isola in cui vive Utnapishtim, Gilgamesh lo prega di svelargli il « segreto della vita ». Utnapishtim gli racconta di avere abitato un tempo a Shurupak e di essere stato un fedele adoratore del dio Ea. Quando gli dèi decisero di distruggere l'umanità per mezzo di un diluvio, Ea prevenne il suo adoratore Utnapishtim e gli dettò questi ordini:

« Uomo di Shurupak, figlio di Ubaratutu, / abbatti la tua casa, / costruisci una nave, / abbandona la ricchezza, / cerca la vita! / Disprezza gli averi, / salva la vita! / Porta nella nave ogni sorta di semi della vita. / Della nave che costruirai / siano ben calcolate le misure. »

Tutti conosciamo il meraviglioso racconto che segue. Ebbene, la vicenda vissuta dal sumerico Utnapishtim è la stessa che la Bibbia narra di Noè.

Dio disse a Noè... Fatti un'arca con dei legni lavorati... E di tutti gli animali d'ogni specie, ne introdurrai nell'arca una coppia, un maschio e una femmina, acciò si salvino con te (Genesi, 6, 13. 19).

Per facilitare il raffronto, riportiamo le parole di Utnapishtim sulla sua grande avventura e ciò che del diluvio universale e di Noè ci riferisce la Bibbia.

Utnapishtim, secondo l'ordine ricevuto dal dio Ea, costruisce la nave e dice:

Il quinto giorno progettai la sua forma.

Di 300 cubiti sarà la lunghezza dell'arca, di 50 cubiti la larghezza, e di 30 l'altezza (Genesi, 6, 15).

La sua superficie era di 12 iku. [1]
Le sue pareti erano alte 10 gar. [2]
Vi feci sei piani, divisi la sua larghezza in sette parti.
Il suo interno divisi in nove parti.
Sei sar [3] di bitume versai nella fornace.

Vi farai un piano di fondo, un secondo piano, ed un terzo (Genesi, 6, 16).
... fa' in essa delle celle (Genesi, 6, 14).
... e spalmala di bitume dentro e fuori (Genesi, 6, 14).

Quando Utnapishtim ha terminato la costruzione della nave, celebra una gran festa. Macella buoi e capre per la gente che lo ha aiutato e offre « mosto, birra, olio e vino come se fosse acqua del fiume ». Poi continua:

Tutto ciò che avevo di semi della vita vi caricai.
Portai nella nave tutta la mia famiglia e parentela.
Bestiame del campo, animali minuti del campo, tutti i lavoranti portai su.

Entrò Noè, i figli suoi, la moglie sua, e le mogli dei figli suoi con lui nell'arca, per scampare alle acque del diluvio.
Degli animali mondi e immondi, degli uccelli, di tutti quelli che si muovono sulla terra, entrarono a coppie con Noè nell'arca, maschi e femmine, come gli aveva comandato il Signore (Genesi, 7, 7-9).

[1] Circa 3500 m².
[2] 1 gar = circa 6 m.
[3] Misura sconosciuta.

1 « Lamgi - Mari son io...
re di Mari... » Con queste
parole incise sulla spalla
destra il sovrano del re-
gno di Mari sul medio Eu-
frate si presentò il 23 gennaio 1934 agli archeologi
di Parigi.

2 Le prime poderose mura del palazzo di Mari — i cui resti si elevano a 5 m. di altezza — scoperte a Tell Hariri, presso Abu Kemal in Siria. « Gli uomini addetti agli scavi, » scrisse il professor Parrot sotto questa fotografia, « scendono nelle camere. »

Entrai nella nave e chiusi la mia porta.
Non appena risplendette la luce del mattino, si alzò dalla base del cielo una nube nera.
Adad vi ruggiva dentro.
Il furore di Adad raggiunge il cielo;
Tutto il chiaro in tenebre trasformando.

Ed il Signore ve lo chiuse dal di fuori (Genesi, 7, 16).
Passati che furono sette giorni, le acque del diluvio si rovesciarono sulla terra.
... quel giorno si ruppero tutti i fonti del grand'abisso, s'aprirono le cateratte del cielo (Genesi, 7, 10. 11).

Gli dèi del paese dei due fiumi sono terrorizzati dal diluvio e si rifugiano nel cielo più alto, quello del dio Anu. Prima di entrarvi, « essi si accovacciarono come cani ». Sono tutti afflitti e sconvolti per la catastrofe, protestano piangendo a capo chino.

Descrizione degna di Omero!

E continua intanto il diluvio; Gilgamesh ascolta:

Sei giorni e sei notti

Infuria il vento, il diluvio, la bufera australe devasta il paese.

Quando giunse il settimo giorno, la bufera australe, il diluvio universale furono sconfitti nella battaglia che egli aveva combattuta come un esercito. Si placò il mare e divenne calmo, la bufera, il diluvio universale cessarono.

E tutta l'umanità si era trasformata in argilla;
Uniforme come un tetto era diventata la terra.

Durò il diluvio quaranta giorni sopra la terra, e le acque crebbero...
Le quali prevalsero fuor di modo sulla terra, e ne furon coperti tutti i monti più alti che son sotto il cielo (Genesi, 7, 17-19).
E Dio si ricordò di Noè... e mandò un vento sulla terra, e le acque s'abbassarono (Genesi, 8, 1).

Furono chiusi i fonti dell'abisso e le cateratte del cielo, e rattenuta dal cielo la pioggia.
Le acque cominciarono a ritirarsi dalla terra, diminuendo; cominciarono a calare dopo 150 giorni (Genesi, 8, 2-3).
E fu distrutto ogni essere che si moveva sulla terra... tutti gli uomini (Genesi, 7, 21).

« E tutta l'umanità si era trasformata in argilla! » Utnapishtim, il Noè dei sumeri, narra la vicenda che egli stesso ha vissuta.

Babilonesi, assiri, ittiti, egiziani, che tradussero queste parole, che se le lessero fra loro o le riferirono, non si sono mai neppur sognati, al pari dei moderni assiriologi che faticosamente le decifrarono dai caratteri cuneiformi, che narrassero un fatto realmente avvenuto!

Oggi noi sappiamo che il verso dell'XI tavola dell'epopea di Gilgamesh dev'essere stato ispirato dalla relazione d'un testimonio oculare. Solo uno che abbia assistito ai desolanti effetti della catastrofe può farne una descrizione così efficace e realistica.

Uno che « al disastro era scampato » deve aver visto coi propri occhi lo spesso strato d'argilla che ricoprì d'una coltre funebre ogni essere vivente e rese il paese « uniforme come un tetto ». Anche la precisa descrizione della bufera parla in favore di questa ipotesi. Utnapishtim parla esplicitamente di un vento australe, il che corrisponde con molta esattezza alla posizione geografica del luogo. Il Golfo Persico — le cui acque furono scagliate dal vento sulla pianura — giace a sud del delta dell'Eufrate e del Tigri. Utnapishtim descrive con esattezza, fin nei minimi particolari, caratteristici fenomeni meteorologici, l'apparizione di uno straordinario perturbamento atmosferico. Il levarsi di nubi nere tra il fragore del tuono; la tenebra che piomba all'improvviso di pieno giorno; il mugghio del vento australe che trascina con sè le acque: un meteorologo riconosce subito che qui si tratta della descrizione dello scatenarsi d'un ciclone. La moderna meteorologia sa che nelle zone tropicali i territori costieri, le isole, e soprattutto le pianure fluviali, sono esposti a una particolare specie di marosi che tutto annientano e distruggono e che sono causati da cicloni spesso accompagnati da terremoti e da piogge torrenziali.

Sulla costa della Florida, nel golfo del Messico e nel Pacifico, esiste oggi un servizio di previsione con estese ramificazioni e attrezzato secondo la tecnica più progredita. Ma agli uomini che vivevano nella Mesopotamia meridionale, nel 4000 a. C., neppure un moderno servizio di previsione sarebbe stato di qualche utilità.

I cicloni raggiungono a volte le proporzioni d'un diluvio. Anche il recente passato ne offre un esempio.

Nel 1876 un ciclone di questo genere, accompagnato da terribili tempeste, si abbattè sul golfo del Bengala e si diresse verso la costa, sulla foce del Gange. Gli alberi delle navi che si trovavano a 300 chilometri dall'epicentro furono schiantati. Cominciò la bassa marea.

Le acque che si ritraevano furono afferrate dall'ondata ciclonica. Si formò un'onda gigantesca. Irruppe sul territorio del Gange e le acque del mare raggiunsero nell'interno della regione un'altezza di 15 metri. Rimasero sommerse 141 miglia quadrate, 215.000 persone vi trovarono la morte.

Utnapishtim racconta all'allibito Gilgamesh ciò che avvenne alla fine della catastrofe:

Aprii lo spiraglio, e molta luce cadde sul mio volto.	*E passati quaranta giorni, Noè aprì la finestra da lui fatta nell'arca* (Genesi, 8, 6).
La nave si fermò sul monte Nisir.	*Il mese settimo, ai ventisette del mese, l'arca si posò sul monte Ararat* (Genesi, 8, 4).
Il monte Nisir afferrò la nave e non la lasciò vacillare.	

Gli antichi testi babilonesi in scrittura cuneiforme descrivono con grande precisione il punto in cui deve ricercarsi il monte Nisir: fra il Tigri e il corso inferiore del fiume Zab, dove le selvagge e frastagliate catene del Curdistan s'innalzano dalle piane rive del Tigri. Il punto indicato dell'approdo corrisponde esattamente al corso che potè seguire la grande catastrofe proveniente dal sud. Sappiamo da Utnapishtim che la sua città natale era Shurupak. Questa si trovava nelle vicinanze dell'odierna Farah, in mezzo alla pianura sommersa, dove l'Eufrate e il Tigri si discostano formando un ampio arco. Un'ondata di alta marea, partendo dal Golfo Persico, dovette spingere la nave di qui fino alle montagne del Curdistan!

Fig. 6 - Il monte Ararat, nel punto di confluenza della Turchia, Persia e URSS.

Nonostante i precisi accenni del poema di Gilgamesh, il monte Nisir non ha mai richiamato gli studiosi a indagare dove fosse approdata questa nave gigantesca. Meta preferita di numerose spedizioni fu invece il monte Ararat della tradizione biblica.

Il monte Ararat si eleva nella Turchia orientale, in prossimità del confine irano-sovietico. Il suo cono incappucciato di eterna neve ha un'altezza di 5156 metri.

Nel secolo scorso, molti anni prima che gli archeologi affondassero la vanga nel suolo mesopotamico, le prime spedizioni si avviarono verso l'Ararat. La storia di un pastore aveva suggerito questa meta.

Ai piedi dell'Ararat giace il piccolo villaggio armeno di Bayzit, i cui abitanti si raccontano da generazioni la strana vicenda di un pastore di montagna che un giorno avrebbe veduto sull'Ararat una grande nave di legno. Il rapporto di una spedizione turca del 1833 parve confermare la storia del pastore. Vi si parlava, infatti, della prua di una nave di legno che nella stagione estiva emergerebbe dal ghiacciaio meridionale.

Il secondo che sostiene di aver visto la nave è il dott. Nouri, arcidiacono di Gerusalemme e Babilonia. Questo dinamico dignitario ecclesiastico intraprese nel 1892 un viaggio esplorativo alle sorgenti dell'Eufrate. Al ritorno, riferì l'esistenza di un relitto di nave nel ghiaccio perenne: « L'interno era pieno di neve; la parete esterna mostrava un colore naturale rosso scuro. » Durante il primo conflitto mondiale un ufficiale aviatore russo, Roskowitzki, informò d'aver avvistato dal suo aereo, sul fianco meridionale dell'Ararat, « i resti di un singolare relitto di nave ». In piena guerra, lo zar Nicola II inviò subito un gruppo di esploratori. Sembra che questi esploratori non solo abbiano visto la nave, ma anche l'abbiano fotografata. Ma tutte le prove scomparvero presumibilmente durante la rivoluzione d'ottobre.

Dalla seconda guerra mondiale ci sono rimaste molte osservazioni aeree, dovute a un pilota sovietico e a quattro aviatori americani.

Le ultime informazioni chiamano alla ribalta lo storico e missionario americano dott. Aaron Smith di Greensborough, un esperto del problema del diluvio. Dopo un lavoro di molti anni, egli ha redatto una storia letteraria sulla questione dell'arca di Noè. Sul diluvio universale esistono 80.000 opere in 72 lingue, di cui 70.000 menzionano il relitto delle nave leggendaria.

Nel 1951 il dottor Smith, con quaranta uomini, fa per dodici giorni vane ricerche sulla cima ghiacciata dell'Ararat. « Anche se non trovammo alcuna traccia dell'arca di Noè, » egli dichiara in seguito, « pure la mia fede nella descrizione biblica del diluvio universale si è rafforzata. Ci ritorneremo. »

Incitato dal dott. Smith, Jean de Riquer, il giovane esploratore francese della Groenlandia, intraprende nel 1952 l'ascensione del monte vulcanico. Anch'egli torna a mani vuote. Nondimeno vengono organizzate sempre nuove spedizioni sul monte Ararat.

Nessuna tradizione dei primordi della Mesopotamia è così concordante con la Bibbia, quanto il racconto del diluvio nel poema di Gilgamesh. In alcuni passi, troviamo addirittura quasi una consonanza letterale. Tuttavia si riscontra una differenza notevole e molto essenziale. La storia che il Genesi ci ha reso tanto familiare riconosce un solo Dio. Scomparsa è la bizzarra e primitiva rappresentazione di un cielo sovrappopolato di divinità, molte delle quali mostrano aspetti troppo umani: divinità che piangono, si lamentano, hanno paura e si « accucciano come cani ».

L'epopea di Gilgamesh trae origine dal medesimo grande spazio vitale, la « Fertile Mezzaluna », in cui nacque la Bibbia. Grazie al ritrovamento dello strato argilloso presso Ur, si ha la dimostrazione che l'antico poema della Mesopotamia parla di un fatto storico; la catastrofica alluvione avvenuta intorno al 4000 a. C. nella Mesopotamia meridionale è archeologicamente confermata.

Ma questo diluvio babilonese è proprio lo stesso diluvio di cui ci parla la Bibbia?

A questa grande domanda nè l'archeologia nè l'esplorazione hanno saputo fino ad oggi dare risposta.

5 - *Abramo visse nel regno di Mari*

*Un morto di pietra — Il tenente Cabane annuncia un ritrova-
mento — Un tell in Siria riceve un'importante visita — Il re
Lamgi-Mari si presenta — Il prof. Parrot scopre un grande
regno sconosciuto — Il palazzo reale con 260 sale e cortili —
23.600 tavole di terracotta sopravvivono a quattro millenni —
Un rapporto della polizia della steppa sui beniaminiti — La patria
di Rebecca: una città fiorente.*

E DISSE IL SIGNORE AD ABRAMO: ESCI DALLA TUA TERRA, DAL-
LA TUA GENTE, DALLA CASA DEL PADRE TUO, E VIENI NELLA TERRA
CHE TI ADDITERÒ... (Genesi, 12, 1).

La terra di cui parla qui la Bibbia è *Haran*. Tare, suo figlio
Abramo, la nuora Sarai e il nipote Lot, come si legge in Genesi, 11, 31, *abitarono qui.*

Fino a poco tempo fa Haran era completamente sconosciuta.
Nulla si sapeva della sua storia primitiva. Tutti gli antichi documenti
babilonesi tacciono riguardo alla regione del medio Eufrate, chiamata anche il paese « tra i due fiumi », dove si trovava un tempo
Haran.

Solo nel 1933, in seguito a un casuale ritrovamento, si effettuano
degli scavi che anche qui portano a una grande, emozionante scoperta e a nuove cognizioni. La biblica Haran e la vita dei patriarchi
si presentano d'un tratto in un ambiente storico.

Sulla linea ferroviaria che unisce Damasco a Mossul, dov'essa
attraversa l'Eufrate, giace l'ignota cittadina di Abu Kemal. Poichè
la Siria, dopo la prima guerra mondiale, è sottoposta ad amministrazione fiduciaria francese, vi è di stanza un distaccamento di guardia
francese.

Nel cuore dell'estate del 1933 un calore asfissiante e snervante regna sull'ampia depressione dell'Eufrate. Un giorno il tenente Cabane, un ufficiale del distaccamento, è chiamato nel suo ufficio. Egli suppone che si tratti di dover dirimere un nuovo litigio scoppiato tra gli arabi. Conosce bene queste faccende fino alla noia. Ma questa volta pare che l'agitazione nell'ufficio abbia un'altra causa. Ciò che infine riesce a capire dall'interprete è quanto segue: delle persone volevano seppellire un loro congiunto; mentre stavano scavando la fossa su una collina appartata, chiamata Tell Hariri, che cosa vedono? Un morto di pietra!

Forse un ritrovamento che potrebbe interessare al Museo di Aleppo, pensa il tenente Cabane. Comunque, un piccolo diversivo, finalmente, che viene a rompere l'infinita monotonia dello sperduto posto di guardia.

Verso sera, quando l'aria comincia a rinfrescarsi, egli si dirige in automobile a Tell Hariri, che si trova a 11 chilometri a nord di Abu Kemal presso l'Eufrate. Gli arabi lo conducono sopra un pendio, dove il giorno avanti, in una cavità del terreno, la statua mutilata aveva suscitato tanta emozione. Cabane non è un tecnico, tuttavia si rende subito conto che la figura di pietra dev'essere molto antica. L'indomani alcuni soldati francesi la portano ad Abu Kemal. Al comando del corpo di guardia la luce resta accesa fino a molte ore dopo la mezzanotte. Cabane sta redigendo una dettagliatissima relazione circa il ritrovamento, per i suoi superiori, per Henry Seyrig, direttore del Museo delle Antichità di Beyrut, e per il Museo di Aleppo.

Per vari mesi nulla di nuovo. La cosa sembra essere di poca importanza o già dimenticata. Finalmente, agli ultimi di novembre, giunge da Parigi un telegramma del Museo del Louvre. Cabane non crede ai suoi occhi e legge e rilegge la straordinaria notizia. Tra pochi giorni arriverà dalla Francia un'importante personalità: il prof. André Parrot, archeologo di fama, e con lui scienziati, architetti, assistenti e disegnatori.

Il 9 dicembre a Tell Hariri vi è tale animazione che sembra un formicaio. Gli archeologi hanno iniziato il loro lavoro di detectives. Per prima cosa, misurano con precisione la collina, la fotografano fin nei minimi particolari, sondano il terreno con ecometri e ne analizzano i campioni. Passano frattanto il mese di dicembre e le prime settimane del nuovo anno. Il 23 gennaio del 1934 è il giorno decisivo.

Mentre si scava con ogni precauzione all'orlo estremo del tell, esce dalle macerie un piccola, graziosa figura che porta incisa un'iscrizione sulla spalla destra. Tutti si chinano affascinati.

« Lamgi-Mari son io... re... di Mari... il grande...Issakku... che offre... la sua statua... a Ishtar. »

Questa frase, letta lentamente, risuona nel silenzio del gruppo. Il prof. Parrot la traduce dalla scrittura cuneiforme. Nè lui nè i suoi collaboratori potranno mai dimenticare questi istanti. Una scena profondamente emozionante e certo unica nella storia dell'archeologia, pur così ricca di sorprese e di avventure.

Il sovrano e re ha salutato solennemente gli stranieri della lontana Parigi e si è presentato da se stesso, come se volesse cortesemente far loro strada nel suo regno d'un tempo, che sotto di lui dorme un sonno profondo di cui gli scienziati di Parigi non possono ancora sospettare lo splendore e la potenza.

Scolpito in pietra, meravigliosa opera plastica, il re Lamgi-Mari sta davanti a Parrot. Una figura che impone rispetto, larga di spalle, sopra uno zoccolo. Manca però al volto l'incredibile alterigia, così tipica delle effigi di altri sovrani dell'antico Oriente, in particolare gli assiri, che hanno tutti, senza eccezione, uno sguardo feroce e crudele. Il re di Mari sorride. Non porta armi, le sue mani sono devotamente congiunte una sull'altra. Indossa una ricca veste ornata di frange, che a guisa di toga gli lascia scoperta una spalla.

Nessuno scavo è stato, come questo, coronato al primo tentativo da così pieno successo. Sotto questa collina deve giacere Mari, la città regale.

Da molto tempo gli scienziati sanno dell'esistenza della regale città di Mari, grazie alle antichissime iscrizioni babilonesi e assire.

Una di queste iscrizioni informa perfino che Mari è stata la decima città fondata dopo il diluvio. La grande offensiva di picconi e vanghe inizia a Tell Hariri.

I lavori durano dal 1933 al 1939, interrotti da lunghe pause. Il calore tropicale rende impossibile qualsiasi attività nella maggior parte dell'anno. Solo si può lavorare nei mesi più freschi della stagione delle piogge, dalla metà di dicembre alla fine di marzo.

Gli scavi di Tell Hariri apportano una grande quantità di nuove scoperte, per un capitolo ancora ignoto dell'antico Oriente. Nessuno ancora sospetta quale stretta connessione avranno i ritrovamenti di Mari con personaggi biblici tra i più familiari.

Anno per anno il rapporto della spedizione offre nuove sorprese. Nell'inverno 1933-34 viene dissotterrato un tempio di Ishtar, la dea della fecondità. Tre dei reali adoratori di Ishtar si son fatti eternare in forma di statue nel santuario rivestito d'un mosaico di conchiglie risplendenti: Lamgi-Mari, Ebin-il e Idi-Narum.

Nel secondo periodo degli scavi le vanghe incontrano le case di una città. È Mari! Se grande è la soddisfazione per il successo raggiunto, molto maggiore è l'attenzione, anzi lo stupore, che suscitano i muri d'un palazzo che doveva essere stato d'una grandezza straordinaria. Parrot comunica: « Siamo riusciti a liberare 69 sale e cortili. Non se ne vede ancora la fine. » 1600 tavole con iscrizioni cuneiformi, ammonticchiate con cura in una delle sale, contengono notizie di carattere economico.

La relazione dei ritrovamenti della terza campagna 1935-36 riferisce che fino allora erano stati scoperti 138 sale e cortili, ma che i muri esterni del palazzo non erano stati ancora raggiunti. Una corrispondenza su 13.000 tavole di terracotta attendeva di essere decifrata. Nella quarta campagna sono dissotterrati un tempio del dio Dagan e uno ziggurat, la tipica torre a gradini della Mesopotamia. Nel palazzo sono ora allo scoperto 220 sale e cortili e altre 8000 tavole di terracotta si aggiungono alle precedenti.

Quando nel quinto anno di scavi vengono liberate dalle macerie altre 40 sale, il palazzo del re di Mari si presenta in tutta la sua grandiosità agli occhi di Parrot e dei suoi collaboratori. Quasi dieci iugeri di superficie sono coperti da questa costruzione gigantesca del terzo millennio a. C. È un complesso di 260 sale e cortili! Mai prima di allora era stato portato alla luce un edificio così colossale e ramificato.

Sono necessarie colonne di automezzi solo per trasferire le tavole con scritture cuneiformi, trovate negli archivi del palazzo: in totale 23.600 documenti. Passano in seconda linea, al confronto, perfino i grandi ritrovamenti di tavole a Ninive, poiché la celebre biblioteca del re assiro Assurbanipal conteneva « soltanto » circa 22.000 testi su terracotta!

Per ottenere una veduta complessiva del palazzo di Mari, la spedizione richiede un aereo. Planando su Tell Hariri, vengono scattate delle fotografie che alla loro pubblicazione in Francia suscitano uno stupore indicibile. Questo palazzo, nel 2000 a. C., era una delle grandi meraviglie del mondo, il gioiello dell'architettura dell'antico Oriente. Venivano da lontano viaggiatori per ammirarlo. « Ho visto Mari! » scrisse entusiasta un mercante della fenicia città di Ugarit.

L'ultimo re che vi risiedette si chiamava Zimri-Lim. Gli eserciti del famoso Hammurabi di Babilonia sottomisero intorno al 1700

a. C. il regno di Mari, situato sul corso medio dell'Eufrate, e distrussero la grande metropoli.

Sotto le pareti e i soffitti crollati si ritrovarono ancora i bracieri
dei guerrieri babilonesi, del comando degli incendiari che fece dar
fuoco al palazzo.

Essi però non poterono distruggerlo del tutto. Rimasero in piedi
muri alti fino a cinque metri. « E le installazioni del palazzo, » scrive
il prof. Parrot, « sia nelle cucine come nelle sale da bagno, potrebbero essere messe in funzione anche oggi, quattro millenni dopo la
distruzione, senza bisogno della minima riparazione. » Nelle sale da
bagno si trovarono le vasche, nelle cucine gli stampi delle focacce
e nelle stufe perfino il carbone!

Le maestose rovine offrono uno spettacolo che supera ogni im-
maginazione. Un unico portone a nord assicurava una sorveglianza
più facile e una migliore difesa. Dopo che si è attraversata una
lunga serie di cortili e di passaggi, si arriva al grande atrio interno,
inondato di luce. Era questo il centro della vita ufficiale e, al tempo
stesso, dell'amministrazione del regno. Il sovrano riceveva nella con-
tigua sala delle udienze — così vasta da offrire posto a centinaia di
persone — i suoi funzionari, i corrieri e gli ambasciatori. Ampi
corridoi conducevano alle stanze private del re.

Un'ala del palazzo serviva esclusivamente alle cerimonie reli-
giose. Là vi era anche la sala del trono, alla quale conduceva un
magnifico scalone. Attraverso parecchie sale, si apriva un largo passaggio al corteo sacerdotale sino alla cappella del palazzo, nella
quale stava l'immagine della divinità venerata: la dea madre dispen-
satrice della vita. Dal vaso che teneva nelle mani fluiva ininterrottamente « l'acqua eterna generatrice della vita ».

L'intera corte viveva sotto il medesimo tetto del re. Ministri,
amministratori, segretari e amanuensi vi avevano i loro appartamenti.

Un ufficio per gli affari esteri e un ministero del commercio
avevano sede nel grande palazzo dell'amministrazione del regno di
Mari. Oltre cento impiegati si occupavano esclusivamente del disbrigo
della posta del governo, che aveva un movimento, fra arrivi e par-
tenze, di migliaia di tavole.

Grandi e meravigliosi dipinti murali conferivano al palazzo una
singolare decorazione. I colori non hanno perduto nulla della loro
lucentezza. Sembra che siano stati applicati ieri. Eppure sono i dipinti
più antichi del paese dei due fiumi, di mille anni più antichi dei
famosi affreschi che decoravano le sontuose dimore dei sovrani assiri
di Khorsabad, Ninive e Nimrud.

La grandiosità e la magnificenza di questo palazzo più unico che raro corrispondevano alla potenza del regno che da qui veniva governato. Attraverso i millenni i suoi archivi ce ne danno notizia.

Le informazioni, gli atti, gli ordini governativi, i rendiconti, incisi nella terracotta dal veloce stilo degli scrivani di corte quattromila anni or sono, rivivranno grazie al paziente e assiduo studio degli

Fig. 7 - Questo dipinto della sala 106 del palazzo di Mari mostra l'insediamento al trono di Zimri-Lim da parte della dea Ishtar.

scienziati. Finora si è riusciti solo per alcune centinaia di tavole. A Parigi, il prof. Georges Dossin dell'Università di Liegi e tutta una schiera di assiriologi si affaticano a decifrarle e a tradurle. Passeranno degli anni prima che tutti i 23.600 documenti siano tradotti e pubblicati.

Ognuno contiene, come una tessera di mosaico, un frammento di autentica storia del regno di Mari.

Numerose norme concernenti la costruzione di canali, dighe, argini, scarpate rivelano che il benessere del paese dipendeva per la massima parte dal molto ramificato sistema d'irrigazione, costantemente sorvegliato e mantenuto in efficienza da ingegneri dello stato. Due tavole contengono un elenco di 2000 artigiani con nome e cognome e con indicata la rispettiva corporazione.

Il sistema informativo « Mari » funzionava così rapidamente e con tanta perfezione che non aveva nulla da invidiare alla moderna telegrafia. Messaggi importanti venivano trasmessi in poche ore, mediante segnali fatti di fuochi, dal confine della Babilonia fino alla odierna Turchia: una distanza di oltre 500 chilometri!

Mari era situata nel punto di confluenza delle grandi strade carovaniere tra ovest ed est e tra sud e nord; non deve quindi meravigliare se lo scambio di merci, che da Cipro a Creta giungeva fino in Asia Minore e nella Mesopotamia meridionale, rendeva necessaria anche un'attiva corrispondenza di affari d'importazione e d'esportazione che veniva scritta su tavole d'argilla. Ma le tavole non parlano soltanto delle cose della vita quotidiana. Esse ci informano altrettanto minuziosamente dei culti, delle processioni di capodanno in onore di Ishtar, degli oracoli e dell'interpretazione dei sogni. Venticinque divinità erano venerate in Mari. Un registro di montoni sacrificati, istituito da Zimri-Lim, elenca per nome gli abitanti del cielo degli dèi.

Da numerose relazioni singole su terracotta possiamo formarci un'idea del regno di Mari come di uno stato esemplarmente organizzato e amministrato del XVIII secolo precristiano. Un fatto che stupisce è che non si trovi, sia nelle pitture che nelle sculture, nessuna rappresentazione di avvenimenti bellici.

Gli abitanti di Mari erano amorrei, divenuti sedentari da molto tempo e amanti della pace. Stavano loro a cuore cose di religione e di culto, commercio e tenore di vita; le conquiste, l'eroismo, il fragore delle armi li interessavano poco o nulla. I loro volti, come ci appaiono raffigurati nelle statue e nei dipinti, irraggiano una lieta serenità.

Pur tuttavia la difesa e la sicurezza del paese non li lasciavano del tutto liberi da preoccupazioni militari. Ai loro confini vivevano tribù nomadi semitiche, per le quali gli opimi pascoli e i campi di ortaggi e di grano di Mari rappresentavano una costante seduzione. Bisognava dunque premunirsi contro di loro. A questo scopo furono installati al confine posti di osservazione che servivano per la sorveglianza e la difesa. Qualunque cosa accadesse veniva immediatamente comunicata a Mari.

Gli assiriologi di Parigi decifrano una tavola di terracotta degli archivi di Mari. Leggono con meraviglia un messaggio di Bannum, ufficiale della polizia della steppa:

« Di' al mio signore: questo da parte di Bannum, tuo servo. Ieri partii da Mari e passai la notte a Zuruban. Tutti i beniaminiti accesero segnali di fuoco. Da Samanum a Ilum-Muluk, da Ilum-Muluk a Mishlan, tutte le località dei beniaminiti nel distretto di Terqa risposero con segnali di fuoco. E fino ad oggi non sono sicuro di ciò che significano questi segnali. Ora cerco di appurarlo. Scriverò al mio signore se ci sono riuscito o no. Fa' rinforzare la guardia della città di Mari e non lasciar uscire il mio signore dalla porta. »

In questo rapporto di polizia del medio Eufrate, del XIX secolo a. C., appare il nome di una tribù che conosciamo dalla Bibbia: i *beniaminiti*!

Dei beniaminiti si parla spesso. Sembra che abbiano procurato ai sovrani di Mari molti grattacapi e gravi preoccupazioni, perchè da essi prendono nome alcuni periodi di governo.

Nelle dinastie del regno di Mari gli anni di governo non si contavano numericamente, ma venivano designati da avvenimenti particolari come la costruzione e la consacrazione di nuovi templi, l'erezione di grandi dighe per il miglioramento degl'impianti d'irrigazione, il rafforzamento degli argini dell'Eufrate, oppure dai censimenti della popolazione. Tre volte le tabelle cronologiche menzionano i beniaminiti:

« L'anno in cui Iahdulim andò a Hên e pose la sua mano sulla steppa dei beniaminiti. » Cioè il periodo di governo di Iahdulim, re di Mari. E:

« L'anno in cui Zimri-Lim ha ucciso il dâwîdum dei beniaminiti... »

« Il secondo anno in cui Zimri-Lim ha ucciso il dâwîdum dei beniaminiti... » Allusioni al periodo di governo di Zimri-Lim, ultimo sovrano di Mari.

Una voluminosa corrispondenza di governatori e funzionari della pubblica amministrazione tratta esclusivamente una questione: conviene arrischiare di fare il censimento dei beniaminiti?

Nel regno di Mari i censimenti della popolazione non erano una cosa insolita. Essi fornivano le basi per l'applicazione delle imposte e per la chiamata sotto le armi. La popolazione, divisa per distretti, veniva radunata al suono di tamburi e ogni soggetto al servizio militare veniva arruolato. Questa operazione si protraeva per vari giorni, durante i quali gli agenti del governo facevano distribuzioni gratuite di birra e pane. I capi dell'amministrazione del palazzo di Mari avrebbero arruolato molto volentieri anche i beniaminiti. Invece i funzionari distrettuali, pratici del paese, sono assai preoccupati. Essi mettono in guardia e sconsigliano, perchè conoscono più a fondo le tribù ancora instabili e ribelli.

« Riguardo alla proposta di un censimento dei beniaminiti, di cui tu mi scrivi... »: con queste parole comincia una lettera di Samsi-Addu a Iasmah-Addu di Mari. « I beniaminiti non sono adatti per un censimento. Se tu lo farai, lo verranno a sapere i loro fratelli, i ra-ab-ba-yi, che abitano dall'altra parte del fiume. Saranno malcontenti di essi e non torneranno più nel loro paese. Non fare in nessun caso un tale censimento! »

Così i beniaminiti persero la distribuzione gratuita di birra e di pane, ma si sottrassero, nel tempo stesso, al pagamento delle imposte e al servizio militare.

In seguito i figli d'Israele sperimenteranno più volte rilievi anagrafici di questo genere, applicando esattamente lo schema di Mari. La prima volta sotto Mosè, per ordine di Geova, dopo la partenza dall'Egitto. Tutti gli uomini oltre i vent'anni abili al maneggio delle armi furono registrati secondo i nomi di famiglia (Num., 1, 1-4). Una generazione dopo, alla fine del soggiorno nel deserto, Mosè fa fare un secondo censimento per la suddivisione della regione di Canaan (Num., 26). Al tempo dei re, poi, Davide ordina di censire la popolazione. Egli ha progettato la creazione d'un'organizzazione militare, e ne affida l'incarico a Joab, capo dell'esercito: « *Va' in giro per tutte le tribù d'Israele, da Dan fino a Bersabee, e conta il popolo perchè io ne sappia il numero* » (II Re, 24, 2). Come racconta la Bibbia, Geova incitò re Davide a eseguire il censimento, allo scopo di punire il popolo. Gl'israeliti erano soprattutto amanti della libertà. Essi avevano in odio le rassegne militari e conseguentemente la prospettiva di una chiamata alle armi. Nell'anno 6 d. C. il censimento ordinato dal prefetto Quirinio per poco non fa scoppiare una rivolta.

È degno di nota che proprio a Mari, amante della pace, il mondo va debitore del primo modello di tutti i reclutamenti. Lo imitarono babilonesi e assiri, greci e romani, e in seguito gli stessi stati dell'era moderna. In tutti i paesi del mondo, alla base dei censimenti della popolazione per l'imposizione delle imposte e per il reclutamento militare, sta lo schema di Mari!

A Parigi la menzione dei beniaminiti suscita congetture e speranze in una determinata direzione. E non senza ragione.

Su altre tavole di scrittura cuneiforme gli assiriologi incontrano man mano, in relazioni di governatori e di luogotenenti del regno di Mari, un'intera serie di nomi della storia biblica che suonano familiari, come *Faleg, Sarug, Nacor, Tare* e... *Aran*!

Questa è la discendenza di Sem, si legge in Genesi, 11... *Faleg a trent'anni generò Reu. / Reu visse trentadue anni e generò Sarug. / Sarug a trent'anni generò Nacor. / Nacor di ventinove anni generò Tare. / Tare poi, quando aveva settant'anni, generò Abramo, Nacor e Aran.*

Nomi di antenati di Abramo emergono dalla notte dei tempi come nomi di città della Mesopotamia nord-occidentale. Sono città situate nella pianura di Aram, « Padan-Aram ». In mezzo a questa vi è *Haran* che, secondo la descrizione, dev'essere stata una città fiorente nei secoli precristiani XIX e XVIII. Haran, la patria del padre dei patriarchi Abramo, la patria del popolo ebreo, è qui documentata autenticamente per la prima volta, in quanto ne parlano testi dell'epoca. Un po' al di sopra, nella stessa vallata del Belikh, era situata la città dal nome biblico altrettanto familiare: *Nacor*, la patria di Rebecca, moglie d'Isacco.

Abramo era vecchio, di grande età, ed il Signore l'aveva benedetto in tutto. / Disse al più anziano dei servi della sua casa, preposto a tutte le sue possessioni: « Poni la mano sotto la mia coscia, / e ti farò giurare per il Signore Dio del cielo e della terra, di non scegliere la moglie del figlio mio di tra le figlie dei cananei, in mezzo ai quali io abito; / ma indirizzati alla mia terra ed alla mia parentela, e di lì prendi la moglie pel figlio mio Isacco. » / Poi il servo prese... di tutte le ricchezze di lui, e s'indirizzò in Mesopotamia alla città di Nacor (Genesi, 24, 1-4. 10).

La città biblica di Nacor è d'un tratto localizzata secondo elementi storici precisabili. Il servo di Abramo partì per il regno dei sovrani di Mari. L'incarico inequivocabile del suo signore, come lo tramanda la Bibbia, dimostra che Abramo deve aver conosciuto molto bene sia la Mesopotamia settentrionale sia Nacor. Altrimenti, come avrebbe potuto parlare della città di Nacor?

Secondo i dati contenuti nella Bibbia, si può calcolare esattamente che Abramo abbandonò Haran, sua patria, 645 anni prima dell'uscita dei figli d'Israele dall'Egitto. Sotto la guida di Mosè, questi si diressero attraverso il deserto alla volta della Terra Promessa nel XIII secolo a. C. Questa data, come vedremo in seguito, è stata stabilita archeologicamente. Abramo deve quindi aver vissuto intorno al 1900 a. C. I ritrovamenti di Mari confermano l'esattezza di questi dati della Bibbia. Infatti, intorno al 1900 a. C., secondo indicazioni contenute negli archivi del palazzo, tanto Haran che Nacor erano città fiorenti.

I documenti del regno di Mari forniscono per la prima volta la prova inaudita: le storie dei patriarchi contenute nella Bibbia non sono — come furono chiamate spesso e volentieri — « pie leggende », bensì avvenimenti e descrizioni di un'epoca che può essere perfettamente individuata nel tempo!

3 In un angolo della sala 78 si trovarono alcuni giganteschi vasi
d'argilla danneggiati. Nel 1750 a. C. vi crollarono sopra i soffitti,
quando i reparti incendiari del re Hammurabi fecero incendiare
il palazzo.

4 Solo una fotografia presa dall'aereo può dare un'idea della configurazione architettonica del palazzo di Mari, che, con una superficie di due ettari e mezzo, era nel II millennio a. C. la più grande residenza reale dell'antico Oriente. Nelle sue 260 sale e stanze furono scoperti fra l'altro gli atti, in scrittura cuneiforme, riguardanti le città di Haran (Gen., 11, 31) e Nacor (Gen., 24, 10).

6 - *Il grande viaggio a Canaan*

Una via carovaniera di 1000 chilometri — Oggi si richiedono quattro visti — Il paese della porpora — Spedizioni punitive contro gli « abitanti del deserto » — Grandiose città della costa e un retroterra inquieto — « Bestseller » egiziano che parla di Canaan — Sinhue esalta la « buona terra ». — Gerusalemme su vasi magici — Roccheforti difensive — Sellin trova Sichem — Abramo scelse la via della montagna?

ABRAMO PRESE CON SÈ SARAI SUA MOGLIE, LOT FIGLIO DEL SUO FRATELLO, TUTTI GLI AVERI CHE POSSEDEVANO, E LE CREATURE NATE A LORO IN HARAN, ED USCIRONO, DIRETTI ALLA TERRA DI CANAAN (Genesi, 12, 5).

Il cammino da Haran, la patria dei patriarchi, verso la terra di Canaan si estende per più di 1000 chilometri in direzione sud. Scendendo lungo il fiume Belikh, giunge all'Eufrate, di dove, per una strada carovaniera millenaria attraverso l'oasi di Palmira, la biblica Tadmor, arriva a Damasco e da qui, volgendo a sud-ovest, al lago di Genezareth. È una delle grandi vie commerciali che da tempi immemorabili conducono dall'Eufrate al Giordano, dai regni della Mesopotamia alle città fenicie sul Mediterraneo e verso il lontano paese del Nilo, l'Egitto.

Oggi chi vuol percorrere l'itinerario di Abramo ha bisogno di quattro visti: uno per la Turchia, dove è situata Haran; uno per la Siria, e precisamente per il tratto compreso tra l'Eufrate e il Giordano passando per Damasco, e gli altri per gli stati di Giordania e Israele che occupano l'antico Canaan. Al tempo del padre dei patriarchi le cose erano più semplici. Infatti egli nel suo lungo viaggio attraversò un solo grande stato, il regno di Mari, dal quale si allontanava. I territori degli stati minori tra l'Eufrate e il Nilo si potevano aggirare facilmente. La via verso Canaan era libera.

La prima grande città che Abramo deve aver incontrato nella sua lunga peregrinazione esiste anche oggi: è Damasco.

Una gita in macchina da Damasco alla Palestina costituisce, specialmente in primavera, un'esperienza meravigliosa.

L'antichissima città, con le sue strette viuzze, con gli scuri corridoi dei suoi bazar, con le sue moschee e i resti delle costruzioni romane, è situata in mezzo ad una vasta e fertile pianura. Quando gli arabi parlano del paradiso, pensano a Damasco. Nessun luogo del Mediterraneo può confrontarsi con questa città, che ogni primavera colma di un'incomparabile ricchezza di corolle dai più svariati colori. Negli innumerevoli giardini e lungo i cigli dei campi dinanzi alle sue mura è tutto un fiorire di albicocchi e di mandorli color rosa. Alberi in fiore fiancheggiano anche la strada che sale in dolce pendio verso sud-est. Campi ubertosi si alternano a oliveti e a vaste piantagioni di gelsi. Nella parte alta, a destra della strada, scaturisce il fiume el Barada, a

Fig. 8 - Il padre dei patriarchi percorse questo cammino dal regno di Mari a Canaan.

cui il paese deve la sua fertilità. Qui, sulla liscia e fiorita pianura alza le sue vette al cielo, erto e possente, il celebre Hermon coi suoi 2750 metri. Dal suo fianco sud sgorgano le sorgenti del Giordano. Questo monte che domina i due paesi, visibile a grandissima distanza, sembra che sia stato posto dalla natura come pietra terminale fra la Siria e la Palestina. La sua catena di vette rimane coperta di neve anche durante la torrida estate. L'impressione è ancora più imponente per il fatto che, a sinistra della strada, si vede scomparire in lontananza il verde dei campi. Colline uniformi color grigio, attraversate da aride vallate, ondeggiano sino all'orizzonte fiammeggiante, ove comincia l'ardente deserto della Siria, la patria dei nomadi. Per un'ora e mezzo la strada continua a salire lievemente. I campi e i boschetti divengono sempre più rari. Il verde viene assorbito sempre più dal grigio-sabbia della steppa. Poi, d'un tratto, i formidabili tubi d'un oleodotto attraversano la strada. Il petrolio che qui scorre ha già percorso un lungo cammino. A 1500 chilometri di distanza, dai pozzi delle isole Bahrein in mezzo al Golfo Persico, comincia il suo viaggio che termina nella città portuale di Saida sul Mediterraneo. Saida è l'antica Sidon della Bibbia.

Dietro un dorsale di colline emerge ora improvvisamente il paese montuoso della Galilea. Pochi minuti dopo avviene il controllo dei passaporti. La Siria rimane alle spalle. La strada attraversa un piccolo ponte. Sotto il suo arco scorre un rapido stretto fiumicello. È il Giordano; siamo in Palestina, nel giovane stato d'Israele.

Dopo un viaggio di 10 chilometri tra scure rocce di basalto, scintilla col suo fondo azzurro intenso il lago di Genezareth. Su questo tranquillo lago, dove il tempo pare essersi fermato, predicò Gesù da una barca davanti al piccolo villaggio di Cafarnao. Qui ordinò a Pietro di gettare le reti per la grande pesca. Due millenni prima pascolarono su queste sponde le greggi di Abramo, poichè il cammino dalla Mesopotamia a Canaan passava dinanzi al lago di Genezareth.

Canaan è la stretta, montagnosa striscia di terra compresa tra la costa del Mediterraneo e i margini del deserto, da Gaza a sud fino ad Hamath a nord, alle rive dell'Oronte.

Canaan significa « paese della porpora ». Deve il suo nome a un prodotto molto apprezzato nell'antichità. Fin da tempi remoti i suoi abitanti estraevano da una chiocciola marina — *murex shell-fish* —, che viveva in quei luoghi, il più famoso colorante del mondo antico, la porpora. Per la sua rarità e la difficoltà di ottenerla era tanto costosa che soltanto i ricchi potevano acquistarla. Le vesti tinte di porpora erano considerate dovunque nell'antico Oriente segno d'alto rango. I greci chiamavano fenici i fabbricanti e i tintori di porpora delle coste del Mediterraneo, e il loro paese Fenicia, che nella loro lingua significa porpora.

Il paese di Canaan è inoltre la culla di due cose i cui effetti sconvolsero veramente il mondo: la parola Bibbia e il nostro alfabeto! Una città fenicia dette il suo nome alla parola greca che significa « libro »; da Biblo, la città marittima di Canaan, derivò *biblion* e poi *Bibbia*. Nel IX secolo a. C. i greci appresero da Canaan le lettere del nostro alfabeto.

La parte del paese che doveva diventare la patria del popolo d'Israele fu battezzata dai romani col nome dei più acerbi nemici d'Israele: « Palestina », che deriva da « Pelishtim » e che è il nome col quale erano chiamati i filistei dell'Antico Testamento. Questi vivevano nella parte più meridionale della costa di Canaan. *Tutto Israele da Dan a Bersabee* (I Re, 3, 20): così la Bibbia descrive l'estensione della Terra Promessa, vale a dire dalle sorgenti del Giordano, ai piedi dell'Hermon, fino alle colline ad ovest del Mar Morto e a mezzogiorno fino al Negev.

Se osserviamo un mappamondo, la Palestina appare come una macchiolina, una minuscola striscia sulla nostra terra. L'antico regno d'Israele si può percorrere comodamente in automobile nello spazio d'un giorno, seguendo la linea dei suoi confini. Lungo 230 chilometri da nord a sud, largo 37 chilometri nel punto più stretto, ha una superficie complessiva di 25.124 chilometri quadrati, che equivale all'estensione della Sicilia. Soltanto durante pochi decenni del suo movimentato passato, ebbe una superficie maggiore. Sotto i famosi re Davide e Salomone, il territorio dello stato giungeva a sud fino al braccio del Mar Rosso presso Asiongaber, e a nord nell'interno della Siria molto al di là di Damasco. L'odierno stato d'Israele, coi suoi 20.720 chilometri quadrati, è la quinta parte del regno dei padri.

Mai fiorirono qui un artigianato o un'industria i cui prodotti fossero richiesti dal resto del mondo. Attraversato da colline e da catene montuose, le cui vette superano i mille metri, circondato a sud e ad est dalla steppa e dal deserto, a nord dalle montagne del Libano e dall'Hermon e ad ovest dalla costa piana e sprovvista di porti, il paese è come una misera isoletta tra i grandi regni del Nilo e dell'Eufrate, al confine tra due continenti. Dopo un desolato tratto desertico di 150 chilometri di larghezza, comincia l'Asia, e alle sue soglie si stende la Palestina.

Se nella sua accidentata storia fu ripetutamente coinvolta nei grandi problemi mondiali, essa lo deve a questa sua posizione. Canaan è l'anello di congiunzione fra l'Egitto e l'Asia. La più importante rotta commerciale del mondo antico passa per questo paese. Mercanti e carovane, tribù e popoli migranti percorrono questo cammino, sul quale si succederanno gli eserciti dei grandi conquistatori. Egiziani, assiri, babilonesi, persiani, greci e romani si servono del paese e dei suoi abitanti come strumento dei loro interessi economici, strategici e politici.

Il gigante del Nilo, prima potenza mondiale, nel III millennio a. C., spinto da interessi mercantili, protese i suoi tentacoli verso l'antico Canaan.

« Portammo quaranta navi, cariche di tronchi di cedro. / Costruimmo navi di legno di cedro. / Una d'esse, l'« Elogio dei due Paesi » — nave lunga 50 metri. / E di legno di meru due navi della lunghezza di 50 metri. / Facemmo le porte del palazzo reale di legno di cedro. » Questo è il contenuto della più antica relazione del mondo — intorno al 2700 a. C. — di un'importazione di legname. I particolari di questo trasporto di legname sotto il faraone Snefru sono incisi in una tavola di dura diorite nera. La preziosa tavola è conservata nel Museo di Palermo. Fitti boschi ricoprivano allora i pendii del Libano. Il legno dei loro cedri e meru, una specie di conifera, era molto apprezzato dai faraoni come legno da costruzione.

Già 500 anni prima di Abramo, fioriva sulle coste di Canaan il commercio d'importazione e d'esportazione. Il paese del Nilo barattava oro e spezie della Nubia, rame e turchesi delle miniere del Sinai, lino e avorio, contro argento del Tauro, pelletterie di Biblo, vasi smaltati di Creta. Nelle grandi tintorie dei fenici i ricchi facevano tingere di porpora le loro stoffe. Per le dame della corte acquistavano uno splendido azzurro-lapislazzuli — erano allora di gran moda le palpebre dipinte d'azzurro — e lo stibio, il cosmetico tanto apprezzato dalle signore di quell'epoca per il ritocco delle ciglia.

Nelle città marittime di Ugarit (oggi Ras Shamra) e di Tiro risiedettero consoli egiziani; la fortezza marittima di Biblo divenne colonia egiziana; si eressero monumenti ai faraoni, e principi fenici assunsero nomi egiziani.

Ma se le località costiere offrono un quadro di vita internazionale movimentata, prosperosa e addirittura fastosa, a pochi chilometri nell'interno del paese appare un mondo totalmente diverso. Le montagne presso il Giordano sono un focolaio di perenne inquietudine. Le aggressioni dei nomadi alla popolazione sedentaria, i tumulti e le ostilità fra una città e l'altra si seguono ininterrottamente. Poichè ne è minacciato anche il passaggio delle carovane lungo la costa del Mediterraneo, gli egiziani organizzano delle spedizioni punitive per richiamare all'ordine i perturbatori della pace. L'epigrafe sulla tomba dell'egiziano Uni ci dà un'esatta idea di come si svolgeva una di queste spedizioni punitive intorno al 2350 a. C. Il comandante militare Uni riceve dal faraone Phiops I l'ordine di raccogliere un esercito per muovere contro i beduini asiatici che hanno invaso Canaan. L'operazione è così descritta:

« Sua Maestà fece la guerra agli abitanti del deserto e Sua Maestà raccolse un esercito: in tutto il paese meridionale a sud di Elephantina... in tutto il paese settentrionale... e tra i nubiani Jertet,

Mazoi e Jenam. Fui io che feci il piano per tutti... » Viene lodata
espressamente la grande disciplina delle forze armate di vario colore;
per di più apprendiamo le cose più desiderate che si potevano pre-
dare a Canaan: « Nessuno di essi rubò... sandali di uno che cam-
minava sulla strada... Nessuno di essi prese del pane in nessuna città.
Nessuno tolse una capra a qualcuno. » Il bollettino di guerra di Uni
annunzia orgogliosamente un grande successo e contiene inoltre
preziose informazioni sul paese: « L'esercito del re ritornò sano e
salvo, dopo aver devastato il paese degli abitanti del deserto... dopo
aver distrutto i suoi alberi di fichi e le viti... dopo aver trascinato
con sè un gran numero di prigionieri. Sua Maestà mi mandò cinque
volte a perlustrare con queste truppe il paese degli abitanti della
sabbia ad ogni loro sollevazione... »

Fu così che i primi semiti — che gli egiziani in segno di
disprezzo chiamavano abitanti della sabbia — vennero come prigionieri di guerra nel paese dei faraoni.

Cinquecento anni dopo, Chu-Sebek, aiutante del re egiziano
Sesostris III, scrive un bollettino di guerra, che — inciso secondo
l'uso in una lapide commemorativa — è rimasto conservato ad
Abido sul corso inferiore del Nilo: « Sua Maestà partì verso il nord,
per sottomettere i beduini asiatici... Sua Maestà arrivò in un luogo
chiamato Sekmem... Poi Sekmem crollò insieme col miserabile
Retenu... »

Gli egiziani designavano la terra della Palestina e della Siria
col nome di « Retenu ». Sekmem è la città biblica di *Sichem*, « la
prima città di Canaan incontrata da Abramo durante la sua peregrinazione » (Genesi, 12, 6).

Con la campagna di Sesostris III verso il 1850 a. C. siamo
in mezzo all'epoca dei patriarchi. L'Egitto ha frattanto posto le mani
su tutto il Canaan; il paese è ora soggetto alla sovranità dei faraoni.
Grazie agli archeologi, il mondo possiede un documento unico di
quest'epoca, un vero gioiello della letteratura antica. L'autore è un
certo Sinuhe d'Egitto. Luogo dell'azione: Canaan. Epoca dell'azione: tra il 1971 e il 1928 a. C., sotto il faraone Sesostris I.

Sinuhe, un nobile frequentatore della corte, viene coinvolto in
un intrigo politico. Teme per la sua vita ed emigra a Canaan:

« ... Allorchè diressi i miei passi verso nord, giunsi alla muraglia
dei principi, costruita per tenere lontani i beduini e combattere i

viandanti della sabbia.[1] Mi accovacciai in un cespuglio, per paura di essere visto dalle sentinelle di guardia sul muro. Soltanto la sera mi rimisi in cammino. Allo spuntar del giorno... quando ebbi raggiunto il Lago Salato,[2] caddi esausto. Mi assalì la sete e avevo la gola arsa. Dissi: " Questo è il sapore della morte! " Ma quando sollevai il mio cuore e riunii tutte le mie forze, udii il muggito delle greggi e vidi dei beduini. Colui che li guidava, che era stato in Egitto, mi riconobbe. Mi offrì allora dell'acqua e fece bollire del latte per me, e io andai con lui alla sua tribù. Ciò che mi fecero, era buono. »

La fuga di Sinuhe è riuscita. Egli ha potuto passare clandestinamente la grande muraglia al confine del regno dei faraoni, che correva lungo il medesimo tratto occupato oggi dal Canale di Suez. Questa « muraglia dei principi » contava allora alcune centinaia di anni. Un sacerdote la menziona già nel 2650 a. C.: « Si costruirà la muraglia dei principi, che non permetterà agli asiatici di entrare in Egitto. Essi chiedono acqua... per abbeverare il loro bestiame. » In seguito i figli d'Israele attraverseranno più volte questa muraglia: non vi è altra via che conduca in Egitto. Il primo di essi a scorgerla dev'essere stato Abramo, quando, durante una carestia, si diresse verso il paese del Nilo (Genesi, 12, 10).

Sinuhe continua: « Passai da un paese all'altro. Arrivai a Biblo,[3] quindi a Kedme[4] e vi rimasi un anno e mezzo. Ammi-enshi,[5] il principe dell'alto Retenu,[6] mi prese con sè. Mi disse: " Ti troverai bene da me e sentirai parlare egiziano." Questo lo disse perchè sapeva chi ero. Gli egiziani[7] che stavano presso di lui gli avevano parlato di me. »

Tutto ciò che accadde al fuggiasco egiziano nella Palestina del nord possiamo apprenderlo fin nei particolari della sua vita quotidiana. « Ammi-enshi mi disse: " Certo, l'Egitto è bello, ma tu devi rimanere qui da me, e quanto farò per te sarà bello." Egli mi mise al disopra di tutti i suoi figli e mi diede in sposa la sua figlia maggiore. Mi fece scegliere nella sua terra ciò che di meglio gli apparteneva, ed io scelsi un pezzo di terra situato al confine di un altro

---

1 « Viandanti della sabbia », o anche « attraversatori del deserto », erano nomi spregiativi che gli egiziani appioppavano ai nomadi loro vicini dell'est e del nord-est. Di essi facevano parte anche le tribù di Canaan e di Siria non ancora domiciliate.

2 I laghi conosciuti anche oggi con questo nome, sull'istmo di Suez.

3 Città marittima fenicia a nord dell'odierna Beyrut.

4 Territorio desertico ad est di Damasco.

5 Nome semitico-occidentale, amorreo.

6 Nome della regione montuosa al nord della Palestina.

7 Incaricati del faraone erano allora dislocati in tutto il Canaan e la Siria.

paese. Era una bella terra che si chiamava Jaa. Vi erano fichi e uva e più vino che acqua. Era ricca di miele e vi abbondava l'olio, e tutte le specie di frutta pendevano dai suoi alberi. Vi erano frumento e orzo e innumerevoli greggi d'ogni specie. Molte cose ottenni per la simpatia che incontrai. Mi nominò principe della sua tribù, nella parte migliore del suo paese. Avevo il pane quotidiano e vino ogni giorno, carne bollita e oche arrosto; in più selvaggina del deserto che prendevano espressamente con le trappole e che mi veniva portata oltre a quella che pigliavano i miei cani da caccia... e latte preparato nei modi più diversi. Così trascorsi molti anni, e i miei figli divennero uomini forti, ognuno capo della sua tribù.

« Il messaggero che dall'Egitto si dirigeva verso il nord, o che, diretto alla corte, viaggiava verso sud, si fermava ogni volta da me; [8] io davo ospitalità a tutti. All'assetato davo acqua, conducevo sulla via lo smarrito e proteggevo chi era stato derubato.

« Quando i beduini partivano per combattere coi principi degli altri paesi, io studiavo il loro piano di guerra. Perchè il principe di Retenu mi affidò per molti anni il comando dei suoi guerrieri, e in ogni paese in cui entravo facevo... e... dei pascoli e dei suoi pozzi. Predavo le sue greggi, portavo via la sua gente e rubavo le provviste. Uccidevo la sua gente con la mia spada e il mio arco [9] grazie alla mia abilità e ai miei colpi destri. »

Tra le molte vicende vissute presso gli « asiatici », pare che Sinuhe sia rimasto profondamente impressionato da un duello per la vita e per la morte, che descrive fin nei minimi particolari. Un « forte di Retenu » lo schernì un giorno nella sua tenda e lo sfidò. Era sicuro di riuscire a uccidere Sinuhe e d'impadronirsi così delle sue greggi e della sua proprietà. Ma Sinuhe che, essendo egiziano, era un esperto arciere fin dalla giovinezza, mentre il « forte » gli si avvicina con scudo, pugnale e lancia, lo uccide trapassandogli il collo con una freccia. Col bottino che guadagna diviene ancor più ricco e potente.

In tarda età si lascia vincere infine dalla nostalgia della sua patria. Una lettera del suo faraone, Sesostris I, lo richiama:

« Fa' in modo di partire per l'Egitto, affinchè tu possa rivedere la corte dove sei cresciuto e baciare la terra presso le due grandi porte... Pensa al giorno in cui verrai seppellito ed entrerai nelle venerabilità. Nella notte verrai unto di olio e avvolto in bende della dea Tait.[10] Un corteo ti accompagnerà il giorno del seppellimento. Il feretro sarà

---

8 Se ne deduce un vivace movimento fra l'Egitto e la Palestina.
9 L'arco è la tipica arma egiziana.
10 Imbalsamazione.

d'oro e il suo capo di lapislazzuli, e tu verrai adagiato nella bara. Ti trascineranno buoi e il feretro sarà preceduto da cantori, e sulla porta della tua tomba si ballerà per te la danza dei nani. Si reciteranno per te orazioni sacrificali e si immolerà sulla tua ara. Le tue colonne saranno fatte di pietra calcarea ed erette tra quelle dei principi reali. Non avvenga che tu muoia in terra straniera e che asiatici ti diano sepoltura avvolgendo il tuo corpo in una pelle di capra. »

Il cuore di Sinuhe esulta. Decide immediatamente di ritornare, lascia i suoi averi ai figli e nomina il primogenito « capo della tribù ». Era questo il costume dei nomadi semiti, che fu seguito anche da Abramo e dai suoi discendenti. Era il diritto avito dei patriarchi, che più tardi doveva diventare legge in Israele. « E la mia stirpe e tutti i miei averi appartenevano ora a lui, la mia gente e tutte le mie greggi, le mie frutta e tutti i miei alberi dolci. [11] Poi mi avviai verso sud. »

I beduini lo scortano sino alle fortezze di confine dell'Egitto; di là una delegazione del faraone l'accompagna su una nave nella capitale a sud di Memfi.

Quale contrasto! Dalla tenda al palazzo reale, da una vita semplice e piena di pericoli, di nuovo nella sicurezza e nel lusso di una metropoli di altissima civiltà. « Trovai Sua Maestà sul grande trono nella sala d'oro e d'argento. Poi vennero introdotti i figli del re. Sua Maestà disse alla regina: " Guarda Sinuhe che ritorna fra noi come asiatico, diventato un beduino! " Essa lanciò un grido e i figli del re gridarono anch'essi tutti insieme. Dissero a Sua Maestà: " Ma non è lui, signore mio re.'' Sua Maestà disse: " È proprio lui! "

« Fui condotto in un appartamento principesco, » descrive Sinuhe entusiasta, « in cui vi erano cose meravigliose e anche una stanza da bagno... vi erano, tra i tesori di casa, vesti regali di lino, mirra e olio finissimo; funzionari del re, da lui apprezzati, erano in ogni stanza; e i cuochi accudivano ai loro compiti. Il mio corpo ringiovanì di molti anni. Mi rasarono e mi pettinarono. Un peso fu gettato al paese straniero [12] e le rozze vesti ai viandanti della sabbia. Fui avvolto in prezioso lino e unto col più fine olio del paese. Dormii di nuovo sopra un letto!... Così vissi, onorato dal re, finchè giunse il giorno del commiato. »

Del racconto di Sinuhe non esiste solamente un esemplare; se ne sono trovati un numero incredibile. Dovette essere un'opera molto

---

[11] Palme dattilifere.
[12] È il sudiciume che gli è stato tolto lavandolo.

richiesta, della quale si fecero parecchie « edizioni ». Ebbe successo non soltanto nel Medio, ma anche nel Nuovo Regno d'Egitto, come dimostrano le copie. Fu per così dire un « bestseller », il primo del mondo, e proprio su Canaan!

Gli esploratori che lo trovarono verso la fine del secolo scorso ne trassero diletto non meno dei contemporanei di Sinuhe quattromila anni prima; ma lo considerarono nient'altro che un racconto ben inventato, esagerato alla maniera egiziana, e privo d'ogni realtà. Per questa ragione il racconto di Sinuhe divenne una miniera d'informazioni per gli egittologi, ma non per gli storici. Tra le varie dispute sull'interpretazione del testo, sui caratteri, sulla struttura dei periodi e la sintassi, il contenuto cadde in oblio.

Frattanto Sinuhe è stato riabilitato. Sappiamo oggi che l'egiziano scrisse una relazione veridica sul Canaan del tempo in cui press'a poco Abramo vi immigrò. Ai testi in geroglifici sulle campagne belliche egiziane, dobbiamo le prime attestazioni su Canaan. Essi concordano con la narrazione di Sinuhe. D'altra parte, il racconto del nobile egiziano coincide in alcuni passi quasi testualmente con versetti che si ripetono spesso nella Bibbia. *Giacchè il Signore Dio tuo t'introdurrà in una buona terra,* si legge in Deuteronomio 8, 7. « Era una bella terra, » dice Sinuhe. *Terra,* continua la Bibbia, *di frumento, d'orzo e di viti, dove nascono fichi...* « Vi erano frumento e orzo, vi erano fichi e uva, » racconta Sinuhe. E mentre si legge nella Bibbia: *Terra d'olio e di miele; dove senza penuria alcuna avrai il tuo pane,* il testo egiziano dice: « Era ricca di miele e vi abbondava l'olio. Avevo il pane quotidiano. »

La descrizione fatta da Sinuhe della vita ch'egli conduce presso gli amorrei sotto la tenda, circondato dalle sue greggi e coinvolto nelle lotte coi prepotenti beduini che deve scacciare dai suoi pascoli e dai pozzi, corrisponde esattamente alla narrazione biblica della vita dei patriarchi. Anche Abramo e suo figlio Isacco sostengono lotte per i loro pozzi (Genesi, 21, 25; 26, 15. 20).

Da una seria e attenta indagine si può rilevare con quanta cura ed esattezza la tradizione biblica rappresenti le condizioni dell'esistenza di quell'epoca. L'abbondanza dei testi e monumenti riportati alla luce permette infatti una ricostruzione plastica e assolutamente fedele della vita di Canaan al tempo dell'ingresso dei patriarchi.

Intorno al 1900 a. C. Canaan è un paese poco popolato. È in realtà una terra di nomadi. Qua e là, in mezzo ai campi coltivati, sorge una rocca difensiva. Sui pendii vicini crescono viti o alberi di fichi e di datteri. Gli abitanti vivono in costante allarme, perchè i piccoli centri cittadini, sparsi come isole a gran distanza l'uno dall'altro, costituiscono l'obiettivo di temerarie aggressioni di nomadi. Questi giungono all'improvviso, quando nessuno se l'aspetta; devastano ogni cosa, asportano il bestiame e il raccolto, poi scompaiono tutt'a un tratto come son venuti e diventano irreperibili nelle sterminate pianure di sabbia del sud e dell'est. È una lotta senza tregua che devono sostenere i contadini e gli allevatori stabiliti in questi luoghi, contro tribù di predoni senza fissa dimora e il cui tetto consiste in una tenda di pelli di capra in qualche sito remoto sotto il cielo del deserto. In questa irrequieta terra immigrò Abramo con Sara, sua moglie, Lot suo nipote, il suo seguito e le sue greggi.

GIUNTI IN QUELLA TERRA, ABRAMO LA TRAVERSÒ SINO AL LUOGO DETTO SICHEM, ALLA VALLE DETTA FAMOSA... / ALLORA APPARVE IL SIGNORE AD ABRAMO E GLI DISSE: « DARÒ QUESTA TERRA ALLA TUA DISCENDENZA. » ED EGLI EDIFICÒ QUIVI UN ALTARE AL SIGNORE CHE GLI ERA APPARSO. / DI LÌ TRASFERITOSI VERSO IL MONTE CHE ERA AD ORIENTE DI BETEL, VI TESE LE TENDE, AVENDO BETEL AD OCCIDENTE ED HAI ALL'ORIENTE. ANCHE LÌ ALZÒ UN ALTARE AL SIGNORE, ED INVOCÒ IL NOME SUO. / POI RIPARTÌ, ANDANDO E PROSEGUENDO OLTRE, VERSO MEZZOGIORNO (Genesi, 12, 6-9).

Negli anni intorno al 1920 vengono trovati presso il Nilo degli strani frammenti, che provengono principalmente da Tebe e da Sakkarah. Archeologi berlinesi ne acquistano una parte, altri vengono trasportati a Bruxelles, e il resto è assegnato al grande Museo del Cairo. Sotto le caute mani di tecnici esperti, i frammenti si trasformano in vasi e statuette le cui iscrizioni destano il più vivo stupore. Il testo brulica di minacciose esecrazioni e maledizioni come: « La morte » li dovrebbe cogliere « ad ogni cattiva parola, ad ogni tristo pensiero, ad ogni congiura, ad ogni perversa azione e intenzione. » Queste ed altre invettive erano indirizzate di preferenza ai funzionari di corte e ai nobili egiziani, ma anche ai sovrani di Canaan e di Siria.

Secondo un'antica superstizione, nello stesso momento in cui veniva infranto il vaso, o la statuetta, doveva spezzarsi anche la forza della persona maledetta. Spesso erano inclusi nell'anatema la famiglia, la servitù e addirittura il domicilio dell'esecrato. I testi magici contengono nomi di città come Gerusalemme, Ascalone

(Giud., 1, 18), Tiro (Gios., 19, 29), Asor (Gios., 11, 1), Betsames (Gios., 15, 10), Afec (Gios., 12, 18), Acsaf (Gios., 11, 1) e Sichem. Prova convincente che i luoghi nominati nella Bibbia sono esistiti già nel XIX e XVIII secolo a. C. perchè appunto di quest'epoca sono i vasi e le statuette. Due di quelle città furono visitate da Abramo. Egli si recò a Gerusalemme da Melchisedec, « re di Salem » (Genesi, 14, 18). Ora tutti sappiamo dove si trova Gerusalemme. Ma dov'era situata la città di Sichem?

Nel cuore della Samaria si stende una valle ampia e piana, dominata dalle alte vette del Garizim e dell'Ebal. Campi ben coltivati cingono Ascar, un piccolo villaggio in Giordania. Nelle sue immediate vicinanze, ai piedi del Garizim, furono trovate le rovine di Sichem.

Il merito della scoperta va attribuito all'archeologo tedesco professor Ernst Sellin; in due anni di scavi vennero alla luce, nel 1913 e 1914, strati di tempi remotissimi.

Sellin incontra resti di mura del XIX secolo precristiano. A poco a poco prendono la forma d'un formidabile muro di cinta con solide fondamenta, tutto costruito di pietre non lavorate, tra le quali si trovano dei blocchi dello spessore di quasi due metri. È quel tipo di opera muraria che gli archeologi chiamano « mura ciclopiche ». Il muro è inoltre rafforzato da una scarpata. I costruttori di Sichem avevano non solo fortificato questo muro largo due metri con torrette, ma per di più l'avevano provvisto d'un terrapieno.

Anche gli avanzi d'un palazzo escono dalle macerie. Lo stretto cortile quadrato, circondato da pochi ambienti dalle spesse pareti, non merita neppure la qualifica di palazzo. L'aspetto di Sichem era il medesimo di tutte le città di Canaan che abbiamo sentito nominare tanto spesso e che furono così temute in un primo tempo dagli israeliti. Salvo poche eccezioni, tutte le costruzioni notevoli di quel tempo sono note. La maggior parte fu riportata alla luce soltanto negli ultimi trent'anni: rimaste sepolte per millenni, esse appaiono ora dinanzi a noi nella loro realtà di un tempo. Tra esse vi sono molte città che i patriarchi videro con i loro occhi: Bethel e Masfa; Gerar e Lachis, Gaser e Get, Ascalon e Gerico. Se qualcuno volesse scrivere la storia delle costruzioni di fortezze e di città di Canaan, data l'abbondanza del materiale risalente fino al terzo millennio a. C., non gli riuscirebbe troppo difficile.

Le città di Canaan erano rocche di offesa e di difesa, luoghi di rifugio per ripararsi in caso di guerra, sia che si trattasse d'improvvise aggressioni di tribù nomadi, o di ostilità di cananei fra loro: una cerchia di mura fatta di enormi blocchi di pietre sovrapposte, che racchiude una breve superficie, non più grande di piazza S. Pietro a Roma. Ogni città fortificata ha bensì una provvista d'acqua ma in nessuna di esse avrebbe potuto abitare in modo permanente una popolazione numerosa. A paragone dei palazzi e delle metropoli della Mesopotamia o del Nilo, queste città appaiono minuscole. Ciascuna di esse avrebbe potuto trovare comodamente posto nel palazzo dei re di Mari.

A Tell el-Hesi, che s'identifica indubbiamente con la biblica Eglon, la fortificazione aveva un'estensione di solo mezzo ettaro. A Tell es-Safy — una volta Get — di 5 ettari, a Tell el-Mutesellim — una volta Mageddo — quasi altrettanto, a Tell el-Zakariyah — la biblica Azeca — meno di quattro ettari; Gaser, sulla strada da Gerusalemme al porto di Giaffa, racchiudeva 9 ettari di superficie coperta da costruzioni. Persino in Gerico, che aveva avuto un forte sviluppo edilizio, la cinta fortificata interna, la vera acropoli, comprendeva una superficie di solo 2,35 ettari. Da notare che Gerico era una delle più poderose fortificazioni del paese.

Accanite ostilità fra i capi-tribù erano all'ordine del giorno. Mancava la mano regolatrice dell'autorità. Ogni capo comandava nel suo territorio, e poichè non dipendeva da nessuno, faceva ciò che voleva. La Bibbia chiama *re* i capi delle tribù, e in quanto a potere e indipendenza ha ragione.

Fra il sovrano e i suoi sudditi correvano relazioni patriarcali. Entro le mura vivevano soltanto il signore, le famiglie patrizie, i delegati del faraone e i ricchi mercanti. Essi solo abitavano in edifici solidi, per lo più a un piano, che comprendevano da quattro a sei ambienti disposti intorno a un cortile aperto. Case patrizie con un secondo piano erano piuttosto rare. Il resto della popolazione — gente del seguito, servi e contadini della gleba — abitava in semplici capanne di argilla o di frasche fuor delle mura, conducendo certamente una vita assai misera.

Da tempi remotissimi nella pianura di Sichem esistono due passi: l'uno conduce nella ricca valle del Giordano; l'altro, attraverso le solitarie alture, corre verso sud fino a Bethel e più in là oltre Gerusalemme scende al Negev, il paese del Mezzogiorno della Bibbia. Chi segue questa via, non incontra che pochi abitati nella regione collinosa centrale di Samaria e di Giuda: Sichem, Bethel, Gerusalemme ed Hebron. Chi sceglie la via più comoda, trova le città maggiori e le fortezze più importanti dei cananei nelle opime valli della pianura di Jezrael, nel fertile litorale davanti alla Giudea e tra la ricca vegetazione della valle del Giordano.

Abramo scelse, per il suo primo viaggio esplorativo in Palestina, il cammino solitario e faticoso che attraverso le alture si dirige a sud. Qui i boscosi pendii montani porgevano allo straniero albergo e rifugio e ricchi pascoli offrivano alle sue greggi le radure. Più tardi gli stessi sentieri alpini furono percorsi ancora parecchie volte nei due sensi da lui e dalla sua famiglia nonchè dagli altri patriarchi. Benchè le feconde valli della pianura lo attraessero fortemente, Abramo preferì tenere il piede sulla montagna. Nel caso di uno scontro, i suoi archi e le sue fionde non avrebbero potuto competere con le spade e le lance dei cananei. Perciò Abramo non osò abbandonare i monti.

7 - *Abramo e Lot nel paese della porpora*

Carestia in Canaan — Quadro di una famiglia del tempo dei patriarchi — Autorizzazione di accesso ai pascoli del Nilo — L'enigma di Sodoma e Gomorra — Mr. Lynch esplora il mare di sale — Il più grande crepaccio della terra — Boschi sommersi nel Mar Morto — La valle di Siddim sprofondò — Colonne di sale sul Gebel Usdum — Presso il terebinto di Abramo.

FU POI CARESTIA IN QUELLA REGIONE; ED ABRAMO SI DIRESSE VERSO L'EGITTO PER RIPARARVISI, PERCHÈ GRANDE ERA LA FAME NEL PAESE (Genesi, 12, 10).

All'arida sabbia del deserto egiziano il mondo deve la conservazione di una notevole serie di testi in caratteri geroglifici, molti dei quali parlano delle immigrazioni di famiglie semitiche nel paese del Nilo. Ma il documento più bello e suggestivo è un quadro.

A metà strada tra le antiche città faraoniche di Memfi e di Tebe, 300 chilometri a sud del Cairo, in mezzo a verdi campi e palmeti presso il Nilo, risiede il piccolo centro di Beni-Hasan. Qui approdò nel 1890 l'inglese Percy A. Newberry con l'incarico ufficiale del Cairo di esplorare alcuni antichi monumenti sepolcrali. Finanziava la spedizione l'Egypt Exploration Fund.

I monumenti funerari si trovano all'uscita di una valle del deserto ove giacciono gli avanzi di antiche cave di pietra e di un gran tempio. Per settimane e settimane non escono che macerie, pietrame e resti di colonne spezzate, dal cammino scavato nella roccia dietro la quale si nasconde l'ultima dimora del principe egiziano Chnem-hotep. Geroglifici iscritti in un piccolo pronao eternano il nome del defunto. Era il signore di questa contrada del Nilo, che una volta si chiamava il « distretto delle gazzelle ». Chnem-hotep visse sotto il faraone Sesostris II, verso il 1900 a. C.

Dopo molti giorni di lavoro Newberry giunge a una grande sala. Alla luce di numerose torce di pece, egli distingue tre vôlte e i monconi di due file di colonne che si alzano dal suolo. Dalle pareti, sopra un sottile strato di calce, risplendono pitture dai colori stupendi. Descrivono scene della vita del principe: raccolta delle messi, caccia, danza e giuochi. Sulla parete settentrionale, accanto a un ritratto del principe in grandezza superiore al naturale, Newberry scorge un dipinto con strane figure. Sono vestite in maniera diversa da come usavano gli egiziani, hanno la pelle chiara e i profili molto affilati. Due funzionari egiziani in primo piano presentano evidentemente il gruppo di stranieri al principe. Chi saranno questi personaggi?

I geroglifici che figurano su un documento in mano a uno degli egiziani ne danno la spiegazione: sono « abitanti della sabbia », semiti! Il loro capo si chiama Abisai. Egli è venuto in Egitto con trentasei uomini, donne e bambini della sua stirpe. Porta doni per il principe, tra i quali è espressamente menzionato il prezioso « stibium ». [1]

Abisai è un nome prettamente semitico che appare nella Bibbia dopo la conquista di Canaan da parte di Giosuè sotto il secondo re d'Israele: *Allora Davide... si rivolse... ad Abisai, figlio di Sarvia* (I Re, 26, 6). L'Abisai della Bibbia era il fratello di Joab, il generale malvisto dal popolo d'Israele sotto re Davide, verso il 1000 a. C., quando Israele era un gran regno.

L'artista che fu incaricato dal principe Chnem-hotep dell'abbellimento della propria tomba ha rappresentato gli « abitanti della sabbia » con tanta cura da fissarne amorevolmente anche i più piccoli particolari. Il dipinto è così realistico ed espressivo che sembra una fotografia a colori. È come se questa famiglia semitica si sia fermata per un istante e gli uomini, le donne, i bambini e gli animali debbano d'un tratto muoversi per riprendere il cammino.

---

[1] Stibio = antimonio per ritoccare le ciglia.

Fig. 9 - Famiglia semitica dell'epoca dei patriarchi in una pittura

Abisai, alla testa del corteo, saluta il principe con la mano destra e facendo un lieve inchino, mentre con la sinistra conduce, attaccato a una breve corda, un docile stambecco, che porta tra le corna una verga ricurva, il bastone del pastore.

Il bastone del pastore era così caratteristico per i nomadi, che gli egiziani, nella loro scrittura ideografica, se ne servivano per designare questi stranieri. Anche l'abbigliamento è rappresentato scrupolosamente sia nella foggia sia nel colore. Panni rettangolari di lana, che negli uomini arrivano al ginocchio e nelle donne al polpaccio, sono allacciati sopra una spalla. Sono fatti di tante strisce di vivi colori e servono da mantello. Non ricordano la celebre *veste di vari colori* che Giacobbe donò al suo prediletto Giuseppe provocando lo sdegno degli altri figli? (Genesi, 37, 3). Gli uomini portano una barba a punta. I capelli delle donne sono nerissimi e cadono sciolti sul petto e sulle spalle, fermati alla fronte da un sottile nastro bianco. Il piccolo ricciolo vicino all'orecchio sembra essere stato una moda dell'epoca. Gli uomini calzano sandali, le donne stivaletti di colore bruno scuro. In recipienti di pelle artisticamente cuciti portano le loro razioni d'acqua. Sono armati di arco e frecce, pesanti fionde e lance. Per il lungo viaggio si sono portati anche il loro strumento preferito. Uno degli uomini suona la lira a otto corde. Su questo strumento, secondo le indicazioni della Bibbia, dovevano accompagnarsi alcuni Salmi di Davide: *Al corifeo: su strumento a otto corde,* dice la nota che precede il Salmo 6.

Poichè questa pittura risale a circa il 1900 a. C., cioè al tempo dei patriarchi, possiamo immaginarci in base ad essa Abramo e la sua famiglia. Quando egli raggiunge il confine egiziano dev'essersi svolta una scena analoga, perchè allora in tutti i forti di confine venivano richieste le generalità degli stranieri esattamente come nei territori del principe Chnem-hotep.

sul muro della tomba del principe, a Beni-Hasan, presso il Nilo.

Era nè più nè meno come ora, quando si andava in un paese straniero. Non si conoscevano i passaporti, ma fin da quell'epoca le formalità e la burocrazia rendevano difficile la vita a coloro che si recavano all'estero. Chi voleva andare in Egitto doveva dichiarare le sue generalità, il motivo del viaggio e la presunta durata del soggiorno. Tutti i dati venivano diligentemente segnati da uno scrivano con inchiostro rosso su un papiro e trasmessi all'ufficiale di confine, al quale spettava la decisione di accordare o no il « permesso di entrata ». Però questa decisione non dipendeva soltanto da lui. I funzionari dell'amministrazione alla corte dei faraoni emanavano di volta in volta precise direttive, che stabilivano fra l'altro quali pascoli potevano essere messi a disposizione dei nomadi immigranti.

In tempi di carestia, l'Egitto era per i nomadi di Canaan il paese al quale potevano ricorrere e spesso l'unica salvezza. Quando nella loro patria la terra s'inaridiva, il paese dei faraoni offriva sempre pascoli in abbondanza. Vi provvedeva il Nilo con le sue regolari inondazioni annuali.

D'altra parte la tradizionale ricchezza dell'Egitto richiamava molto spesso anche predoni nomadi, banditi, ai quali non importavano i pascoli, ma che erano invece attratti dai ricchi granai e dai palazzi lussuosi. Molte volte potevano essere allontanati solo con le armi. Per difesa contro questi intrusi indesiderati e per poter meglio vigilare i confini, nel terzo millennio a. C. fu iniziata la costruzione della grande « muraglia dei principi », formata da una catena di fortezze, di torri di guardia e basi militari. Solo col favore delle tenebre notturne l'egiziano Sinuhe, pratico dei luoghi, potè attraversarla furtivamente. Anche 650 anni dopo, al tempo dell'esodo dall'Egitto, il confine era rigorosamente sorvegliato. Mosè sapeva troppo bene che contro la volontà del faraone era impossibile una fuga dal paese. I posti di guardia avrebbero dato subito l'allarme, facendo accorrere la truppa di confine. Un tentativo di forzare il passaggio sarebbe stato impedito cruentemente dai tiratori scelti e dai veloci carri di guerra. Questa è la ragione per cui il profeta, che conosceva il paese, scelse un'altra via, del tutto insolita. Mosè condusse i figli d'Israele a sud, verso il Mar Rosso, dove non esistevano più muraglie.

Dopo il ritorno dall'Egitto, Abramo e Lot si separano. *Nè la regione poteva contenerli in modo che stessero insieme; erano infatti molti i loro averi, e non potevano vivere insieme. / Tanto che avvenne una rissa tra i pastori del gregge di Abramo, e quelli di Lot. / Disse dunque Abramo a Lot: « Di grazia, non vi siano litigi fra me e te, fra i pastori miei e tuoi, giacchè siam fratelli. / Ecco, tu hai innanzi a te tutta questa terra; separati da me, ti prego; se tu andrai a sinistra, terrò io la destra; se tu preferirai la destra, anderò io a sinistra* » (Genesi, 13, 6-9).

Abramo lasciò la scelta a Lot. Con la spensieratezza propria dei giovani, Lot si decide per la parte migliore, la regione del Giordano. Essa era... *tutta irrigata, come il paradiso del Signore, e come l'Egitto per chi viene da Segor* (Genesi, 13, 10).

Dalle colline rivestite di boschi nel cuore della Palestina, Lot scende verso est, con la sua famiglia e le sue greggi procede nella valle del Giordano in direzione sud e finalmente si costruisce la sua capanna a Sodoma. A sud del Mar Morto si stende qui una delle pianure più fertili, la *valle di Siddim, la valle detta dei boschi, dove è ora il mare di sale*[2] (Genesi, 14, 3). In questa valle la Bibbia colloca cinque città: Sodoma, Gomorra, Adama, Seboim e Segor (Genesi, 14, 2). La stessa Bibbia dà notizia di un fatto bellico che riguarda la storia di queste cinque città: *Avvenne in quel tempo che* quattro re *mossero guerra contro Bara re di Sodoma, Bersa re di Gomorra, Sennaab re di Adama, Semeber re di Seboim, e contro il re di Bala cioè di Segor* (Genesi, 14, 2). I re della valle di Siddim erano stati soggetti al re Codorlaomor per dodici anni, ma al tredicesimo gli si ribellarono. Codorlaomor chiese aiuto a tre re suoi alleati. Una spedizione punitiva doveva richiamare i ribelli ai loro doveri. Nella lotta sostenuta dai nove re furono sconfitti i re delle cinque città della valle di Siddim e le loro residenze furono incendiate e saccheggiate.

Tra i prigionieri dei re stranieri si trova anche Lot. Questi viene liberato dallo zio Abramo (Genesi, 14, 12-16), il quale con la sua gente segue come un'ombra l'esercito dei quattro re vittoriosi che si allontana. Da un sicuro nascondiglio Abramo osserva ed esplora tutt'intorno senza esser visto. Non ha fretta. Presso Dan, al confine settentrionale della Palestina, sembra giunto il momento propizio. Fulmineamente, protetto da una notte buia, assale con i suoi servi la retroguardia, e nella confusione riesce a liberare Lot. Solo chi non conosce la tattica dei beduini accoglierà con scetticismo questa descrizione.

Tra gli abitanti della contrada si è conservato vivo fino ai nostri giorni il ricordo di questa spedizione punitiva. Esso si riflette nel nome di una strada che ad est del Mar Morto si dirige verso nord

[2] Mar Morto.

molto al di là dell'antico paese di Moab. I nomadi di Giordania la conoscono molto bene. Singolare è il fatto che gl'indigeni la chiamano « strada dei re ». Nella Bibbia la incontriamo di nuovo, designata però « strada maestra » o anche « via battuta » per la quale i figli d'Israele chiedono di passare, attraverso i domini di Edom, per raggiungere la Terra Promessa (Num., 20, 17. 19). In tempi successivi, della « strada dei re » si servirono i romani che la ricostruirono. Parte di essa appartiene oggi alla rete stradale del nuovo stato di Giordania. Facilmente riconoscibile dall'aereo, l'antico sentiero attraversa come una scura striscia il paesaggio.

E il Signore disse: « *La voce che grida a me da Sodoma e da Gomorra s'è fatta più forte, ed il loro peccato sempre più grave. / Allora il Signore fece piovere dal cielo, dal Signore, su Sodoma e Gomorra, zolfo e fuoco; / e subissò quelle città, tutta la circostante pianura, tutti gli abitanti della città, e tutta la vegetazione della terra. / E la moglie di Lot, essendosi voltata indietro, fu cambiata in una statua di sale. / Abramo guardò Sodoma, Gomorra e tutta la terra di quella regione, e vide le faville che ne salivano come il fumo d'una fornace* (Genesi, 18, 20; 19, 24-26. 28).

La sinistra efficacia di questo racconto biblico ha impressionato profondamente in tutti i tempi gli animi degli uomini. Sodoma e Gomorra divennero il simbolo della depravazione e dell'empietà, e si citano i loro nomi quando si parla di una distruzione completa. La fantasia degli uomini deve aver concepito le cose più spaventose pensando a quel fatto inspiegabile, come dimostrano numerose testimonianze dei tempi antichi. È certo che devono essere avvenuti fatti notevoli ed incredibili presso il Mar Morto, il « mare di sale », ove, secondo la Bibbia, si è svolta la catastrofe.

Durante l'assedio di Gerusalemme, nell'anno 70 d. C., il generale romano Tito — così narra una leggenda — condannò a morte alcuni schiavi. Dopo un processo sommario, li fece legare con catene e gettare nel mare presso i monti di Moab. Ma i condannati non annegarono. Ogni volta che venivano gettati in mare, essi erano spinti come sugheri verso terra. Il fatto inspiegabile impressionò Tito a tal punto che egli graziò i poveri peccatori. Giuseppe Flavio, lo storiografo dell'ebraismo che passò l'ultima parte della sua vita a Roma, menziona ripetutamente un « lago d'asfalto ». I greci parlarono di gas venefici, che, secondo loro, si sprigionavano da quel mare. E gli arabi riferivano che in tempi lontani gli uccelli non potevano raggiungere la riva opposta perchè, sorvolando la superficie dell'acqua, tutt'a un tratto precipitavano morti nel mare.

Queste ed altre simili storie di carattere leggendario erano bensì note, ma fino a un centinaio di anni fa mancava una conoscenza più precisa del singolare e misterioso mare di Palestina. Nessuno scienziato l'aveva mai visto ed esplorato. Nel 1848 gli Stati Uniti prendono l'iniziativa ed organizzano una spedizione all'enigmatico Mar Morto. Davanti alla cittadina costiera di Akka, 15 chilometri a nord dell'odierna Haifa (Caifa), in una giornata d'autunno del 1848, la spiaggia brulica di uomini che con vivo interesse assistono a una manovra insolita.

W. F. Lynch, geologo e capo della spedizione, ha fatto portare a terra da una delle navi ancorate al largo due canotti di metallo, che ora vengono collocati con ogni cura su carri dalle ruote molto

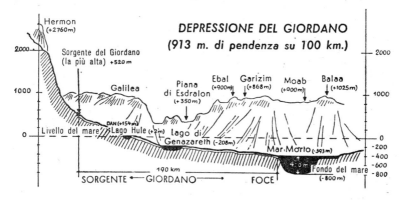

Fig. 10 - La pendenza del Giordano.

alte. Trainati da una lunga fila di cavalli i carri si mettono in marcia. Dopo tre settimane d'indescrivibili difficoltà il trasporto dei canotti attraverso l'altipiano della Galilea meridionale è un fatto compiuto. A Tiberiade essi vengono rimessi in acqua. Misurazioni altimetriche eseguite da Lynch nel lago di Genezareth procurano la prima grande sorpresa di questo viaggio. Dapprima egli crede d'aver commesso un errore, ma le misurazioni di controllo confermano il risultato. La superficie del lago di Genezareth, a tutti noto per la storia della vita di Gesù, è di 208 metri al di sotto del livello del Mediterraneo. Da quale altezza scaturirà il Giordano che attraversa questo lago?

Alcuni giorni dopo, Lynch si trova su un fianco dell'Hermon coperto di neve. Tra resti di colonne e di porte emerge il piccolo

villaggio di Baniyas. Alcuni arabi pratici del luogo lo conducono
attraverso un bosco d'oleandri a una caverna mezzo ostruita dal
pietrame nella ripida parete calcarea dell'Hermon. Dalle sue profondità un'acqua limpida scaturisce gorgogliando. È una delle tre sorgenti del Giordano. Gli arabi chiamano questo fiume Sheri 'at el
Kebire, « grande fiume ». Qui si trovava l'antico Panium; qui
Erode fece costruire in onore di Augusto un tempio al dio Pan.
Vicino alla caverna si vedono delle nicchie tagliate nella roccia a
forma di conchiglia. « Sacerdoti di Pan », si legge ancora chiaramente in scrittura greca. Presso la sorgente del Giordano, ai tempi
di Gesù, veniva venerato il dio greco dei pastori; Pan dai piedi
caprini accostava alle labbra il flauto come se volesse suonare al
Giordano una canzone per accompagnarlo nel suo lungo viaggio.
A solo 5 chilometri ad est di questa sorgente era situata la biblica
Dan, la località più settentrionale del paese, spesso menzionata nella
Bibbia. Anche là scaturiscono limpide acque sorgive dalla costa meridionale dell'Hermon. Da una valle più alta sgorga una terza polla
che forma un ruscello. Il fondo valle giace un po' al di sopra di Dan,
a 500 metri sul livello del mare.

Dove il Giordano, 20 chilometri a sud, raggiunge il piccolo
lago di Hule, il letto si è già abbassato a due metri sul livello del
mare. Poi il fiume, per altri 10 chilometri, scende ripido fino al lago
di Genezareth. Nel suo corso dalle falde dell'Hermon in soli 40
chilometri si ha un dislivello di 700 metri.

Da Tiberiade i membri della spedizione americana percorrono
nei due canotti di metallo le innumerevoli sinuosità del basso Giordano. A poco a poco la vegetazione si fa più rada e solo sulle rive
cresce una fitta sterpaglia. Sotto il sole tropicale appare sulla destra
un'oasi: Gerico. Poco dopo raggiungono la meta. Incassata tra
pareti rocciose quasi verticali, si stende dinanzi a loro la gigantesca
superficie del Mar Morto.

La prima cosa è un bagno. Gli uomini che scendono in acqua
hanno la sensazione di venire risospinti in alto, come se portassero dei salvagenti. Le antiche relazioni non hanno dunque men-
tito. In questo mare nessuno può annegare. Il sole cocente asciuga
quasi istantaneamente la pelle dei bagnanti. La sottile crosta di sale,
che l'acqua ha depositato sui loro corpi, li fa apparire perfettamente
bianchi. Qui non vi sono molluschi, nè pesci, nè alghe, nè coralli;
su questo mare non si è mai cullata una barca da pesca. Non esistono nè frutti di mare, nè frutti di terra; le sue rive sono desola-
tamente nude. Enormi sedimenti di sale incrostati sul lido e sulle

pareti rocciose luccicano al sole come diamanti; l'aria è satura di odori forti e acri. Si sente odore di petrolio e di zolfo. Macchie oleose di asfalto — la Bibbia lo chiama *bitume* (Genesi, 14, 10) — galleggiano sulle onde. Nè il cielo azzurro e luminoso nè il sole con tutto il suo splendore riescono a infondere vita a questo paesaggio ostile.

Per 22 giorni i canotti americani incrociano sul Mar Morto. Si prendono campioni d'acqua, si analizzano, e di tanto in tanto lo scandaglio scende in fondo al mare. La foce del Giordano, il Mar Morto, è a 393 metri sotto il livello del mare! Se esistesse una comunicazione col Mediterraneo, il Giordano e il lago di Genezareth, distante 105 chilometri, scomparirebbero. Un immenso mare interno

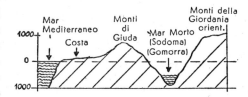

Fig. 11 - Il Mediterraneo e la depressione del Giordano.

si stenderebbe quasi fino alla sponda del lago di Hule!

« Quando una bufera imperversa sul bacino incassato tra le rocce, » annota Lynch, « le onde percuotono i fianchi del canotto come colpi di martello; ma la pesantezza dell'acqua fa sì che esse si calmino in breve tempo, quando il vento ha cessato di soffiare. »

Dal rapporto della spedizione il mondo apprende per la prima volta due fatti stupefacenti. Il Mar Morto ha 400 metri di profondità; il fondo marino giace quindi a circa 800 metri sotto il livello del Mediterraneo. L'acqua del Mar Morto contiene il 25% di componenti solidi, per la maggior parte cloruro di sodio, cioè sale comune. Gli oceani invece contengono dal 4 al 6% di sale. Il Giordano e molti fiumi minori sboccano nel lago, che è lungo 76 chilometri e largo 17 e che non presenta nessuno scarico. Sotto il sole ardente evaporano ogni giorno dalla sua superficie 8 milioni di metri cubi d'acqua. Le sostanze chimiche che gli affluenti portano con sè si depositano sul fondo del lago che ha una superficie di 1292 km².

All'inizio del nostro secolo, in seguito agli scavi già effettuati in Palestina, l'interesse si rivolge anche a Sodoma e Gomorra. Esploratori si mettono alla ricerca delle città scomparse che nei tempi biblici dovevano trovarsi nella valle di Siddim.

All'estrema punta sud-est del Mar Morto vengono scoperte le

rovine di un vasto abitato. Gli arabi chiamano la località, anche oggi, col nome di Zoar. Gli esploratori esultano perchè Zoar (Segor) era una delle cinque ricche città della valle di Siddim che avevano rifiutato il pagamento del tributo ai quattro re stranieri. Ma gli scavi di prova subito iniziati procurano solo delusioni.

L'epoca delle rovine che vengono alla luce le indica come i resti di una città che qui fioriva nel primo medioevo. Dell'antica Zoar (Segor) del re di Bala (Genesi, 14, 2) e delle residenze annesse non si trova traccia alcuna. Molteplici indizi nei dintorni della medievale Zoar fanno pensare che una densa popolazione esistesse in quel paese in tempi molto remoti.

Oggi possiamo dire con certezza che qualsiasi ricerca si voglia fare in avvenire in Sodoma e Gomorra sarà completamente inutile, perchè l'enigma della distruzione delle due città è stato risolto.

La penisola el-Lisan, sulla sponda orientale del Mar Morto, forma una lingua di terra nelle sue acque. In arabo « el-Lisan » significa « la lingua ». La Bibbia fa espressa menzione di questa penisola quando parla della suddivisione del paese dopo la sua conquista. I confini della tribù di Giuda sono delimitati con precisione. Giosuè dà una descrizione alquanto caratteristica del confine meridionale: *Comincia all'estremità del mare assai salato e dalla sua penisola a mezzogiorno* (Giosuè, 15, 2).

Una relazione romana narra di questa lingua di terra una storia che a torto fu sempre accolta con molto scetticismo. Due disertori si erano rifugiati sulla penisola. I legionari che li inseguivano esplorarono a lungo inutilmente la contrada. Quando infine scorsero i fuggitivi, era troppo tardi. I disertori già si stavano arrampicando su per le rocce della riva opposta... avevano passato il mare a guado trasversalmente!

Il fondo qui, sotto la superficie dell'acqua, forma inavvertitamente un grande avvallamento che è come se dividesse il mare in due parti. Alla destra della penisola il fondo precipita rapidamente fino a una profondità di 400 metri. A sinistra della lingua di terra le acque rimangono stranamente basse. Le misurazioni fatte in questi ultimi anni hanno dato solo profondità da 15 a 20 metri.

Remando in una barca verso la punta meridionale del mare salato col sole in posizione favorevole, si può osservare qualcosa di sbalorditivo: a una certa distanza dalla sponda, sotto lo specchio dell'acqua, si stagliano chiari i contorni di boschi conservati dall'elevatissimo contenuto di sale delle acque.

I tronchi e i resti degli alberi nelle profondità verdastre devono essere antichissimi. Quando fiorivano, quando il verde fogliame ornava i loro rami, le greggi di Lot avranno forse pascolato sotto di essi. Quella parte piana, così singolare, del Mar Morto, dalla penisola di el-Lisan alla punta meridionale, era... la valle di Siddim! La Bibbia stessa lo dice con molta chiarezza: *Tutti questi* (re) *convennero nella valle detta dei boschi* (valle di Siddim), *dove è ora il mare di sale* (Genesi, 14, 3).

I geologi aggiunsero a queste scoperte e osservazioni una prova conclusiva che spiega la causa e il fondamento del racconto biblico della distruzione di Sodoma e Gomorra.

La spedizione americana diretta da Lynch aveva dato nel 1848 la prima notizia della notevole pendenza del Giordano nel suo breve corso attraverso la Palestina. Ulteriori indagini stabilirono che l'avvallamento del letto del fiume sotto il livello degli oceani rappresenta un fenomeno geologico eccezionale. « Sulla superficie di un altro pianeta potrà esistere qualcosa che somigli alla valle del Giordano, sul nostro no di certo, » scrisse il geologo Adam Smith nella sua opera *La geografia storica della Terra Santa*. « Nessun'altra parte della nostra terra che non si trovi sott'acqua, è situata a più di 100 metri sotto il livello del mare. »

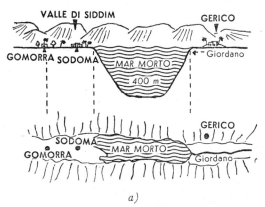

a)

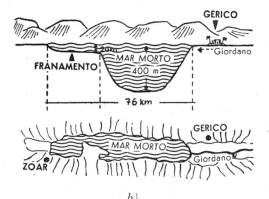

b)

Fig. 12 - Il Mar Morto:
a) 2000 anni a. C., prima della scomparsa di Sodoma e Gomorra. - b) 1900 anni a. C., dopo la catastrofe.

La valle del Giordano è solo una piccola parte di un'immensa fenditura della crosta terrestre. Il corso di questa crepa è stato esplorato con grande precisione. Comincia a parecchie centinaia di chilometri dal confine della Palestina, molto al nord, ai piedi della catena del Tauro nell'Asia Minore. Al sud si estende dalla sponda meridionale del Mar Morto attraverso il deserto di Araba fino al golfo di Akaba e termina al di là del Mar Rosso in Africa. In molti punti di questa gigantesca « fossa tettonica » si possono individuare segni di attività vulcanica. Nelle montagne della Galilea, sull'altopiano della Giordania orientale, sulle rive dello Jabbok, affluente del Giordano, nel golfo di Akaba, s'incontrano basalto nero e lava.

Quando si aprì questa crepa, che passa proprio di qui, s'inabissò in essa la valle di Siddim con Sodoma e Gomorra. La data di questa catastrofe si può stabilire geologicamente con sufficiente precisione Dev'essere poco dopo il 2000 a. C.!

« La distruzione catastrofica di Sodoma e Gomorra avvenne verosimilmente intorno al 1900 a. C., » scrive nel 1951 lo scienziato americano Jack Finegan. « Un minuzioso esame dei documenti letterari, geologici e archeologici porta alla conclusione che la scomparsa *terra di quella regione* (Genesi, 19, 29) era situata nel territorio attualmente sommerso sotto le acque che vanno lentamente crescendo nella parte meridionale del Mar Morto, e che la causa della distruzione fu un grande terremoto, probabilmente accompagnato da esplosioni e da fulmini, dallo sprigionamento di gas e da fenomeni ignei. »

Intorno al 1900 a. C.: l'epoca di Abramo!

La frattura della terra liberò le forze vulcaniche che si nascondevano, lungo tutta la crepa, nella profondità del suolo. Nella parte alta della valle del Giordano, presso Bashan, si vedono anche oggi crateri di vulcani spenti, e vasti campi di lava e strati di basalto sul terreno calcareo. Da tempi immemorabili i territori situati lungo questa depressione sono soggetti a frequenti terremoti. Di molti di questi si ha notizia e ne parla la stessa Bibbia. Una conferma della spiegazione geologica della rovina di Sodoma e Gomorra si ravvisa in queste parole che il sacerdote fenicio Sanchuniathon scrive testualmente nella « Storia primitiva »: « La valle del Sidimo [3] sprofondò e divenne un lago, eternamente fumante e senza pesci, immagine della vendetta e della morte per i malvagi. »

[3] Cioè Siddim.

E la moglie di Lot, essendosi voltata indietro, fu cambiata in una statua di sale (Genesi, 19, 26).

Quanto più si ci avvicina al limite meridionale del Mar Morto, tanto più arida e selvaggia diventa la regione, tanto più pauroso e opprimente lo scenario delle montagne che la circondano. Si ergono avvolte in un eterno silenzio: le loro pareti frastagliate cadono verticalmente sull'acqua dalla quale traspare il loro biancore cristallino. L'immane catastrofe ha lasciato un'impronta incancellabile su questa contrada. Ogni tanto si vede passare un gruppo di nomadi per queste valli aspre e dirupate, in cammino verso l'interno del paese.

Dove le acque oleose terminano nel sud, cessa d'un tratto anche l'opprimente rupe rocciosa, per far posto a una depressione salinosa e paludosa. Il terreno rossiccio è solcato da innumerevoli rigagnoli ed è piuttosto pericoloso per il viandante distratto. La depressione s'inoltra a sud verso la valle desertica d'Araba, che arriva fino al Mar Rosso.

Ad ovest della riva meridionale, in direzione del biblico paese del Mezzogiorno, il Negev, si stende da nord a sud un dorsale collinoso alto 45 metri e lungo 15 chilometri. Sui suoi pendii sotto la luce del sole si osserva uno sfavillio come di diamanti. È un raro fenomeno della natura. La maggior parte di questa piccola catena di alture consiste di puri cristalli di sale. Gli arabi la chiamano Gebel Usdum, nome antichissimo nel quale si è conservata la parola Sodoma. Molti blocchi di sale, lavati e staccati dalla pioggia, sono precipitati in basso. Hanno forme strane, alcuni stanno ritti come statue. Nei loro profili sembra a volte di scorgere all'improvviso figure umane.

Queste singolari colonne di sale ci ricordano vivamente la rappresentazione biblica della moglie di Lot, che fu trasformata in una statua di sale. La scintillante montagna di sale si trova nelle immediate vicinanze della sprofondata valle di Siddim. Anche chi potè fuggire dall'epicentro della catastrofe difficilmente riuscì a salvarsi dai vapori di gas venefici che si stendevano su gran parte della regione. E tutto ciò che si trova in prossimità del mare salato anche oggi si ricopre in breve tempo di una crosta di sale.

Mosse dunque le sue tende, venne Abramo ad abitare (presso i terebinti) *nella valle di Mambre, in Hebron, e vi alzò un altare al Signore* (Genesi, 13, 18).

Non lungi dall'odierna Hebron Abramo trascorse i suoi ultimi giorni nella piccola località di Mambre, ove aveva eretto l'altare. Qui acquistò il primo pezzo di terra dagli ittiti, dai *figli di Het* (Genesi, 23), per preparare la tomba di sua moglie Sara in una caverna, com'era costume presso i semiti. Nella stessa caverna fu sepolto anche lui (Genesi, 25, 9.10). Gli scavi sembrano confermare anche queste notizie della Bibbia sul padre dei patriarchi.

Tre chilometri a nord di Hebron gli arabi venerano un luogo che chiamano Haram ràmet el-chalìl, cioè « santuario dell'altura dell'amico di Dio ». « Amico di Dio » è la designazione maomettana di Abramo. Là vicino l'archeologo Padre A. E. Mader trovò infatti le pietre di un altare di tempi remoti, sul quale si potevano ancora distinguere le tracce del fuoco. Nel 1927 Mader scoprì i resti di un grosso albero che un giorno si alzava in quella località. Si scorgevano chiaramente nel terreno i resti delle sue antichissime radici.

Anche la tomba d'Abramo è mostrata oggi come un luogo sacro ed è visitata dai pellegrini.

Così tra le tante cose che apparivano inspiegabili, che gli uomini si trasmisero di generazione in generazione, anche questi fatti sono chiariti dall'indagine scientifica.

II

NEL REGNO DEI FARAONI

Da Giuseppe a Mosè

1 - *Giuseppe in Egitto*

Putifar ebbe un modello? — Il papiro Orbiney — Sovrani degli hyksos presso il Nilo — Giuseppe... funzionario di una potenza di occupazione — Silos per il grano, brevetto egiziano — Confermati i sette anni di carestia — Insediamenti a Gessen — Bahr Yusuf, il canale di Giuseppe — « Jakob-her » su scarabei — La storia di Giuseppe.

GIUSEPPE DUNQUE FU CONDOTTO IN EGITTO, E PUTIFAR EGIZIANO, EUNUCO DEL FARAONE, CAPO DELL'ESERCITO, LO COMPRÒ DAGLI ISMAELITI CHE VE L'AVEVANO CONDOTTO (Genesi, 39, 1).

LA storia di Giuseppe che, venduto dai suoi fratelli in Egitto, viene là nominato gran visir e si riconcilia finalmente con i suoi, è incontestabilmente una delle storie più belle della letteratura universale.

Pertanto, dopo parecchio tempo la sua padrona (moglie di Putifar) *gli mise gli occhi addosso e gli disse: « Vieni meco. » Ma egli niente acconsentendo...* (Genesi, 39, 7.8). Quando suo marito tornò a casa, disse: *« È venuto a me, per oltraggiarmi, quel servo ebreo che tu hai portato in casa »* (Genesi, 39, 17).

« Ben Akiba... » si dissero con aria soddisfatta gli egittologi studiando per la prima volta la traduzione del papiro Orbiney. Ciò che decifravano da quei geroglifici era una storia molto letta dei tempi della XIX dinastia, col titolo discreto: *La favola dei due fratelli.* « C'erano una volta due fratelli... Il nome del maggiore era Anubis, il più giovane si chiamava Bata. Anubis possedeva una casa e una moglie, e il suo fratello minore viveva con lui, come se fosse suo figlio. Conduceva il gregge sul prato e di sera lo riportava a casa e dormiva nella stalla. Al tempo dell'aratura i due fratelli aravano insieme la terra. Erano da alcuni giorni sul campo e non avevano più frumento. Allora il maggiore mandò il fratello più giovane in città: "Corri, e portaci frumento!" Il fratello minore trovò la moglie del fratello maggiore, che si stava pettinando. Allora le disse: "Alzati e dammi frumento, affinchè di corsa ritorni sul campo. Perchè mio fratello ha detto: 'Fa' presto e non trattenerti...!' Si caricò del frumento e del farro e uscì con questo peso... Allora lei gli disse: "Hai molta forza! Vedo infatti ogni giorno la tua forza... Vieni, mettiamoci a letto un'ora! Ne avrai piacere. E ti farò anche belle vesti." Allora il giovane si adirò come una pantera del sud... a causa del brutto discorso che essa gli aveva fatto. Ma egli le disse: "Che cosa vergognosa è questa che mi hai detto. Non dirmelo più! Allora neppure io lo dirò a nessuno..." Poi si mise sulle spalle il suo carico e se n'andò al campo... Ma la donna aveva paura del discorso che aveva fatto. Andò a prendere del grasso e si acconciò come se fosse stata maltrattata da un insolente. Suo marito... trovò a giacere la donna, malata per la violenza subita... Allora il marito le disse: "Chi ha parlato con te?" Essa gli rispose: "Nessuno... tranne tuo fratello minore. Quando venne per prendere il frumento... mi trovò seduta qui sola e mi disse: 'Vieni, mettiamoci un'ora a letto! Lègati i tuoi capelli...' Ma io non gli badai. 'Non sono io tua madre? E non è tuo fratello maggiore come un padre verso di te?' così gli dissi. Allora prese paura e mi battè, perchè non te lo dicessi. Se ora permetti che lui viva, morirò io." Allora il fratello divenne feroce come una pantera del sud. Fece affilare il suo coltello... per uccidere il fratello minore... »

Sembra di vedere i cortigiani del faraone che si sussurrano all'orecchio questa storia della quale si compiacevano. I problemi sessuali e la psicologia femminile erano già argomenti interessanti migliaia d'anni prima di Kinsey.

La storia di un'adultera, narrata in una novella egiziana, servì di modello per la storia biblica di Giuseppe? I dotti discussero pro e contro questa tesi in base al documento chiamato papiro Orbiney, e le discussioni si protrassero per molto tempo nel nostro secolo.

Però del soggiorno d'Israele in Egitto mancava — prescindendo dalla Bibbia — ogni traccia. Tanto gli storici quanto i professori di teologia parlavano della « leggenda di Giuseppe ». Proprio in un paese come l'Egitto si poteva sperare, anzi attendersi di trovare una documentazione contemporanea della vicenda di cui parla la Bibbia. Almeno per quanto riguarda Giuseppe che era gran visir del faraone e perciò uomo potente nel paese del Nilo.

Nessuno stato dell'antico Oriente ci ha tramandato la sua storia così fedelmente come l'Egitto. Fino al 3000 a. C. possiamo seguire quasi senza lacune i nomi dei faraoni, giacchè conosciamo la successione delle dinastie del *Regno Antico, Medio* e *Nuovo.* [1] Presso nessun altro popolo furono registrati con tanta precisione gli avvenimenti importanti, le gesta dei sovrani, le loro guerre, la costruzione dei templi e dei palazzi, nonchè la letteratura e la poesia.

Ma su questo particolare l'Egitto non dava alcuna risposta agli studiosi. Non solo essi non trovarono nulla che riguardasse Giuseppe, ma non scoprirono della sua epoca nè documenti nè monumenti. Le annotazioni ininterrotte dei

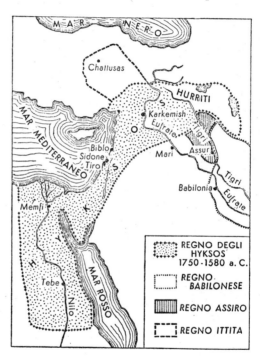

Fig. 13.

secoli passati cessano di colpo verso il 1730 a. C. Da allora e per lungo tempo la storia dell'Egitto è avvolta da una profonda oscurità.

---

[1] Il *Regno Antico* (3200-2270 a. C.) comprende il periodo dalla I alla VI dinastia; il *Regno Medio* (2100-1700 a. C.), dalla XI alla XIII dinastia; il *Regno Nuovo* (1550-1090 a. C.), dalla XVIII alla XX dinastia (*N. d. T.*).

Soltanto dal 1580 a. C. riappaiono nuovi documenti contemporanei. Come spiegare la mancanza di ogni notizia per un così lungo periodo di tempo e per di più da un popolo così organizzato?

È certo che qualcosa di straordinariamente terribile colpì la terra del Nilo intorno al 1730 a. C. D'improvviso, come un fulmine a ciel sereno, irrompono nel paese guerrieri su carri veloci come frecce; interminabili colonne avvolte in nugoli di polvere; giorno e notte nei forti di confine si ode lo scalpitare degli zoccoli che risuona nelle lunghe strade della città, echeggia nei templi e nei meravigliosi cortili dei palazzi faraonici. E prima ancora che gli egiziani se ne possano rendere conto, il fatto è avvenuto: il loro paese è invaso, occupato, vinto. Il gigante del Nilo, che nel corso della sua storia non aveva mai veduto conquistatori stranieri, giace ora incatenato a terra.

Il dominio dei conquistatori inizia con un fiume di sangue. Gli hyksos, tribù semitiche di Canaan e della Siria, non conoscono pietà. Con l'anno fatale 1730 a. C. termina la dominazione delle dinastie durata 13 secoli. Il Regno Medio dei faraoni si sgretola di fronte all'assalto del popolo asiatico, dei « sovrani di paesi stranieri ». Questo è il significato del nome hyksos. Come il ricordo di questa catastrofe politica rimase vivo nel popolo del Nilo appare dalla descrizione pervenuta sino a noi dello storiografo egiziano Manetone: « Avevamo allora un re di nome Timaios. Avvenne durante il suo regno. Non so perchè Dio fosse malcontento di noi. Vennero d'improvviso dai paesi orientali uomini di nascita ignota. Ebbero l'audacia d'intraprendere una campagna nel nostro paese, e lo sottomisero con la forza facilmente, senza una sola battaglia. E quando ebbero assoggettato al loro potere i nostri sovrani, incendiarono le nostre città, distrussero i templi degli dei. E tutti gli abitanti furono trattati crudelmente, perchè in parte li uccisero e agli altri tolsero come schiavi i figli e le donne. Infine nominarono re uno di loro. Il suo nome era Salatis, visse a Memfi e rese tributari l'Egitto superiore e inferiore, e pose guarnigioni nei luoghi che gli apparvero più convenienti... e quando nella provincia saitica trovò una città adatta ai suoi fini, situata a est del braccio del Nilo presso Bubastis, la ricostruì e la munì d'una cinta di mura e di un presidio di 240.000 uomini. A questa città, chiamata Avaris, si recava Salatis ogni estate, in parte per raccogliere il suo frumento e per pagare i suoi soldati, in parte per far manovre col suo esercito e incutere così paura agli stranieri. »

Avaris, sotto altro nome, svolge un ruolo importante nella storia biblica. Chiamata più tardi Pi-Ramses, è una delle città tributarie (Ramesse) d'Israele in Egitto! (Esodo, 1, 11).

5 Il prof. Parrot (col casco) esamina la statua di Ishtup-ilum, governatore di Mari all'epoca dei patriarchi, trovata nella sala del trono del palazzo.

6 ... *Possedettero il territorio... fino al monte Ermon* (Gios., 12, 1). L'Hermon, coperto di neve eterna, domina la Terra Promessa.

La storia biblica di Giuseppe e il soggiorno dei figli d'Israele in Egitto coincidono col periodo turbolento nel quale il paese del Nilo rimase sotto la dominazione straniera. Non vi è quindi da meravigliarsi se di quel periodo non ci è pervenuta alcuna notizia egiziana contemporanea. Tuttavia esistono prove indirette dell'autenticità della storia di Giuseppe. La rappresentazione biblica dello

Fig. 14 - L'investitura di un visir egiziano.

sfondo storico è autentica; autentico fin nei particolari è anche il colorito prettamente egiziano. L'egittologia ne dà conferma in base a innumerevoli ritrovamenti.

Mercanti ismaeliti, di razza araba, portano droghe e spezie in Egitto, dove le vendono a Giuseppe (Genesi, 37, 25). Questi prodotti sono molto richiesti nel paese del Nilo. Sono usati negli uffici divini, durante i quali le radici profumate vengono bruciate nei templi come incenso. Ai medici sono indispensabili per la guarigione degli ammalati, e ai sacerdoti per imbalsamare i cadaveri dei nobili.

Putifar è il nome dell'egiziano al quale viene venduto Giuseppe (Genesi, 37, 36). È un nome molto usato nel paese. In egiziano suona « Pa-di-pa-Ra », cioè l'inviato del dio Ra ».

La nomina di Giuseppe a viceré dell'Egitto è riferita nella Bibbia per così dire secondo il protocollo. Egli viene rivestito con le insegne del suo alto grado, riceve l'anello, il sigillo del sovrano, una preziosa veste di bisso e una collana d'oro (Genesi, 41, 42). Esattamente come gli artisti egiziani hanno rappresentato in dipinti murali e in bassorilievi questa solenne investitura.

Nella sua qualità di viceré, Giuseppe sale sul *secondo cocchio* del faraone (Genesi, 41, 43). Questo significa che siamo nel periodo degli hyksos. Il veloce carro militare fu portato per la prima volta in Egitto dai « sovrani di paesi stranieri ». E sappiamo che i sovrani hyksos furono i primi a usare un cocchio lussuoso per le loro cerimonie in Egitto. Prima di loro quest'uso non esisteva nel paese del Nilo. Il cocchio per le cerimonie, tirato da cavalli scelti, era la Rolls Royce dei capi di stato di quell'epoca.

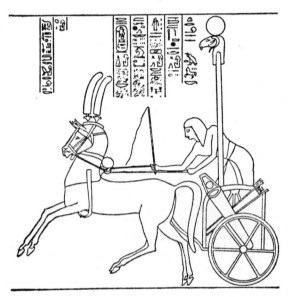

Fig. 15 - Carro portainsegna di Tebe.

Il primo cocchio spettava al sovrano, nel secondo cocchio prendeva posto il più alto funzionario del regno.

Giuseppe prende in moglie una donna rispondente alla sua condizione, *Asenet figlia di Putifare* (Genesi, 41, 45). Diviene quindi genero di un uomo influente, sacerdote di Eliopoli, cioè della biblica On, situata sulla riva destra del Nilo, un po' a nord dell'odierna città del Cairo.

Giuseppe ha trent'anni quando parte per *visitare l'Egitto* (Genesi, 41, 45). Nient'altro dice la Bibbia. Ma una località nel paese del Nilo ha conservato fino ai nostri giorni il nome di Giuseppe.

La città di Medinet-el-Faiyum, situata a 130 chilometri a sud del Cairo, in mezzo al fertile Faiyum, è chiamata la « Venezia egiziana ». Negli orti rigogliosi di questa immensa e fiorente oasi crescono aranci, mandarini, pesche, olive, melegrane e uva. Di questi frutti squisiti il Faiyum va debitore al canale lungo 334 chilometri che conduce l'acqua del Nilo trasformando in un paradiso questa contrada che altrimenti sarebbe un deserto. Bahr Yusuf, cioè « canale di Giuseppe », è il nome col quale questo antichissimo acquedotto è chiamato anche oggi non solo dai fellah, ma in tutto l'Egitto. Tra il popolo è diffusa la tradizione che l'abbia fatto costruire il biblico Giuseppe, indicato nelle leggende arabe col nome di « gran visir » del faraone.

La Bibbia rappresenta Giuseppe come un abile organizzatore che, nella sua qualità di gran visir, nei tempi difficili assiste il popolo col consiglio e con l'azione, e negli anni d'abbondanza fa provviste di viveri per gli anni di scarsezza. Così egli fa ammassare e conservare il frumento nei granai per i tempi di carestia.

PASSATI POI I SETTE ANNI D'ABBONDANZA CH'ERANO STATI IN EGITTO, / COMINCIARONO I SETTE ANNI DI CARESTIA PREDETTI DA GIUSEPPE, E LA FAME FU GRANDE IN TUTTE LE REGIONI (Genesi, 41, 53. 54).

Sono spesso menzionati anni di siccità, raccolti andati a male e periodi di fame sofferti dalle terre del Nilo. Al principio del terzo millennio, ad esempio, risulterebbe essersi verificato, secondo un'iscrizione rupestre dei Tolomei, un periodo di carestia durato sette anni. Il re Zoser invia al governatore del territorio delle grandi cateratte del Nilo, ad Elephantina, il seguente messaggio: « Sono molto preoccupato per la gente del palazzo. Il mio cuore è in grande affanno per la sventura che il Nilo non sia più salito da sette anni. Non vi sono che pochi frutti di campo, gli erbaggi sono scarsi, manca ogni specie di alimento. Ognuno deruba il suo vicino... I bimbi piangono, i giovani vagano qua e là senza meta. Il cuore dei vecchi è depresso; non si reggono più e se ne stanno seduti a terra. Nel palazzo regna l'inquietudine, non si sa più che fare. I depositi delle provviste furono aperti, ma... tutto ciò che vi si trovava era già consumato. » Sono stati rinvenuti i resti dei granai che esistevano nel Regno Antico. In molte tombe se ne sono trovate piccole riproduzioni in argilla. A quanto sembra, si pensava anche ai morti per gli anni di carestia.

Ora Giacobbe, avendo saputo che in Egitto si vendevano le vettovaglie, disse ai figliuoli: « Perchè non vi date pensiero? / Ho saputo che in Egitto si vende il grano; andate dunque e comprate quel che ci bisogna, affinchè possiam vivere, e non moriamo di fame. » / *Partirono dunque i dieci fratelli di Giuseppe per comprare il grano in Egitto* (Genesi, 42, 1-3).

Questo è il motivo del grande viaggio che condusse all'incontro col fratello venduto e all'entrata degli israeliti in Egitto. Il viceré fa venire in Egitto suo padre, i suoi fratelli e i suoi congiunti: *... le persone della casa di Giacobbe che entrarono in Egitto furono, in tutto, settanta* (Genesi, 46, 27). Il viceré aveva ottenuto l'autorizzazione sovrana per il loro passaggio alla frontiera, e ciò che riferisce la Bibbia corrisponde esattamente alle norme amministrative del governo:

Disse dunque il re a Giuseppe: « *Tuo padre ed i tuoi fratelli son*

Fig. 16 - Vendita di frumento ai semiti di Canaan.

ricorsi a te. / *La terra d'Egitto ti sta dinanzi; falli prendere stanza nel luogo migliore, e da' loro la terra di Gessen* » (Genesi, 47, 5. 6).

« Un'altra questione da comunicare al mio signore è che abbiamo permesso il passaggio alle tribù di beduini di Edom attraverso la fortezza di Menefta in Zeku dopo le paludi della città di Per-Atum... perchè essi e le loro greggi possano rimanere a vivere nel possedimento del re, il buon sole di ogni paese... »

Per-Atum, che qui appare nel testo geroglifico, è il Fitom della Bibbia situato nella terra di Gessen, una delle città *edificate pel faraone* (Esodo, 1, 11).

Nei casi di questo genere, la polizia di confine, gli uffici superiori e la corte seguono una norma prestabilita: i fuggiaschi di paesi dove regna la fame, in cerca di pascoli, vengono accolti e assegnati quasi sempre alla stessa regione del delta, sulla riva destra del Nilo, nella biblica *terra di Gessen*. In quella località del delta esercitano la loro sovranità anche i conquistatori hyksos.

I figli d'Israele devono essersi trovati molto bene nella terra di Gessen. Era — come la descrive la Bibbia (Genesi, 45, 18; 46, 32, 47, 3) — straordinariamente fertile, e come terreno da pascolo, addirittura ideale per l'allevamento del bestiame. Quando morì il vecchio Giacobbe, avvenne di lui qualcosa che era assolutamente ignorata e inusitata a Canaan, in tutta la Mesopotamia e nella sua stirpe e che apparve perciò molto notevole ai congiunti: il suo corpo fu imbalsamato.

COMANDÒ (Giuseppe) AI SERVI MEDICI D'IMBALSAMARNE IL CORPO; / ESSI OBBEDIRONO, E V'IMPIEGARONO QUARANTA GIORNI, SECONDO CHE ERA COSTUME PEI CADAVERI DA CONSERVARSI [2] (Genesi, 50, 2. 3).

In Erodoto, il *globe-trotter* e narratore di viaggi numero uno dell'antichità, possiamo leggere con quanta esattezza questa descrizione corrisponde al costume egiziano. Anche Giuseppe fu imbalsamato più tardi allo stesso mondo.

Un « abitante della sabbia » non sarebbe mai potuto diventare viceré sotto i faraoni. I nomadi allevavano asini, pecore e capre, e nulla gli egiziani disprezzavano più degli allevatori di basso bestiame. *Perchè gli egiziani detestano tutti i pastori di greggi* (Genesi, 46, 34). Soltanto tra i conquistatori hyksos stranieri un « asiatico » aveva la possibilità di esser nominato funzionario della più alta gerarchia dello stato. Sotto gli hyksos furono frequenti i funzionari di nome semitico. Su scarabei dell'epoca degli hyksos si è potuto decifrare chiaramente il nome « Jakob-her ». « E non è impossibile, » così suona l'opinione del grande egittologo americano James Henry Breasted, « che in quegli oscuri tempi un capo delle tribù di Giacobbe d'Israele avesse acquistato autorità per un certo periodo nella valle del Nilo. Un simile avvenimento s'accorderebbe in modo sorprendente con l'infiltrazione di tribù israelitiche in Egitto, che dovette comunque avvenire in quell'epoca. »

---

[2] Giacobbe ricevette da Geova il nome d'Israele (Genesi, 32, 28), per cui più tardi il popolo fu chiamato « figlio d'Israele ».

2 - 400 anni di silenzio

Risveglio della terra del Nilo — Tebe scatena la sollevazione — Cacciata degli hyksos — L'Egitto diviene una grande potenza internazionale — Civiltà indiana nello stato di Mitanni — Nofretete fu una principessa indoariana? — I « figli di Het » presso l'Halys — Una vedova del faraone desiderosa di rimaritarsi — Il primo patto di non-aggressione del mondo — Un corteo nuziale attraverso Canaan.

ISRAELE DUNQUE ABITÒ IN EGITTO, E PRECISAMENTE NELLA TERRA DI GESSEN, E L'EBBE IN POSSESSO, CRESCENDOVI E MOLTIPLICANDOSI GRANDEMENTE (Genesi, 47, 27).

La Bibbia mantiene un assoluto silenzio su un periodo di 400 anni durante il quale si trasformò completamente il volto politico della « Fertile Mezzaluna ». In questi quattro secoli, avvengono nella struttura dei popoli importanti cambiamenti che interrompono la più che millenaria storia dei regni semitici sul Tigri e sull'Eufrate. La grande isola di civiltà del Vicino Oriente viene strappata d'un tratto dal suo proprio ambiente. Popoli e civiltà stranieri irrompono da paesi lontani, sino allora sconosciuti, ed essa subisce il primo scontro con il resto del mondo.

Anche l'Egitto si ammanta di silenzio per 150 anni. Il risveglio del gigante del Nilo si annunzia con uno strano motivo: il muggito degl'ippopotami.

Un inviato del re hyksos Apophis, così informa un frammento di papiro,[1] parte da Avaris per recarsi dal principe della città del sud. La città del sud è Tebe, il suo principe è l'egiziano Sekenenre, tributario dei conquistatori del delta superiore. Stupito, il principe domanda all'inviato dell'autorità asiatica di occupazione: « Perchè

---

[1] Il papiro Sallier I, attualmente nel Museo Britannico di Londra.

ti hanno mandato nella città del sud? Come mai hai fatto questo viaggio? » Il messaggero risponde: « Re Apophis — lunga vita, benessere e salute siano con lui! — m'incarica di riferirti questo messaggio: " Sposta lo stagno degli ippopotami del Nilo che si trova a oriente della tua città, perchè non mi lasciano dormire. Giorno e notte risuona nelle mie orecchie il loro muggito. " » Il principe della città del sud rimane per qualche istante come tramortito dal tuono, non sa cosa rispondere all'inviato del re Apophis — lunga vita, benessere e salute siano con lui! — Alla fine dice: « Va bene, il vostro signore — lunga vita, benessere e salute siano con lui! — avrà presto notizie su questo stagno a oriente della città del sud. » Il messaggero non è però soddisfatto. Aggiunge: « La questione per la quale egli mi ha mandato, dev'essere risolta! » Il principe della città del sud tenta a suo modo di convincere l'energico messaggero. Egli conosce l'antichissima tattica, come oggi si direbbe, del pranzo a base di champagne, adatto a creare un'atmosfera amichevole e di buona volontà. Opportunamente e secondo il suo sistema, dispone che lo stizzoso messaggero hyksos « sia servito di buone cose e di carne e focaccia...» Tutto inutile! Quando costui riparte, porta con sè nella tasca della sella un impegno del principe scritto su papiro in questi termini: « Tutto ciò che mi hai detto sarà fatto. Diglielo dunque. » « Allora il principe della città del sud riunì i suoi funzionari più alti e anche ogni soldato superiore che aveva al suo servizio e ripetè ad essi il messaggio che il re Apophis — lunga vita, benessere e salute siano con lui! — gli aveva inviato. Tutti rimasero muti per qualche tempo... » A questo punto s'interrompe il testo del papiro. Manca purtroppo la fine del racconto, ma da altri documenti della stessa epoca possiamo ricostruire il seguito.

Al Museo del Cairo si conserva la mummia di un Sekenenre. Quando fu scoperta a Deir-el-hahri, presso Tebe, richiamò un vivo interesse da parte dei medici. La volta cranica presenta quattro grandi ferite da taglio. Sekenenre aveva perso la vita in combattimento.

Sembra una favola, eppure si trattava di una vera e propria affermazione provocatoria: il muggito degli ippopotami tebani disturbava il sovrano del delta del Nilo. Questo muggito d'ippopotami è certo il *casus belli* più straordinario della storia di tutti i tempi. [2]

Da Tebe si scatena la rivolta contro gli odiati oppressori del paese. I battaglioni egiziani marciano lungo il corso del Nilo. Li ac-

---

[2] Oltre a questa tradizione letteraria, un testo storico di Karnak non ancora pubblicato descrive l'inizio della ribellione.

compagna una flotta ben equipaggiata che veleggia e rema scendendo il fiume sacro verso nord. Avaris, la roccaforte degli hyksos sul
delta, cade nel 1850 a. C. dopo molti anni di accaniti e sanguinosi
combattimenti. Amosis I, figlio di Sekenenre, è il celebrato liberatore
dell'Egitto. Un suo omonimo, Amosis, ufficiale della nuova marina
regia egiziana, ha lasciato ai posteri, sulle pareti della sua tomba ad
El-Kab, una relazione sulla decisiva campagna di guerra. Dopo una
particolareggiata descrizione della sua carriera, informa con strin-
gatezza militare: « Fu conquistata Avaris, feci là prigionieri un uomo
e tre donne, in tutto quattro persone. Sua Maestà me li diede come
schiavi. »

L'ufficiale di marina sa anche descrivere la guerra terrestre:
« Sharuhen fu assediata per tre anni, e Sua Maestà la conquistò. »
Anche questa volta Amosis ha il suo guadagno: « M'impadronii quella volta di due donne e di una mano. Mi fu dato l'oro del merito, a
parte il fatto che mi furono donati i prigionieri come schiavi. »

Sharuhen era un importante punto strategico del Negev per la
sua posizione dominante a sud delle brune catene montuose della Giudea. Tutto ciò che n'è rimasto è una piccola collina di macerie chiamata Tell Far'a. In questo luogo Flinders Petrie, il famoso archeologo inglese, esumò nel 1928 una poderosa muraglia.

Gli eserciti mercenari degli egiziani, formati da negri, asiatici e
nubii, proseguono la loro marcia verso il nord attraverso Canaan.
Dall'amara esperienza del passato i nuovi faraoni hanno tratto un
insegnamento. Il loro paese non dovrà più essere esposto a un attacco di sorpresa. L'Egitto non perde tempo per crearsi lontano dai forti
di confine uno stato cuscinetto. Il resto del regno degli hyksos viene
distrutto e la Palestina diventa una provincia egiziana. I posti conso-
lari d'un tempo, i depositi commerciali e le stazioni dei corrieri in
Canaan e sulla costa fenicia si trasformano in guarnigioni permanenti, in punti d'appoggio fortificati e in fortezze egiziane in un paese sottomesso.

Dopo una storia di oltre due millenni il gigante del Nilo esce
dall'ombra delle sue piramidi e delle sue sfingi, con la pretesa di prendere parte attiva agli avvenimenti che si svolgono fuori dei suoi confini, nel resto del mondo. L'Egitto diventa a poco a poco una potenza
mondiale. Tutti coloro che vivevano al di fuori della valle del Nilo
erano soltanto disprezzabili « asiatici », « abitanti della sabbia », allevatori di bestiame, popoli non degni dell'attenzione dei faraoni.

Ora gli egiziani diventano più socievoli. Cominciano ad allacciare relazioni con altri paesi, cosa che prima era inconcepibile. Tra le note diplomatiche trovate nell'archivio del palazzo di Mari non esiste un solo scritto proveniente dal Nilo. *Tempora mutantur!*

L'avanzata procede fino alla Siria, fino alle rive dell'Eufrate. Là gli egiziani s'incontrano con popoli della cui esistenza non avevano mai avuto notizia. I sacerdoti interrogano gli antichi rotoli di papiro degli archivi del tempio, studiano le relazioni delle campagne dei faraoni precedenti: tutto inutile. In nessun posto si trova il minimo cenno sugli sconosciuti mitanni!

Il loro potente regno risiedeva nella Mesopotamia settentrionale, tra il corso superiore dei fiumi Tigri ed Eufrate. I loro re appartengono all'aristocrazia dei guerrieri essedari e portano nomi indoariani. Gli aristocratici del paese si chiamano « marya », che significa « giovani guerrieri ». Marya è un'antica parola indiana, e a divinità indiane sono dedicati i loro templi. I canti magici del Rigveda risuonano dinanzi alle statue di Mitra, il vincitore della luce contro le tenebre, di Indra che presiede alla tempesta, e di Varuna, che regge il corso eternamente regolare dell'universo. Gli antichi dèi dei semiti sono precipitati dai loro piedistalli.

I mitanni sono degli appassionati, anzi dei veri e propri maniaci dei cavalli. Sulle rive dei larghi fiumi essi tengono i primi *derby* del mondo. Le istruzioni e le raccomandazioni per l'allevamento equino, le norme per la monta, gl'insegnamenti per l'addestramento dei puledri, le prescrizioni alimentari e per l'allenamento in vista della corsa riempiono intere biblioteche di tavolette di terracotta. Sono opere ippologiche che si possono paragonare con qualsiasi trattato moderno del genere. Il cavallo presso i marya, gli aristocratici guerrieri essedari, era apprezzato più dell'uomo.

Questo stato Mitanni confinava allora con l'Egitto. Alla frontiera avvengono continui scontri. In attacchi provocati dall'una o dall'altra parte gli arcieri egiziani si trovano sempre più coinvolti in accaniti combattimenti con i guerrieri essedari. A vicenda ora le forze egiziane, ora le colonne dei mitanni si spingono sempre più profondamente nel territorio nemico. Le valli del Libano, le rive dell'Oronte e dell'Eufrate sono il teatro d'infinite battaglie e di sanguinosi massacri. Quasi un intero secolo durano ininterrotte le ostilità tra i due grandi regni.

Poco prima del 1400 a. C. i bellicosi mitanni offrono agli egiziani la pace. Da nemici diventano amici. I re mitanni passano a svolgere una politica di familiarità. Con gran pompa e ricchi doni mandano le loro figlie nella terra del Nilo; le loro principesse si sposano con faraoni. In tre successive generazioni di sovrani si mescolano sangue indoariano con sangue egiziano. Fu probabilmente una delle loro principesse quella che divenne la più famosa fra tutte le mogli dei faraoni: Nofretete, la cui bellezza è ancora oggi ammirata nel mondo. Suo marito Amenophis IV fu il re del Sole degli egiziani: Echnaton.

Quale fu il motivo dell'improvviso atteggiamento pacifico dei bellicosi mitanni?

L'impulso venne dal di fuori: il loro regno era minacciato da una guerra su due fronti. Un nuovo forte nemico, proveniente dall'Asia Minore, cominciò ad aggredire con le sue armate i confini del regno da nord-ovest. Era un popolo del quale gli eruditi quasi nulla sapevano prima del nostro secolo, ma che nell'Antico Testamento ha una parte importantissima: gli ittiti.

Abramo piantò le tende tra i *figli di Het,* a sud delle montagne di Giuda, presso Hebron, e acquistò da essi il terreno per erigervi il sepolcro di sua moglie Sara (Genesi, 23, 3 segg.). Esaù, con gran dispiacere dei suoi genitori *Isacco* e *Rebecca,* prese in moglie due donne ittite (Genesi 26, 34) e anche il re Davide prese *Betsabea, moglie d'Uria l'eteo* (II Re, 11, 3). Dal profeta Ezechiele sappiamo che gl'ittiti cooperarono alla fondazione di Gerusalemme: « *Tu sei della razza e del germe dei cananei, d'un padre amorreo e d'una madre cetea* » (Ezechiele, 16, 3. 45).

La nuova scoperta del popolo degli ittiti, completamente sommerso nel regno dell'oblio, avviene dopo l'inizio del nostro secolo nel cuore della Turchia.

Nell'altopiano ed est della capitale Ankara, il fiume Halys, volgendo verso il Mar Nero, descrive una grande curva. Quasi esattamente nel centro si trova la località di Boghasköi; « boghas », in turco, significa gola, e « köi », villaggio. Presso questo « villaggio in una gola » l'egittologo tedesco prof. Hugo Winckler rinvenne nel 1905 una gran quantità di scritture cuneiformi, tra cui un singolare testo figurato. Grandissimo fu l'interesse suscitato dalla scoperta, e non solo tra gli eruditi. Sbalordito il pubblico apprende chi era il popolo chiamato nella Bibbia *figli di Het.* La traduzione delle scritture cuneiformi ripresenta al mondo gli sconosciuti ittiti d'origine indogermanica e il grande regno che con essi scomparve.

Due anni dopo una nuova spedizione parte da Berlino per raggiungere Boghasköi. Sotto la direzione, questa volta, del presidente dell'Istituto archeologico di Berlino Otto Puchstein, viene minuziosamente esplorato il grande campo di rovine situato nella parte superiore del villaggio. In questo luogo troneggiò Chattusas, la superba capitale del regno degli ittiti. Ciò che n'è rimasto sono im-

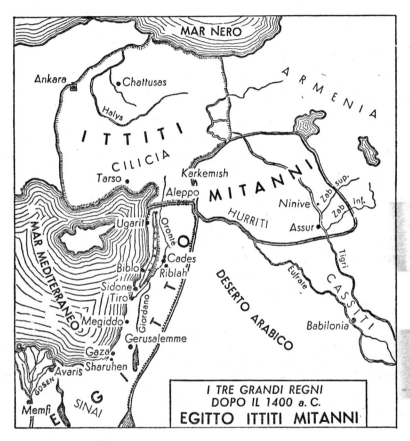

Fig. 17.

mense rovine, resti di mura, frammenti di templi, porte di fortezze, macerie di tutta una città. Le sue mura racchiudevano un'area di 170 ettari. Chattusas era quasi grande come la Norimberga medievale. Le porte della città presentano rilievi con figure di grandezza naturale. A queste figure di basalto nero, duro come il ferro, dobbiamo le nostre cognizioni sull'aspetto dei re e dei guerrieri ittiti. Portavano i capelli lunghi, attorcigliati a treccia, sulla schiena.

In capo, un berretto alto e diviso a metà. Il corto gonnellino
era sostenuto da una larga cintura. Calzavano inoltre scarpe con
la punta rivoltata.

Quando il re degli ittiti Suppiluliumas verso il 1370 a. C. si
mise in marcia con un forte esercito in direzione sud-est, i giorni del
regno Mitanni, malgrado la sua abile politica di familiarità, erano
contati. Suppiluliumas sconfisse il regno dei guerrieri essedari, lo
obbligò a pagare tributi e si spinse più avanti verso i monti del
Libano a nord di Canaan. Quasi nel volger d'una notte l'Egitto
aveva in Siria un altro vicino non meno forte e avido di conquiste.

Esiste di quest'epoca un prezioso documento. Il principe Mursilis, figlio di Suppiluliumas, narra nelle sue memorie un episodio
della corte reale degli ittiti, dal quale dev'essere rimasto così impressionato da decidersi a riferirlo nei suoi scritti.

Anches-en-Amun, la sposa del faraone Tut-ench-Amun, era
rimasta vedova. I suoi genitori, Echnaton e Nofretete, erano personaggi notevoli. Conosciamo quest'ultima, attraverso le meravigliose
raffigurazioni egiziane, come una creatura delicata e giovane. Nondimeno dovette essere una donna che sapeva bene il fatto suo e che
mise a profitto l'influenza della sua incantevole persona per volgere
l'alta politica a beneficio del popolo. Con un letto e un trono faraonico ben preparati — poteva esservi offerta più allettante? — Anches-en-Amun si sforza di frustrare i piani aggressivi del nuovo e
potente vicino. I guerrieri ittiti avevano appunto invaso Amqa, la
fertile terra tra il Libano e l'Antilibano.

Mursilis scrive: « Quando le genti della terra d'Egitto seppero
dell'attacco di Amqa si spaventarono. Poichè, per colmo di disgrazia,
il loro signore (Tut-ench-Amun) era morto proprio allora, la regina
egiziana, divenuta vedova, inviò un ambasciatore a mio padre e gli
scrisse come segue: " Mio marito è morto e non ho un figlio. Si dice
che tu abbia molti figli. Se tu mi mandassi uno dei tuoi figli, potrebbe
diventare mio marito. Sento una vera avversione a prendere uno
dei miei servi per marito! " Quando mio padre apprese ciò, chiamò
a consiglio i grandi e disse: " Da quando esiste il mondo, non ho
mai udito una cosa simile. " Egli inviò il suo ciambellano Hattu-
zitis con questo incarico: " Va', e portami informazioni precise.
Potrebbero cercare d'ingannarmi: forse hanno un principe, ripor-
tami informazioni precise al riguardo. " L'ambasciatore egiziano,
l'onorevole Hanis, venne da mio padre. Poichè mio padre aveva

istruito Hattu-zitis prima del viaggio in Egitto: " Forse hanno un principe; potrebbero cercare d'ingannarmi e non aver affatto bisogno di uno dei miei figli per assumere la potestà reale ", la regina egiziana rispose con una lettera a mio padre: " Perchè dici: ' Potrebbero cercare d'ingannarmi? ' Se avessi un figlio, scriverei forse a un paese straniero in modo umiliante per me e per il mio paese? Tu non ti fidi di me e perfino me lo dici. Colui che fu mio marito morì ed io non ho figli. Devo prendere uno dei miei servi e farlo mio sposo? Non ho scritto ad alcun altro paese, ho scritto soltanto a te. Si dice che tu abbia molti figli. Dammi dunque uno dei tuoi figli, ed egli sarà mio marito e re nella terra d'Egitto. " Poichè mio padre era magnanimo, cedette ai desideri della regina e decise di mandarle il figlio richiesto. »

A questa inconsueta mediazione matrimoniale che aveva una mira ben determinata il destino negò il successo. Il trono faraonico e il letto di Anches-en-Amun rimasero vuoti. Il sollecitato aspirante fu assassinato durante il viaggio in Egitto.

Sulla stessa via Halys-Nilo, un'altra proposta di matrimonio, circa 75 anni dopo, ebbe lieto fine, benchè il preludio con fragore d'armi e di battaglie facesse presagire un esito ben diverso. Ramsete II, detto il Grande, attraversava con le sue truppe la Palestina, diretto in Siria. Egli vuole assestare il colpo definitivo agli odiati ittiti.

Nella valle dell'Oronte, ove oggi si stendono vasti campi di cotone e dove l'antico castello dei crociati « Krak des Chevalliers » domina la fertile pianura di Bukea, un poco a sud del verde-cupo lago di Homs, si stendeva allora la città di Cades. Davanti alle sue porte, quattro eserciti egiziani su veloci carri da guerra si scontrano con la fanteria degli ittiti. La battaglia non procurò, invero, a Ramsete II la vittoria sperata — per poco egli stesso non cadde prigioniero —, ma con essa cessano le ostilità. Nel 1280 a. C. gli ittiti e gli egiziani concludono il primo patto di non-aggressione e di mutua difesa di cui si abbia notizia nella storia universale. La buona intesa viene inoltre suggellata dalle nozze di Ramsete II con una principessa degli ittiti. Molte iscrizioni lunghe diversi metri descrivono con ricchezza di particolari e con vivo realismo l'ambiente pittoresco di questo avvenimento che si potrebbe definire, per quell'epoca, d'importanza internazionale. Tanto sui muri dei templi di Karnak, quanto a Elephantina, ad Abu Simbel o sulle numerose stele, la relazione si ripete sempre col medesimo tenore.

Ramsete II superò di molto i suoi predecessori in fatto di pro-

paganda personale e di autoincensamento. « Venne allora qualcuno
per fare a Sua Maestà la comunicazione. Quegli disse: " Guarda,
perfino il grande principe di Hatti! (degli ittiti). Conducono la sua
figlia maggiore, ed essa porta quantità immense di tributi d'ogni
sorta... Hanno raggiunto il confine di Sua Maestà. Fa' venire il
nostro esercito e dignitari per riceverli! " Allora Sua Maestà provò
una gran gioia, e la corte fu felice quando udì queste cose che in
Egitto erano completamente sconosciute. Così si affrettò a mandare
l'esercito e i dignitari per riceverli! »

Una numerosa delegazione è inviata verso il nord della Palestina per andare a prendere la sposa. I nemici di ieri fraternizzano:
« La figlia del Gran Principe di Hatti partì quindi per l'Egitto.
Mentre la fanteria, i guerrieri essedari e i dignitari di Sua Maestà
la accompagnavano, essi si mescolavano con la fanteria e i guerrieri
essedari di Hatti; tutto il popolo del paese degli ittiti si mescolava
col popolo degli egiziani in un quadro multicolore. Mangiarono e
bevvero insieme; erano un solo cuore, come fratelli... »

Il grande corteo della sposa muove dalla Palestina verso la
città Pi-Ramses-Meri-Amon sul delta del Nilo: « Poi condussero la
figlia del Gran Principe di Hatti... davanti a Sua Maestà.. Allora
Sua Maestà vide che era bella in volto come una dea... Ed egli
l'amò più d'ogni altra cosa... »

I figli d'Israele dovettero essere testimoni oculari dell'arrivo del
corteo nuziale nella città di Pi-Ramses-Meri-Amon, che significa
« casa di Ramsete, dell'amato del dio Amon ». Come spiegano le
descrizioni bibliche, il loro soggiorno in quella città non fu volontario.
A questo punto anche la Bibbia riprende il suo racconto, dopo aver
passato sotto silenzio quattrocento anni d'emigrazione pacifica e
felice dei figli d'Israele sulla terra del Nilo. Ma brutte notizie
appaiono all'inizio di un nuovo e importante capitolo della storia
del popolo biblico.

3 - *Lavoro tributario a Fitom e a Ramesse*

Giuseppe era morto da molto tempo — Una pittura significativa nella tomba dei principi — La città tributaria Fitom nei testi egiziani — Nuova residenza sul delta del Nilo — Inganno per mania costruttiva e vanità — Montet scava la città tributaria di Ramesse — Mosè si firmava « ms » — Storia mesopotamica della cesta — Mosè emigra a Madian — Piaghe conosciute nel paese del Nilo.

VENNE POI A CAPO DELL'ESERCITO UN NUOVO RE, IL QUALE NIENTE SAPEVA DI GIUSEPPE. / POSE DUNQUE SOPRA DI LORO DEI CAPIMASTRI PERCHÈ LI CARICASSERO DI FATICHE; E COSÌ FURONO EDIFICATE PEL FARAONE LE CITTÀ DEI TABERNACOLI FITOM E RAMESSE (Esodo, 1, 8. 11).

Il nuovo re che nulla sa di Giuseppe è Ramsete II. La sua ignoranza è comprensibile. Giuseppe, infatti, visse molti secoli prima di lui, all'epoca degli hyksos, dalla quale sono stati appena tramandati i nomi dei sovrani hyksos odiati dagli egiziani, senz'alcuna menzione di nomi di dignitari e di funzionari. Anche se Ramsete II avesse conosciuto Giuseppe, non avrebbe chiesto nulla di lui. Per un egiziano orgoglioso, Giuseppe doveva essere oggetto di disprezzo per due motivi. Primo: la sua origine asiatica, spregevole « viandante della sabbia »; secondo, la sua qualità di altissimo funzionario dell'odiata potenza d'occupazione. Sotto quest'ultimo aspetto, il riferimento a Giuseppe, agli occhi del faraone, non avrebbe costituito una raccomandazione per gli israeliti.

Il genere dei lavori ai quali furono assoggettati i figli d'Israele nelle grandi costruzioni dell'antico Egitto, ai margini del Nilo, si può rilevare da un'antichissima pittura che fu trovata da Percy A. Newberry — lo scopritore del quadro dei patriarchi a Beni-Hasan — in una tomba scavata nella roccia ad ovest della città reale di Tebe.

Sui muri di una volta grandiosa sono rappresentate le opere realizzate durante la sua vita da un grande dignitario, il visir Rekhmire, a beneficio del suo paese. Una scena lo mostra mentre ispeziona dei lavori pubblici. In un particolare del dipinto riguardante la fabbricazione dei laterizi, tra gli operai, coperti d'un semplice perizoma di lino, si notano soprattutto quelli di pelle chiara. Un confronto con i sorveglianti di pelle scura dimostra che gli uomini di pelle chiara sono probabilmente semiti, in nessun caso però egiziani.

« Egli ci provvede di pane, di birra e di tutte le cose buone »;

Fig. 18 - Operai stranieri addetti alla fabbricazione di laterizi in Egitto.

tuttavia, nonostante le lodi per il buon vitto, è indubbio che essi non lavorano volontariamente, ma perchè vi sono obbligati. « Ho in mano il bastone, » dice uno dei sorveglianti egiziani, come si legge nei geroglifici. « Non siate pigri! »

Il quadro è un'impressionante illustrazione delle parole della Bibbia: *Gli egiziani odiavano i figli d'Israele, li opprimevano schernendoli, / e rendevano loro amara la vita con faticosi lavori d'argilla e di laterizio* (Esodo, 1, 13. 14). Israele era un popolo di pastori che non era abituato ad altri lavori e doveva quindi sentirli doppiamente pesanti. Le costruzioni e la fabbricazione dei laterizi erano per essi lavoro coatto.

Il quadro della tomba scavata nella roccia mostra una scena della costruzione del tempio di Amon nella città di Tebe. Le classiche città della servitù dei figli d'Israele erano però *Fitom* e *Ramesse*. Entrambi i nomi appaiono in forma un po' diversa in annotazioni egiziane. Pi-Tum (« città del dio Tum ») è il nome di una città fatta edificare da Ramsete II. E la già menzionata Pi-Ramses-Meri-Amon corrisponde alla biblica Ramesse. Un'iscrizione

7 Il Mar Morto, fortemente salato, sostiene come un sughero il corpo umano, anche in posizione di riposo.

8 Il nuovo centro industriale di Sodoma, nello stato d'Israele, sulla riva meridionale del Mar Morto.

9 Fra i nudi monti della Palestina e della Giordania orientale, il Giordano scorre formando innumerevoli anse dal lago di Genezareth al Mar Morto, a 394 metri sotto il livello del Mediterraneo.

dell'epoca di Ramsete II parla di « pr », « che trascinano pietre per la grande fortezza della città Pi-Ramses-Meri-Amon ». Con « pr » la lingua scritta egiziana designa i semiti.

Rimane ancora da rispondere alla domanda: dove si trovavano quelle due città? Quel che sappiamo è che i sovrani del Nuovo Regno avevano trasferito la loro sede dall'antica Tebe verso il nord, ad Avaris, da dove gli hyksos avevano governato il paese. La nuova politica internazionale consigliava di non risiedere troppo lontano, come sarebbe stato a Tebe, situata molto più a sud. Dal delta si poteva sorvegliare più facilmente l'irrequieta « Asia », i possedimenti in Canaan e in Siria. Alla nuova capitale dette il suo nome il faraone Ramsete II. Dalla primitiva Avaris sorse la città di Pi-Ramses-Meri-Amon.

Dopo molte supposizioni e congetture il piccone degli archeologi pose fine alla divergenza di opinioni sulla posizione di una delle due città. Chi fa un viaggio in Egitto può includere nel suo programma una visita alle sue rovine, a 100 chilometri d'auto dal Cairo. Verso la metà del canale di Suez, dove questo attraversa l'antico lago dei coccodrilli, [1] comincia a occidente una valle arida che si estende fino al braccio orientale del Nilo, nota col nome di Uadi Tumilat. Dieci chilometri di strada dividono due colline di macerie. L'una è il Tell el-Retaba, la biblica *Fitom*, l'altra è il Tell el-Mashuta, la biblica *So-cot* (Esodo, 12, 37; 13, 20). Oltre ai resti di granai, si trovarono iscrizioni nelle quali si parla di depositi di provviste.

Se 4000 anni fa fosse già esistita la protezione dei brevetti, essa avrebbe dovuto essere concessa agli egiziani per l'invenzione dei granai. Gli odierni silos delle aziende granarie canadesi e americane sono costruiti secondo il medesi-

Fig. 19 - Grandi silos di grano in Egitto.

mo principio. È vero che i silos egiziani non raggiungevano dimensioni gigantesche, ma i granai di forma circolare di 8 metri di diametro, con la loro rampa e il buco di scarico, non erano una rarità nella terra del Nilo. Giuseppe, quando era gran visir, ne fece costruire

---

[1] Lago di Timsah.

parecchi (Genesi, 41, 48 segg.) e i suoi successori dotarono di granai la terra di Gessen sfruttando il lavoro tributario.

La ricerca dell'altra città, Ramesse,[2] per molto tempo non portò ad alcun risultato. Essa fu trovata finalmente nel 1930, tre decenni dopo la scoperta di Fitom.

Il faraone Ramsete II, chiamato il Grande, ha lasciato agli archeologi molti enigmi da risolvere. Maggiore della sua smania di costruire fu la sua vanità, sicchè neppure si peritò di ornarsi di penne altrui. La posterità dovrebbe veramente stupirsi del costruttore Ramsete II. E così fu. Gli archeologi non sapevano dapprima spiegarsi l'esistenza di tanti templi, edifici profani e costruzioni in genere che portavano tutte il nome dell'insigne « Ramsete II ». Quando gli edifici furono esaminati più minuziosamente, la spiegazione venne fuori da sè. Molti di quegli edifici erano stati costruiti vari secoli prima di Ramsete II. Per soddisfare la sua vanità, egli aveva fatto semplicemente incidere anche su quelli la sua firma.

Nel delta la ricerca della città di Pi-Ramses-Meri-Amon condusse da una collina all'altra; tutti i luoghi che presentavano tracce dell'antichità furono esaminati uno dopo l'altro nel delta orientale del Nilo: Fitom, Eliopoli, Pelusium e altri. L'enigma fu risolto solo quando il prof. Pierre Montet di Strasburgo cominciò a esplorare, nel 1929, il terreno vicino all'odierno villaggio di pescatori chiamato San. A 50 chilometri a sud-ovest di Porto Said, egli trasse alla luce dal 1929 al 1932 una straordinaria quantità di statue, sfingi, stele e resti di edifici, tutti marcati col nome di Ramsete II. Questa volta non si poteva più dubitare che si trattava dei resti di Pi-Ramses-Meri-Amon, la città del lavoro coatto, la Ramesse della Bibbia. Ed esattamente come a Fitom, si trovarono anche qui rovine di granai e di depositi di provviste.

Gl'israeliti furono letteralmente vittima della mania di costruzione del faraone. La posizione del territorio nel quale erano emigrati favoriva l'asservimento di manodopera straniera. La biblica Gessen, coi suoi opimi terreni da pascolo, cominciava a pochi chilometri a sud della nuova capitale e giungeva sino a Fitom. Nulla era più facile che strappare questi stranieri, che vivevano per così dire sulla soglia dei grandi progetti di costruzione, alle loro greggi e alle loro tende e obbligarli a prestare la loro opera in tali lavori.

2 È Pi-Ramses-Meri-Amon, la primitiva Avaris.

Le rovine trovate a San non permettono di riconoscere lo splendore della metropoli d'un tempo. Una lettera scritta su papiro da un contemporaneo fa il quadro di ciò che appariva agli occhi degli schiavi durante la loro marcia quotidiana verso i cantieri di lavoro. Lo scolaro Pai-Bes scrive entusiasta al suo maestro Amenem-Opet:

« ... Sono arrivato a Pi-Ramses-Meri-Amon e trovo che è stupenda. Una città magnifica che non ha l'eguale. L'ha fondata lo stesso dio Ra secondo il piano di Tebe. Soggiornare in essa è una vita meravigliosa. I suoi campi offrono una quantità di cose buone. Giornalmente riceve alimenti freschi e carne. I suoi laghi sono pieni di pesci, le sue lagune sono popolate di uccelli, i suoi prati sono coperti di erba verde, e i suoi frutti hanno il sapore del miele nei campi coltivati. I suoi depositi di provviste sono pieni di orzo e di grano; s'innalzano fino al cielo. Vi sono cipolle e aglio per i cibi, così come melegrane, mele, olive e fichi nei frutteti. Vino dolce di Kenkeme d'un gusto migliore del miele. Il braccio del delta Shi-Hor fornisce sale e nitro. Le sue navi vanno e vengono. Qui si hanno giornalmente viveri freschi e bestiame. È una delizia potervi abitare, e nessuno esclama: "Dio volesse!" La gente piccola vive come i grandi. Suvvia! Festeggiamo qui la sua festa divina e l'inizio delle stagioni! »

Alcuni anni dopo, la dura vita nello squallido deserto fa dimenticare ai figli d'Israele le amarezze del lavoro forzato; solo rimane il ricordo del vitto abbondante goduto nel delta: « *Meglio per noi se fossimo morti per mano del Signore in Egitto, quando sedevamo presso alle marmitte piene di carni e mangiavamo pane a sazietà* » (Esodo, 16, 3). « *Chi ci darà da mangiare delle carni? / Ci ricordiamo dei pesci che mangiavamo in Egitto senza spendere; ci tornano in mente i cocomeri, i poponi, le cipolle e gli agli.* » « *Chi ci darà delle carni da mangiare? Stavamo bene in Egitto* » (Num., 11, 4-5. 18).

I ritrovamenti fatti negli scavi e i testi di quell'epoca, che ripetono lo stesso quasi alla lettera, rafforzano questa descrizione della Bibbia. Ma non si pensi che con ciò siano cessate le dispute accademiche sul valore storico di questi fatti nella vita d'Israele.

Quasi sdegnate suonano le parole del professore americano William Foxwell Albright, uno dei pochi eruditi che possegga una formazione universale — è teologo, storico, filosofo, orientalista e archeologo —, quando si esprime nei seguenti termini:

« Secondo le attuali nostre cognizioni sulla topografia del delta orientale, la relazione sull'uscita degli ebrei dall'Egitto, che si legge in Esodo 12, 37, è perfettamente esatta dal punto di vista topografico. Altre prove del carattere essenzialmente storico di quella relazione e della peregrinazione nei territori del Sinai, di Madian e Cades si potranno ottenere senza difficoltà grazie alle nostre crescenti nozioni di topografia e archeologia. Per ora dobbiamo limitarci ad assicurare che l'atteggiamento ipercritico ancora predominante, che fu tenuto nei confronti delle antiche tradizioni storiche d'Israele, non ha più alcuna giustificazione. Perfino la data dell'esodo, che per tanto tempo fu oggetto di discussione, può essere ora stabilita entro limiti non troppo larghi... Se la poniamo intorno al 1290 a. C., si può escludere una probabilità di errore, perchè i primi anni di Ramsete II (1301-1234) furono nella maggior parte occupati da una grande attività costruttiva nella città alla quale egli dette il suo nome: la Ramesse della tradizione israelitica. La impressionante concordanza di questa data coi 430 anni menzionati in Esodo, 12, 40 — *la dimora dunque dei figli d'Israele in Egitto fu di quattrocentotrent'anni* — fa supporre che l'immigrazione abbia avuto luogo intorno al 1720 a. C., il che può essere, naturalmente, casuale, ma è sempre una coincidenza molto notevole. »

Il governo di Ramsete II rappresenta per Israele il periodo dell'oppressione e della schiavitù, ma al tempo stesso l'epoca in cui sorge per il popolo il suo grande liberatore: Mosè.

AL TEMPO POI CHE FU DIVENUTO GRANDE, MOSÈ USCÌ (dalla corte per recarsi) AI SUOI FRATELLI E VIDE LA LORO AFFLIZIONE, ED UN EGIZIANO CHE PERCOTEVA UNO DEI SUOI FRATELLI EBREI. / GUARDATOSI ATTORNO DI QUA E DI LÀ, VISTO CHE NESSUNO V'ERA PRESENTE, UCCISE QUELL'EGIZIANO, E LO NASCOSE NELLA SABBIA. / IL FARAONE LO SEPPE, E CERCAVA D'UCCIDERE MOSÈ, IL QUALE, FUGGITO DALLA SUA PRESENZA, PRESE STANZA NELLA TERRA DI MADIAN, E SI FERMÒ PRESSO UN POZZO (Esodo, 2, 11. 12. 15).

Mosè è un ebreo nato in Egitto e educato da egiziani. Il suo nome è tipicamente egiziano. « Mosè » è Mâose, nome usato nella regione del Nilo. La parola egiziana « ms »[3] significa semplicemente « ragazzo, figlio ». Una serie di faraoni si chiamò Amosis, Amasis e Thutmosis. E Thutmosis si chiamava il celebre scultore di cui il mondo ancora ammira, tra le sue opere magistrali, la testa di Nofretete, d'incomparabile bellezza.

Questi sono i fatti. Gli egittologi lo sanno. Ma la generalità fer-

---

3 « ms » sta per mosu; la lingua egiziana scritta rinunzia alle vocali.

ma la sua attenzione sulla celebre storia biblica di Mosè e della cesta, e gli eterni scettici non trovano difficile contrapporre un argomento che dovrebbe, secondo essi, invalidare l'autenticità di questo prezioso racconto: « Ma questa non è che la leggenda della nascita di Sargon! Copiata di sana pianta! »

Del re Sargon, fondatore della dinastia semitica di Acad (2360 a. C.), ci parlano i testi in scrittura cuneiforme: « Io sono Sargon, il potente re, il re di Acad. Mia madre era una sacerdotessa, non conobbi mio padre. Mi concepì mia madre; mi partorì in segreto; mi mise in una cesta di vimini, ne fermò il coperchio con bitume. Mi pose sul fiume... Il fiume mi sostenne e mi portò ad Akki, l'innaffiatore. Akki, l'innaffiatore, mi adottò come figlio e mi allevò... »

La somiglianza con la storia biblica di Mosè è in realtà stupefacente: *Ma poi non potendolo più a lungo nascondere, prese una cesta di vimini, la spalmò di bitume e di pece, vi mise dentro il fanciullino e l'espose così fra i giunchi alla riva del fiume...* (Esodo, 2, 3 segg.). La storia della cesta è un antichissimo racconto popolare dei semiti. Attraverso molti secoli passò di bocca in bocca. La leggenda di Sargon del terzo millennio a. C. si trova anche in tavole neobabilonesi di scrittura cuneiforme del primo millennio. Nulla più che motivi decorativi, coi quali in ogni tempo la posterità ha adornato la vita dei grandi uomini.

Gl'impiegati dello stato hanno sempre goduto in ogni paese della protezione ufficiale. Al tempo dei faraoni avveniva nè più nè meno come oggi. Così a Mosè, dopo aver ucciso per la sua giusta collera il sorvegliante statale, non rimane altra via d'uscita che la fuga per sottrarsi alla sicura punizione.

Mosè agisce come già Sinuhe prima di lui. Fugge dal territorio egiziano verso l'est. Poichè Canaan è territorio d'occupazione egziano, Mosè sceglie per il suo esilio Madian ad est del golfo di Akaba, dove sa di trovare legami di parentela. Cetura era una moglie del patriarca Abramo dopo la morte di Sara (Genesi, 25, 1). Uno dei suoi figli si chiamava Madian. La tribù di Madian è chiamata spesso nell'Antico Testamento *stirpe di Cin* (Num., 24, 22), che significa « appartenente ai calderai »; in arabo « qain », in aramaico « qainâya » equivale a fabbro. Questa denominazione si ricollega con i giacimenti di metallo che si trovavano nella regione ov'era domiciliata la tribù. Le catene montuose ad est del golfo di Akaba sono ricche di rame, come hanno accertato le recentissime esplorazioni dell'americano Nelson Glueck.

Nessuno stato lascia partire volentieri dal suo territorio gli operai stranieri soggetti a schiavitù. Ciò dovette sperimentare anche il popolo d'Israele. Sembra che alla fine siano state le piaghe a decidere gli egiziani a concedere loro il permesso di partire. Finora non si è trovata nessuna notizia dell'epoca, da cui si possa dedurre se il fatto delle piaghe sia avvenuto o no al tempo di Mosè. Ma *piaghe* non sono nè inverosimili nè infrequenti. L'acqua del Nilo *divenne sangue... Ne uscirono rane che ricoprirono tutta la regione... Vennero zanzare, mosche, la peste degli animali e ulceri...* infine *grandine, locuste e tenebre* (Esodo, 7-10). Tutte cose menzionate dalla Bibbia e che gli egiziani sperimentano anche oggi; ad esempio il « Nilo rosso ».

Materie sedimentarie provenienti dai laghi abissini conferiscono spesso all'acqua del fiume, soprattutto nel corso superiore, una colorazione d'un bruno molto scuro, che dà un'impressione di *sangue*. Al tempo delle inondazioni si moltiplicano le *rane* e anche le *zanzare*, a volte in numero così considerevole da diventare una vera piaga. Nella categoria *mosche* va messa senza dubbio la mosca canina. Questi insetti invadono spesso a sciami intere contrade, penetrano negli occhi, nel naso e nelle orecchie e possono causare dolori acuti.

In quanto a epizoozie ne esistono dovunque nel mondo. Le *ulcere* che colpiscono sia l'uomo che gli animali potrebbero essere la cosiddetta flogosi o scabbia del Nilo. Si tratta di un'eruzione cutanea pruriginosa e pungente che spesso degenera in ulcerazioni maligne. Questa brutta malattia della pelle minaccia Mosè anche durante la peregrinazione nel deserto, come castigo: *Ti percuota il Signore con l'ulcera dell'Egitto, con scabbia e prurigine da cui tu non possa guarire* (Deuter., 28, 27).

La *grandine* è effettivamente molto rara nella regione del Nilo, ma non sconosciuta. Può cadere in gennaio o febbraio. Invece gli *sciami di locuste* sono una calamità tipica nei paesi dell'Oriente. Lo stesso avviene delle *tenebre* improvvise. Il chamsin, detto anche simun, è un vento caldo, soffocante, che solleva e spinge dinanzi a sè immensi turbini di sabbia, i quali oscurano il sole dandogli una luce opaca e giallognola, sicchè di pieno giorno sembra notte. Soltanto la *morte dei primogeniti* è una piaga per la quale non v'è spiegazione (Esodo, 12, 29).

III

QUARANT'ANNI NEL DESERTO

DAL NILO AL GIORDANO

1 - *Sulla via del Sinai*

Partenza da Ramesse — Due scenari del miracolo del mare — Tracce di guadi nel canale di Suez — Tre giorni senza acqua — Stormi di quaglie nella stagione del passo — Una spedizione chiarisce il fenomeno della manna — Centro minerario egiziano nel Sinai — L'alfabeto sul tempio di Hathor.

PARTIRONO DUNQUE I FIGLI D'ISRAELE DA RAMESSE, VERSO SOCOT... (Esodo, 12, 37) / MA FECE GIRARE IL POPOLO PER LA VIA DEL DESERTO CHE VA LUNGO IL MAR ROSSO (Esodo, 13, 18). / PARTITI DA SOCOT, POSERO LE TENDE IN ETAM, AGLI ULTIMI CONFINI DEL DESERTO (Esodo, 13, 20). / PROCEDENDO GLI EGIZIANI SULLE ORME DEI FUGGITIVI, LI RAGGIUNSERO COSÌ ACCAMPATI LUNGO IL MARE; TUTTA LA CAVALLERIA E I CARRI DEL FARAONE, E TUTTO IL SUO ESERCITO GIUNSERO IN FIAIROT DI FRONTE A BEELSEFON (Esodo, 14, 9).

LA prima parte del cammino percorso nella fuga dall'Egitto si può seguire esattamente sulla carta. Non procede — si badi bene — in direzione della futura *via della terra dei filistei* (Esodo, 13, 17), che era la « via numero uno » che conduceva dall'Egitto in Asia attraverso la Palestina. Questa via maestra per carovane e colonne militari correva quasi parallela alla costa del Mediterraneo ed era la più breve e la migliore, ma al tempo stesso la più sorvegliata. Un vero esercito di soldati e di funzionari esercitava nei posti di frontiera un rigoroso controllo su ogni entrata e uscita.

Questa via è troppo rischiosa. Perciò il popolo d'Israele devia verso sud. Da Pi-Ramses, sul braccio orientale del delta, si dirige prima a Socot, nell'Uadi Tumilat. Dopo Etam è Fiairot la prossima stazione. La Bibbia specifica che questo luogo si trova *tra Magdalum e il mare, di fronte a Beelsefon* (Esodo, 14, 2). Miktol (Magdalum) appare anche in testi egiziani e significa « torre ». Una fortezza assicurava da quella parte sud la via delle carovane verso il territorio del Sinai. Ne furono trovati gli avanzi ad Abu Hasan, a 25 chilometri a nord di Suez.

AVENDO POI MOSÈ STESA LA MANO VERSO IL MARE, IL SIGNORE LO ASCIUGÒ, FACENDO SOFFIARE PER TUTTA LA NOTTE UN VENTO FORTE CALDISSIMO, E LO RIDUSSE ALL'ASCIUTTO. LE ACQUE POI SI ERANO DIVISE. / ED I FIGLI D'ISRAELE ENTRARONO IN MEZZO ALL'ASCIUTTO MARE, FORMANDO L'ACQUA COME UN MURO A DESTRA ED A SINISTRA DI LORO (Esodo, 14, 21, 22).

... Un reparto di carri egiziani che tenta di raggiungere il popolo d'Israele, viene inghiottito dal mare con tutti i cavalli e i cavalieri.

Questo « miracolo del mare » ha tenuto incessantemente occupata l'attenzione degli uomini. Ciò che nè la scienza nè l'indagine hanno finora potuto chiarire non è il fatto della fuga stessa, per la quale esistono molte possibilità reali. Contestata è soltanto la località ove si svolse l'avvenimento, la quale non può ancora essere precisata con assoluta certezza.

La prima difficoltà consiste nella traduzione. Il termine ebraico « Yam suph » è stato tradotto una volta per Mar Rosso, un'altra per « mare di canne », dunque canneto. Del « mare di canne » si parla ripetutamente: *Abbiamo inteso che il Signore asciugò le acque del mare di canne* [1] *al vostro passaggio quando usciste dall'Egitto...* (Giosuè, 2, 10). In molte versioni dell'Antico Testamento si parla fino al profeta Geremia di « mare di canne ». Il Nuovo Testamento nomina soltanto il Mar Rosso (Atti, 7, 36; Lett. agli Ebrei, 11, 29).

Sulle rive del Mar Rosso non crescono canne. Il vero mare di canne si trovava più a nord. Una ricostruzione del paesaggio d'allora — ecco la seconda difficoltà — non è possibile. La costruzione del canale di Suez nel secolo scorso ne ha cambiato

---

[1] L'autore cita per tutto l'Antico Testamento una versione tedesca della Bibbia in cui anzichè Mar Rosso si legge « Mare di canne », mentre l'edizione italiana da noi seguita parla sempre di « Mar Rosso ». (*N. d. T.*)

completamente l'aspetto. Secondo i calcoli più verosimili, il cosiddetto « miracolo del mare » dev'essersi avverato precisamente in quel territorio. Così, ad esempio, l'antico lago di Ballah, che si trovava a sud della « via della terra dei filistei », è scomparso; si trasformò in pantano. Ai tempi di Ramsete II il golfo di Suez comunicava coi Laghi Salati. Probabilmente questa comunicazione arrivava fino al lago di Timsah, il lago dei coccodrilli. In questo spazio c'era una volta il mare di canne. Il tratto che congiungeva il canale di Suez coi Laghi Salati era transitabile in molti punti: si poterono infatti scoprire tracce di guadi. La fuga dall'Egitto attraverso il mare di canne è dunque assolutamente verosimile.

Nei primi tempi del cristianesimo i pellegrini pensarono che la fuga d'Israele fosse avvenuta attraverso il Mar Rosso, e precisamente all'estremità settentrionale del golfo nelle vicinanze della città di Es-suwes, l'odierna Suez. Anche qui potrebbe essere avvenuto il passaggio. A volte forti venti di nord-ovest respingono le acque dalla punta settentrionale del golfo di Suez con tale violenza, che si può guadarlo a piedi. In Egitto predomina il vento di ponente. Il vento d'est (scirocco) citato dalla Bibbia è invece il tipico vento della Palestina.

MOSÈ DUNQUE CONDUSSE VIA ISRAELE DAL MAR ROSSO[2] E GIUNSERO AL DESERTO DI SUR; CAMMINARONO TRE GIORNI NEL DESERTO E NON TROVARONO ACQUA. / POI VENNERO IN MARA; MA NON POTEVAN BERE LE ACQUE DI MARA, PERCHÈ ERANO AMARE (Esodo, 15, 22. 23).

DIPOI VENNERO I FIGLI D'ISRAELE IN ELIM, OV'ERANO DODICI FONTI D'ACQUA, E SETTANTA PALME. (Esodo 15, 27).

PARTITI POI DA ELIM, TUTTA LA MOLTITUDINE DEI FIGLI D'ISRAELE VENNE NEL DESERTO DI SIN, POSTO FRA ELIM E SINAI... (Esodo, 16, 1).

Comincia la marcia faticosa, la vita nomade nell'arido paesaggio della steppa, che durerà 40 anni!

Con asini, capre e pecore si possono percorrere giornalmente solo brevi tratti di una ventina di chilometri; la meta quotidiana è sempre il prossimo pozzo d'acqua.

Per quarant'anni i figli d'Israele vanno peregrinando lungo il margine del deserto da un pozzo all'altro, da una buca d'acqua all'altra. Tenendo conto dei punti di sosta citati nella Bibbia, si possono identificare esattamente le tappe più importanti.

L'itinerario è descritto in Num. 33, in forma veridica e convin-

---

[2] Nella versione tedesca: « Mare di canne ». (*N.d.T.*)

cente. Com'è naturale per una comunità di uomini e di animali, essa non si allontana, nè nel territorio del Sinai nè nel Negev, dalle oasi e dai pascoli.

Dal Nilo fino alle montagne della penisola del Sinai corre un'antichissimo sentiero. Era la strada per la quale arrivavano le innumerevoli colonne di lavoratori e di schiavi che, fin dal 3000 a. C., scavavano rame e turchesi nei monti del Sinai. Più di una volta, nel corso dei millenni, le miniere furono abbandonate e dimenticate per vari secoli. Ramsete II si ricordò dei tesori nascosti e le fece riattivare.

Lungo questa via che conduceva alle miniere, Mosè guida il suo popolo. Essa parte da Memfi, arriva alla punta del golfo dove oggi è situata Suez e piega per una regione priva d'acqua che si estende 70 chilometri verso sud, senza un'oasi, senza una sola sorgente. La Bibbia dice espressamente che all'inizio dell'esodo dall'Egitto gli ebrei, dopo aver camminato tre giorni nel deserto senza acqua, giunsero a una fonte amara e poco dopo a un'oasi rigogliosa con *dodici fonti d'acqua e settanta palme*. Questa chiara precisazione della Bibbia aiutò gli esploratori a trovare l'itinerario storico dell'esodo.

Per una carovana formata di greggi e di molta gente, 70 chilometri rappresentano una marcia di tre giorni. I nomadi sono in grado di percorrere questa distanza nel deserto. Essi portano sempre nel bagaglio la loro « razione di riserva »: acqua in otri di pelle di capra, come quelli che portava la famiglia patriarcale nella pittura murale di Beni Hasan. A 70 chilometri dalla punta settentrionale del Mar Rosso sgorga anche oggi una polla, Ain Havarah, nel linguaggio dei beduini. I nomadi con le greggi si fermano qui malvolentieri. In realtà quest'acqua non è un invito alla sosta. È salata e solforosa; *amara*, dice la Bibbia. Questa è l'antica Mara.

A 24 chilometri più a sud, esattamente una giornata di marcia, si estende l'Uadi Gharandel. Un'oasi magnifica, con palme ombrose e molti pozzi. È questa la biblica Elim, la seconda tappa. Dopo Elim comincia il deserto di Sin lungo la costa del Mar Rosso, oggi pianura di El Kaa. I figli d'Israele, a dire il vero, hanno lasciato alle loro spalle un breve percorso, ma abbastanza faticoso e pieno di privazioni, specie dopo la vita condotta in Egitto che, anche se assai dura, era tuttavia regolare e confortata dall'abbondanza. Non deve quindi meravigliare che la disillusione e il malcontento si diffondano nel popolo. Tuttavia lo scarso nutrimento può essere integrato grazie a due imprevisti e ben graditi avvenimenti.

OR AVVENNE CHE LA SERA ARRIVARONO TANTE QUAGLIE, DA RICO-
PRIRNE IL CAMPO. AL MATTINO POI UNO STRATO DI RUGIADA ERA
TUTT'INTORNO ALL'ACCAMPAMENTO, / E RICOPRIVA IL SUOLO. AP-
PARVE ALLORA NEL DESERTO UNA COSA MINUTA, COME PESTATA NEL
MORTAIO, SIMILE ALLA BRINA SULLA TERRA. / VISTALA, I FIGLI D'ISRAE-
LE SI DICEVANO UNO ALL'ALTRO: « MANHU? », CHE VUOL DIRE « CHE
COS'È QUESTA? »... MOSÈ ALLORA DISSE: « QUESTO È IL PANE CHE
IL SIGNORE V'HA DATO PER NUTRIRVI... » (Esodo, 16, 13-15).

Molto si è discusso e più o meno fondatamente sulla questione
delle *quaglie* e della *manna*. Quanto scetticismo hanno suscitato!
Eppure, tanto le quaglie quanto la manna sono cose perfettamente
naturali. Basta interrogare un naturalista o gl'indigeni che possono
osservare anche oggi lo stesso fenomeno.

L'esodo d'Israele comincia in primavera, la stagione delle grandi
migrazioni degli uccelli. Dall'Africa, che d'estate diventa insoppor-
tabilmente calda e secca, i
pennuti migrano da tempi
immemorabili per due vie
verso l'Europa. L'una conduce oltre l'estremo occidentale dell'Africa in Spagna,
l'altra aggira il Mediterraneo orientale fino ai Balcani.
Tra i vari uccelli migratori
vi sono anche le quaglie che
nei mesi primaverili devono
passare sopra le acque del
Mar Rosso seguendo la via
orientale. Stanche per il lungo volo, esse scendono sulle
pianure costiere ove si fer-

Fig. 20 - Caccia alle quaglie sul Nilo.

mano per ricuperare le forze prima di spingersi sugli alti monti sino
a raggiungere il Mediterraneo. Giuseppe Flavio dà notizia di questo fatto, e anche ai nostri giorni i beduini nella stessa regione
pigliano con la mano le quaglie sfinite nei mesi di primavera e
d'autunno.

In quanto alla famosa manna, possiamo sentire cosa ne dicono
i botanici. Innanzi tutto chi s'interessa della manna, la trova nell'e-
lenco delle esportazioni della penisola del Sinai. Del resto, il suo
fornitore risulta in tutte le tavole botaniche del Vicino Oriente: la
Tamarix mannifera.

Per il vasto pubblico il biblico pane celeste continua a essere un mistero inesplicabile. Il fenomeno della manna è un esempio classico dell'ostinazione con la quale alcune opinioni preconcette si mantengono talvolta per generazioni e generazioni, e della difficoltà che spesso incontra la verità per affermarsi. Sembra che nessuno voglia rendersi conto che il « pane celeste » esiste realmente. E non mancano certo descrizioni degne di fede sulla sua esistenza. La seguente relazione di un testimone oculare è di quasi cinquecento anni or sono.

« In tutte le valli attorno al monte Sinai si trova anche in questi tempi il pane del cielo, che i monaci e gli arabi raccolgono, conservano e vendono ai pellegrini e agli stranieri di passaggio. » Così scriveva nel 1483 il decano di Magonza Breitenbach descrivendo il suo pellegrinaggio al Sinai. « Il medesimo pane cade di buon mattino e, come la rugiada e la brina, forma tante gocce sull'erba, sulle pietre e sui rami degli alberi. È dolce come il miele e s'attacca ai denti quando si mangia, e ne abbiamo comprati molti pezzi. »

Nel 1823 il botanico tedesco G. Ehrenberg pubblicò un suo scritto [3] che perfino i suoi colleghi accolsero scetticamente. In realtà appariva piuttosto inverosimile la sua spiegazione che la famosa manna non fosse altro che una secrezione degli alberi e degli arbusti di tamerici, quando vengono punti da una specie di cocciniglia che vive nel Sinai!

Cento anni dopo si organizza una regolare spedizione alla scoperta della manna. I botanici Friedrich Simon Bodenheimer e Oskar Theodor dell'Università ebraica di Gerusalemme si recano nella penisola del Sinai per chiarire la tanto discussa questione del fenomeno della manna. Durante parecchi mesi i due scienziati esplorano in vasto raggio le valli secche e le oasi intorno al monte Sinai. Il loro rapporto provoca grande scalpore. Non solo essi riportano la prima fotografia della manna, ma i risultati delle loro indagini confermano pienamente le indicazioni di Breitenbach e di Ehrenberg, comprovando per di più la veridicità della Bibbia laddove narra la peregrinazione del popolo d'Israele nel deserto.

Senza la cocciniglia, menzionata per la prima volta da Ehrenberg, non esisterebbe la manna. I piccoli insetti vivono soprattutto sui tamarischi, una specie di acacia nativa del Sinai. Questi tamarischi emettono una strana secrezione resinosa, che, secondo le indicazioni di Bodenheimer, ha la forma e la grandezza del seme del

---

[3] *Symbolae physicae.*

coriandolo. Quando cade è bianca; ma dopo un certo tempo di giacenza al suolo assume una colorazione giallo-bruna. Com'è naturale, i due scienziati non si sono lasciati sfuggire l'occasione per provare il gusto della manna. « I granuli cristallizzati di manna hanno uno speciale sapore dolce, » dice Bodenheimer. « Si può benissimo paragonarlo al sapore dello zucchero di miele, cioè al prodotto del miele d'api stagionato. » *Era come seme di coriandolo, bianco, di sapore come di fior di farina con miele* (Esodo, 16, 31).

I risultati della spedizione confermano egualmente le altre descrizioni bibliche della manna. *Ne raccoglievano dunque, ciascuno quanto ne aveva bisogno per la sua razione al mattino, chè al calore del sole si liquefaceva* (Esodo, 16, 21). Proprio come avviene anche oggi: i beduini della penisola del Sinai si affrettano a raccogliere il Mann es-samâ, la « manna del cielo », di primo mattino, essendo le formiche loro avide concorrenti. « Esse però si dedicano alla loro attività di raccoglitrici soltanto quando il terreno ha raggiunto una temperatura di 21° centigradi, » si legge nel rapporto della spedizione. « Ciò avviene verso le otto e mezzo del mattino. Fino allora gl'insetti sono ancora in stato di letargo. » Non appena le formiche si mettono in movimento, sparisce la manna. È questo che deve aver voluto dire il cronista biblico quando riferisce che essa si liquefaceva. I beduini non dimenticano di chiudere accuratamente la manna in un vaso, perchè in caso diverso le formiche vi si precipiterebbero sopra. Ciò avvenne nell'epoca della peregrinazione di Mosè: *... ed alcuni ne lasciarono sino alla mattina dopo; ma cominciò a mandar fuori vermi...* (Esodo, 16, 20).

La raccolta della manna dipende da una favorevole pioggia invernale e varia da un anno all'altro. Nelle annate buone i beduini del Sinai ne raccolgono ogni mattino un chilo e mezzo a testa! Una discreta quantità, sufficiente ad alimentare una persona adulta. Così Mosè potè ordinare ai figli d'Israele: « *Ciascuno ne raccolga quanto basta per il suo nutrimento* » (Esodo, 16, 16).

I beduini fanno con le gocce di manna una pappa che viene mangiata come contorno, molto gradito e ricco di vitamine, del loro alimento spesso monotono. La manna è inoltre un articolo d'esportazione e, ben conservata, anche un'ottima « razione di riserva », perchè si mantiene molto a lungo. *Disse Mosè ad Aronne: « Prendi un vaso, mettici della manna quant'è la misura d'un gomor, e ponilo innanzi al Signore, acciò sia conservato pei vostri discendenti* » (Esodo, 16, 33).

I figli d'Israele per quarant'anni si cibarono di manna, sinchè

non giunsero in regioni abitate. Di quel cibo si nutrirono, finchè non
ebbero toccati i confini della terra di Canaan (Esodo, 16, 35).

Tamarischi che producono manna crescono ancora nel Sinai e
lungo il deserto di Araba fino al Mar Morto.

s'accamparono nel deserto di sin; / donde partiti, vennero in dafca (Num., 33, 11. 12).

Parecchie centinaia di metri sopra il livello del Mar Rosso si
estende vasto e monotono il deserto di Sin. Sul caldo altopiano le
brillanti e gialle distese di sabbia sono interrotte solo da roveti e radi
cespugli. Nè alito di vento, nè brezza accarezzano il volto del viandante. Chi seguendo l'antica pista si dirige verso sud-est, gode di
un'indimenticabile veduta: tutt'a un tratto appaiano dinanzi a lui
i profili frastagliati d'una montagna che sorge all'orizzonte distac-
candosi sull'altopiano: è il massiccio del Sinai. Man mano che vi si
avvicina, vede brillare formazioni geologiche di strane e rare grada-
zioni di colore. Pareti di granito rosa e viola si alzano ripide verso
il cielo azzurro. In mezzo risplendono pendii e gole d'un tono ambra
pallido e zolfo rossiccio con vene di porfido color piombo e strisce
di feldspato verde scuro. Sembra che la policromia e la magnificenza
d'un giardino fiorito si siano profusi in questa selvaggia sinfonia di
pietra. Al margine del deserto di Sin finisce d'improvviso la pista
e si perde in una valle.

Nessuno sapeva dove cercare la località di Dafca, sino alla fine
del secolo scorso. L'unica indicazione è data dallo stesso nome.
« Dafca », secondo la spiegazione data dai glottologi, è un termine
che in ebraico equivale a « processi di fusione ». È noto che i processi
di fusione avvengono dov'è nascosto del metallo.

Nei giorni della primavera del 1904 l'inglese Flinders Petrie,
famoso come pioniere dell'archeologia biblica, parte con una carovana di cammelli da Suez. Lo accompagna un vero sciame di eruditi,
trenta fra architetti, egittologi e assistenti. Dalle installazioni del
molo del canale di Suez segue le tracce della pista per la quale gli
egiziani raggiungevano la regione del Sinai. Ed è lo stesso cammino
che, attraverso il deserto di Sin e fino alle catene montuose, fu
seguito dagli israeliti nel loro esodo dall'Egitto.

La carovana avanza lentamente per una delle valli intorno a
un acuminato sperone: sembra che il tempo abbia fatto un salto
indietro di quattro millenni. La carovana è d'un tratto piombata nel
mondo dei faraoni. Petrie ordina la sosta. Su una terrazza rocciosa
un tempio si protende verso la valle. Gli occhi di una dea con

grandi orecchie di vacca fissano immobili dalle colonne quadrangolari del vestibolo. Un intrico di steli, poi un alto pilone, sembrano scaturire dal suolo. La sabbia gialla, intorno a piccoli altari di pietra, mostra tracce di ceneri di olocausti. Scuri passaggi di caverne si aprono tutt'intorno ai pendii, e alto sopra la valle si eleva il maestoso massiccio del Sinai.

Le grida dei cammellieri sono cessate. La carovana si immobilizza come sopraffatta da una visione fantasmagorica.

Nelle rovine del tempio Petrie trova inciso il nome del grande Ramsete II. La spedizione è giunta ora in Serabit-el-Chadem, l'antico centro minerario e industriale del rame e delle turchesi. Tutto fa pensare che qui si debba ricercare la biblica Dafca.

Per due anni un accampamento posto davanti all'antico tempio porta nuova vita nella valle. Le scene del culto e le rappresentazioni dei sacrifici trovate sulle pareti del tempio ricordano che qui fu venerata la dea Hathor. Enormi quantità di frammenti di roccia semicoperti da terra testimoniano nelle valli una vasta attività di ricerca del rame e delle turchesi. Le tracce dei colpi di strumenti appaiono incontestabili. E resti di abitati, dove vivevano i minatori, si trovano nelle vicinanze.

Il sole dardeggia spietato nella vallata incassata tra le montagne sì che il calore insopportabile rende difficile l'attività della spedizione. Il lavoro in queste miniere del deserto deve essere stato un inferno, soprattutto d'estate. Così fa supporre un'iscrizione del tempo di Amenemhet III, che regnò intorno al 1800 a. C.

Hor-ur-Re, guardasigilli del faraone e « direttore dei lavori », tiene un discorso ai minatori e agli schiavi. Cerca di stimolarli, d'infondere in essi coraggio: « Può stimarsi ben fortunato chi sta in questa zona di miniere! » Ma essi dissero: « Le turchesi ci sono sempre nel monte. Ma è alla pelle che si deve badare in questa stagione. Sappiamo che il minerale è sempre stato scavato in questa epoca. Ma in verità ci si rimette la pelle in questa stagione insopportabile! » « Tutte le volte, » risponde Hor-ur-Re, « che ho condotto gli uomini alle miniere, mi ha guidato la gloria del re... Il mio volto non si scoraggiò mai alla vista del lavoro... Allora nessuno si lamentava: " Oh, la mia pelle! " Gli occhi brillavano invece... »

Mentre fervono gli scavi nelle antiche miniere, nelle residenze dei minatori e nella zona del tempio, a pochi passi dal santuario della dea Hathor appaiono di sotto la sabbia frammenti di tavole di pietra. Tra questi vi è anche una statua. Tanto sulle tavole,

quanto sulla scultura sono incisi dei segni strani. Nè Flinders Petrie
nè gli egittologi suoi collaboratori sanno decifrarli. È una scrittura
mai vista prima di allora. Benchè le iscrizioni siano molto figurative
— ricordano i geroglifici egiziani — è improbabile che si tratti di
una scrittura simbolica. Vi è inoltre poca varietà di segni.

Dopo aver esaminato tutte le circostanze del ritrovamento,
Flinders Petrie viene alla seguente conclusione: « Operai di Retenu,[1]
che venivano ingaggiati dall'Egitto e che sono spesso nominati, si
servivano di questo sistema di segni lineari. Da ciò si deduce un fatto
importante, cioè che i semplici operai cananei verso il 1500 a. C.
sapevano scrivere, e che questa grafia non ha nulla a che vedere nè
coi geroglifici nè con la scrittura cuneiforme. È inoltre definitivamente infirmata l'ipotesi che gli israeliti, venuti dall'Egitto attraverso questo territorio, non sapessero scrivere! »

Questa spiegazione suscitò grande impressione nei circoli degli
archeologi, degli studiosi delle Sacre Scritture e degli storici. Tutte
le conoscenze che sino allora si possedevano circa le origini e il primo
uso di una scrittura in Canaan venivano sconvolte. Sembrò inconcepibile che gli abitanti di Canaan avessero avuto una scrittura propria alla metà del secondo millennio a. C. Soltanto dal testo delle
tavole del Sinai si poteva dimostrare se Petrie aveva veramente ragione. Subito dopo il suo ritorno in Inghilterra, Flinders Petrie fa
copiare le tavole.

Esperti di tutti i paesi si dedicano allo studio di quei caratteri.
A nessuno riesce ricavarne un senso. Solo dieci anni più tardi Sir
Alan Gardiner, il geniale e instancabile traduttore di testi egiziani,
solleva il velo. È riuscito a decifrare una parte della iscrizione. Il
« bastone del pastore » ripetutamente impresso lo ha messo sulla
strada. In una combinazione di quattro o cinque segni, che appare parecchie volte, Gardiner ravvisa parole dell'antico linguaggio
ebraico. I cinque segni 1-B-'-1-t egli li interpreta come dedicati alla
« dea Baalath ».

Nel secondo millennio a. C. era venerata nella città costiera
di Biblo una divinità femminile di nome Baalath. Alla medesima divinità era stato eretto dagli egiziani un tempio in Serabit el-Chadem,
solo che qui essa si chiamava Hathor. Operai di Canaan, non lontano dal suo tempio, avevano scavato rame e turchesi.

La catena delle prove si è chiusa. L'importanza del ritrovamento sul Sinai venne però alla luce in tutta la sua ampiezza solo

---

1 Cioè **Canaan**.

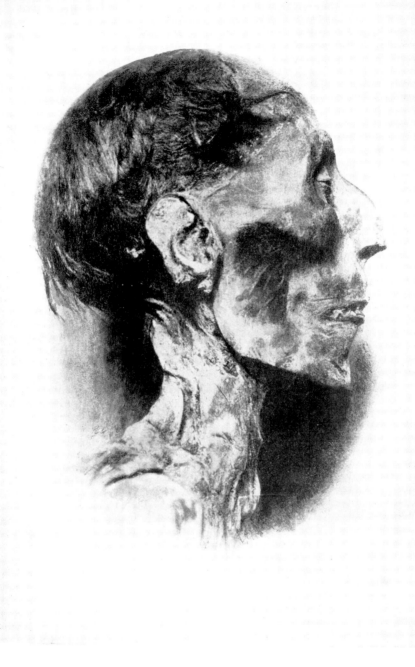

10 Nel Museo del Cairo riposa la mummia perfettamente conservata di Ramsete II, il faraone degli anni della schiavitù sotto il cui regno Mosè condusse i figli d'Israele fuori dell'Egitto.

11 La regina egiziana Anches-en-Amun (a destra) nei suoi giorni felici con lo sposo Tut-ench-Amun.

12 Naiacocee giovani con secrezioni di manna.

13 La prima e finora unica fotografia della manna. Le formazioni chiare e cristalline che si vedono sul ramo di tamarisco, pieno di naiacocee (cocciniglie), sono gocce di manna. La manna è oggi in commercio col nome di mannite.

14 Il convento di Santa Caterina ai piedi del monte Sinai.

dopo altre indagini e studi faticosi, e precisamente sei anni dopo la morte di Flinders Petrie.

Gardiner era stato in grado di decifrare soltanto una parte degli strani segni. Trent'anni più tardi, nel 1948, un gruppo di archeologi dell'università californiana di Los Angeles trova la chiave che rende possibile una fedele traduzione di tutti i segni impressi sulle

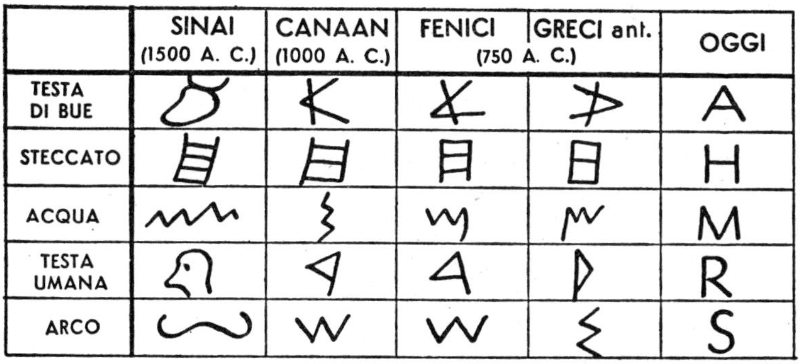

	SINAI (1500 A. C.)	CANAAN (1000 A. C.)	FENICI (750 A. C.)	GRECI ant.	OGGI
TESTA DI BUE	⊳	K	X	↗	A
STECCATO	⊟	⊟	⊟	⊟	H
ACQUA	∿∿	⌇	⩑	⩔	M
TESTA UMANA	⌓	◁	△	▷	R
ARCO	⌣	W	W	⧢	S

Fig. 21 - Origine e sviluppo del nostro alfabeto.

tavole del Sinai. Le iscrizioni provengono senza più dubbio da un'epoca che può situarsi intorno al 1500 a. C. e sono scritte in un dialetto di Canaan!

Ciò che Flinders Petrie strappò nel 1905 all'ardente terra del Sinai è dinanzi agli occhi degli uomini di tutto il mondo, in forma leggermente modificata, nei giornali, nelle riviste, nei libri, nei caratteri delle macchine da scrivere!... Le pietre di Serabit el-Chadem mostrano gli antecedenti del nostro alfabeto. Le due forme d'espressione della « Fertile Mezzaluna », caratteri in forma di figure e lettere cuneiformi, sono già antichissime quando nel II millennio a. C. ne nasce una terza: l'alfabeto. Forse perchè suggestionati dalla scrittura geroglifica dei colleghi di lavoro del paese del Nilo, i semiti del Sinai si crearono una scrittura propria completamente diversa dalle altre.

Le famose iscrizioni del Sinai rappresentano il primo stadio dell'alfabeto nord-semitico che è il progenitore diretto del nostro attuale alfabeto. Era la scrittura che si usava in Palestina, in Canaan e nelle repubbliche marinare dei fenici; verso la fine del IX secolo precristiano fu adottata dai greci. Dalla Grecia passò a Roma e da Roma in tutto il mondo.

Disse poi il Signore a Mosè: «*Scrivi questo per memoria nel libro...*» (Esodo, 17, 14). Per la prima volta nell'Antico Testamento si parla di « scrivere », quando il popolo di Israele arrivò alla tappa successiva a Dafca. Mai appare prima quella parola. Il deciframento delle tavole del Sinai portò questo passo della Bibbia in una luce assolutamente nuova di testimonianza storica; poichè da allora sappiamo che trecento anni prima che Mosè conducesse il suo popolo fuori dell'Egitto, uomini di Canaan « scrissero » in questa regione nella loro lingua, strettamente imparentata con quella d'Israele.

2 - *Sul monte di Mosè*

*La « perla del Sinai » — Israele conta 6000 anime — L'acqua
che scaturisce dalla roccia — Tecnica dell'esperienza dei nomadi
— Il « roveto ardente », una pianta gassosa? — Nella valle dei
monaci e degli eremiti — Il grande prodigio.*

PARTITA DUNQUE TUTTA LA MOLTITUDINE DEI FIGLI D'ISRAELE
DAL DESERTO DI SIN, SECONDO LE TAPPE ORDINATE DAL SIGNORE,
S'ACCAMPARONO IN RAFIDIM... / OR VENNERO GLI AMALECITI ED AS-
SALIRONO ISRAELE IN RAFIDIM (Esodo, 17, 1. 8).

Rafidim è l'odierna Feiran, esaltata dagli arabi come « la perla
del Sinai ». Protetto nella sua solitudine da gigantesche montagne
che lo circondano tutt'intorno, questo paradiso in miniatura offre
da millenni lo stesso quadro. Un boschetto di palme largisce un'ombra ristoratrice. Come ai tempi dei loro primi padri, i nomadi conducono qui le loro greggi ad abbeverarsi e si riposano sul tappeto
di erba minuta.

Flinders Petrie dal suo accampamento intraprende delle escur-
sioni per esplorare il territorio circostante. In marce piene di privazioni egli prende conoscenza delle valli e dei monti fino alle rive del
Mar Rosso. Constata che Feiran è tutta un'oasi che si estende nella
parte meridionale del massiccio montuoso. Per i nomadi indigeni,
essa era ed è d'importanza vitale e il loro possedimento più prezioso.
« Gli amaleciti, » deduce Flinders Petrie, « volevano difendere l'Uadi
Feiran dalle incursioni straniere. » La sua seconda riflessione è:
« Se il clima restò immutato — e di ciò danno testimonianza le
colonne di pietra arenaria in Serabit el-Chadem, conservatesi attraverso i millenni si può dire intatte —, anche il numero della popolazione dev'essere il medesimo. Ai nostri giorni sulla penisola del
Sinai vivono da 5000 a 7000 nomadi con le loro greggi. Dunque

anche Israele doveva contare circa 6000 uomini, come prova il combattimento indeciso con gli amaleciti. »

Ora finchè Mosè teneva le mani alzate, vinceva Israele; ma se le abbassava un poco, vinceva Amalec (Esodo, 17, 11).

Fino a quando il sole tramontò durò il combattimento, poi finalmente Giosuè potè decidere la vittoria in favore di Israele. Così fu libera la via per la sorgente dell'oasi di Rafidim. Ma prima di arrivarci *il popolo ebbe sete per penuria di acqua* (Esodo, 17, 3). In tale grave frangente: « *Ecco io starò incontro a te sulla roccia dell'Horeb; tu batterai la roccia e ne uscirà acqua, perchè il popolo beva* » (Esodo, 17, 6). Questo fatto fu considerato assolutamente incomprensibile, e non soltanto dagli eterni increduli, benchè la Bibbia anche in questa descrizione si riferisca a un processo naturale.

Il maggiore C. S. Jarvis, che nel terzo decennio del 1900 fu governatore britannico del territorio del Sinai, ha potuto constatarlo personalmente. Egli scrive: [1] « I colpi dati da Mosè nella roccia di Rafidim e lo scaturire dell'acqua sembrano un prodigio, ma il cronista l'ha veduto davvero effettuarsi. Alcuni uomini del corpo dei meharisti del Sinai avevano sostato in una valle secca e stavano per scavare nella sabbia, che si era accumulata ai piedi di una parete rocciosa. Volevano raggiungere l'acqua che stillava tra le rocce calcaree. Gli uomini lavoravano adagio, e Bash Shawish, il sergente di colore, disse: ” Da' a me! ” Tolse la pala dalle mani di uno degli uomini e cominciò a scavare con l'energia di tutti i sottufficiali del mondo quando vogliono mostrare ai loro uomini di che cosa sono capaci, mentre non hanno l'intenzione di affannarsi per più di due minuti. Uno dei suoi colpi violenti urtò contro la roccia. La superficie liscia e dura, che sempre si forma col tempo sulla pietra calcarea, si crepò e cadde. La pietra morbida dell'interno fu così liberata dall'incrostazione, e dai suoi pori zampillò un forte getto d'acqua. I sudanesi, che ben conoscono i fatti del profeta, ma non ne sono molto rispettosi, gridarono in coro al sottufficiale: ” Guarda, il profeta Mosè! ” Questo fatto costituisce una chiara spiegazione di ciò che accadde quando Mosè battè la roccia a Rafidim. »

C. S. Jarvis fu testimone di un fatto meramente casuale. Perchè gli uomini del corpo dei meharisti erano sudanesi e non già nativi del territorio del Sinai, nel qual caso avrebbero dovuto conoscere molto bene la tecnica del « battere l'acqua ». Sulla via da Cades a

---

[1] C. S. Jarvis, *Yesterday and to-day in Sinai.*

Edom Mosè ricorre una seconda volta all'arte di battere l'acqua. *Levata poi la mano, percosse due volte con la verga la pietra, e ne uscirono acque copiosissime, tanto che ne bevvero il popolo e gli animali,* si legge in Num., 20, 11. Evidentemente, durante il suo esilio presso i medianiti, aveva appreso questo metodo così insolito di trovare l'acqua.

Col volgere degli anni, molti eremiti e monaci si stabilirono a Feiran, che è il luogo dove Israele, sotto Mosè, ebbe a sostenere il primo attacco dei nemici. Nelle gole e sui pendii montuosi essi eressero le loro fragili dimore. A Feiran fu costruito un tempio, e a quaranta chilometri a sud dell'oasi, ai piedi del Gebel Musa, una piccola cappella.

Ma le tribù nomadi e selvagge non lasciano in pace i monaci e gli eremiti del Sinai. Molti perdono la vita nelle continue aggressioni. Quando nel 327 d. C., durante un soggiorno a Gerusalemme, l'ottuagenaria madre del primo imperatore cristiano Costantino, Sant'Elena, viene a conoscenza dei patimenti dei monaci del Sinai, provvede a far costruire una torre di rifugio ai piedi del monte di Mosè.

Nel 530 Giustiniano, imperatore d'Oriente, fa munire di una forte muraglia la piccola cappella sul monte di Mosè. Fino al medio evo il santuario fortificato di Gebel Musa diviene un pio luogo di pellegrinaggio, meta dei pellegrini che da tutti i paesi si recano nel Sinai. Secondo una leggenda, quel posto memorando ricevette il nome di Convento di Santa Caterina, che conserva anche oggi.

Napoleone fece restaurare le mura di quella solitaria fortezza dei primi tempi del cristianesimo, che minacciavano di crollare.

Nel 1859 il teologo tedesco Konstantin v. Tischendorf scopre nel convento del Sinai uno dei più preziosi manoscritti su pergamena delle Sacre Scritture che ci siano stati conservati: il famoso Codex Sinaiticus. Proviene dal quarto secolo e contiene in lingua greca il Nuovo Testamento e parte dell'Antico.

Lo zar lo riceve in dono: in cambio egli largisce al convento 9000 rubli. Il tesoro passa alla biblioteca di Pietroburgo. Nel 1933 il Museo Britannico acquista il codice dai sovietici per 500.000 dollari.

La piccola cappella ai piedi del Gebel Musa fu costruita nel punto in cui Mosè, secondo la Bibbia, scorse il roveto ardente: *Ed egli vedeva ardere il roveto, ma senza bruciare* (Esodo, 3, 2).

Anche questo fenomeno prodigioso si è tentato di spiegare in

diversi modi in base alle scienze naturali. Un esperto della flora
biblica, il dottor Harold N. Moldenke, amministratore e direttore
del Giardino botanico di New York, scrive in merito: « ... Tra i
commentatori che credono di poter trovare una spiegazione naturale, alcuni ritengono che il fenomeno del cespuglio che " ardeva,
ma senza bruciare " sia dovuto alla cosiddetta pianta di gas o fraxi-
nella, il *Dictamnus albus L*. È un'erba molto sviluppata, di un metro
di altezza, con inflorescenze color porpora. Tutta la pianta è coperta
di vescichette oleose. Quest'olio è così fluido che evapora continuamente, e la vicinanza di una fiamma lo fa subito incendiare... La
spiegazione più logica sembra essere quella di Smith. Egli opina
che la " fiamma di fuoco " possa essere stata il ramo di vischio dai
fiori cremisi (*Loranthus acaciae*) che cresce dappertutto in Terra
Santa e nel Sinai tra i cespugli e gli alberi di acacia. Quando questo
vischio è in piena fiorescenza, il cespuglio, a causa di quelle luminose, fiammanti corolle, appare come avvolto di fuoco. »

Il fenomeno del « roveto ardente » esiste dunque nella natura,
e cioè nelle piante ricche di olii eterici. Il naturalista tedesco dott.
M. Schwabe accenna alla possibilità di una autocombustione; la
miscela di gas e di aria può infiammarsi da sè sotto il calore del sole
quando non c'è vento, mentre il cespuglio rimane intatto.

PARTITI DA RAFIDIM, ED ARRIVATI AL DESERTO DI SINAI, IN
QUEL LUOGO S'ACCAMPARONO, ED IVI ISRAELE FERMÒ LE TENDE IN
COSPETTO DEL MONTE. / MOSÈ ALLORA SALÌ A DIO (Esodo, 19, 2. 3).

MOSÈ DISCESE AL SUO POPOLO, E NARRÒ LORO OGNI COSA. / ED
IL SIGNORE DISSE TUTTE LE SEGUENTI PAROLE: « IO SONO IL
SIGNORE DIO TUO... / NON AVRAI DÈI STRANIERI AL MIO COSPETTO »
(Esodo, 19, 25; 20, 2. 3).

Sul Sinai avvenne qualcosa di unico nella storia dell'umanità.
Era qui la radice e la grandezza d'una fede senza esempio e senza
precedenti, che aveva in sè il potere di conquistare il mondo.

Mosè, nato in un ambiente che credeva in una moltitudine di
divinità, in dèi dai più svariati aspetti, proclama la fede in un solo
Dio! Mosè diventa il fondatore del monoteismo: ecco il grande
autentico e stupefacente miracolo del Sinai. Lo sconosciuto figlio di
nomadi, cresciuto nella straniera terra d'Egitto, *discese al suo
popolo e narrò loro ogni cosa*. Alcuni nomadi che vivono in tende
di pelli di capra, nella steppa sotto il cielo aperto, apprendono per
primi il nuovo messaggio, lo custodiscono e lo portano con sè. Per

39 anni resterà fra loro, nella solitudine della steppa, presso le fonti gorgoglianti e i silenziosi abbeveratoi di oasi ombrose, sotto il gemere del vento che soffia sull'aspro paesaggio. Pascolando le pecore, le capre e gli asini, essi parlano di un Dio unico e grande, di Geova.

Così inizia la mirabile storia di questa fede che ha conquistato il mondo. Semplici pastori camminano tra stenti e sofferenze e portano con sè la nuova grande idea, la nuova fede nella loro patria, dalla quale, un giorno, il messaggio si diffonderà per tutto il mondo e per tutti i popoli della terra. Nazioni potenti e regni illustri di quei lontani tempi scomparvero nelle ombre del passato. Ma i discendenti dei pastori che per primi accettarono la fede nel Dio uno e onnipotente continuarono a vivere.

« *Io sono il Signore Dio tuo — non avrai altri dèi al mio cospetto.* » Quest'affermazione non ha l'eguale, dacchè gli uomini vivono sulla terra. Nessun precedente, nessun esempio simile esisteva in altri popoli.

Questa certezza ci è data dai ritrovamenti e dalle scoperte archeologiche fatte in Egitto, la terra ove Mosè crebbe e fu allevato, e in tutti gli altri paesi dell'antico Oriente. Tanto il culto del sole di Echnaton, come la manifestazione, di cui si è trovata testimonianza in Mesopotamia, di molte divinità in un dio unico, il dio della guerra Ninurta, non sono che oscuri stadi rudimentali nel cammino verso il monoteismo. A tutte queste rappresentazioni manca la forza di coesione, manca l'idea morale e liberatrice quale risiede nei dieci comandamenti che Mosè, dalle solitarie alture del monte Sinai, conduce nel cuore e nella mente degli uomini.

Unicamente nel popolo d'Israele, nella « Fertile Mezzaluna », sorge la nuova idea di Dio in forma chiara e pura, libera da ogni magia, libera da figurazioni multicolori e grottesche e non immaginata come una preparazione materialistica alla sopravvivenza dell'io nell'aldilà. Senza esempio e senza precedenti è pure la forma chiara e imperativa dei dieci comandamenti. Agli israeliti è comandato di non peccare, perchè Geova così vuole!

3 - Sotto il cielo della steppa

*Sinai-Cades 230 km — Una sosta presso due fonti — Una
pattuglia in avanscoperta verso Hebron — Il grappolo d'uva era
un ceppo di vite — Popoli stranieri — Una donna fellah trova
l'archivio di Amarna — Lettere di principi indoariani — Colonie
hurriti sotto le torri petrolifere di Kirkuk — Informazioni di
esploratori provocano una nuova decisione — Il « deserto » biblico era una steppa.*

I FIGLI D'ISRAELE PARTIRONO SCHIERA PER SCHIERA DAL DESERTO
DI SINAI... (Num. 10, 12).

Israele aveva accettato la fede in un solo Dio e nelle sue leggi;
il santuario portatile che gli eressero — il *Tabernacolo* — l'avevano costruito con legno d'acacia (Esodo, 25, 10), pianta anche oggi
molto familiare e diffusa nella penisola del Sinai.

Quasi un anno era durato il soggiorno sul monte Sinai. Ora si
rimettono in cammino in direzione nord, avviandosi direttamente
verso Canaan. Cades, la prossima tappa che costituirà una pietra
miliare nel lungo soggiorno dei figli d'Israele nel deserto, dista 230
chilometri in linea d'aria dal Sinai.

Anche questo tratto di strada si può seguire esattamente grazie
alle indicazioni topografiche molto precise che ci fornisce la Bibbia.
La via corre lungo la costa occidentale del golfo di Akaba verso il
deserto di Faran (Num., 13, 1) — l'attuale Badiet et-Tin — che
significa « deserto della solitudine » — seguendo il suo margine
orientale. Tra le tappe di questo cammino (Num., 33, 16-36) si possono identificare con certezza Haserot e Asiongaber. Haserot è
l'odierna Ain-Huderah, situata in prossimità del golfo; Asiongaber
si trova sulla punta estrema del golfo di Akaba; è il luogo che
diventerà più tardi il centro portuale e industriale sotto il re Salomone.

Durante la peregrinazione lungo le rive del golfo si rinnova il « prodigio » delle quaglie. Di nuovo è primavera, la stagione della loro migrazione, e di nuovo la descrizione rispecchia fedelmente il fenomeno naturale: *Ed ecco un vento mandato dal Signore levò di là dal mare le quaglie e le portò e fece cadere negli accampamenti* (Num., 11, 31).

Partiti di lì (Asiongaber) *vennero nel deserto di Sin, cioè in Cades* (Num., 33, 36).

Sotto Hebron, il terreno collinoso di Giuda va digradando fino a una pianura uniforme, la cui parte meridionale, verso lo spesso men-

Fig. 22 - Arca del testamento con cherubini e stanghe.

zionato « torrente d'Egitto », diventa a sua volta una valle arida e molto ramificata, sempre più povera d'acqua (Num., 34, 5; Gios., 15, 4; III Re, 8, 65). È il Negev, il biblico *paese del Mezzogiorno* (Num., 13, 17. 18). In mezzo a innumerevoli « uadi » — valli secche che vedono l'acqua solo nei mesi invernali durante la stagione delle piogge — è situato Cades. L'antico nome di Cades è rimasto conservato nella piccola fonte di Ain Qedeis, alla quale i nomadi di passaggio abbeverano il loro bestiame. La sottile vena d'acqua non potè certo bastare per molto tempo ai seimila figli d'Israele con le loro greggi. Ma a 7 chilometri a nord-ovest da Cades scaturisce dal suolo la sorgente più ricca della contrada, la Ain el-Qudeirat. A questa sorgente l'Uadi Qudeirat deve la sua grande fertilità. Da qui i figli d'Israele scorsero in lontananza la Terra Promessa, della quale non potevano ancora formarsi un'idea. Forse la loro partenza fu così precipitosa che non ebbero modo d'informarsene in Egitto. La Palestina era così nota alla gente del Nilo che chi non la conosceva fin nei minimi particolari era tacciato di scarsa cultura. Aman-appa, uno « scrivano di ordini dell'esercito » sotto Ramsete II, fu deriso e schernito per la sua ignoranza riguardo alla Palestina. Lo si legge in una lettera assai mordace scrittagli da Hori, funzionario delle scuderie reali, che, dopo aver sondato le sue conoscenze geografiche, finisce con queste parole: « Ecco, ho viaggiato per te attraverso la Palestina... osservala bene perchè in avvenire tu sia in condizione di descriverla e così possa essere... un buon consigliere. » Gl'impiegati del regno, i soldati, i mercanti avevano per lo meno un'idea abbastanza chiara della Palestina. Mosè, appartenente a un popolo di poveri pastori, deve prima raccogliere informazioni su questo paese, e perciò vi manda degli esploratori.

SON QUESTI I NOMI DEGLI UOMINI CHE MOSÈ MANDÒ AD ESPLORARE LA REGIONE... / E DISSE LORO: « SALITE IN DIREZIONE DI MEZZOGIORNO, E QUANDO SARETE ARRIVATI AI MONTI, / ESPLORATE LA REGIONE COM'È: IL POPOLO CHE L'ABITA, SE È FORTE O DEBOLE, SE POCHI O MOLTI DI NUMERO... (Num., 13, 17. 18).

Tra i dodici esploratori vi è Giosuè, uomo dotato di grande abilità strategica, come si dimostrerà in seguito nella conquista di Canaan. Essi scelgono come principale territorio da esplorare la regione intorno a Hebron, nel sud della regione di Giuda. Dopo 40 giorni gli uomini ritornano da Mosè, portando come segno dell'incarico eseguito dei frutti del luogo che hanno esplorato: fichi e melegrane. Immenso stupore suscita un gigantesco grappolo d'uva: *giunti sino al torrente del Grappolo, tagliarono un tralcio di vite con un grappolo e lo portarono in due su una stanga* (Num., 13, 24). Anche la posterità si meraviglia scetticamente perchè il cronista parla di un unico tralcio di vite. In realtà doveva trattarsi di un ceppo col suo frutto. Gli esploratori lo tagliarono coi suoi tralci perchè l'uva si mantenesse più a lungo fresca. Esatta è comunque l'indicazione biblica della provenienza. *« Neelescol »*, cioè il *torrente del Grappolo* (Num., 13, 25), è situato a sud-ovest di Hebron, e anche oggi questa regione è ricca di viti. Grappoli d'uva da 10 a 12 libbre non sono una rarità. Gli esploratori, come già Sinuhe 650 anni prima, descrivono Canaan come un paese *ove davvero scorre il latte e il miele*... solo che *v'è una popolazione numerosissima, e di statura molto più alta di noi; città grandi, fortificate fino al cielo*... (Num., 13, 27. 28; Deuter., 1, 28).

Nell'elencare i vari abitanti del paese, essi menzionano gli ittiti, che oggi conosciamo, gli amorrei, gli jebusei, domiciliati nei dintorni di Gerusalemme, i cananei e gli amaleciti, coi quali Israele ebbe a sostenere uno scontro nel Sinai. Nominano anche i *discendenti di Enac,* che sono *gente... di straordinaria statura* (Num., 13, 23. 29. 34). « Enac » potrebbe significare « di lungo collo »; di più la scienza non sa dire oggi in merito. È stata espressa la congettura che nei « giganti » si possano scorgere i resti degli elementi di un popolo presemitico; ma nessuna prova autorizza ad affermarlo.

In realtà, in quell'epoca, vivevano in Canaan individui di razze straniere che dovevano essere sconosciute agli israeliti venuti dall'Egitto. Da quale popolo discendevano l'hanno comunicato essi stessi alla posterità su tavole di terracotta che furono casualmente trovate nel 1887 da una donna fellah nel Tell el-Amarna. [1] Ulteriori ricerche portarono infine alla luce una collezione di 377 documenti. Si tratta di lettere in scrittura cuneiforme degli archivi reali di Amenophis III e di suo figlio Echnaton, che fece costruire la sua nuova capitale in el-Amarna sul Nilo. Le tavole racchiudono una corrispondenza tenuta dai principi di Palestina, della Fenicia e della Siria meridionale con il dicastero degli esteri dei due faraoni, redatta in accadico, la lingua diplomatica del II millennio a. C. La maggior parte degli scritti sono pieni di vocaboli tipicamente cananei, alcuni anzi sono stilati quasi esclusivamente in questo dialetto. Il prezioso ritrovamento getta per la prima volta una chiara luce sulla situazione della Palestina dei secoli XV e XIV a. C.

Una delle lettere suona: « Al re, mio signore, mio sole, di': Così (parla) Suwardata, il tuo servo, il servo del re e la polvere dei suoi piedi, la terra che tu calpesti: Ai piedi del re, mio signore, sole del cielo, sette volte, sette volte mi gettai a terra, sia sul ventre come sulla schiena... »

Questa è, com'è facile supporre, l'introduzione. È la formula prescritta dal protocollo. Suwardata viene quindi all'argomento: « Sappia il re, mio signore, che i hapiru si sollevano nelle terre che mi ha dato il dio del re, mio signore, e che io lo ho battuto, e sappia il re, mio signore, che tutti i miei fratelli mi hanno abbandonato; e che io e Abdu-Kheba siamo quelli che lottiamo contro il capo dei hapiru. E Zurata, principe di Acco (Giud., 1, 31), e Indaruta, principe di Acsaf (Gios., 11, 1) furono coloro che si affrettarono ad aiutarmi con 50 carri, di cui ora sono derubato. Ma vedi, essi combatterono (ora) contro di me, e si compiaccia il re, mio signore, di mandare Janhamu, affinchè possiamo condurre a termine la guerra

---

[1] Medio Egitto.

seriamente e ristabilire la terra del re, mio signore, ai suoi primitivi confini... »

Questa lettera di un principe, proveniente da Canaan, ha un colorito che riflette felicemente il carattere dell'epoca. Nelle poche frasi che contiene si rispecchiano chiaramente gli intrighi e le contese aspre e interminabili che esistevano fra i principi e tra essi e le bellicose tribù nomadi. Ciò che soprattutto interessa in questo scritto, prescindendo dallo stile e dal contenuto, è il mittente, cioè Suwardata, principe di Hebron. Già il suo nome indica chiaramente l'origine indoariana! Indoariano è anche il menzionato principe Indaruta. Per quanto possa sembrare strano, una terza parte dei principi scrittori di Canaan sono di provenienza indoariana. Biryawaza di Damasco, Biridiya di Mageddo, Widia di Ascalon, Birashshena di Sichem in Samaria sono nomi indoariani. Indaruta, il nome del principe di Acsaf, è identico al nome che si trova nei Veda e in altri scritti sanscriti anteriori. Il nominato Abdu-Kheba di Gerusalemme appartiene al popolo degli hurriti, spesso citato dalla Bibbia.

La veridicità di questa tradizione fu illuminata recentemente da papiri egiziani del XV secolo precristiano, nei quali si cita ripetutamente la terra di Canaan col nome dei biblici hurriti « khuru ». Gli hurriti dovevano quindi essere sparsi almeno temporaneamente per tutto il paese.

In prossimità dei campi petroliferi di Kirkuk nell'Iraq, dove ora gl'impianti americani attingono enormi ricchezze dal suolo, gli archeologi degli Stati Uniti e dell'Iraq s'imbatterono in una vasta colonia, l'antica città di Nuzu degli hurriti. Tra una grande quantità di annotazioni, fra cui soprattutto contratti di matrimonio e di eredità, fu trovata questa informazione quanto mai interessante: i biblici hurriti non erano un popolo semitico. Loro patria erano le montagne del Mar Nero. I nomi che figurano in molti atti hurriti trovati a Nuzu indicano che almeno la classe dirigente era di origine indoariana. È documentato perfino il loro aspetto esteriore; erano di tipo brachicefalo, come gli armeni dei nostri giorni.

PERTANTO TUTTO IL POPOLO GRIDÒ E PIANSE IN QUELLA NOTTE; / E TUTTI I FIGLI D'ISRAELE MORMORARONO... CHE IL SIGNORE NON CI CONDUCA IN QUELLA TERRA, AD ESSERVI NOI UCCISI DI SPADA, E LE MOGLI E I FIGLIUOLI NOSTRI CONDOTTI IN SCHIAVITÙ (Num., 14, 1-4).

Quanto gli esploratori riferirono sulle città potentemente fortificate di Canaan, *città grandi, fortificate fino al cielo* (Deut., 1, 28), e sui loro abitanti eccellentemente armati, non era affatto esagerato.

Le fortezze costruite su mura ciclopiche erano per i figli d'Israele uno spettacolo insolito e pauroso. Nella terra di Gessen, che per molte generazioni era stata la loro patria, vi era una sola città fortificata, Ramesse. In Canaan una fortezza seguiva l'altra; il paese ne era pieno. Numerose roccheforti si ergevano sulle colline e sulle cime dei monti, il che le rendeva anche più formidabili e minacciose. Non deve quindi meravigliare se la relazione degli esploratori seminò lo sgomento.

Israele non ha alcuna esperienza nell'arte della guerra; dispone solo di armi primitive come archi, lance, spade, coltelli. Neppure l'ombra di carri da combattimento, come li posseggono in gran numero i cananei. Israele è ancora troppo viziato dalle « marmitte di carne dell'Egitto », la cui mancanza è spesso oggetto di rimpianti e di lamenti soprattutto da parte dei vecchi; malgrado la nuova fede e le esperienze dell'esodo vissuto in comune, non ha raggiunto una compattezza e un'unità che gli permettano di far fronte a una forza superiore.

In vista di queste circostanze, Mosè prende la saggia decisione di non proseguire la marcia nel senso progettato. Nè il tempo nè gli uomini sono maturi per la grande ora. La peregrinazione sarà ripresa; il periodo delle prove e della preparazione dev'essere prolungato, per fare di questi fuggitivi in cerca di una terra un popolo forte, risoluto e temprato alle rinunce. Deve ancora formarsi una nuova generazione.

Sull'oscuro periodo che segue ben poco sappiamo. Si tratta di 38 anni, quasi una generazione, quanto basta per trasformare un popolo. Tanto durò il soggiorno nel « deserto ». Queste indicazioni di tempo e di luogo della Bibbia, spesso mescolate col « miracolo » delle quaglie e della manna, sembrano straordinariamente inverosimili. E non a torto, come è risultato da indagini sistematiche, benchè le ragioni siano molto diverse da quanto si suppone generalmente. Un soggiorno d'Israele nel « deserto », nel verso senso della parola, non è mai esistito!

Per quanto siano molto scarsi i dati che su questo periodo ci offre la Bibbia, dai pochi luoghi che l'indagine è riuscita a localizzare incontestabilmente risulta un quadro abbastanza chiaro. I figli d'Israele con le loro greggi si sono trattenuti molto a lungo nel Negev, nel territorio delle due sorgenti presso Cades. Una volta sono anche ritornati al golfo di Akaba, nelle regioni del Madian e della penisola del Sinai. Confrontate con le zone mortifere delle dune di sabbia del Sahara, le contrade nominate non sono mai state vero deserto. Le esplorazioni eseguite nel suolo hanno dimostrato che nè le condizioni idrologiche, nè la quantità di pioggia caduta hanno subito modificazioni considerevoli; conseguentemente il « deserto » deve aver avuto, nel peggiore dei casi, il carattere di un paesaggio stepposo con possibilità di pascolo e pozze d'acqua.

I lavori archeologici dell'americano Nelson Glueck, compiuti in questi ultimi anni, hanno approfondito la conoscenza delle condizioni generali di quell'epoca. Secondo detti studi, quei territori erano occupati nel XIII sec. a. C. da tribù seminomadi, che erano in relazione con l'Egitto e con Canaan grazie a un attivo commercio e a un'industria fiorente. Tra esse figurano i medianiti, tra i quali Mosè visse durante tutto il tempo del suo esilio e sposò Sefora, una figlia del sacerdote di Madian (Esodo, 2, 21).

4 - *Alle soglie della Terra Promessa*

*Partenza della nuova generazione — Nuovo piano strategico —·
Richiesta di transito a Edom — Avanzata nella Giordania orientale — Il « letto di ferro » del re Og — Scoperta di dolmen
ad Amman — Moab invia le proprie figlie — I culti di Baal in
Canaan — Mosè contempla la Terra Promessa — Attendamento
presso Gerico.*

IRATO DUNQUE IL SIGNORE CONTRO ISRAELE, L'HA FATTO ERRARE
PER IL DESERTO PER QUARANT'ANNI, SINCHÈ NON S'È CONSUMATA
TUTTA LA GENERAZIONE CHE AVEVA PECCATO DINANZI A LUI.

(Num. 32, 13)

Solo quando si avvicina il termine dei lunghi anni di peregrinazione la Bibbia riprende il filo del racconto sui figli d'Israele.
Si è formata una nuova generazione, pronta a varcare la soglia
della Terra Promessa. Nessuno degli uomini che diressero l'esodo
dall'Egitto entrerà, secondo la Bibbia, nella Terra Promessa, neppure Mosè.

Il nuovo piano strategico prevede la conquista di Canaan da
est, vale a dire dai territori situati a oriente del fiume Giordano.
La via da Cades alla Giordania orientale è però sbarrata da cinque
regni, che occupano l'ampia striscia di terra tra la fossa del Giordano e il deserto arabico: a nord, partendo dai contrafforti del-
l'Hermon, il regno di Basan, poi il regno amorreo di Sihon, il regno
di Ammon, il regno di Moab sulla riva orientale del Mar Morto,
e molto più a sud Edom.

Edom è il primo regno da attraversare. I figli d'Israele chiedono
il permesso di transito: *Mosè frattanto mandò da Cades degli ambasciatori al re di Edom... / preghiamo che ci sia concesso passare
attraverso la tua terra* (Num., 20, 14. 17).

Le strade migliori conducono più presto alla meta. Alle grandi vie e autostrade del nostro secolo corrispondeva allora una strada che attraversava il centro di Edom. Da questa essi vogliono passare. È l'antica « strada dei re », che risale ai tempi di Abramo... *Andremo per la via battuta* (Num., 20, 19).

La popolazione sedentaria dell'Oriente diffida sempre dei nomadi oggi come allora. I messaggeri d'Israele dichiarano espressamente: « *Non passeremo pei campi nè per le vigne... non piegando nè a destra nè a sinistra... e se noi ed i nostri animali beveremo delle tue acque, pagheremo quello che è giusto* » (Num., 20, 17. 19).

L'esattezza della descrizione biblica di Edom fu constatata da Nelson Glueck durante un viaggio esplorativo che durò parecchi anni. Nel sud della Transgiordania, nel territorio dell'antico Edom e Moab, egli s'imbattè in numerose vestigia di una colonia degli inizi del XIII sec. a. C. I resti di terreni agricoli ivi esistenti fanno pensare che quel territorio fosse occupato da campi coltivati. È perciò comprensibile che Edom, malgrado tutte le assicurazioni date dai figli d'Israele, abbia loro negato l'uso della strada e il permesso di transito.

Il rifiuto di Edom costringe Israele a fare un giro. Lungo il margine occidentale di Edom s'avviano verso nord, in direzione del Mar Morto. Toccano Funon, l'odierna Kirbet-Phenan, un'antica miniera di rame, e Obot con le sue fonti. Attraversato poi il torrente confinario Sered, che divide Edom e Moab, passano nella Giordania orientale. Aggirano con un ampio arco Moab sulla riva sud-orientale del Mar Morto, finchè giungono al fiume Arnon e quindi al confine meridionale del regno amorreo (Num., 21, 13). Di nuovo gli israeliti chiedono il permesso di servirsi della « strada dei re » (Num. 21, 22). Di nuovo è loro negato, questa volta dal re degli amorrei, Seon. Ne nasce un combattimento; ha così inizio la conquista armata.

Con la vittoria sugli amorrei gl'israeliti colgono il loro primo trionfo. Consapevoli della loro forza, si spingono attraverso il fiume Jabbok verso nord e conquistano anche il regno di Basan. Così, con questo primo attacco deciso, essi sono padroni della Giordania orientale dal fiume Arnon alle rive del lago di Genezareth.

Nella descrizione obiettiva dell'avanzata e dei combattimenti nella Giordania orientale, è inserita un'osservazione che riguarda il *letto di ferro* di un gigante, il re Og di Basan (Deuter., 3, 11), e che è stata per molti anni un vero e proprio rompicapo. Questo passo della Bibbia, così misterioso e inverosimile, ha trovato una spiegazione molto naturale: la Bibbia non fa altro che conservare fedelmente un ricordo che risale alla preistoria di Canaan.

Quando gli studiosi attraversarono la Giordania in cerca di testimonianze della storia biblica, s'imbatterono in molte strutture notevoli che gli archeologi avevano già incontrato in altri paesi. Si tratta di alte pietre, disposte in forma ovale, e in molti casi coperte da un grosso blocco pure di pietra: sono i famosi monumenti sepolcrali, chiamati tombe megalitiche o dolmen, nei quali venivano collocati i morti. In Europa ne esistono esemplari nella Germania settentrionale, in Danimarca, in Inghilterra, nella Francia nord-occidentale e nella Sardegna, che il popolo suole chiamare « letti di giganti ». Poichè questi grandiosi monumenti s'incontrano anche in India, nell'Asia orientale e fin nelle isole del Mare del Sud, essi vengono attribuiti a grandi migrazioni di popoli avvenute in epoche preistoriche.

Nel 1918 l'esploratore tedesco Gustav Dalman scopre in prossimità di Amman, attuale capitale della Giordania, un dolmen che è oggetto di particolare attenzione, perchè sembra illustrare, in modo veramente sconcertante, un dato concreto contenuto nella Bibbia. Amman è situata esattamente nello stesso punto dell'antica Rabbat-ammon. Circa il re gigante Og si legge in Deuter., 3, 11: *Si mostra il suo letto di ferro, in Rabbat dei figliuoli d'Ammon* (Rabbat-ammon) *ed ha nove cubiti di lunghezza e quattro di larghezza, alla misura d'un cubito di braccio d'uomo.* La grandezza del dolmen trovato da Dalman corrisponde approssimativamente a queste dimensioni. Il « letto » è di basalto, una pietra dura come il ferro, grigio-scura, di origine vulcanica. La vista di un simile monumento può aver originato la descrizione biblica del « letto di ferro ». Come risulta da ulteriori esplorazioni, i dolmen sono frequenti in Palestina, soprattutto nella Giordania orientale al di sopra del fiume Jabbok. Precisamente nell'odierna Aglun. Più di mille di questi antichissimi monumenti si elevano là tra le erbe degli altipiani. La regione al di sopra di Jabbok, così annota la Bibbia, è il regno in cui governò re Og di Basan, che *era rimasto della stirpe dei giganti* (Deuter., 3, 11). Basan, conquistato da Israele, è chiamato anche *paese di giganti* (Deuter., 3, 13).

A occidente del Giordano s'incontrano dolmen nei dintorni di Hebron. Gli esploratori che Mosè fece partire da Cades *camminarono verso mezzogiorno, e vennero in Hebron... V'abbiamo veduto dei mostri tra i discendenti di Enac, razza di giganti* (Num., 13,

23. 34). Probabilmente videro le tombe di pietra presso Hebron, in prossimità del torrente del Grappolo.

Chi veramente fossero i « giganti » è cosa che ci è completamente sconosciuta. Forse erano uomini che superavano in statura la popolazione del Giordano. Il ricordo di uomini giganti dev'essere rimasto fortemente impresso nel popolo e passò così anche nella Bibbia.

Le tombe megalitiche e i racconti di giganti attestano ancora una volta la mutevole e colorita storia di quella stretta striscia di terra sulla costa del Mediterraneo nella quale, da tempi immemorabili, penetravano continuamente ondate di popoli stranieri lasciandovi le loro impronte: il paese di Canaan.

La notizia che Israele ha conquistato tutta la Giordania incute un vivo terrore a Balac, re di Moab. Egli teme che il suo popolo non possa competere con quei rudi figli di nomadi nè dal punto di vista fisico nè militare. Convoca i *seniori di Madian* e li incita contro i figli d'Israele (Num., 22, 4). Decidono d'impiegare tutti i mezzi eccetto quelli militari. Vogliono tentare di fermare Israele con la magia. Incantesimi e maledizioni, alla cui efficacia gli antichi popoli orientali credono fermamente, infrangeranno certo la forza d'Israele. Da Pethor[1] in Babilonia, ove fioriscono queste arti nere, viene chiamato urgentemente Bileam. Ma Bileam, il grande incantatore e mago, fallisce. La maledizione che egli vuol pronunciare contro Israele si risolve in una benedizione (Num., 23). Allora il re di Moab getta sulla bilancia l'anatema più temibile che esista, che agirà in eterno sulla vita dei figli d'Israele.

Il passo biblico che contiene l'episodio del detestabile stratagemma del re Balac è considerato dai teologi come molto penoso e perciò volentieri sorvolato. Ci domandiamo com'è possibile che una cosa così scandalosa si trovi riportata nella Bibbia. La risposta è semplice: l'evento assume per il popolo d'Israele un significato profondo e fatale. E questo dev'essere il motivo per cui il cronista non tace l'episodio, e con verità e con una franchezza libera da scrupoli, narra ciò che è accaduto.

Solo da quando gli strumenti degli scavatori francesi, verso il 1930, sotto la direzione del prof. Claude Schaeffer riportarono alla luce una parte dei culti di Canaan nel porto mediterraneo di Ras Shamra — il « Porto Bianco » della costa fenicia — possiamo comprendere che cosa vi è di male in quanto riferisce Numeri, 25.

---

[1] Nei documenti assiri « Pitru », sulla riva destra dell'Eufrate.

IN QUEL TEMPO ISRAELE SI FERMÒ IN SETTIM, ED IL POPOLO SI DETTE ALLA FORNICAZIONE CON LE FIGLIE DI MOAB, / CHE LI INVITAVANO AI LORO SACRIFIZI (Num., 25, 1. 2).

I figli d'Israele non si trovano di fronte alla seduzione del vizio che è sempre esistito ed esiste presso tutti i popoli del mondo. Non sono prostitute di professione quelle che traviano Israele; sono le figlie dei moabiti e dei madianiti, le loro mogli e le loro figlie. Esse seducono e corrompono i figli d'Israele ai culti del dio Baal, i riti perversi e licenziosi di Canaan. Ciò che ripugna a Israele, che risiede ancora al di là del Giordano, sono le cerimonie del culto della Fenicia, con le sue empie e scellerate divinità immorali, di fronte alle quali Israele, nei secoli successivi, dovrà sperimentare e confermare la forza del suo sentimento etico.

Invano sperano i moabiti e i madianiti di attrarre il giovane e inesperto popolo nomade alle affascinanti tentazioni dei loro culti, per infrangere la forza dei figli d'Israele. Già in questo primo incontro è evidente che fra Geova e Baal non potrà esistere mai un compromesso. I capi d'Israele reagiscono con prontezza ed energia. Non risparmiano neppure i propri uomini. Chi si è reso colpevole viene strangolato e impiccato. Finees, il pronipote di Mosè, che sorprende nella tenda un israelita con una donna madianita afferra un pugnale *e trafisse ambedue, l'uomo cioè e la donna, nel ventre* (Num., 25, 8). Il popolo di Moab, col quale Israele è legato da vincoli di parentela — Lot, il nipote d'Abramo, è ritenuto suo capostipite (Gen., 19, 37) —, viene risparmiato. Ma contro i madianiti si scatena una guerra di sterminio, come è detto nella legge (Deuter., 7, 2 segg.; 20, 13 segg.). « *Uccidete dunque i maschi tutti, anche i bambini e le donne che hanno conosciuto uomo; / riserbatevi tutte le bambine e le vergini,* » comanda Mosè (Num., 31, 7. 17. 18).

SALÌ DUNQUE MOSÈ DALLA PIANURA DI MOAB SUL MONTE NEBO, SINO ALLA VETTA DI FASGA, DI CONTRO A GERICO. ED IL SIGNORE GLI FECE VEDERE TUTTA LA TERRA... (Deuter., 34, 1).

Mosè ha ormai compiuto la difficile missione. Dalla schiavitù in Egitto, attraverso lunghi decenni di privazioni nelle steppe, ha percorso fino a questo momento una via lunga e amara. Ora ha nominato suo successore il provato e fedele Giosuè, uomo di abilità strategiche eccezionali, come occorre a Israele. La vita di Mosè è compiuta; egli può prendere congedo dal mondo. A lui non sarà concesso di mettere piede nella Terra Promessa. Ma da lontano, dal monte Nebo, la può contemplare.

Se si vuol fare una visita al biblico monte partendo da Amman, capitale e centro del giovane regno di Giordania, non vi sono da percorrere che 27 chilometri, poco più di una mezz'ora di viaggio in jeep passando sull'altipiano al margine del deserto arabo, attraverso valli e talora attraverso campi coltivati, esattamente in direzione sud-est verso il Mar Morto.

Dopo una piccola ascensione tra nude rocce, si giunge su di un ampio e brullo pianoro, a 800 metri sopra il livello del mare. Il fianco occidentale cade ripido sulla depressione del Giordano. Una fresca brezza spira su quest'altura. Sotto il cielo terso si stende davanti all'occhio incantato dell'osservatore un panorama unico. Come un lago d'argento brilla nel sud la vasta superficie del mare salato. Sulla riva di fronte si alza un arido scenario di dirupi e di protuberanze rocciose. Dietro si stende la lunga catena dei monti calcarei di color bianco bruno della terra di Giuda. Dove incomincia la ripida catena del Negev, là è situata Hebron. A occidente, verso il Mediterraneo, si elevano, visibili a occhio nudo, sul profilo delle montagne che si distaccano nettamente all'orizzonte, due minuscoli punti: le torri di Betlemme e di Gerusalemme. Verso settentrione lo sguardo spazia sull'altipiano di Samaria dinanzi alla Galilea, fino alle lontane cime dell'Hermon, coperte di neve.

Ai piedi del Nebo declinano strette vallicelle, colorate dal verde dei melograni con i loro frutti rossi e gialli. Poi l'occhio scende nell'arida steppa della depressione del Giordano. Un paesaggio spettrale di colline cretacee di un bianco abbagliante, senza un filo d'erba, circonda il Giordano, largo soltanto 40 metri. Solo davanti ai ripidi monti della Giordania occidentale lo sguardo si ferma su una piccola macchia verde: è l'oasi di Gerico.

Con questa visione della Palestina dalle alture del Nebo Mosè conchiuse la sua vita.

Ma giù, nella steppa di Moab, sottili colonne di fumo salgono verso il cielo. Giorno e notte ardono i fuochi degli accampamenti fra le innumerevoli tende tessute di neri peli di capra. Col vociare degli uomini, delle donne e dei bambini, il vento porta verso la valle del Giordano i belati delle greggi pascolanti. Un quadro di pace. Eppure è soltanto un attimo di sosta in vista del tanto sospirato giorno; la quiete che precede la tempesta che muterà in modo decisivo la sorte d'Israele e della terra di Canaan.

IV

LA CONQUISTA DELLA TERRA PROMESSA

Da Giosuè a Saul

1 - L'ingresso d'Israele in Canaan

*Il mondo intorno al 1200 a. C. — Fiacchezza di Canaan —
I primi mercanti di ferro — Il guado attraverso il Giordano —
Le mura di Gerico, la più antica città del mondo — Pareri
contrastanti fra gli studiosi sulla distruzione delle mura —
Strati con tracce d'incendi — Il faraone menziona per la prima
volta Israele — Tombe presso il villaggio di Giosuè.*

DOPO LA MORTE DI MOSÈ, SERVO DEL SIGNORE, PARLÒ IL SIGNORE
A GIOSUÈ, FIGLIO DI NUN, MINISTRO DI MOSÈ, E GLI DISSE: / IL MIO
SERVO MOSÈ È MORTO; LEVATI E PASSA QUESTO GIORDANO TU E TUT-
TO IL POPOLO CHE STA CON TE, (per entrare) NEL PAESE CHE IO
DARÒ AI FIGLI D'ISRAELE (Gios., 1, 1. 2).

NEL tempo in cui Israele, dinanzi al Giordano, sta per entrare
nella Terra Promessa, si va maturando sul Mediterraneo
la sorte di Troia: tra non molto la superba rocca di Priamo avrà i suoi giorni contati. Presto si armeranno in Grecia gli eroi
d'Omero: Achille, Agamennone e Ulisse. Le sfere del tempo si avvicinano all'anno 1200 a. C. Israele non poteva scegliere un momento
più opportuno per la sua marcia. Dall'Egitto nessun pericolo minaccia.
Il paese del Nilo si è infiacchito; il suo splendore è tramontato. Due
millenni hanno consumato le sue forze. Dopo il re del sole Echnaton,
politicamente debole, la potenza dell'Egitto sfuma a vista d'occhio.
La supremazia egiziana su Canaan va sempre più crollando.

Dilaniato dalle lotte interne dei piccoli regni e principati che risiedono nelle innumerevoli città-stati, sfruttato da una corrotta politica d'occupazione da parte dell'Egitto, anche Canaan si va indebolendo.

Dalla cacciata degli hyksos verso il 1550 a. C. la Palestina rimase interrottamente una provincia egiziana. Un sistema feudale sotto il dominio degli hyksos si era sostituito al semplice ordinamento patriarcale che vigeva nelle città al tempo d'Abramo. Sotto una cricca di signori aristocratici, che governava il paese dispoticamente, il popolo fu spogliato d'ogni diritto e ridotto alla condizione di plebe. L'Egitto lascia sussistere questo sistema feudale in Palestina. I principi indigeni possono governare a loro arbitrio; dispongono di proprie forze armate: i carri da guerra per i patrizi, e la plebe nella fanteria. Le sanguinose lotte che le città sostengono fra loro non interessano affatto l'Egitto; a questo paese ciò che importa sono soltanto i tributi, vigilati severamente dagli ispettori egiziani. Le loro guarnigioni e i loro punti fortificati conferiscono ad essi la necessaria autorità senza un diretto intervento. Gaza e Joppa sono i più importanti centri amministrativi dell'Egitto. Con i lavoratori forzati — i cui contingenti sono messi a disposizione dei signori feudali — si costruiscono e si mantengono le strade, si coltivano le proprietà della corona nella fertile pianura di Jezrael, a sud di Nazareth, e si abbattono gli alberi dei magnifici boschi di cedri del Libano. I commissari dei faraoni sono corrotti. Molto spesso vengono sottratti i fondi destinati alla paga e al mantenimento delle truppe. Di propria iniziativa, mercenari egiziani, cretesi, beduini e nubii vanno a depredare le località indifese.

Sotto la sovranità egiziana la terra di Canaan si va dissanguando. La popolazione si riduce. Le case patrizie sono, nel XII sec. a. C., più primitive che nei tempi anteriori, come hanno dimostrato tangibilmente i ritrovamenti. Gli oggetti di lusso e i gioielli sono più rari, e misero è il corredo funerario. Le mura delle fortezze hanno perduto di solidità.

Soltanto sulla costa della Siria, nell'interno del paese, protetta dalle catene del Libano e meno toccata dalle liti dei principi delle città, la vita delle repubbliche marinare prosegue indisturbata il suo ritmo. I porti continuano, nonostante lo sconvolgimento del mondo, a essere scali di smistamento di tutto ciò che il mondo richiede. Verso il 1200 a. C. nella lista delle offerte appare un nuovo metallo, da principio prezioso come l'oro e l'argento: è il ferro. Poichè proviene dalla terra degli ittiti, sono i fenici i primi a commerciare con questo metallo che darà il nome a un'età della nostra terra. Il ferro in realtà era già conosciuto dagli egiziani da quasi duemila anni ed essi l'apprezzavano come cosa veramente rara. Quel ferro non proveniva dal nostro pianeta; si ricavava da meteoriti. E le poche e preziose armi che con esso si facevano le chiamavano, e con ragione, « pugnali del cielo ».

Col nuovo metallo si annuncia una nuova epoca, l'età del ferro. L'era del bronzo, con le sue opere di alta civiltà, si va spegnendo; una grande epoca dell'antichità volge al termine.

Alla fine del XIII sec. a. C. avanza dal nord dell'Egeo una nuova poderosa ondata di popoli stranieri. Per mare e per terra si riversano sull'Asia Minore. È l'inizio di un gran movimento di popoli di cui fa parte anche la « migrazione dorica » in Grecia. L'impulso degli stranieri — indogermani — è diretto verso Canaan e l'Egitto. Israele, presso il Giordano, non ha ancora nulla da temere. E i cananei sono troppo indeboliti dalle loro discordie. L'ora di Israele è giunta. Le bibliche trombe di Gerico suonano il segnale!

... E PARTITOSI (Giosuè) DA SETIM SE NE VENNE COI FIGLI D'ISRAELE AL GIORDANO... / TUTTO IL POPOLO ATTRAVERSAVA IL LETTO DISSECCATO / ... E SI ACCAMPÒ IN GALGALA AD ORIENTE DELLA CITTÀ DI GERICO (Giosuè, 3, 1. 17; 4, 19).

Oggi vi è un ponte per attraversare il fiume. Il Giordano è stretto, molto stretto, e da tempi remoti ha molti punti in cui si può passare a guado. La popolazione indigena li conosce perfettamente.

Quando Israele raggiunge il Giordano, questo è in piena. *Il Giordano durante il tempo della messe aveva allagato le rive del suo letto* (Gios., 3, 15). Come ogni anno, sull'Hermon si sono cominciate a sciogliere le nevi. *Le acque discendenti stettero in un sol luogo e a guisa di monte* — cioè s'ingorgarono — *... tra la città che si chiama Adom... e mentre i sacerdoti... stavano a piè fermo sulla terra asciutta in mezzo al Giordano tutto il popolo attraversava il letto dissecato* (Gios., 3, 16. 17). El-Damiyeh, un guado assai frequentato sul corso medio, ricorda questa località di Adom. Se il fiume cresce d'improvviso, in quel punto può formarsi in breve tempo un ristagno, lasciando secco il corso inferiore.

Nel Giordano si sono constatati non di rado notevoli ristagni soprattutto in conseguenza di movimenti tellurici. L'ultimo di questi avvenne nel 1927. Un forte terremoto fece crollare gli argini del fiume e grandi masse di terra precipitarono nel suo letto dalle colline che ne costeggiano il corso serpeggiante. Per ventun ore l'acqua rimase ferma. Nel 1924 s'era avverato lo stesso fenomeno. Nel 1906, pure a causa d'un terremoto, il Giordano fu ostruito in modo tale che il letto del fiume nel suo corso inferiore presso Gerico rimase completamente secco per ventiquattro ore. Iscrizioni arabe menzionano un fatto simile nel 1267 d. C.

Osservando dall'aereo questa parte della valle del Giordano, si comprende perchè fosse così importante migliaia d'anni or sono. A oriente, davanti al deserto arabico, si estende l'accidentato altipiano della Giordania, patria d'innumerevoli tribù di nomadi che di là potevano spingere lo sguardo verso i fertili campi e i pascoli di Canaan. Qui vi è una porta d'entrata naturale: il guado principale del Giordano, che si può passare facilmente anche con le greggi. Ma per chi proviene dall'est, non lungi dal Giordano si presenta un primo serio ostacolo, Gerico, posizione-chiave strategica per la conquista di Canaan.

TUTTO IL POPOLO DUNQUE ALZÒ LA VOCE E QUANDO LE TROMBE EBBERO SQUILLATO ... LE MURA AD UN TRATTO CROLLARONO E CIASCUNO PENETRÒ DALLA PARTE CHE GLI STAVA DIRIMPETTO E LA CITTÀ FU PRESA / LA CITTÀ INVECE E TUTTE LE COSE CHE CONTENEVA FURONO ABBRUCIATE (Gios., 6, 20. 24).

La lotta di Giosuè per impadronirsi di Gerico ha reso celebre questa città. Oggi sono gli uomini di scienza che lottano intorno ad essa con vanghe, picconi e tavole cronologiche. Giosuè, come narra la Bibbia, la conquistò in sette giorni. La lotta degli archeologi, per conquistare ciò che vi è rimasto, dura, senza contare le interruzioni, da quasi cinquant'anni, e non è ancora decisa. Oggi, d'altronde, si tratta di assegnare una data incontestabile alla sua distruzione.

Gli emozionanti e drammatici scavi di Gerico sono ricchi di ritrovamenti e scoperte sensazionali, tra sorprese e disillusioni, conferme e smentite, contrasti d'interpretazione e di data.

La depressione del Giordano ha un clima tropicale. Il villaggio di Eriha, la moderna Gerico al limite del deserto cretaceo e privo di vegetazione, appare come un'oasi. Vi crescono perfino le palme che, eccetto a sud di Gaza, sono piuttosto scarse in Palestina. Anche la Bibbia chiama Gerico la *città delle palme* (Giud., 3, 13). Ora dorati, ora di color rosso lucente, i cespi di datteri occhieggiano tra i verdi ventagli. Da tempi immemorabili la sorgente Ain es-Sultan alimenta l'incanto d'una rigogliosa vegetazione. Que-

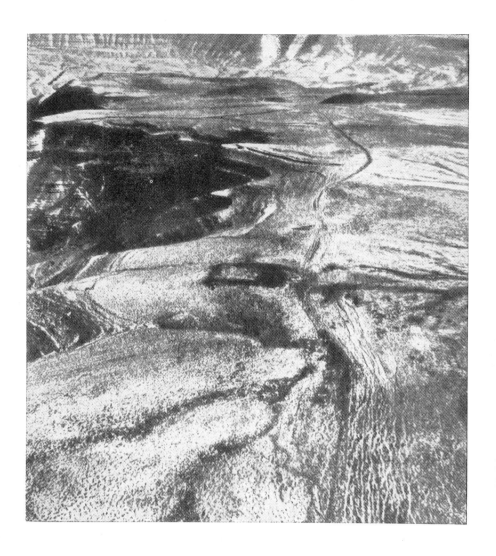

15 Dall'aereo è riconoscibile anche oggi il corso della cosiddetta « strada dei re », nel paesaggio della Giordania solcato da profonde valli.

16 Gli artisti egiziani crearono con questo gruppo di prigionieri del tempio di Medinet-Habu un vero ritratto della fisionomia dei vari popoli. A un libico (a sinistra) seguono un semita di Palestina-Siria, un ittita, un filisteo, e un altro semita.

17 Come Mosè, che con i figli d'Israele si accampò in Cades (Num., 33, 36), i nomadi abbeverano oggi il loro bestiame alla fonte di Ain Qedeis.

18 Le mura della biblica Gerico. Attraverso le antiche muraglie che contano 3500 anni di vita, lo sguardo passa dal Tell es-Sultan alla moderna Gerico ai piedi dei monti di Giuda.

19 Scavi della grandiosa facciata di un sontuoso giardino del re Erode a Gerico.

sta sorgente dà il nome a una collina di macerie a nord del-
l'odierna Gerico: il Tell es-Sultan. È questo il campo di battaglia
degli archeologi. Chi vuol entrare deve pagare. Gli scavi si trovano dietro un recinto di filo spinato.

I resti di Gerico hanno fatto del Tell es-Sultan uno dei più
importanti giacimenti del mondo, perchè già da tempo non si tratta
soltanto della fortezza biblica. Nella collina dormono, sotto gli
strati dell'età del bronzo, le testimonianze dell'età della pietra. Esse
conducono il nostro sguardo verso le epoche più remote e verso i primi uomini che là presero dimora stabile. Le case più antiche di
Gerico hanno 7000 anni e coi loro muri circolari somigliano alle

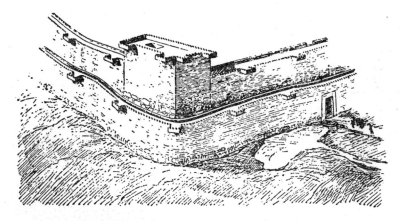

Fig. 23 - L'antica muraglia cananea di Gerico (ricostruzione).

tende dei nomadi. L'arte della ceramica non era nota ai suoi abitanti. Le sue mura furono messe in luce da una spedizione inglese
nel 1953. La dottoressa Kathleen M. Kenyon, direttrice dell'impresa, dichiarò: « Gerico può vantarsi d'essere la più antica città
del mondo. »

Poco dopo la fine del secolo, gli archeologi volsero la loro attenzione al solitario Tell es-Sultan. Dal 1907 al 1909 vanghe e picconi
vennero affondati con ogni cautela strato per strato nell'imponente
collina di residui dell'antichità. Quando i due capi della spedizione tedesco-austriaca, i professori Ernst Sellin e Carl Watzinger,
resero noti i loro ritrovamenti, suscitarono una grande sorpresa.
Erano state portate alla luce due cinte fortificate disposte concen-
tricamente. Quella interna, situata lungo la cresta della collina,

è un'opera magistrale di fortificazione costruita con mattoni essic-
cati al sole e formata di due muri paralleli distanti tra loro da 3 a
4 metri. Il muro interno, particolarmente massiccio, ha uno spessore di 3 metri e mezzo per tutta la sua lunghezza. La cinta
esterna corre ai piedi della collina e consiste in un muro con
solide fondamenta, largo 2 metri, che a suo tempo aveva un'altezza
da 8 a 10 metri. Queste sono le famose mura di Gerico! I due
bastioni fortificati, il loro esatto ordine cronologico, le date della
costruzione e della distruzione scatenarono veementi dispute fra
gli studiosi divisi da opinioni discordi e da varie ipotesi e argomentazioni. La questione ha inizio dalle prime dichiarazioni di
Sellin e di Watzinger e si protrae per decenni.

I due scopritori giungono a una « importante rettifica » del
loro giudizio. In una relazione comune essi affermano che il bastione esterno « crollò intorno al 1200 a. C. e rappresenta quindi
il muro della città che fu espugnato da Giosuè ». Per portare nuova
luce su questo fatto, una spedizione inglese si reca nel 1930 al
Tell es-Sultan. Durante sei anni di scavi si scoprono altre parti
delle mura. Il prof. John Garstang, quale archeologo che dirige i
lavori, registra con la massima precisione ogni particolare.

Ecco com'egli dipinge la grandiosità della distruzione delle
fortificazioni che formano la duplice cinta interna. « Lo spazio tra
le due mura è riempito di macerie e rottami. Si scorgono tracce
evidenti di un vasto incendio, masse compatte di mattoni anne-
riti, pietre crepate, legname carbonizzato e cenere. Le case lungo
il muro sono distrutte dal fuoco sino alle fondamenta, i tetti sono
crollati sulle masserizie domestiche. »

Dopo aver chiamato a consiglio i tecnici più esperti, Garstang così conclude i risultati della seconda battaglia archeologica:
il muro interno è il più recente; esso è quindi la cinta che fu
distrutta da Israele. Ma la controversia non si acquieta e le mura
di Gerico continuano a essere oggetto di accanite polemiche. Garstang data la distruzione della cinta interna intorno al 1400 a. C.
Il padre Hugues Vincent, archeologo eminente e uno degli scavatori di Gerusalemme che hanno ottenuto maggiori successi, stu-
dia a sua volta i risultati dei ritrovamenti e data la distruzione
delle mura della città intorno al 1250-1200 a. C. Malgrado tutti
gli argomenti contrari, egli insiste anche oggi sulla sua tesi. Gerico
è per gli archeologi un osso duro da rodere. Manca infatti l'indizio più importante: i frammenti di ceramica. Le case distrutte
sono vuote. Dobbiamo lasciare alla sagacia degli esperti il pro-

blema dell'accertamento dell'epoca. Comunque è certo che le mura di Gerico sono esistite e che in esse si possono scorgere perfettamente le tracce di un grande incendio. *La città invece e tutte le cose che conteneva furono abbruciate.*

Ma che cosa provocò il crollo delle mura? *Quando le trombe ebbero squillato... le mura ad un tratto crollarono,* si legge nel famoso versetto frequentemente citato. Nell'esaminare le rovine Garstang osservò qualcosa di molto singolare. Le pietre del bastione esterno erano cadute al di fuori lungo il pendio; il muro interno, invece, che fiancheggiava la cresta della collina, era rovinato esattamente in senso opposto, cioè verso l'interno, e aveva seppellito le case retrostanti. Le mura presentavano inoltre parecchie grandi crepe e spaccature.

Queste osservazioni, secondo Garstang, conducono a una sola deduzione: che un terremoto abbia distrutto la città. Come mostrano le carte geofisiche, la regione intorno a Gerico si trova in una zona fortemente soggetta a terremoti che attraversa l'Asia passando per l'Himalaia e il Tibet.

Gerico era la prima piazzaforte della Terra Promessa. Il successivo cammino dei figli d'Israele attraverso Canaan è stato ritrovato dagli archeologi in altre località di scavi.

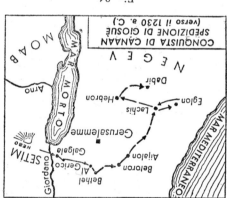

Fig. 24

A circa 20 chilometri a sud-ovest di Hebron si trovava la biblica Dabir. Protetta da un forte muro di cinta, essa dominava il Negev. Gli scavi americani eseguiti dal 1926 sotto la direzione di W. F. Albright e di M. G. Kyle, trovarono qui, nel Tell Beit Mirsim, uno strato di cenere e grandi distruzioni. Lo strato di cenere contiene frammenti che indiscutibilmente provengono dalla fine del XIII sec. a. C. Immediatamente sopra quello strato, si trovano tracce di una nuova colonia d'Israele. *Ritornò quindi a Dabir, / che prese e devastò...* (Gios., 10, 38, 39).

A 45 chilometri a sud-est di Gerusalemme, viene identificata la biblica Lachis, che, per Canaan, deve essere stata una città straordinariamente grande. Infatti, nel Tell ed-Duweir, una spedizione inglese, sotto la direzione di James Lesley Starkey, s'imbatte, nel terzo decennio del secolo, in un'area edificata di 24 iugeri, a suo tempo protetta da un forte bastione. Anche questa città cadde vittima di un incendio devastatore. Una tazza, trovata fra le macerie, porta un'iscrizione che menziona l'« anno 4 » del faraone Merenptah. La data corrisponde al 1230 a. C.! *Il Signore diede in mano ad Israele Lachis* (Gios. 10, 32).

Nel Museo del Cairo esiste una pietra appartenente a un tempio funerario presso Tebe, nella quale si canta e si celebra la vittoria del faraone Merenptah[1] sui libii. Per aumentare la sua gloria sono menzionate anche altre gesta che il sovrano avrebbe compiuto. Ecco la fine del canto: « Canaan è stata conquistata con tutti i cattivi. È stato fatto prigioniero Ascalon, presa Geser, distrutta Jenoam. Il popolo d'Israele è disperato, non ha discendenti; la Palestina divenne come vedova per l'Egitto. »

Questo poema trionfale, scritto nel 1229 a. C., è per molti riguardi un documento prezioso e che apporta molti lumi. Qui vediamo, per la prima volta nella storia dell'umanità, eternato il nome « Israele », e per di più da uno straniero e contemporaneo. Israele viene espressamente citato come « popolo » e per giunta collegato con nomi di città palestinesi: prova incontestabile, alla quale non può sottrarsi neppure il più ostinato scettico, che Israele, intorno al 1229 a. C., era veramente già insediato in Canaan e non più del tutto sconosciuto.

Israele, poco prima del 1200 a. C., aveva raggiunto la sospirata meta, cioè Canaan, pur tuttavia non dominava il paese. Resti d'incendi segnano la via percorsa e fanno riconoscere una strategia molto abile. Giosuè schivò le fortezze più solide di Geser e Gerusalemme. Evidentemente seguiva il principio della minor resistenza. Anche le fertili pianure e le valli dei fiumi sono in mano dei cananei e vi restano per molte generazioni. A Israele mancano le armi per opporsi ai temibili carri da guerra; gli difettano la tecnica e l'esperienza nella lotta contro città fortemente difese. Ma nelle regioni meno popolate ha messo piede; i paesi collinosi sulle due sponde del Giordano sono in suo possesso.

La missione di Giosuè è stata assolta. Egli muore in tarda età e viene sepolto *...in Tamnatsare, situata nella montagna di Efraim a settentrione del monte di Gaas* (Gios., 24, 30). Il testo greco (LXX 24, 30b) contiene inoltre un'osservazione molto importante:

---

[1] Salito al trono nel 1234 a. C.

« Insieme a lui furono messi nella tomba ivi scavatagli anche i coltelli di pietra coi quali aveva circonciso gl'israeliti a Galgala... » In Galgala, sulla via tra il Giordano e Gerico, veniva praticato, secondo la tradizione, il rito della circoncisione sui figli d'Israele facendo uso di *coltelli di pietra. Tutti i maschi del popolo uscito dall'Egitto... erano circoncisi, mentre tutto il popolo nato nel deserto... non era stato circonciso* (Gios., 5, 4. 5. 6). Quindici chilometri a nord-ovest di Bethel è situato Kefr Ishu'a, il « villaggio di Giosuè ». Nelle rocce tutt'intorno sono scavate caverne sepolcrali. Nel 1870 in uno di questi sepolcreti vengono scoperti numerosi coltelli di pietra...

2 - Sotto Debora e Gedeone

Israele, popolo sedentario — Lavoro da pionieri nelle zone montuose — Capanne in luogo di palazzi — Debora incita alla rivolta — Combattimenti nella pianura di Jezrael — Vittoria sui «carri di ferro» — Ceramiche d'Israele a Mageddo — Attacchi di predoni del deserto — Tattica salvatrice di Gedeone — La prima battaglia con cammelli — Un animale addomesticato per trasporti a grande distanza.

COSÌ IL SIGNORE IDDIO DIEDE AD ISRAELE TUTTE LE TERRE CHE AVEVA GIURATO AI PADRI DI DARE LORO ED ESSI LE POSSEDETTERO E VI ABITARONO (Gios., 21, 41).

Subito dopo la conquista succede un fatto sorprendente: le tribù d'Israele prendono saldo possesso del territorio conquistato. D'ora in poi Israele non sarà più un tipico popolo nomade. Canaan ha sempre subìto, da tempi immemorabili, attacchi di tribù nomadi, ma non furono che episodi sporadici. Le tribù vi portavano a pascolare le loro greggi e poi un bel giorno sparivano tutt'a un tratto com'erano venute. Israele, invece, diviene un popolo sedentario; coltiva i campi e dissoda i boschi « ...*Se siete un popolo così numeroso, salite tra i boschi ed abbatteteli...* » (Gios., 17, 15). Abbandonano le tende e costruiscono capanne, e nelle città conquistate si stabiliscono tra le rovine delle case. Negli strati d'incendi scoperti a Dabir, Betsan e Bethel si trovarono avanzi delle loro primitive e misere suppellettili.

Gli scavi fanno chiaramente riconoscere la rottura coi tempi precedenti. Dove prima avevano fatto bella mostra di sè le case dei patrizi e i palazzi dei signori feudali, sorgono ora capanne rustiche e recinti. I massicci bastioni mostrano dappertutto i segni di riparazioni. I figli d'Israele fanno solo opere murarie di struttura leggera. La costruzione di solide fortificazioni avrebbe richiesto lavoro coatto, e nulla è più odioso per gli israeliti. Essi si sentono uomini liberi, contadini indipendenti. *Ciascuno faceva quel che gli pareva*, si legge nel Libro dei Giudici (17, 6). Perfino la parola « servo », così comune in Canaan, viene usata dagli israeliti in senso diametralmente opposto, vale a dire per uomo libero. Nel sistema feudale dei signori della città i lavori agricoli erano riservati agli schiavi; in Israele vengono eseguiti dai figli delle libere famiglie. Il loro capo è il padre, il patriarca. Innumerevoli sono le nuove colonie che si vanno formando. Gli archeologi ne incontrano tracce in tutto il paese collinoso. Ben poco, però, si è conservato: il primo materiale da costruzione utilizzato consiste in mattoni d'argilla seccati all'aria, e gli edifici con essi costruiti sono di scarsa durata.

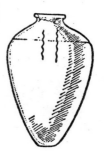

Fig. 25 - Vaso israelitico per provviste.

Un vero lavoro da pionieri è quello compiuto dagli israeliti nelle zone montuose. Contrade inabitabili, località prive di sorgenti e di corsi d'acqua vengono dischiuse alla vita. Per quanto possa sembrare strano, il moderno stato d'Israele ha in parte rimesso in efficienza le realizzazioni della tecnica adottata dai suoi antenati. Per esempio, le cisterne scavate per raccogliere l'acqua piovana venivano rivestite internamente d'una composizione di calcio che era prima sconosciuta. Queste installazioni erano costruite così solidamente che resistettero all'usura del tempo per migliaia di anni.

Com'è tramandato dal Libro dei Giudici e comprovato dalle indagini, Israele s'installò nella sua nuova patria come popolo agricoltore. In costanti lotte e contrasti con i suoi vicini, si accresce a poco a poco la sua forza ed esperienza guerresca. La Bibbia parla di conflitti con i moabiti, gli ammoniti e le tribù del deserto siriano, di sanguinose guerre civili, della lotta delle tribù contro Beniamino (Giud., 20). Bethel si trovava nel territorio di Beniamino; Albright dissotterrò in questo luogo quattro strati di distruzioni risalenti al periodo 1200-1000 a. C.!

Questi anni inquieti e tormentati della prima colonizzazione hanno trovato la loro imperitura espressione in tre racconti del Libro dei Giudici: nel canto di Debora, nella storia di Gedeone e nelle gesta di Sansone. Lo sfondo di queste « pie leggende » è costituito dai fatti, dagli avvenimenti di quell'epoca, che, in base alle più recenti indagini, si possono datare abbastanza esattamente. Quando entrò nella Terra Promessa verso il 1230 a. C., Israele

dovette accontentarsi *della parte montuosa, ma non potè stermi-
nare gli abitanti della pianura perchè abbondavano di carri falcati*
(Giud., 1, 19). Dovettero passare cento anni prima che le cose
cambiassero. Le tribù domiciliate nelle montagne della Galilea
devono aver prestato servizio tributario ai cananei, e tra esse anche
la tribù di Issacar, che la Bibbia chiama con derisione *asino forte,*
che *sottopose le sue spalle al fardello e s'è assoggettato ai tributi*
(Gen., 49, 14.15).

Dalla Galilea divampa la rivolta contro la tirannia. L'iniziativa
parte da una donna, *Debora, profetessa... la quale in quel tempo*

*Fig. 26 - Principe cananeo di Mageddo sul trono con suonatore di lira e
carro da combattimento (1200 a. C.).*

giudicava il popolo (Giud., 4, 4). Ella incita le tribù d'Israele alla
liberazione. Suo è quel canto meraviglioso che ci è stato tramandato e che ella recitò davanti al popolo riunito.

Barac, della tribù d'Issacar, si pone a capo del movimento.
Altre tribù aderiscono. Si forma un grosso esercito. Allora Barac
prende la grande decisione. Egli mette in atto ciò che Israele non
aveva mai osato prima: egli va incontro al nemico fin allora tanto
temuto e cerca d'impegnarlo in battaglia nella pianura: *discese pertanto Barac dal monte Tabor con i diecimila combattenti* (Giud.,
4, 14). Teatro della guerra è l'ampia e fertile vallata di Jezrael, tra
le montagne della Galilea a nord e quelle della Samaria a sud,
paese d'illimitata sovranità dei principi e signori feudali cananei.
Qui li attende un forte esercito cananeo, *...e combatterono i re
di Canaan in Tanac presso le acque di Mageddo* (Giud., 5, 19).
Avviene l'incredibile: Israele vince! Per la prima volta riesce ad
annientare in campo aperto i carri da combattimento. L'incante-
simo è rotto; Israele ha dimostrato di essere all'altezza della
tecnica di guerra dei cananei, anzi di saperla superare.

Due colline di macerie nella pianura di Jezrael conservano i
resti di Tanac e, a 10 chilometri di distanza, quelli di Mageddo.

Le due città si avvicendano più volte in una posizione di primo piano. Verso il 1450 a. C. Tanac è una grande città-stato, Mageddo soltanto una piccola guarnigione egiziana. Intorno al 1150 a. C. Mageddo è distrutta e abbandonata dai suoi abitanti. Il luogo di rovine da tempo trascurato viene ricostruito e ripopolato soltanto verso il 1100 a. C. Notevoli sono le ceramiche dei nuovi abitanti: grandi recipienti di argilla per le provviste, esattamente della stessa specie di quelli che erano usati in quel tempo da Israele. Gli esploratori ne trovarono anche in altre località delle montagne della Samaria e della Giudea. Nel canto di Debora, Tanac è menzionata espressamente come campo di battaglia. L'allusione « presso le acque di Mageddo » serve certo a determinarne meglio la posizione. Mageddo stessa, le cui acque sono la sorgente di Kison, certamente non esisteva in quell'epoca.

I ritrovamenti archeologici e le indicazioni fornite dalla Bibbia rendono possibile la datazione della prima battaglia contro i carri da guerra cananei nel periodo fra la distruzione e la riedificazione di Mageddo, vale a dire intorno al 1125 a. C.

La storia di Gedeone narra del secondo trionfo d'Israele. Da Oriente irrompe un giorno su Israele qualcosa di nuovo, di sconosciuto e di terribile. Orde di nomadi madianiti, montate su cammelli, invadono il paese saccheggiando, distruggendo, uccidendo. *...Immensa moltitudine di uomini e di cammelli si portava ovunque, devastando tutto ciò che toccava* (Giud., 6, 5). Per anni e anni Israele è inesorabilmente esposto alle aggressioni dei madianiti. Poi, con Gedeone, sorge il salvatore. Egli adotta con successo, come spiega dettagliatamente la Bibbia (Giud., 7, 20 segg.), una nuova tattica di sorpresa: i madianiti fuggono e d'allora in poi lasceranno in pace gl'israeliti.

Accade spesso che invenzioni di uso pacifico siano occasionate dalla guerra e abbiano innanzi tutto applicazione bellica. La nuova « invenzione » con la quale i madianiti riuscirono a terrorizzare Israele è... il cammello addomesticato!

Il cammello addomesticato è nel mondo antico un'assoluta novità. Pare strano, ma i popoli dell'età del bronzo non l'hanno conosciuto. I testi egiziani non lo menzionano mai. Perfino a Mari, nonostante la sua vicinanza al deserto arabico, non se n'è trovato alcun cenno nei documenti del suo ricchissimo archivio. Dobbiamo cancellare il cammello dalla nostra rappresentazione della vita e del traffico dell'antico Oriente. Anche nel Genesi dev'essere stato inserito più tardi. Ad esempio, nella bella scena in cui incontriamo per la prima volta Rebecca nella sua città natia di Nacor, il cammello deve aver subìto uno scambio di connotati. I « cammelli » del futuro suocero Abramo che si abbeverano alla fonte (Genesi, 24, 10 segg.) in realtà erano... asini. E asini erano gli animali che per millenni trasportarono sul dorso le some e le merci preziose per le grandi vie commerciali... finchè il cammello docile non venne a riscattarli.

L'epoca in cui il cammello divenne domestico non si può determinare con precisione, ma esistono dei punti di riferimento. Nell'XI secolo a. C. il cammello appare nei testi di scrittura cuneiforme e nei bassorilievi, e d'allora è menzionato sempre più spesso. Verso quell'epoca dev'essersi svolta anche la storia di Gedeone. Certo, devono aver suscitato un gran terrore le razzie di predoni su cammelli, conosciuti fino allora solo come animali selvaggi!

La terza provocazione costituisce il maggiore e mortale pericolo per Israele: lo scontro con i filistei.

3 - I guerrieri di Caftor

*Cretesi e filistei — Irruzione dei popoli del mare — **La grande**
spedizione dall'Egeo — Carri e navi — Il regno degli ittiti
scompare — Città in fiamme sulla costa di Canaan — Mobilitazione generale sul Nilo — Il faraone Ramsete III salva
l'Egitto — La grande battaglia terrestre e navale — Campi di
concentramento e interrogatorio dei prigionieri di guerra —
Grandi rilievi con immagini di filistei.*

NON HO IO FATTO SALIRE ISRAELE DALL'EGITTO E I FILISTEI DALLA
CAPPADOCIA...? [1] (Amos, 9, 7).

Con le favolose storie dell'erculeo Sansone, dei suoi colpi di
forza e delle sue gesta si annuncia il grande conflitto.

Filistei! Il loro nome è entrato con molti significati nel patrimonio linguistico del mondo moderno. Noi diciamo: « È un filisteo! », o parliamo del « gigante Golia », che era uno di essi. In
Germania si usa dire in senso spregiativo: « Kreti und Pleti » per
dire « gente d'ogni sorta », senza immaginare che le due parole significano « cretesi e filistei ». Chi non conosce la tragica storia d'amore
di Sansone e di Dalila, la quale lo denuncia ai filistei? Chi non ricorda la forza sovrumana di Sansone che con la mano strozza
i leoni, con una mascella d'asino ammazza mille filistei e, accecato
infine e abbandonato dall'amata, in un terribile impeto di collera
fa crollare un tempio dei filistei? Eppure pochi sanno quanto siano
scarse le notizie che abbiamo dei famosi filistei.

Il popolo filisteo, che svolse una parte così decisiva nella vita
d'Israele, rimase a lungo avvolto nel mistero. Solo recentemente si
è riusciti a sollevarne un poco il velo. Dai risultati laboriosamente
ottenuti dalle esplorazioni si è venuto formando a poco a poco un

[1] Caftor.

quadro sempre più chiaro di essi. I frammenti di ceramica, le iscrizioni nei templi e gli strati d'incendi compongono un mosaico della prima comparsa dei filistei d'una drammaticità che non ha l'eguale.

Notizie spaventose precedono l'arrivo degli stranieri; i corrieri recano cattive informazioni riguardo a questi sconosciuti che spuntano ai confini dello spazio vitale del mondo antico, sulle coste della Grecia. Arrivano su carri tirati da buoi, pesanti veicoli con ruote a forma di disco, trainati da zebù, sovraccarichi di suppellettili e di provviste, accompagnati da donne e da bambini. Li precedono uomini armati. Portano scudi rotondi e spade di bronzo. Una gran nube di polvere li avvolge, perchè sono molti, innumerevoli. Nessuno sa di dove vengano. Per la prima volta vengono avvistati presso il Mar di Marmara, di dove proseguono il cammino verso sud, lungo le coste del Mediterraneo. Sulle verdi onde del mare veleggia una flotta imponente nella stessa direzione, una moltitudine di navi dalle alte fiancate con a bordo uomini armati.

Incendi, macerie e campi devastati è ciò che lascia dietro di sè l'orda spaventosa dopo ogni sosta. Nessuno può trattenere gli stranieri, che infrangono ogni resistenza. In Asia Minore cadono città e villaggi. La potente fortezza di Chattusas, sull'Halys, viene distrutta. Essi depredano i magnifici allevamenti equini della Cilicia, saccheggiano i tesori delle miniere d'argento di Tarso, alle fonderie annesse ai giacimenti metalliferi strappano il segreto, così gelosamente custodito, della fabbricazione del metallo più prezioso di quell'epoca: il ferro. Sotto tali colpi crolla una delle tre grandi potenze del secondo millennio a. C.: il grande regno degli ittiti scompare!

Una flotta dei conquistatori stranieri approda a Cipro e occupa l'isola. L'orda continua la marcia nell'interno, invade la Siria settentrionale, raggiunge Karkemish sull'Eufrate e risale la valle dell'Oronte. Attanagliate fra gli attacchi di terra e di mare, cadono le vecchie città marinare dei fenici: Ugarit, Biblo, Sidone, Tiro. Gli incendi distruggono le città delle fertili pianure costiere della Palestina. Dai campi e dai pascoli delle sue alture Israele deve aver visto passare l'onda distruttrice, benchè la Bibbia non ne faccia cenno. Israele, in realtà, non rimane colpito; ciò che va a fuoco sono le roccheforti degli odiati cananei.

E sempre più si allarga la valanga travolgente per mare e per terra, puntando verso il Nilo, verso l'Egitto...

A Medinet Habu, ad ovest di Tebe, sul Nilo, si ergono le imponenti rovine del fastoso tempio del dio Amon del periodo del regno di Ramsete II (1195-1164 a. C.). Le sue porte a forma di torre, gli alti piloni, i muri negli atri e nei cortili sono cosparsi di monumentali rilievi ed iscrizioni. Migliaia di metri quadrati di documenti storici scolpiti nella pietra! Il tempio è tutta una gigantesca documentazione scritta e illustrata delle spedizioni belliche del faraone, il testimonio principale degli avvenimenti che si svolsero sul Nilo in quell'epoca.

Quanto grande fosse la paura, quanto grande fosse il pericolo che minacciava l'Egitto, emerge chiaramente da questi documenti. Pieno di ansietà e di spavento, uno dei testi annuncia: « Anno otto sotto la Maestà di Ramsete III... Nessun paese poteva opporre resistenza alle loro armi. Il regno degli ittiti, Kode, [2] Karkemish... e Cipro furono distrutti in un sol colpo... Essi mandarono in rovina le popolazioni, riducendone i paesi in condizioni tali che pareva non fossero mai esistiti. Marciavano sull'Egitto... Misero le mani su tutti i paesi fino all'estremo limite della terra. I loro cuori erano pieni di fiducia e di sicurezza: " I nostri piani riusciranno! " »

Ramsete III reagisce febbrilmente. Disponendo i preparativi per la lotta, ordina la mobilitazione generale: « Misi in assetto i miei confini... armai contro di loro i principi, i comandanti delle

Fig. 27 - Dalla battaglia terrestre del faraone Ramsete III contro i filistei.

guarnigioni e i guerrieri. Ho apprestato le foci del fiume come un forte bastione, con navi da guerra, galere e navi costiere... ben provviste, da prora a poppa, di valorosi guerrieri, che portavano le loro armi. Le truppe erano formate dei migliori uomini dell'Egitto. Erano come leoni ruggenti sulle cime delle montagne. Le forze dei carri da guerra consistevano in corridori scelti, tutti ottimi e validi guer-

---

[2] Kode comprende i territori costieri della Cilicia e della Siria settentrionale.

rieri. I cavalli volavano con tutto l'impeto, pronti a stritolare coi loro zoccoli i paesi stranieri... »

Con una forza mai vista, con tutti gli uomini atti alle armi che l'Egitto può reclutare, Ramsete III muove contro le legioni straniere per la grande battaglia campale. Le iscrizioni non danno molti particolari concreti sulla battaglia. Come sempre, il bollettino di guerra egiziano si limita anche in questo caso a cantare inni di lodi ai vincitori. « Le sue truppe, » così si legge di Ramsete III, « sono come tori pronti sul campo di battaglia; i suoi cavalli sono come falchi tra piccoli uccelli... » Ma un grande bassorilievo offre ai nostri occhi, a distanza di 3000 anni, il quadro della terribile lotta: i carri da guerra egiziani irrompono sulla massa dei nemici. Donne e bambini sono inesorabilmente travolti dai pesanti carri tirati dai buoi. Sotto gli zoccoli dei cavalli e dei buoi si ammucchiano i cadaveri degli uccisi. La vittoria è già decisa; i soldati egiziani saccheggiano i carri nemici.

L'Egitto ha vinto una battaglia d'importanza storica; le forze nemiche sono annientate. Su un carro leggero Ramsete III corre verso la costa, perchè il nemico, con le sue navi, « è penetrato nel delta del fiume ».

Anche la grande battaglia navale è eternata nel tempio di Medinet Habu in una grande scultura a rilievo su pietra. A frotte le navi delle due parti si sono avvicinate le une alle altre. Poco prima dell'urto deve essere subentrata un'improvvisa bonaccia; le vele sono ammainate. Questo significa per gli stranieri un forte svantaggio. Le loro navi sono nell'impossibilità di manovrare. I guerrieri sono pronti alla lotta, ma senza difesa; impugnano i gladi e le lance che servono solo per il combattimento a corpo a corpo, quando le navi si abbordano di fianco. Grazie alla bonaccia, gli

Fig. 28 - Interrogatorio dei prigionieri

egiziani hanno la vittoria in pugno. Le loro imbarcazioni, provviste di rematori, si avvicinano a quelle dei nemici tenendosi a giusta distanza; poi vien dato agli arcieri l'ordine di tirare. Una micidiale pioggia di frecce si abbatte sugli stranieri, che trafitti cadono a schiere fuori del bordo delle navi. I corpi dei feriti gravi e dei morti vengono travolti dai flutti. Quando il nemico è stato decimato e la confusione è giunta al massimo, gli egiziani s'avvicinano a forza di remi e mandano a picco le navi nemiche. Coloro che sono sfuggiti alla grandine di frecce o alle onde vengono uccisi sulla riva vicina o fatti prigionieri.

In due battaglie decisive Ramsete III è riuscito ad allontanare la minaccia mortale per mare e per terra: una vittoria che non ha l'eguale nell'antichissima storia della terra del Nilo.

Per fare l'inventario della vittoria, si tagliano crudelmente le mani dei morti e dei feriti e si ammucchiano a montagne. Così si calcola il numero dei nemici annientati. Le iscrizioni non fanno alcun cenno riguardo alla sorte che fu riservata alle donne e ai bambini degli stranieri. I rilievi mostrano i primi campi di concentramento della storia, dove vengono convogliati i guerrieri vinti.

Ciò che avviene della massa dei prigionieri non differisce da quanto succede ai nostri giorni. Allineati in fila e divisi in squadre, attendono seduti in terra l'interrogatorio. Neppure manca il tanto detestato « questionario »: gli ufficiali egiziani dettano agli scrivani le dichiarazioni dei prigionieri. Soltanto una cosa si faceva in modo diverso da ora. Mentre oggigiorno si dipinge a olio sulla giacca la sigla di « prigioniero di guerra », gli egiziani imprimevano a fuoco sulla pelle del prigioniero il nome del faraone.

Ai geroglifici dei più antichi « questionari » del mondo dob-

filistei da parte degli ufficiali egiziani.

biamo le prime informazioni storiche sul celebre popolo biblico dei
filistei.

Tra i « popoli del mare », come gli egiziani chiamano i conquistatori stranieri, assumono un'importanza particolare i « peleset »
o « prst ». Sono i filistei dell'Antico Testamento.

Gli artisti egiziani sapevano rappresentare magistralmente le
fisionomie dei popoli stranieri, facendone risaltare con straordinaria abilità i tratti caratteristici. Così i rilievi di Medinet Habu ri-
producono con la consueta fedeltà i volti dei biblici filistei. Sembrano fotografie scolpite nella pietra 3000 anni fa. Le figure alte
e snelle sorpassano di una testa quelle degli egiziani. Riconosciamo
le particolarità del loro abbigliamento e delle loro armi, il loro
modo di comportarsi in battaglia. Se al posto dei soldati egiziani
immaginiamo i figli d'Israele, si ha un'immagine fedele delle lotte
che alcuni anni dopo si svolsero in Palestina e che raggiunsero la
fase più violenta sotto i re Saul e Davide, verso il 1000 a. C.

4 - Sotto il giogo dei filistei

I filistei sulla costa — Ceramiche con figure di cigni — Boccali da birra con filtro — Monopolio del ferro severamente protetto — I filistei occupano la regione della montagna — Tracce d'incendi a Silo — Decisione di un re in grave imbarazzo — Allenby vince adottando la tattica di Saul — Sorpresa dei turchi — Albright trova la roccaforte di Saul — Due luoghi di culto in Betsan — Fine di Saul.

DI NUOVO I FIGLI D'ISRAELE FECERO IL MALE AL COSPETTO DEL SIGNORE E PERCIÒ FURONO ABBANDONATI PER QUARANT'ANNI NELLE MANI DEI FILISTEI (Giud., 13, 1).

Nel 1188 a. C. i filistei subirono la loro grande disfatta per opera di Ramsete III. Tredici anni più tardi si erano stabiliti nella pianura della costa meridionale di Canaan, la fertile pianura bruna tra i monti di Giuda e il mare. La Bibbia nomina le cinque città da essi dominate: *Ascalon, Azoto, Accaron, Gaza e Get* (I Re, 6, 17). Ognuna di queste città con la terra adiacente, che viene coltivata da soldati sotto il comando di ufficiali, è retta da un « signore » indipendente e libero. Tuttavia le questioni politiche e militari sono trattate in comune dai sovrani delle cinque città. Diversamente dalle tribù d'Israele, i filistei costituiscono una unità in tutte le questioni d'importanza vitale. Da questa unione deriva la loro forza.

Il cronista biblico parla anche di altri « popoli del mare » che erano venuti nel paese insieme coi filistei e si erano stabiliti sulle coste: *Ecco ch'io stenderò la mia mano sopra i filistei e sterminerò gli sterminatori* (cretesi) *e disperderò i residui della zona del mare* (Ezech., 25, 16). Creta è un'isola del Mediterraneo molto distante da Israele. Da quando è stata storicamente accertata l'irruzione dei

« popoli del mare » in Canaan, si è chiarito anche il senso, prima oscuro, di queste parole che rispecchiano la vera situazione di quell'epoca.

La presenza dei filistei in Canaan coincide con l'apparizione di una ceramica molto caratteristica. Si differenzia nettamente dal vasellame fino allora usato tanto nelle città cananee quanto nei villaggi israeliti della zona montuosa. In tutto il territorio delle cinque città in possesso dei filistei — e soltanto là — gli scavatori trovarono questo tipo di ceramica. È quindi evidente che i filistei si fabbricavano le loro stoviglie.

Fig. 29 - Vaso filisteo con figura di cigno.

Il primo ritrovamento di queste ceramiche destò sorpresa fra gli archeologi. Quelle forme, quei colori e quei disegni non erano cosa nuova. Le coppe e le brocche di color giallo-cuoio, dipinte in rosso e in nero con disegni geometrici e con figure di cigni che si puliscono le piume, essi le avevano già conosciute a Micene. Sin dal 1400 a. C. le magnifiche ceramiche dei fabbricanti micenei erano molto apprezzate nel mondo antico e il commercio ne aveva inondato tutti i paesi.

Con la distruzione di Micene, pochi decenni prima del 1200 a. C. cessò d'un tratto questa importazione dalla Grecia. I filistei, dunque, dovevano essere passati da Micene. In Canaan avevano ripreso la fabbricazione nella quale erano divenuti esperti. « *Non ho io fatto salire Israele dall'Egitto, e i filistei da...* Caftor? (Amos, 9, 7). « Caftor » è Creta, la grande isola di fronte alla Grecia. Il vasellame dei filistei illustra, inoltre, un altro fatto interessante a cui fa allusione anche la Bibbia. Molte delle stupende brocche sono provviste d'un filtro, che non lascia alcun dubbio sul loro uso. Sono tipici boccali da birra. Il filtro serviva a trattenere gl'involgi dell'orzo che nuotavano nella birra appena preparata e che, nel bere, potevano facilmente scivolare in gola. Nelle colonie dei filistei si sono trovati a mucchi boccali da birra e bicchieri da vino. I filistei dovettero quindi essere forti bevitori. Le loro libagioni sono menzionate anche nella storia di Sansone (Giud., 14, 10; 16, 25), nella quale è messo in evidenza il fatto che l'eroe non beveva alcool.

Tuttavia la birra non è un'invenzione dei filistei. Ne esistevano grandi fabbriche già nell'antico Oriente. Negli spacci di Babi-

lonia se ne vendeva fino a cinque qualità diverse: scura, chiara, nuova, stagionata e, per l'esportazione e i viaggi, una speciale miscela,
chiamata birramiele. Questa era un estratto condensato di droghe
che si manteneva a lungo. Bastava mischiarlo con acqua e la birra
era pronta: antichissimo modello della moderna birra secca per i
tropici.

Ma molto più importante fu un'altra scoperta. I filistei furono
in Canaan i primi a possedere il ferro in grande quantità. Le loro
tombe contengono armi, utensili e ornamenti di questo metallo allora
molto raro e, perciò, prezioso. E come le ceramiche di Micene, così
essi lavoravano anche il ferro. Le prime ferriere di Canaan dovettero
essere impiantate nel territorio occupato dai filistei. Essi appresero
il segreto della fusione appropriandosene come bottino di guerra
nelle loro scorrerie attraverso l'Asia Minore, dove fino al 1200 a. C.
gli ittiti erano stati i primi industriali siderurgici del mondo.

I principi filistei custodiscono la formula rubata, come le pupille
dei loro occhi. Il ferro è un loro monopolio e ne traggono buoni
affari. Israele, nel primo periodo del suo insediamento sulle montagne, è troppo povero per poter acquistare ferro. La mancanza di
attrezzi agricoli di ferro, di chiodi per la costruzione di case, e di
armi, è per essi un grande svantaggio. Quando i filistei occuparono
le montagne, cercarono d'impedire la fabbricazione di nuove armi.
Vietarono agli israeliti il mestiere del fabbro. *Ora in tutto il paese
d'Israele non eravi fabbro ferraio, avendo i filistei avuto questa precauzione perchè non potessero gli ebrei fabbricarsi spade o lance. /
E tutto Israele scendeva dai filistei per farsi affilare il vomere, la
zappa, la scure e il sarchiello* (I Re, 13, 19. 20).

Fornito delle armi più moderne, addestrato ed esperto nelle
cose della guerra per le sue continue campagne militari e ben organizzato dal punto di vista politico, il popolo dei filistei, avido di conquiste, si è insediato dal 1200 a. C. nella costa occidentale. Il suo
obiettivo è lo stesso a cui mira Israele: Canaan!

Le gesta di Sansone sono leggende eroiche (Giud., 14-16).
Ma in esse si nascondono crudi fatti storici. I filistei cominciano ad avanzare e ad allargare la loro occupazione verso l'Oriente.

Tra la pianura della costa e l'altopiano di Giuda, si stende una
serie di colline separate dall'altopiano per mezzo di valli longitudinali.
Una di queste è la valle di Sorec. Sansone vive a Saraa (Giud., 13,
2) e, non lungi da qui, a Tomnata, sposò *una donna delle figlie dei
filistei* (Giud., 14, 1). Anche Dalila abitava nella valle di Sorec

(Giud., 16, 4). Attraverso questa valle i filistei rimanderanno più tardi l'arca del testamento (I Re, 6, 12, segg.). La penetrazione dei filistei nella zona collinosa dinanzi alle montagne di Giuda è l'inizio della spedizione che seguirà, anni dopo, contro Israele.

AVVENNE CHE IN QUEI GIORNI I FILISTEI SI RIUNIRONO PER COMBATTERE ED ISRAELE MOSSE LORO INCONTRO, E POSE IL SUO ACCAMPAMENTO PRESSO LA PIETRA DEL SOCCORSO;[1] I FILISTEI INVECE, VENUTI IN AFEC, / SI SCHIERARONO CONTRO ISRAELE (I Re, 4, 1. 2).

Afec era situata al limite settentrionale del territorio soggetto alla sovranità dei filistei. I suoi resti sono conservati in una collina di rottami, il Tell el-Muchmar, sul corso superiore di un fiume che sbocca in mare a nord di Giaffa. Afec aveva una posizione strategica molto favorevole. A oriente, vi è la via che conduce alle montagne della Palestina centrale, il paese occupato dagli israeliti. Di fronte ad Afec, sul margine montuoso, era situata Eben-Ezer dove avvenne lo scontro degli eserciti. Nel primo combattimento i filistei riportarono la vittoria. Vedendosi perduti, gli israeliti fanno portare da Silo il loro tabernacolo, l'arca del testamento. In una seconda battaglia vengono battuti dalle forze preponderanti dei filistei. L'esercito d'Israele si sbanda e i vincitori s'impossessano dell'arca di Dio (I Re, 4, 2-11).

Il paese delle colline è occupato, si procede al disarmo di Israele e vengono istituiti dei posti di guardia nella regione delle tribù (I Re, 10, 5; 13, 3). Nel primo assalto i filistei hanno raggiunto il loro obiettivo: la Palestina centrale è nelle loro mani. Durante l'avanzata dei filistei la lotta dev'essere stata molto dura, come fanno supporre le testimonianze di quell'epoca. Il tempio di Silo, che Israele aveva costruito per l'arca santa, fu distrutto dalle fiamme. A 22 chilometri a sud di Sichem vi è la città di Seilun, anticamente la fiorente Silo. In quelle vicinanze, sopra una collina, era stato posto il « tabernacolo dell'alleanza », meta dei pellegrinaggi d'Israele (Gios., 18, 1; Giud., 21, 19 segg.; I Re, 3, 21) dove, con l'andar del tempo, sorsero monumenti commemorativi cristiani e maomettani.

Negli anni dal 1926 al 1929, una spedizione danese, diretta dall'archeologo H. Kjaers, inizia qui una serie di scavi. I resti di Silo mostrano uno strato di demolizione che si può datare verso il 1050 a. C.: sono i resti della vittoria dei filistei su Israele. Le rovine di Silo rimasero in piedi certamente per molto tempo. Infatti, quattro secoli dopo la distruzione, il profeta dice: « *Andate alla mia*

---

1 Eben-Ezer.

dimora in Silo dove risiedeva il mio nome da principio, e guardate ciò che ne ho fatto a causa della malvagità del mio popolo d'Israele » (Ger., 7, 12). Anche altri luoghi del paese delle montagne di Giuda ebbero la sorte di Silo. Prove evidenti di questa ipotesi sono le numerose tracce di cenere che furono trovate dagli archeologi in Tell Beit Mirsim, presso Hebron — la biblica Dabir — e in Beth-Zur, a sud di Gerusalemme.

Verso il 1050 a. C. l'esistenza d'Israele è minacciata; i frutti delle sue conquiste e del suo lavoro di colonizzazione realizzati durante quasi duecento anni sono seriamente compromessi. Israele corre il pericolo di cadere sotto il giogo dei filistei, in una schiavitù senza speranza. Per sventare questa terribile minaccia non vi è altra via che di stringere le diverse tribù in una unità salda e compatta. Sotto la micidiale pressione del mondo circostante, Israele diventa una nazione. Le forme di governo di quel tempo offrivano una sola possibilità: la monarchia. La scelta cade su Saul, un beniaminita, famoso per il suo valore e la sua alta statura (I Re, 9, 2); la scelta è saggia, perchè Saul appartiene alla tribù più debole (I Re, 9, 21) e le altre tribù non hanno quindi motivo di essere gelose.

Saul elegge come residenza il suo luogo natio di Gabaa (I Re, 10, 26; 11, 4), raccoglie intorno a sè una piccola schiera di robusti soldati e inizia la guerra partigiana (I Re, 13, 1 segg.). Con attacchi di sorpresa, egli scaccia la guarnigione dei filistei dal territorio della tribù.

Che Saul fosse un tattico di prim'ordine doveva venir comprovato nuovamente dopo tremila anni; un esempio, unico nel suo genere, conferma come la Bibbia abbia ragione anche nei minimi particolari e quanto siano esatte le sue date e le sue tradizioni.

Al maggiore inglese Vivian Gilbert si deve il racconto di un avvenimento veramente straordinario. Nelle sue memorie di guerra [2] egli scrive: « Nella prima guerra mondiale un aiutante di brigata inglese dell'armata del generale Allenby in Palestina cercava una volta, al lume di candela, un certo nome nella sua Bibbia. La sua brigata aveva ricevuto l'ordine di occupare un villaggio, chiamato Macmas, situato al di là di una profonda vallata sopra un'altura rocciosa. Quel nome non gli era nuovo. Finalmente lo trovò nel I Libro dei Re (13, 16) e lesse: *Saul, Gionata suo figlio e la gente che si trovò con essi stavano adunque in Gabaa di Beniamino, men-*

---

[2] *The Romance of the last Crusade.*

tre i filistei si stabilirono in Macmas. Vi era inoltre scritto che Gionata e il suo scudiero andarono di notte fino al *presidio dei filistei* e che dovettero passare davanti a *pietre sporgenti da una parte e dall'altra e di qua e di là a due scogli dirupati... detti l'uno Boses e l'altro Sene* (I Re, 14, 4). Scalarono quindi il pendio e sopraffecero le sentinelle *nello spazio di un mezzo iugero, che è quanto un paio di buoi suole arare.* Nell'udire il tumulto, il presidio nemico si svegliò e, credendo di essere circondato dalle truppe di Saul, *ebbero paura e la regione intera si trovò in preda allo sgomento* (I Re, 14, 14. 16).

« Poco dopo Saul attaccò con tutte le sue forze e vinse. *Così il Signore salvò in quel giorno Israele* (I Re, 14, 23).

« L'aiutante riflette: questa gola, i "due scogli dirupati" e il "mezzo iugero" devono esistere ancora. Svegliò il comandante e si mise a rileggere con lui il passo della Bibbia. Vennero mandate delle pattuglie in ricognizione, e queste trovarono la gola che, tenuta da una piccola pattuglia di turchi, s'inoltrava tra due scogli che dovevano essere sicuramente Boses e Sene; in alto, presso Macmas, si scorgeva al chiaro di luna una piccola radura. Il comandante cambiò allora il suo piano d'attacco. Invece di mandare tutta la brigata, mandò solo una compagnia, a mezzanotte, attraverso il passo. I pochi turchi, coi quali si scontrarono, furono sopraffatti senza rumore; poi la compagnia scalò il pendio, e, poco prima dell'alba, si trovava sullo "spiazzo di mezzo iugero".

« I turchi si destarono e se la diedero a gambe, circondati dall'armata del generale Allenby. Furono tutti uccisi o fatti prigionieri. »

« E così dopo millenni, » conclude il maggiore Gilbert, « una truppa inglese imitò con successo la tattica di Saul e di Gionata. »

Le vittorie di Saul infondono nuovo coraggio ad Israele. L'incubo del potere delle forze d'occupazione è cessato, ma solo per un breve respiro. La primavera seguente i filistei sferrano il contrattacco.

Verso la fine del periodo invernale delle piogge essi raccolgono di nuovo le loro truppe in Afec (I Re, 29, 1). Senonchè questa volta procedono in modo diverso. Rinunciano ad attaccare sulle montagne dove Israele conosce troppo bene il terreno. I principi filistei si spingono verso nord attraverso la pianura di Jezrael (I Re, 29, 11), il teatro della battaglia di Debora, *in Tanac presso le acque di Mageddo* (Giud., 5, 19), e più avanti verso est fino quasi alle rive del Giordano.

Presso la fontana di Jezrael (I Re, 29, 1) — è questa la sorgente Harod ai piedi dei monti di Gelboe — il re Saul con le sue milizie azzarda uno scontro nella pianura. Un disastro! Fin dal primo attacco le milizie vengono sbaragliate, i fuggitivi sono inseguiti e distrutti. Lo stesso Saul si dà la morte in seguito all'uccisione dei suoi figli.

Il trionfo dei filistei è completo. Israele è totalmente occupato: la terra del centro, la Galilea e la terra ad est del Giordano (I Re, 31, 7). Impalano i corpi di Saul e dei suoi figli, e li appendono *alle mura di Betsan,* non lontano dal campo di battaglia e... *collocarono poi le armi di Saul nel tempio di Astarot* (I Re, 31, 10), la dea delle fecondità. Sembra che l'ultima ora d'Israele sia suonata. Sembra condannato alla perdizione. Il primo regno fondato con tante speranze fa un'orribile fine. Un popolo libero piomba nella schiavitù; la sua Terra Promessa cade in possesso di mani straniere.

La vanga ha liberato dalle oscure e pesanti macerie le mute testimonianze di questo tragico periodo. Il vento passa sulle rotte e sbriciolate pietre delle mure tra le quali si compirono tanto la buona quanto la cattiva sorte d'Israele. Sono le rovine che videro Saul, giovane re, nelle sue ore più felici e che assistettero alla sua orrenda fine!

A 5 chilometri a nord di Gerusalemme, sulla via che da tempo immemorabile conduce a Samaria, si trova il Tell el-Ful, che significa « monte dei fagioli ». È tutto quel che rimane dell'antica Gabaa.

Nel 1922 una squadra delle American Schools of Oriental Research comincia a scavare in questo luogo. Il prof. W. F. Albright, iniziatore degli scavi, dirige i lavori. Vengono alla luce resti di mura. Dopo una lunga interruzione Albright riprende il suo lavoro sul Tell el-Ful nel 1933. Viene liberata una spessa torre angolare, seguita subito dopo da altre tre. Sono collegate da una doppia muraglia. All'interno vi è un cortile aperto. Il complesso misura all'incirca 40 x 25 metri. La rozza costruzione di pietre offre un aspetto rustico imponente.

Albright esamina i frammenti di terracotta sparsi tra le macerie. Sono recipienti che erano in uso tra il 1020 e il 1000 a. C. Albright ha scoperto la cittadella di Saul, il primo palazzo reale d'Israele, dove il re sedeva *sulla sua sedia, che era presso la parete* (I Re, 20, 25). Qui sedeva Saul re accerchiato dai suoi intimi, con Gionata, suo figlio, col nipote Abner, il suo capitano, e con Davide, il suo giovane scudiero. Qui egli forgiava i suoi piani per la liberazione d'Israele; da qui egli dirigeva la lotta partigiana contro gli odiati filistei.

L'altro teatro dove si compì il destino del re Saul e che le esplorazioni hanno riportato alla luce giace a una distanza di 70 chilometri a nord.

Al limite della pianura di Jezrael, si erge la grandiosa collina Tell el-Husn che si scorge in lontananza dalla valle del Giordano, verso la quale il terreno declina. È questa la località dell'antica Betsan. Tra montagne di pietrame sgombrato si elevano sui pendii settentrionale e meridionale le forti mura maestre di due templi.

Gli archeologi dell'Università di Pennsylvania, diretti da Clarence S. Fisher, Alan Rowe e G.M. Fitzgerald, le misero in luce nel 1921 e 1933, quasi nello stesso tempo in cui fu scoperta a Gabaa la residenza di Saul.

Oggetti del culto ritrovati tre le macerie, soprattutto targhe e piccoli scrigni con disegni decorativi di serpenti, indicano che questi templi erano consacrati ad Astarte, la dea della fecondità di Canaan, e a Dagon, il dio supremo dei filistei, un essere mezzo uomo, mezzo pesce. Le loro mura videro ciò che i filistei, dopo la vittoria, come riferisce la Bibbia, fecero a Saul. *Collocarono poi le armi di Saul nel tempio di Astarot, mentre il suo cadavere venne sospeso alle mura di Betsan* (I Re, 31, 10); il tempio di Astarot corrisponde alle rovine del tempio del sud ... *e il capo l'affissero nel tempio di Dagon* (I Paral,. 10, 10): il tempio riportato alla luce sul pendio settentrionale.

QUANDO ISRAELE ERA UN GRANDE REGNO
DA DAVIDE A SALOMONE

1 - *Il grande re Davide*

Una personalità geniale — Poeta, compositore e musicista — Da scudiero a grande re — Involontario aiuto d'armi agli assiri — Dall'Oronte ad Asiongaber — Rappresaglia contro Betsan — Nuove costruzioni con casematte — Gerusalemme cadde per uno stratagemma — Warren scopre un cunicolo che conduce alla città — Il sofer redige gli annali del regno — Davide si chiamava Davide? — Una novità: l'inchiostro — Il clima della Palestina è nemico dei documenti.

VENNERO ANCHE GLI ANZIANI D'ISRAELE DAL RE IN HEBRON E IL RE STRINSE CON ESSI UN'ALLEANZA DINANZI AL SIGNORE ED ESSI UNSERO DAVIDE COME RE D'ISRAELE / ... E REGNÒ QUARANT'ANNI (II Re, 5, 3. 4).

IL nuovo re è dotato d'un talento così versatile che è difficile stabilire quale delle sue doti sia da ammirare maggiormente. Altrettanto difficile sarebbe trovare sulla terra, negli ultimi secoli, una personalità ugualmente geniale e della stessa statura di Davide. Dov'è l'uomo degno di essere celebrato sia come stratega e formatore d'uno stato, sia come poeta e musicista? Soltanto per la sua opera poetica spetterebbe oggi a Davide il premio Nobel. Ed egli era, come i trovatori del medio evo, allo stesso tempo poeta, compositore e musicista.

Non per puro caso! Nessun popolo si è dedicato alla musica

quanto gli abitanti di Canaan. La Palestina e la Siria sono famose
per i loro musicisti, come sappiamo da fonti egiziane e mesopota-
miche. Tra il bagaglio indispensabile che il gruppo di patriarchi
rappresentati nei disegni murali di Beni-Hasan portò con sè nella
sua peregrinazione in Egitto figurano gli strumenti musicali. Lo
strumento domestico è la lira a otto corde.

I Salmi di Davide 6 e 12 sono preceduti dalla nota: « da

Fig. 30 - Prigionieri giudei musicanti.

cantare su otto corde ». Da Canaan la lira trova accoglienza anche
in Egitto e in Grecia.

Nel Nuovo Regno d'Egitto (1580-1085 a. C.) intere serie
d'iscrizioni e di rilievi hanno per oggetto i musicisti e gli strumenti di
Canaan. Canaan è fonte inesauribile di suonatori, tra i quali i
marescialli di corte e i camerlenghi scelgono solisti e perfino com-
plessi orchestrali per svagare i sovrani del Nilo, dell'Eufrate e del
Tigri. Molto richieste sono soprattutto le suonatrici e le danzatrici.
Artisti con scritture internazionali non sono affatto una rarità. E
il re Ezechia di Giuda, nel 701 a. C., sa bene per quale motivo
invia cantori e cantatrici al temuto re degli assiri Sanherib.

Dalla più profonda disperazione, dalla situazione più sconfor-
tevole sotto il giogo dei filistei, Israele si risolleva in pochi decenni

fino a raggiungere potenza, prestigio e grandezza. Artefice esclusivo di quest'ascensione è il poeta e salmista Davide. Da armigero di Saul, ancora sconosciuto, diventa condottiero e acquista fama di temuto franco tiratore contro i filistei; nella vecchiaia siede sul trono di un popolo assurto a grande potenza.

Come, due secoli prima, la conquista di Canaan sotto Giosuè, così ora l'opera di Davide è favorita da circostanze esterne. Alla fine dell'ultimo millennio a. C. non esisteva nè in Mesopotamia nè in Asia Minore, Siria o Egitto uno stato che fosse in grado di ostacolare un'espansione proveniente dal regno di Canaan.

Dacchè Ramsete XI, ultimo re della dinastia dei Ramessidi, chiuse gli occhi nel 1085 a. C., l'Egitto cadde nelle mani, avide di potenza, di una casta sacerdotale, che da Tebe dominava il paese. Sterminate ricchezze erano passate in possesso dei templi.

Cento anni prima, come riferisce il papiro Harris, il due per cento della popolazione lavorava come schiava del tempio e il quindici per cento del terreno coltivabile era sua proprietà. Le sue greggi ammontavano a mezzo milione di capi. Una flotta di 88 navi, 53 officine e arsenali e 169 villaggi e città sottostavano ai sacerdoti. La pompa con la quale si adempiva giornalmente il rito dedicato ai grandi dèi era indescrivibile. Soltanto per la costruzione, ad Eliopoli, delle bilance del tempio, sulle quali venivano pesate le offerte, erano state impiegate 212 libbre d'oro e 461 d'argento. Alla custodia dei lussuosi giardini del dio Amon nell'antica residenza di Pi-Ramses, sul delta del Nilo, erano adibiti 8000 schiavi.

Quanto alla politica estera dell'Egitto sotto la dominazione dei sacerdoti, esiste un documento unico: la relazione di un viaggio dell'ambasciatore egiziano Wen-Amun nel 1080 a. C. Wen-Amun era stato incaricato di acquistare dalla Fenicia legno di cedro per la barca sacra del dio Amon a Tebe. Herihor, il sommo sacerdote, l'aveva fornito solo di una piccola quantità d'oro e d'argento e di un'immagine di Amon dalla quale si riprometteva evidentemente un successo anche maggiore.

Le paure che si prese durante le vicende del viaggio si risentono vive e palpitanti nella relazione di Wen-Amun. Nelle città della costa lo trattarono come un mendicante, lo derubarono, lo schernirono e finirono quasi con l'accopparlo. Lui, un inviato dell'Egitto, i cui predecessori erano stati ricevuti sempre con gran pompa e con tutti gli onori!

Dopo essere stato depredato una seconda volta, Wen-Amun giunge finalmente alla meta. « Raggiunsi il porto di Biblo. Il principe di Biblo mi mandò a dire da un suo messo: " Allontanati dal mio porto. " »

Così fu per diciannove giorni. Il disperato Wen-Amun voleva tornare indietro, « quando venne da me l'ispettore del porto e disse: " Resta a disposizione del principe fino a domani... " Quando si fece giorno egli mi mandò un suo incaricato e mi fece accompagnare da lui... Lo trovai seduto nella sua stanza superiore, appoggiato con la schiena a una finestra... Mi disse: " Con quale incarico sei venuto qui? " Gli dissi: " Sono venuto a prendere il legno per la grande, magnifica barca di Amon-Rê, il re degli dèi. Tuo padre l'ha fatto, l'ha fatto tuo nonno e anche tu lo farai... " Egli mi disse: " È vero, essi l'hanno fatto... In verità, i miei hanno eseguito questo incarico, ma il faraone inviò anche sei navi cariche di prodotti dell'Egitto... Ma per quanto mi riguarda, io non sono tuo servo, nè sono servo di chi t'ha mandato... Che cosa sono questi miseri viaggi che ti hanno fatto fare! " Gli dissi: " Oibò! Non sono miseri i viaggi che sto facendo... " »

Invano Wen-Amun si appella alla potenza e alla gloria dell'Egitto, invano cerca di mercanteggiare col principe per ottenere il legno, offrendo, invece di denaro contante, oracoli e un'immagine del dio che procura vita e salute. Solo quando un messo di Wen-Amun arriva dall'Egitto con vasi d'oro e d'argento, con lini, con rotoli di papiro, pelli di buoi, corde, e in più 20 sacchi di lenticchie e 30 ceste di pesce, il principe fa abbattere i desiderati cedri.

« ... Nel terzo mese dell'estate li trascinarono sulla spiaggia del mare. Venne il principe... e mi disse: " Guarda, ecco arrivato l'ultimo pezzo del tuo legno ed è lì. Ora fa come io desidero e vieni a caricarlo perchè ti sarà realmente dato. Cerca di andartene subito e non prendere a pretesto la cattiva stagione. " »

Da un paese i cui ambasciatori dovevano subire dai principi delle città simile mancanza di rispetto e simili umiliazioni, Davide non aveva nulla a temere. Così fu che si spinse nel sud e conquistò il regno di Edom, che a suo tempo aveva rifiutato a Mosè il passaggio per la via dei re (Num., 20, 18). Con questa impresa Davide guadagnò un territorio economicamente molto importante. Il deserto di Araba, che si estende dalla riva meridionale del Mar Morto al golfo di Akaba, è ricco di rame e di ferro. A Davide dovevano premere soprattutto i minerali di ferro. I più temibili avversari di Israele, i filistei, ne possedevano il monopolio (I Re, 13, 19. 20). Chi avesse dominato Edom sarebbe stato in grado d'infrangere il mono-

polio dei filistei. Davide non indugiò. *Davide preparò ancora mol-
tissimo ferro per i chiodi delle porte e per le commettiture e
congiunture e inoltre una quantità incalcolabile di rame* (I Paral.,
22, 3).

A sud di Edom terminava anche la più importante via carovaniera proveniente dall'Arabia meridionale, la famosa « via dell'incenso ». Con l'avanzata fino alle rive del golfo di Akaba era
aperta la via marittima attraverso il Mar Rosso fino alle lontane
coste dell'Arabia meridionale e dell'Africa orientale.

La situazione era favorevole anche per un'avanzata verso nord.

Nelle vaste pianure ai piedi dell'Hermon e nelle fertili vallate
dinanzi all'Antilibano si erano stabilite tribù arabe del deserto appartenenti a un popolo destinato a svolgere una parte importante
nella vita d'Israele: gli aramei. La Bibbia tedesca li chiama « siri ».
Essi avevano fondato varie città e piccoli regni sino al fiume
Jarmuk, cioè a sud del lago di Genezareth nella Giordania orientale.

Verso il 1000 a. C. questo popolo si stava preparando ad avanzare verso oriente, in direzione della Mesopotamia. In questa occasione si mise a contatto col popolo assiro, che nei secoli successivi divenne la potenza sovrana dell'antico Oriente. Dopo la caduta
di Babilonia, gli assiri avevano sottomesso il paese dei due fiumi sino
al corso superiore dell'Eufrate. I testi cuneiformi di quell'epoca, provenienti dai palazzi presso il Tigri, accennano a un pericolo che
minacciava l'Assiria da occidente: gli attacchi sempre più violenti
degli aramei e il loro continuo avanzare.

In questa situazione Davide si spinge dalla Giordania orientale
verso nord fino all'Oronte. La Bibbia dice: *In quel tempo Davide
battè anche Adarezer, re di Soba, della regione di Emat, in occasione della spedizione fatta per dilatare il suo dominio fino al fiume
Eufrate* (I Paral., 18, 3). Un raffronto coi testi assiri della stessa
epoca dimostra quanta esattezza storica contengano queste parole
della Bibbia. Davide battè il re degli aramei, quando questi stava
per conquistare i territori assiri lungo l'Eufrate.

Senza immaginarselo, Davide prestò un aiuto armato a quegli
assiri che più tardi avrebbero distrutto il regno d'Israele.

Davide spostò le frontiere d'Israele fino alla fertile valle del-
l'Oronte. Il distaccamento più settentrionale era dislocato presso il
lago di Homs ai piedi del Libano, dove oggi il petrolio scorre dalla
lontana Kirkuk nei grandi oleodotti. Da qui ci sono 600 chilometri
in linea d'aria fino ad Asiongaber nel Mar Rosso, la punta meridionale del regno.

Della conquista e della ricostruzione del regno sotto Davide gli scavi hanno esumato molte testimonianze. La via della sua avanzata è segnata da numerose tracce, tra l'altro, d'incendi distruttivi nelle città della pianura di Jezrael. Non molto tempo dopo il 1000 a. C. fu rasa al suolo Betsan insieme con i luoghi del culto pagano. Gli archeologi dell'Università di Pennsylvania scoprirono in questa zona di lotte senza quartiere templi distrutti, alti strati di cenere su muri crollati, utensili del culto e ceramiche dei filistei. La città nella quale si era compiuta l'ignominiosa fine del primo re d'Israele ricevette dalla vendetta di Davide un colpo tremendo dal quale non riuscì a riaversi per un lungo periodo di tempo. Sopra lo strato di cenere nulla indica che quel luogo sia stato popolato nei secoli seguenti.

Dei primi tempi del regno di Davide sono rimaste conservate costruzioni, soprattutto opere fortificate in Giuda, che erano state erette per difendere il paese contro i filistei. Queste costruzioni rispecchiano chiaramente il modello della fortezza di Saul in Gabaa. Si tratta delle stesse rozze casematte. A Gerusalemme, la successiva residenza di Davide, le fondamenta di una torre e grandi parti del rivestimento di una muraglia indicano con sicurezza il costruttore Davide. *Davide si stabilì nella fortezza e la chiamò città di Davide; e vi fece attorno delle costruzioni...* (II Re, 5, 9).

Come si svolse la rischiosa impresa che fece cadere nelle mani di Davide la ben munita fortezza di Gerusalemme fu chiarito nel secolo passato grazie a un caso fortuito nonchè alla sagacia del capitano inglese Warren.

Sul fianco orientale di Gerusalemme, nella valle del Cedron, si trova la Ain Sitti Maryam, la « fonte della Vergine Maria ». Nell'Antico Testamento si chiama « Gihon », « polla », e costituisce da tempo immemorabile la principale risorsa idrica degli abitanti. Passando davanti ai resti di una piccola moschea, la via conduce a una grotta. Trenta gradini portano al suo fondo dove esiste un piccolo bacino nel quale si riuniscono le chiare acque provenienti dall'interno della montagna.

Nel 1867 il capitano Warren con un gruppo di pellegrini visitò la celebre fonte, nelle cui acque, secondo una leggenda, la Vergine Maria lavò un giorno le fasce del Bambino Gesù. Malgrado l'ora crepuscolare, Warren, durante questa visita, scorge nella volta un buco scuro che si apriva nella roccia pochi metri al di sopra del punto da cui scaturiva la sorgente. Era evidente che nessuno l'aveva notato prima di lui, perchè quando Warren domanda che cosa sia nessuno sa rispondergli. Desiderando accertarsi, il giorno seguente, munito di una scala e di una lunga corda, ritorna a visitare la fonte di Maria. Non immaginava che lo attendesse un'esplorazione piena di avventure e anche piuttosto pericolosa.

Sopra la fonte comincia una stretta galleria che sale verticalmente. Warren è alpinista e addestrato nell'ascensione di camini. Si arrampica cautamente aiutandosi con le mani. Dopo 13 metri il cunicolo d'un tratto finisce. Nel buio, a tastoni, Warren trova finalmente uno stretto corridoio. Vi s'inoltra carponi. Molti gradini sono intagliati nella roccia. Dopo qualche tempo nota dinanzi a sè una luce diffusa. Arriva in una sala a volta che contiene antichi vasi e bottiglie coperti di polvere. Attraverso una breve fessura ritorna all'aperto, e si trova dentro la città; la fonte di Maria è rimasta molto al di sotto!

Indagini più precise svolte intorno al 1910 dall'erudito inglese Parker, per incarico del Palestine Exploration Fund, fanno risultare che quella galleria risale al II millennio a. C. Gli abitanti dell'antica Gerusalemme avevano aperto con faticoso lavoro questo passaggio sotterraneo attraverso la roccia per potersi recare inosservati, in tempi d'assedio, alla sorgente necessaria alla vita.

La curiosità di Warren fruttò la scoperta della via che 3000 anni prima aveva reso possibile a Davide di prendere di sorpresa la fortezza di Gerusalemme. I consiglieri di Davide dovevano conoscere l'esistenza di questo passaggio segreto, come risulta da un cenno della Bibbia che era sempre rimasto incomprensibile. Davide *aveva proposto un premio a chi avesse battuto i jebusei e raggiunto le scanalature dei tetti...* (II Re, 5, 8).

Con Davide inizia nell'Antico Testamento l'esatta annotazione storica. « Le notizie tramandate da Davide devono essere considerate per la maggior parte come storiografia, » scrive il professore di teologia Martin Noth, noto per la sua acutezza critica. La crescente precisione delle notizie sugli avvenimenti di quell'epoca è strettamente collegata con la lenta formazione di una potenza statale, che è il grande merito di Davide e per Israele un fatto straordinariamente nuovo. Dalla libera unione delle tribù sorse una nazione; il territorio sul quale si stabilirono divenne un grande regno che abbracciava la Palestina e la Siria.

Per questo esteso territorio Davide creò un'amministrazione civile, a capo della quale, accanto al comandante dell'esercito, allo

storiografo e ai sacerdoti, stava il « sofer », lo scriba (II Re, 8, 16. 17).
Uno scriba alla direzione dello stato?

Con l'esercito di milioni di segretarie e segretari, che, nel mondo
moderno, riempiono ogni giorno di parole migliaia di tonnellate
di carta sulle loro macchine da scrivere, il mitico lustro dello scriba è da lungo tempo scomparso. Neanche la più invidiata prima se-
gretaria di un magnate del petrolio può misurarsi con uno dei suoi
antichi colleghi. Nè in quanto allo stipendio e ancor meno per ciò
che riguarda l'influenza. Sullo scenario dell'antico Oriente gli scribi
spiccano col ruolo incomparabile, unico della loro professione.
Nessuna meraviglia se si considera quanto dipendeva da essi!
Potenti conquistatori e sovrani di grandi regni erano i loro datori
di lavoro... e non sapevano nè leggere nè scrivere!

Lo stile epistolare è molto significativo a questo proposito.

Fig. 31 - In una cancelleria
nella terra del Nilo.

Non comincia mai indirizzandosi alla
persona alla quale la lettera o il
messaggio sono destinati. La precedenza spetta ai saluti e alle bene-
dizioni rivolti ai colleghi. Non manca neppure la preghiera di leggere
il contenuto dello scritto con grande
chiarezza e, ciò che più importa,
correttamente e senza tralasciare nulla, in nessun caso!

Ciò che si svolgeva nella sfera
degli scribi è tramandato da una
vivace scena del « ministero degli esteri » del faraone Merenptah.
La sala di scrittura è divisa in tre navate. In ciascuna delle late-
rali siedono uno vicino all'altro dieci segretari. Un piede è appoggiato sullo sgabello; sulle ginocchia stanno i grandi rotoli di papiro.
L'ampia navata centrale è riservata all'alto capo. Con grande zelo
un servo gli scaccia le fastidiose mosche. Alla porta d'ingresso
stanno due guardiani. Uno ordina all'altro: « Spruzza dell'acqua
e rinfresca l'ufficio! Il capo è seduto e scrive! »

Ora, proprio con tanta pompa non si saranno svolte le cose
nelle cancellerie della corte di Gerusalemme. Il giovane stato d'Israele
era ancora troppo contadino e troppo povero. Tuttavia lo scriba
di Davide dovette essere un alto e temuto funzionario. A lui incom-
beva la tenuta degli « Annali del regno », che senza dubbio costi-
tuirono la base di tutti i dati contenuti nella Bibbia sull'organizzazione amministrativa dello stato e sul benessere pubblico durante

il regno di Davide. Vi sono compresi i grandi censimenti secondo il sistema di Mari (II Re, 24), nonchè la nomina del corpo di guardia, una specie di guardia svizzera composta di ceretei e feletei [1] (II Re, 8, 18; 15, 18; 20, 7).

Certamente il « sofer » registrava per primo il *nuovo nome* del suo sovrano.

È molto probabile che Davide non si chiamasse affatto Davide! È questa una scoperta che assai recentemente sorprese gli studiosi, ai quali diede da pensare il contenuto di certi testi del palazzo di Mari sull'Eufrate. Ripetutamente vi compare la parole « dâvìdum ». Significa « comandante », « generale »; non è dunque un nome proprio, ma un titolo.

Il nome proprio Cesare divenne più tardi un titolo. Da Cesare derivarono « Kaiser » e « zar ». Nel caso di Davide sembra essere avvenuto l'opposto. Il suo titolo militare, che risaliva probabilmente al tempo in cui conduceva le truppe, si trasformò in nome proprio. « Dâvìdum » divenne Davide e rimase nome proprio fino ai nostri giorni.

Il tema della « scrittura » ha dato luogo a un'argomentazione dei critici.

In Egitto si sono trovati interi vagoni di papiri, in Babilonia e in Assiria montagne di tavole in scrittura cuneiforme... ma dove sono i documenti scritti della Palestina?

Gli archeologi e i meteorologi si suddividono il compito di rispondere a tale domanda.

Alla fine dell'ultimo millennio a. C. Canaan abbandonò l'angolosa scrittura cuneiforme e conseguentemente anche le voluminose tavole di terracotta, per adottare un metodo di scrittura meno fastidioso. Fino allora il testo doveva essere inciso con uno stilo sull'argilla morbida, che poi veniva cotta o essiccata al sole: dunque un procedimento che richiedeva molto tempo prima che le grosse missive di terracotta iniziassero il loro viaggio alla volta del destinatario. Una nuova scrittura con segni slanciati divenne sempre più di moda. Era l'alfabeto che abbiamo già incontrato nei tentativi di scrittura dei minatori semiti del Sinai. Lo stilo e l'argilla si dimostravano inadatti per le lettere arrotondate. Si cercarono così nuovi utensili per scrivere e si trovarono nella sottile tavola di terracot-

---

[1] Cretesi e filistei.

ta, nel calamaio e nell'inchiostro di china. « Ostrakon » chiama l'archeologo questo tipo di tavoletta dalla scrittura slanciata, alla quale, in casi particolari, si accompagnò il più elegante materiale per scrivere dell'antichità, il papiro. La relazione di Wen-Amun conferma quanto fosse richiesto questo articolo d'esportazione egiziano. Il principe di Biblo ne ricevette a compenso dei cedri 500 rotoli, che equivalgono a 2000 metri di superficie utile per la scrittura.

In Palestina il clima d'inverno è umido a causa della pioggia. Nel clima umido, l'inchiostro sulla pietra scompare molto presto, e il papiro marcisce entro breve tempo. Per questa ragione, con gran dispiacere degli archeologi, studiosi e storici, avidi di sapere, andarono perduti per la posterità quasi tutti gli atti e documenti di Canaan. Se gli archeologi poterono trovare in Egitto un bottino così considerevole, ciò si deve alla prossimità del deserto e al clima straordinariamente asciutto.

2 - *Salomone, il re del rame*

Spedizione al golfo di Akaba — Minerale di ferro e malachite — Glueck scopre Asiongaber — Le tempeste del deserto in funzione di mantice — La Pittsburgh dell'antica Israele — Cantieri navali sul Mar Rosso — Iram portò il legname da costruzione — Capitani marittimi di Tiro — Ofir, misterioso paese commerciale — Ritratto egiziano della regina di Punt — Esploratori americani comprano un tell — La pianura fatale di Jezrael — Scavo modello a Mageddo — Grande scuderia con 450 stalli.

IL RE SALOMONE REGNAVA SOPRA TUTTO ISRAELE (III Re, 4, 1). SALOMONE AVEVA QUARANTAMILA SCUDERIE PEI CAVALLI DESTINATI AI SUOI CARRI E DODICIMILA CAVALIERI (III Re, 4, 26).

E FORTIFICÒ TUTTI I VILLAGGI CHE APPARTENEVANO A LUI E CHE ERANO SENZA MURA E TUTTE LE CITTÀ PER I CARRI E PER LA CAVALLERIA (III Re, 9, 19).

SALOMONE FECE ALTRESÌ UNA FLOTTA IN ASIONGABER, CHE È VICINO AD AILAT... / I QUALI ESSENDO ANDATI AD OFIR... (III Re, 9, 26. 28).

ANCHE TUTTE LE COPPE DEL RE SALOMONE... ERANO D'ORO... NULLA ERA D'ARGENTO, PERCHÈ DI TAL METALLO NON SI FACEVA NESSUN CONTO AI TEMPI DI SALOMONE, / POICHÈ LA FLOTTA DEL RE... ANDAVA... PER RIPORTARE ORO, ARGENTO, DENTI D'ELEFANTI, SCIMMIE E PAVONI (III Re, 10, 21. 22).

LA CASA CHE IL RE SALOMONE COSTRUÌ AL SIGNORE... NULLA ERAVI NEL TEMPIO CHE NON FOSSE COPERTO DI ORO... (III Re, 6, 2. 22).

I CAVALLI DI SALOMONE VENIVANO DALL'EGITTO... / PER TAL MODO TUTTI I RE DEGLI ETEI E DELLA SIRIA GLI VENDEVANO CAVALLI (III Re, 10, 28. 29).

IL PESO D'ORO CHE ERA PORTATO A SALOMONE OGNI ANNO SI COM-
PUTAVA A SEICENTOSESSANTASEI TALENTI D'ORO (III Re, 10, 14).

Non sembra una fiaba tutto questo?

Un uomo, anche se si tratti di un re, del quale si raccontano tante cose è difficile che non sia tacciato di millanteria. E il cronista che descrive quelle cose può acquistarsi facilmente la fama di fanfarone. Vi sono nella Bibbia dei racconti considerati favole da alcuni critici, come la storia dell'indovino Balaam e dell'asina parlante (Num., 22), o la storia di Sansone che doveva la sua forza alla lunga capigliatura (Giud., 13-16). Ma il racconto più favoloso di tutti non è, in realtà, una favola.

Gli archeologi attaccarono a fondo la veridicità delle storie del re Salomone, quand'ecco che... Salomone diventò il loro... cavallo di battaglia!

Se si spoglia la « favola » — come molti la credono — del re Salomone di tutti i suoi arabeschi, resta una sobria intelaiatura di fatti storici. È questa una delle più emozionanti scoperte di questi ultimi tempi. Nel 1937 una gran quantità di sorprendenti ritrovamenti, durante gli scavi di due spedizioni americane, offrì la dimostrazione del contenuto storico di questo racconto biblico.

Una carovana parte da Gerusalemme provvista degli strumenti di ricerca più perfezionati, di perforatrici, vanghe, picconi, e costituita di geologi, storici, architetti, scavatori e fotografi che sono divenuti tanto indispensabili nelle spedizioni moderne. Il suo capo è Nelson Glueck, come tutti gli altri membro delle celebri American Schools of Oriental Research.

La lunga fila di cammelli si lascia presto alle spalle i monti di Giuda. Attraverso l'arido Negev la carovana procede verso sud. Poi penetra nell'Uadi el-Araba, la valle del deserto. Gli uomini si sentono trasportati in un paesaggio primitivo nel quale le forze titaniche lasciarono le loro impronte quando trasformarono la terra. La valle del deserto è una parte della grandiosa fenditura che comincia nell'Asia Minore e termina in Africa.

Gli esploratori contemplano ammirati l'imponente scenario, quindi si dedicano al compito che li attende. I loro occhi scrutano attentamente le ripide pareti rocciose. Secondo la posizione del sole, mutano il colore e le sfumature delle pietre. Vengono prelevati in diversi punti dei campioni. La loro analisi rivela che si tratta di feldspato argilloso bruno, di mica grigio-argento, e laddove il pietrame mostra una colorazione rosso scura, di minerale di ferro e di un metallo verde: malachite, spato di rame!

In tutti i punti della valle gli esploratori americani s'imbattono in giacimenti di ferro e di rame. Dove i campioni accusano la presenza di minerali, essi trovano, tagliati nella roccia, gallerie, resti di miniere da tempo abbandonate.

Finalmente la carovana giunge alla riva del golfo. Le bianche case di Akaba, la biblica Ailat, immerse nella abbagliante luce del sole, e il rumoroso traffico della città portuale d'Oriente sembrano volerli invitare dopo la spossante marcia attraverso la desolata valle

Fig. 32 - Vita in un harem. « Salomone ebbe settecento donne » (III Re, 11, 3).

del deserto. Ma gli esploratori volgono le spalle a questo punto di confluenza di tre mondi. [1] La loro meta è il Tell el-Kheleifeh. La solitaria collina — nient'altro che ammasso di macerie — si erge nell'interno del paese sulla pianura senza ombra.

Colpi di vanga cautamente affondati danno inizio alle ricerche e l'esito non si fa attendere a lungo. Vengono alla luce ami: sono di rame. Poi mattoni; resti di mura. Alcune masse compatte nei dintorni del tell presentano tracce verdi. Si tratta di scorie. Dovunque gli uomini incontrano pietra arenaria col caratteristico colore verde...

Le sera, sotto la sua tenda, Glueck medita sul risultato del lavoro eseguito. In realtà non si è trovato nulla di notevole. Ma, secondo il suo programma, vi è ancora da esplorare tutta la Transgiordania. A Edom, Moab, Ammon, fino a Damasco, Glueck è spinto dal desiderio di seguire le tracce delle testimonianze del passato. Sfogliando i suoi appunti, a un tratto rimane pensieroso. Minerale di ferro e malachite, nell'Arabia; e lì, nella collina davanti alla sua tenda, resti di mura, scorie e ami di rame... e tutto questo nelle vicinanze del golfo che nella Bibbia è chiamato « mare di

---

[1] Africa, Arabia e Palestina-Siria.

canne ». Seguendo queste riflessioni, Glueck prende la Bibbia e ricerca il passo che menziona quel mare in relazione con un grande re. *Salomone fece altresì una flotta in Asiongaber, che è vicino ad Ailat, sulle spiagge del Mar Rosso* (mare di canne) *nella terra di Idumea* (III Re, 9, 26). Dunque, Edom, nei tempi biblici, si estendeva fin qui, fino al Mar Rosso. E questo tell non potrebbe essere...?

Pur essendo già notte, Glueck chiama a consiglio i suoi collaboratori. Si progetta d'iniziare il giorno seguente un'esplorazione sistematica del Tell el-Kheleifeh. Scavando gallerie di sondaggio, trovano in parecchi punti opere murarie. Sotto vi è terra vergine. I frammenti di ceramica offrono un punto di riferimento per stabilire l'epoca in cui quelle mura furono costruite. Appartengono ai tempi del regno di Salomone, ossia, approssimativamente, al 1000 a. C.

Il maltempo costringe Glueck a interrompere i lavori. Questa spedizione ha anche altri compiti. Tuttavia gli americani negli anni successivi proseguono gli scavi in tre campagne, che terminano nel 1940 e confermano pienamente le supposizioni di Glueck. Dai risultati ottenuti si apprende che le prime rovine portate alla luce erano abitazioni di operai. Vi si aggiungono bastioni del tipo di casematte, l'inconfondibile tipo di costruzione della prima età del ferro. Seguono poi resti di un'esteso abitato. Le cose più interessanti sono gli stampi per la fusione e un'enorme quantità di scorie di rame.

Stampi per fusione di rame in mezzo alla pianura arsa dal sole?

Glueck cerca una spiegazione di questo fatto così strano. Perchè le officine erano installate nel regno delle tempeste di sabbia che quasi ininterrottamente imperversano dal nord nella valle del deserto? Perchè non furono costruite qualche centinaio di metri più in là, sotto la protezione della collina, dove vi sono anche le sorgenti d'acqua dolce? La risposta a queste domande si ottenne nell'ultimo periodo degli scavi.

In mezzo a una muraglia rettangolare appare un vasto edificio. Il color verde delle mura fa riconoscere facilmente di che cosa si tratta: è un altoforno. Le pareti di mattoni mostrano due file di aperture. Sono tiraggi per il fuoco, un sistema di canali di ventilazione, fatti a regola d'arte, che attraversa l'impianto. Il complesso è un vero e proprio altoforno di tipo modernissimo, costruito secondo un principio che un secolo fa, sotto il nome di « sistema Bessemer », segnò la rinascita della nostra industria! I fumaioli e i canali di ventilazione si trovano esattamente in direzione nord-sud. È evidente che gli eterni venti e le tempeste dell'Uadi el-Araba dovevano fungere da mantice. Questo avveniva tremila anni fa; oggi si ricorre all'aria compressa che viene immessa negli altiforni.

Solo una domanda resta oggi senza risposta: come veniva purificato il rame in queste installazioni? Gli esperti metallurgici si trovano qui di fronte a un enigma.

Dappertutto sono sparsi crogiuoli di terracotta, molti dei quali hanno la capacità di circa 5 mc. Sui fianchi della montagna le numerose aperture tagliate nella roccia mostrano l'accesso alle gallerie. Frammenti di solfato di rame ricordano le industri mani che vari millenni orsono scavarono in queste miniere. Mediante esplorazioni effettuate nei dintorni, i membri della spedizione riescono a localizzare nelle valli del deserto di Araba numerose officine di rame e di ferro.

Finalmente Nelson Glueck scopre nel muro di una casamatta della collina i resti di una porta solida con una entrata munita di triplice sicurezza. Ormai non ha più dubbio: il Tell el-Kheleifeh era in altri tempi Asiongaber, la tanto cercata città portuale di re Salomone. *Salomone fece altresì una flotta in Asiongaber, che è vicino ad Ailat...*

Asiongaber non era soltanto una città portuale. Nei suoi cantieri si costruivano navi per viaggi lontani. Ma soprattutto era il centro dell'industria del rame. In nessun altro posto della « Fertile Mezzaluna », nè in Babilonia, nè in Egitto, si è mai trovato un solo forno di fusione. Asiongaber disponeva, dunque, della più grande fonderia dell'antico Oriente. Essa produceva il metallo per gli utensili del culto del tempio di Gerusalemme: per l'*altare di rame,* o per il *mare,* come veniva chiamato un grande bacino di questo metallo; per le *dieci basi di rame,* per le *pentole, caldaie e secchielli* e per le due alte colonne, *Jachin e Booz,* nel portico del tempio (III Re, 7, 15 segg.; II Paral., 4). Infatti, *il re li aveva fatti fondere nella pianura del Giordano nella terra argillosa...* (III Re, 7, 46).

L'entusiasmo di Glueck per questi incomparabili ritrovamenti si fa sentire ancora nel suo rapporto ufficiale che riassume i risultati delle indagini nel golfo di Akaba.

« Asiongaber fu costruita, in base a un piano prestabilito di tutto il suo complesso, con notevole abilità architettonica e tecnica. In realtà, se si tien conto del paese e dell'epoca, tutta la città di Asion-gaber fu praticamente una grandiosa zona industriale, unica nel suo genere in tutta la storia dell'antico Oriente. Asiongaber era la Pitts-

Fig. 33 - Bacino mobile di bronzo del tempio di Salomone
(III Re, 7, 27 segg.).

burgh della Palestina antica e al tempo stesso il suo porto più importante. »

Re Salomone, che Glueck ha chiamato il « grande re del rame », dovette essere il più importante esportatore di rame dell'antichità. Le esplorazioni effettuate in altri luoghi completarono il quadro economico della Palestina sotto il re Salomone. A sud dell'antica città filistea Gaza, Flinders Petrie scavò nell'Uadi Ghazze impianti di ferriere. Gli altiforni somigliano a quelli del Tell el-Kheleifeh, sebbene siano più piccoli. Già Davide aveva contestato

20 Le « colonne di Salomone » ad Asiongaber, il centro dell'industria del rame dell'antico Oriente, sul golfo di Akaba.

22 Veduta dello scavo modello nel Tell-el-Mutesellim. Gli operai, disposti a catena, portano alla superficie le ceste piene di macerie. Le rovine, dall'alto in basso, risalgono alle epoche persiana, babilonese, assira e israelita. Nello strato IV si scoprirono le scuderie del re Salomone e il palazzo costruito per il governatore del distretto: *Bana... che reggeva... Mageddo* (III Re, 4, 12).

21 Estrazione del rame dopo tremila anni nelle miniere del re Salomone sul Mar Rosso.

il viaggio non poteva durare più di un anno e mezzo. » Le merci
barattate: *oro, argento, denti d'elefanti, scimmie e pavoni* (III Re,
10, 22), indicano anch'esse chiaramente l'Africa come paese d'origine.

Gli egiziani devono aver conosciuto molto bene un certo luogo
chiamato « Punt » che potrebbe coincidere con Ofir. Dovevano
esserne informati come se l'avessero visto coi propri occhi. Come
avrebbero potuto, altrimenti, realizzare quelle impressionanti figurazioni di Punt che splendono sulle pareti del tempio delle terrazze di
Deir el-Bahri? Questo tempio, situato nella parte occidentale di Tebe,
è adorno di meravigliosi rilievi colorati che rappresentano con un
effetto incantevole una donna dalla pelle scura — la regina di

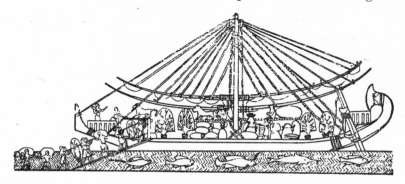

*Fig. 34 - Ritorno di una nave della regina Hatshepsut da Punt (Ofir)
con mirra e scimmie a bordo.*

Punt — e il suo seguito. Com'è loro uso, anche in questo caso gli
egiziani hanno dedicato un'amorevole attenzione ai costumi, ai
cappelli rotondi, agli animali e alle piante di Punt. L'osservatore
vi trova una chiara visione della leggendaria Ofir.

I testi che spiegano le figure informano che una donna, intorno
al 1500 a. C., ordinò di equipaggiare una spettacolosa spedizione a
Punt. Sul trono faraonico sedeva allora, come sovrana insieme a
Thutmosis III, la famosa regina Hatshepsut, « la prima grande
donna della storia », come la chiama l'egittologo Breasted. In seguito
a un oracolo del dio Amon che imponeva l'esplorazione delle vie
che conducevano a Punt e la ripresa del traffico con le coste del
Mar Rosso, interrotto dalle guerre degli hyksos, la regina, nel suo
nono anno di regno, mandò in ricognizione una flotta di cinque
navi. Dovevano riportare alberi di mirra per le terrazze del tempio.
La flotta partì dal Nilo attraverso un canale del delta orientale verso

il Mar Rosso e « giunse felicemente a Punt », dove ottenne ricchi
tesori: alberi di mirra, legno di ebano, oro, legni odorosi, ed ogni
specie di altri prodotti esotici come legno di sandalo, pelli di pantera e scimmie, contro merci della terra del Nilo.

Uno spettacolo mai visto si offrì ai tebani quando, dopo il
felice ritorno delle navi in patria, lo strano gruppo della gente di
Punt dalla pelle scura, con i meravigliosi prodotti della sua terra,
s'avviò verso il palazzo della regina. « Gli ho fatto un Punt nel
suo giardino, come mi aveva ordinato... » esclamò Hatshepsut am-
mirando gli alberi di mirra dalla terrazza del tempio. Resti di secche radici di mirra furono ritrovati dagli egittologi nella calda e
gialla sabbia dinanzi al tempio di Deir el-Bahri.

Come i tebani, così gli uomini e le donne d'Israele si saranno
fermati sulle banchine di Asiongaber pieni di ammirazione, quando
la flotta del loro re Salomone ritornava dalla lontana Ofir e scari-
cava nel porto *legno di sandalo e pietre preziose, oro, argento,
denti d'elefanti, scimmie e pavoni* (III Re, 10, 11. 22).

Normalmente, i lavori archeologici non possono essere intrapresi se non si ha un permesso per gli scavi dal proprietario del
terreno o dal governo del paese. Non è sempre facile ottenerlo,
senza contare che, nel corso dei lavori, opposizioni o limitazioni
possono rendere difficile la vita degli esploratori. Nel 1925, gli
americani escogitarono un espediente per poter lavorare senza
intralci, a loro piacimento. Comprarono l'intera collina di Tell el-
Mutesellim, nella pianura di Jezrael, da novanta proprietari indigeni, contadini e pastori. Questo perchè l'Istituto Orientale dell'Università di Chicago si proponeva di compiere un'esplorazione modello
per tutto il vicino Oriente, l'esplorazione più vasta e minuziosa che
sia mai stata intrapresa in Palestina.

Il Tell el-Mutesellim copriva la località della biblica Mageddo. Questa scoperta è dovuta ai primi grandi scavi eseguiti negli
anni 1903-1905 dalla Società Orientale Germanica sotto la direzio-
ne del dott. J. Schumacher.

Come un piccolo monte formato di strati orizzontali, il Tell
el-Mutesellim è incastrato in un meraviglioso paesaggio idilliaco.
Osservando dalla terrazza più alta, sembra che sotto si stenda un
lago verde, tanto vasta è la grande pianura, la *valle di Jezrael* (Gios.,
17, 16), nella quale si alternano prati paludosi e pingui campi.
Stormi di gru e di cicogne sono qui di casa. Dove la pianura sva-
nisce si eleva sulla costa del Mediterraneo il promontorio boscoso
del Carmelo. A settentrione si distinguono i monti della Galilea,

d'un azzurro pallido, col piccolo villaggio di Nazareth, e lontano a destra, la scura mole del monte Tabor ostruisce la vista della profonda valle del Giordano.

Nulla fa supporre, in questo delizioso triangolo circondato da soavi rilievi montuosi, che questo breve lembo di terra fu per molti millenni il teatro di formidabili conflitti e di fatali decisioni storiche.

Sopra un « cocchio dorato », verso il 1500 a. C., il faraone Thutmosis III con le sue truppe si spinge nella pianura attraverso uno stretto passaggio e batte i cananei che si rifugiano terrorizzati a Mageddo. Sempre nella stessa pianura, gli israeliti, incitati dall'eroica Debora, infrangono la potenza dell'esercito di carri da guerra cananei; Gedeone sbaraglia i nomadi cammellieri madianiti; re Saul perde la battaglia con i filistei; il re giudaico Josia perde la vita quando, verso il 600 a. C., affronta disperatamente le forze superiori egiziane sotto il faraone Necho. Le rovine mostrano ancora il castello franco Faba, dal quale i giovanniti e i templari dominavano la regione al tempo delle crociate, finchè Saladino, dopo una terribile carneficina, li cacciò da questa valle. Il 16 aprile 1799 combattono qui francesi e turchi. Con soli 1500 uomini il generale francese Kleber tiene in scacco 25.000 uomini dell'esercito nemico. I francesi si battono eroicamente dall'alba al meriggio. Finalmente, scendendo a precipizio da un'altura, un reparto di 600 uomini a cavallo sopraggiunge in loro aiuto. L'ufficiale che sta in testa si chiama Napoleone Bonaparte. Vinta la « battaglia del monte Tabor », Napoleone la sera si reca a cavallo sui monti della Galilea, e la notte cena a Nazareth. Per il medesimo passo che attraversò Thutmosis III, avanza nel 1918 la cavalleria inglese sotto Lord Allenby e distrugge l'esercito turco accampato nella pianura. Muto testimone di tutti questi eventi fu il Tell el-Mutesellim, sul quale Clarence S. Fisher nella primavera del 1925 inizia l'esplorazione modello.

La collina viene letteralmente tagliata a fette, centimetro per centimetro, come una torta, ma in senso orizzontale. Come in un caleidoscopio appaiono i secoli. Ogni strato rappresenta un capitolo della storia universale dal quarto al decimo secolo a. C.

Delle quattro falde superiori, il primo strato [6] contiene rovine del dominio persiano e babilonese. Il re persiano Ciro distrusse la potenza di Babilonia nel 539 a. C. Il re Nebukadnezar [7] di Babilonia aveva conquistato mezzo secolo prima, nel 597 a. C., la Siria

---

[6] Col termine « strato » l'archeologo designa ogni singola falda.
[7] Più noto col nome italianizzato Nabucodonosor. (*N. d. T.*)

e la Palestina. I muri di un palazzo della stessa epoca, di straordinaria solidità, sono rimasti conservati. Il secondo strato presenta testimonianze del dominio assiro in rovine di palazzi dell'VIII secolo a. C. Tiglath-Pileser III sottomise la Palestina nel 733 a. C. Il terzo e il quarto strato rappresentano l'epoca israelitica. Tra i vari ritrovamenti notevoli sono due sigilli con antiche lettere ebraiche, uno dei quali porta la seguente iscrizione: « Shema, servo di Geroboamo.» Geroboamo I fu il primo sovrano d'Israele quando il regno fu diviso: 926-907 a. C. Una pietra conserva un altro nome noto: Sesonchis I, faraone d'Egitto. La Bibbia lo chiama Sesac. Nel quinto anno del regno di Geroboamo questo faraone invase la Palestina: 922 a. C.

Dopo quasi dieci anni d'intenso lavoro, le vanghe e i picconi si sono spinti fino agli strati dell'epoca di re Salomone che, quattro anni prima della caduta di Sesonchis, chiuse gli occhi per sempre: 926 a. C. La falda del quarto strato apporta agli archeologi Gordon Loud e P. L. O. Guy e alla posterità sorprese sensazionali dell'epoca di re Salomone.

Nell'epoca in cui visse questo re si affermò un nuovo procedimento nella costruzione di edifici, mura di protezione, ecc. Diversamente dal metodo fino allora in uso, venivano adoperate pietre levigate negli angoli degli edifici e ad intervalli anche nel resto dell'opera. Dall'ultima falda di macerie del quarto strato vengono messe in luce le rovine di una residenza, la cui costruzione offre questa caratteristica. È circondata da un muro rettangolare la cui longitudine laterale misura 60 metri. A maggior protezione, l'imponente porta di entrata nella città era munita di tre paia di pilastri molto accostati. Questo tipo di porta così rafforzata fu trovato dagli esploratori anche all'ingresso di Asiongaber e di Lachis. L'edificio, dalle mura massicce, scavato quasi nella stessa epoca, è un deposito di provviste, uno dei *magazzini di Salomone* (I Re, 9, 19, trad. Diodati). Magazzini di questa specie si trovano anche a Betsan e a Lachis. Mageddo fu la sede dell'amministrazione del quinto distretto d'Israele sotto il regno di Salomone. Nel palazzo risiedeva per conto di Salomone, ed era responsabile della riscossione delle imposte in natura destinate ai granai, un tale *Bana figlio di Ailud* che *reggeva Tanac e Mageddo...* (III Re, 4, 12).

Per quanto grandiosi, questi ritrovamenti non furono qualcosa di sensazionale. Il sensazionale dormiva ancora inviolato nelle profondità del Tell el-Mutesellim, quasi che la vecchia collina avesse riserbato per ultima la sorpresa maggiore. Nel corso degli scavi sui bordi del tell affiorano uniformi superfici di pietra disseminate di lunghe file di monconi, pure di pietra, di forma quadrangolare.

Loud e Guy non sanno da principio immaginare a che cosa potessero mai servire quelle strane superfici che escono una dopo l'altra dalle macerie e sembra non abbiano fine. A Guy viene

Fig. 35 - « ... dall'Egitto si acquistava una quadriga per seicento sicli d'argento... » (III Re, 10, 29).

l'idea che potrebbe trattarsi di avanzi di scuderie. Non parla la Bibbia degli innumerevoli cavalli di re Salomone?

Nella monotonia degli annosi scavi, nel quotidiano lavoro di demolire, riempire, setacciare e classificare ogni frammento, l'idea di Guy accende tutt'a un tratto un nuovo impulso, che contagia anche le squadre degli scavatori.

Man mano che gli edifici vengono alla luce, la sorpresa degli esploratori diventa sempre maggiore. Appaiono lunghe scuderie raggruppate intorno a un cortile ricoperto di calcina pestata. Ogni scuderia è divisa nel mezzo da un corridoio largo tre metri. Il ruvido impiantito impediva ai cavalli di scivolare. Ad ambo i lati, dietro i monconi di pietra, si trovano ampi stalli, ognuno dei quali ha una larghezza di tre metri. In molti di questi si vedono ancora resti di mangiatoie e si possono riconoscere pezzi di condutture d'acqua. Si tratta di veri box di lusso. A giudicare dalla straordinaria cura posta nella costruzione e nelle installazioni, si deve dedurre che in quell'epoca i cavalli erano tenuti in gran conto. Comunque si avevano più riguardi per i cavalli che per gli uomini.

Quando tutto il complesso è stato scavato, Guy calcola che vi erano scompartimenti per almeno 450 cavalli e rimesse per 150 carri. Una scuderia gigantesca! *Ecco quanto spese Salomone per edificare... le mura di Gerusalemme e Eser e Mageddo e Gazer* (III Re, 9, 15). *Salomone riunì carri e cavalieri ed ebbe fino a millequattrocento carri e dodicimila cavalieri e li distribuì nelle città fortificate...* (III Re, 10, 26). Considerando le proporzioni della scuderia di Mageddo, dei box e delle rimesse di uguale costruzione che vengono trovati nel Tell el-Hesi, [8] ad Eser, a Tanac e anche a Gerusalemme, le indicazioni della Bibbia devono ritenersi approssimative. I risultati sorprendenti degli scavi danno un'idea dell'ordine di grandezza al quale era abituata la mentalità d'Israele nel periodo del suo splendore.

Mageddo era, insomma, una delle molte guarnigioni per l'alloggiamento dei nuovi corpi di carri da combattimento istituiti da Salomone, e che facevano parte dell'esercito permanente.

In uno di quegli antichissimi edifici incastrati nella roccia sotto le alte mura di Gerusalemme, duemila anni dopo re Salomone, alloggiarono i loro cavalli i crociati in seguito alla conquista della Città Santa da parte di Goffredo di Buglione.

I cavalli e i carri avevano sotto Salomone anche un importante valore commerciale. Israele possedeva in questo campo un effettivo monopolio (III Re, 10, 28. 29).

Attraverso il regno di Salomone passavano tutte le più importanti strade carovaniere che congiungevano l'Egitto con l'Asia Minore. L'Egitto era il principale esportatore di carri da combattimento. *Dall'Egitto si acquistava una quadriga per seicento sicli d'argento...* I carrai egiziani erano maestri nella costruzione di carri celeri a due ruote per la guerra e per la caccia. Il legno duro occorrente per costruirli doveva essere importato dalla Siria. È quindi comprensibile anche l'alto prezzo dello scambio. Un carro, secondo la Bibbia, valeva quanto quattro cavalli (III Re, 10, 29).

Secondo un'altra tradizione, i cavalli provenivano dall'Egitto « e da Coa ». Coa era il nome di uno stato della Cilicia, la fertile pianura che si estende fra la catena del Tauro e il Mediterraneo. Dopo la distruzione del regno dei mitanni per opera degli ittiti, la Cilicia divenne il paese degli appassionati di cavalli. Erodoto riferisce che, più tardi, anche i persiani acquistarono in Cilicia i migliori cavalli per il servizio postale nel loro impero.

---

[8] Cioè: Eglon.

3 - *La regina di Saba, affarista di commercio estero*

*« Felix Arabia », il paese del mistero — La marcia della morte di
10.000 romani — La casa d'esportazione n. 1 per le spezie — Le
prime notizie di Mareb — Pericolosa avventura di Halévy e Glaser — Quando si ruppe la grande diga — Spedizione americana
allo Jemen — Il tempio della Luna a Saba — I cammelli,
nuovi mezzi per trasporti a distanza — Conversazione con Salomone sul commercio d'esportazione.*

ANCHE LA REGINA DI SABA, AVENDO UDITO LA RINOMANZA DI
SALOMONE, VENNE A GERUSALEMME PER METTERLO ALLA PROVA CON
ARDUI QUESITI. AVEVA CON SÈ GRANDI RICCHEZZE E CAMMELLI, CHE
PORTAVANO AROMI E GRAN QUANTITÀ DI ORO E DI GEMME PREZIOSE.
(II Paralip., 9, 1).

Da vari millenni le carovane cariche di ricche mercanzie partono dall'« Arabia felice » dirigendosi verso il nord; in Egitto, in
Grecia, nell'impero romano sono ben conosciute. Viaggia con esse
la notizia di città favolose e di tombe piene d'oro e si diffonde ostinatamente attraverso i secoli. L'imperatore romano Augusto[1] vuole
sincerarsi a fondo delle cose che si sentono vantare incessantemente
dai cammellieri circa la loro patria lontana. Dà ordine a Elio
Gallo di allestire una spedizione militare e di accertare sul posto,
nell'Arabia meridionale, quanto vi sia di vero in quei racconti favo-
losi. Con un esercito di 10.000 soldati romani Gallo dall'Egitto si
spinge verso il sud, marciando lungo le aride coste del Mar Rosso.
Mareb, la metropoli leggendaria, è la sua meta. Non la raggiun-
gerà mai. Tra lo spietato calore del deserto, tra continui combattimenti con tribù selvagge e malattie maligne, il poderoso esercito
viene distrutto. I pochi superstiti che possono tornare in patria

[1] 63 a. C. - 14 d. C.

non sono più in grado di riportare nessun dato sicuro e obiettivo sulle favolose storie.

« Nell'Arabia felice, » scrive nel 90 d. C. il greco Dionisio, « tu respiri sempre i dolci profumi di deliziose droghe, sia di incenso, sia della meravigliosa mirra. I suoi abitanti posseggono grandi greggi di pecore sui pascoli, e gli uccelli vi giungono volando da lontane isole, portando le foglie di pura cannella. »

L'Arabia meridionale era nel mondo antico il più forte paese esportatore di spezie e continua a esserlo anche oggi. Sembrava tuttavia avvolta da un velo fitto e misterioso. Nessuno l'aveva vista con i propri occhi. La « felix Arabia » rimase un libro chiuso a sette sigilli! Il primo che nell'età moderna osò la pericolosa avventura fu il tedesco Carsten Niebuhr, che nel secolo XVIII diresse una spedizione danese nell'Arabia meridionale. Ma non arrivò oltre Sana. Solo 100 chilometri lo separavano dalle rovine di Mareb, quando fu costretto al ritorno.

Un francese, Halévy, e un austriaco, Glaser, furono i primi bianchi che raggiunsero circa un secolo fa l'antichissima mèta. Poichè nessuno straniero, e meno che mai un europeo, poteva oltrepassare i confini dello Jemen, nè si riusciva ad ottenere il permesso, Halévy e Glaser ricorsero a un pericoloso stratagemma. Noleggiarono un veliero e sbarcarono nel golfo di Aden travestiti da beduini. Dopo una lunga ed estenuante marcia di oltre 300 chilometri attraverso un arido paese montagnoso, privo d'acqua, raggiunsero infine Mareb. Profondamente impressionati per la scoperta, abbandonano ogni precauzione e si arrampicano sulle rovine sparse tutt'intorno. Pieni di diffidenza, si avvicinano loro degli indigeni. I due esploratori sanno che è in pericolo la loro vita se si scopre l'inganno. Fuggono a rotta di collo. Dopo un lungo giro avventuroso arrivano finalmene a Aden. Erano riusciti a portar via, nascosti sotto i loro burnus, copie e calchi d'iscrizioni che permisero loro di comunicare al mondo il grande fatto: Mareb esiste in realtà!

Da allora altre iscrizioni vengono portate da mercanti carovanieri. Nel corso di decenni se n'è formata una collezione di 4000 pezzi. Gli eruditi esaminano e studiano il materiale. Le iscrizioni sono alfabetiche, quindi originarie della Palestina. Molte di esse hanno carattere consacrativo e parlano di divinità, tribù e città ricchissime. E questi sono i nomi di quattro stati — i « regni delle spezie » — che vi sono menzionati: Minea, Kataban, Hadramaut e... Saba!

Il regno di Minea era situato nello Jemen settentrionale ed

è documentato fino al XII secolo a. C. Del suo vicino meridionale, lo stato di Saba, danno notizia gli scritti del IX secolo a. C. Anche i documenti assiri del VII secolo a. C. parlano di Saba e informano d'un immenso traffico commerciale con questo paese, i cui re si chiamavano Mukarrib, « principi sacerdoti ».

A poco a poco, grazie ai documenti ritrovati, la leggendaria Saba assume lineamenti ben definiti.

Una diga gigantesca raccoglieva a Saba le acque del fiume Adhanat e le acque piovane provenienti da terre lontane, per incanalarle in impianti d'irrigazione ai quali il paese doveva la sua fertilità. I resti di questo capolavoro della tecnica, alti venti metri, sfidano anche oggi le dune del deserto. Come l'Olanda è oggi un giardino di tulipani, Saba era allora il paese delle spezie, tutto un fiorito, leggendario e profumato giardino delle più preziose spezie del mondo. In mezzo si trovava la metropoli, chiamata Mareb. Per 1500 anni fiorì questo giardino intorno a Mareb. Fino al 542 d. C... Poi l'argine crollò. Il deserto invase a poco a poco la fertile terra e fece tabula rasa. « Il popolo di Saba, » dice il Corano, « aveva bei giardini, nei quali si coltivavano le frutta più squisite! » Ma poi il popolo si allontanò da Dio e Dio lo punì facendo crollare l'argine. In seguito, negli orti di Saba crebbero soltanto frutti amari.

Nel 1928 gli studiosi tedeschi Carl Rathjens e H. von Wissmann scavano presso Sana, che il loro conterraneo Niebuhr aveva vista per primo, un tempio. È un inizio importante, ma passerà un quarto di secolo prima che, alla fine del 1951, la più grande squadra di esperti intraprenda un viaggio di esplorazione, per sciogliere l'enigma archeologico di Saba. L'American Foundation for the Study of Man (Fondazione Americana per lo Studio dell'Uomo) appoggia la spedizione con larghi mezzi finanziari. Organizzatore è Wendell Phillips, il versatile paleontologo ventinovenne dell'Università di California. Dopo lunghe e laboriose trattative, si ottiene dal re Imam Achmed il permesso d'intraprendere scavi a Mareb. Questa località si trova nell'estremità meridionale della penisola arabica, a circa 2000 metri d'altezza, sui contrafforti orientali della catena di monti che s'affaccia sul Mar Rosso. Gli esploratori partono con le maggiori speranze.

Attraverso un paese montuoso desertico e privo di sentieri avanza verso nord una lunga colonna di jeep e di autocarri, avvolta in una nube di polvere. D'un tratto si distaccano come fantasmi sul giallo fiammante delle dune poderose rovine e pilastri: Haram Bilqis!

È l'antichissimo tempio di Almaqah di Aum, il leggendario luogo di culto situato presso Mareb, capitale dell'antico regno arabo di Saba. Benchè in parte nascosti da alte pareti di dune, si distinguono chia-

ramente i contorni dell'ovale lungo 110 metri, ove si svolgeva il rito. Il tempio presenta la stessa forma delle rovine di Mozambico nella foresta vergine dell'Africa orientale, dove si cercava la biblica Ofir. Le piante delle due costruzioni concordano perfettamente!

Come si legge in un'iscrizione sul muro, ad Haram Bilqis veniva venerata Ilumquh, la divinità maschile della Luna. Il tempio in mezzo all'ovale fu sepolto dalle masse di sabbia. Il lavoro delle vanghe comincia all'ingresso della grande area. Di lì gli esploratori vogliono tentare di avvicinarsi al tempio.

Fig. 36 - Nel 1951 una spedizione americana scoprì in Mareb il tempio della Luna del regno di Saba.

Con l'emozione che ben si può immaginare, sotto il calore spietato, si scopre a poco a poco un portale di sorprendente magnificenza e bellezza. Un'ampia scalinata rivestita di bronzo conduce nell'interno. Il cortile è recinto da un colonnato. Pilastri di pietra alti cinque metri sostenevano una volta il tetto ombratile. Fiancheggiata ai due lati da colonne, la via della processione conduceva al santuario del dio della Luna. Un impianto ornamentale degno di ammirazione sono i giuochi d'acqua che, dall'altezza di cinque metri, dovettero in altri tempi scintillare nel silenzioso cortile. L'acqua, ricadendo, veniva raccolta da uno stretto canale serpeggiante, che attraversava tutto il colonnato.

Che impressione dovevano provare i pellegrini quando, tra i fumi snervanti dell'incenso e della mirra, passavano dinanzi ai giuochi d'acqua scroscianti e zampillanti, attraversando i propilei di questo meraviglioso edificio dell'antica Arabia!

Di pochi metri erano state scoperte le colonne del tempio, e già gli esploratori vedevano dinanzi a sè un meraviglioso portale fiancheggiato da due svelti piloni, quando gli scavi dovettero essere improvvisamente interrotti. Le angherie del governatore di Mareb, che durano da più settimane, hanno preso una piega pericolosa; essi non si sentono più sicuri della loro vita. A un certo momento

Fig. 37.

sono costretti ad abbandonare tutto. Per fortuna, tra quel poco che possono salvare nella loro precipitosa partenza per la città di Jemen, vi sono alcune fotografie.

Nella vicina Hadramaut, vengono intraprese negli anni seguenti tre campagne di scavi, coronate da maggiore successo.

I risultati di queste brevi e in parte avventurose spedizioni non si conoscono ancora. Che nascondano molte sorprese l'ha fatto capire il prof. W. F. Albright con le seguenti parole: « Stanno per rivoluzionare le nostre cognizioni storiche e cronologiche sulla cultura dell'Arabia meridionale. I risultati finora constatati dimostrano il primato politico e culturale di Saba nei primi secoli a partire dal 1000 a. C. »

Come nell'epoca del re Salomone si facevano lunghi viaggi attraverso il Mar Rosso verso l'Arabia e l'Africa, così anche per via terra, seguendo le coste di quel mare, s'iniziarono viaggi in paesi lontani attraverso i deserti di sabbia del sud. I nuovi mezzi di trasporto, per questi viaggi, erano i cammelli, non a torto chiamati « navi del deserto ». Essi superavano per terra distanze che prima si consideravano invalicabili. Con l'addomesticamento e l'allevamento di questi animali del deserto, ebbe inizio, verso il 1000 a. C., un insospettato sviluppo dei traffici e dei trasporti attraverso territori aridi ed estesi. L'Arabia meridionale, rimasta per tanto tempo come in una lontananza nebulosa, s'avvicinò di colpo al Mediterraneo, entrando in relazioni più strette con gli altri regni del Mondo Antico. Come i velocissimi aerei hanno avvicinato d'un tratto le distanze tra l'Europa e l'America, lo stesso, sebbene in proporzioni diverse, si verificò tra l'Arabia del sud e il Mondo Antico.

Mediante viaggi estremamente faticosi a schiena d'asino, in cui, per mesi e mesi, si percorrevano giornalmente brevi tappe da una sorgente d'acqua all'altra, tra il continuo pericolo di aggressioni, i tesori una volta giungevano a gocce nel nord attraverso 2000 chilometri di deserto seguendo l'antichissima via dell'incenso. Con l'impiego dei nuovi mezzi di trasporto, cominciò invece a fluire una larga corrente di mercanzie dalla « felix Arabia ». I nuovi trasportatori erano più veloci, quasi indipendenti dall'approvvigionamento dell'acqua, e pertanto non legati allo zig-zag delle antiche vie di traffico da una sorgente all'altra. Avevano inoltre maggiore possibilità di « stivaggio ». Il cammello può portare un peso molte volte superiore alla soma di un asino.

La stazione finale della via dell'incenso era Israele. Gli agenti di Salomone, i cosiddetti « mercanti reali », prendevano qui in consegna le preziose merci. Da loro dipendeva che le carovane potessero proseguire o no la loro strada attraverso la terra di Salomone verso l'Egitto, la Fenicia o la Siria.

Nessuna meraviglia quindi che *anche la regina di Saba* udisse *la fama di Salomone...* (III Re, 10, 1). Se leggiamo ora con attenzione il capitolo 10 del III Libro dei Re, questo passo della Bibbia non si può più considerare una « pia leggenda », nè la regina di Saba un personaggio favoloso. Tutto anzi appare perfettamente in accordo con l'epoca e chiaramente comprensibile. *La regina di Saba... entrata in Gerusalemme... si presentò a Salomone e gli espose ciò che aveva nell'animo* (III Re, 10, 2). La regina di Saba aveva certo nel suo programma una serie di argomentazioni da discutere. Per il capo di uno stato, le cui principali esportazioni, a causa d'imprescindibili ragioni geografiche, potevano effettuarsi solo attraverso Israele, vi erano evidentemente una quantità di questioni da trattare col re di questo paese. Oggi chiameremmo più concretamente questo genere di contratti « negoziati di carattere economico » e invieremmo nei paesi esteri, per discuterli, esperti non coronati. E anche essi porterebbero nel loro bagaglio diplomatico dei doni, per dimostrare al sovrano dello stato estero il dovuto ossequio, come faceva... la regina di Saba.

4 - *La variopinta vita quotidiana d'Israele*

Ai figli d'Israele piacevano gli ornamenti — I segreti della toletta palestinese — Mirra e aloe per il giaciglio — Giardini di balsamo a Gerico — Resina... gomma da masticare molto apprezzata — Aromi provenienti da Canaan — Gli egiziani inventarono il letto — Mulini di grano rumorosi.

Le testimonianze che ci rappresentano la magnificenza di cui godevano gli egiziani, i babilonesi e gli assiri ci hanno fatto dimenticare la vita quotidiana d'Israele che fino ad ora ci è apparsa grigia e monotona. Certo, non vi era un tesoro di cui parlare come nel caso di Troia, non vi era un Tut-ench-Amun e nessuna incantevole Nofretete; ma la vita quotidiana d'Israele era proprio così scialba e priva d'una qualsiasi luce che le conferisse colorito e splendore?

Israele amava la pompa multicolore. Tingeva le vesti, le pareti delle case e... i volti delle donne. Fin dal tempo dei patriarchi conosceva l'allegria dei colori: *Ora Israele amava Giuseppe più che tutti gli altri figliuoli... e gli aveva fatto una veste di vari colori* (Gen., 37, 3). Un dipinto in una tomba di Beni Hasan mostra questa veste con magnifici disegni rossi e blu. Il rosso e il blu sono i colori dell'abbigliamento maschile; il verde sembra riservato alle donne. Di *giacinto, porpora* e *scarlatto* si parla durante la peregrinazione nel deserto (Esodo, 25, 4). « *Figliuole d'Israele, piangete sopra Saul, che vi vestiva così delicatamente di scarlatto...* » (II Re, 1, 24) esclama Davide pieno di dolore, dopo la morte del primo re. *Essa era vestita di una tunica talare,* si legge di Tamar, figlia di Davide, *quale solevano portare le vergini figlie del re* (II Re, 13, 18).

La natura donò alla terra di Canaan una delle più belle tavolozze del mondo. I figli d'Israele non avevano che da scegliere. I melograni e lo zafferano offrono un giallo stupendo, le radici di robbia e il croco un rosso acceso, il guadone un celestiale azzurro; v'erano inoltre l'ocra e il cinabro. E il mare elargiva il re di tutti i colori, il murice. Il suo corpo delicato e incolore diventava, sotto la luce del sole, di porpora. E questa fu la sua disgrazia. Montagne immense di conchiglie vuote furono trovate a Tiro e a Sidone, il che fa presumere che qui fosse il centro dell'estrazione della porpora. I fenici, nelle città marittime, erano stati i primi a industrializzare l'estrazione della porpora; più tardi, anche la Palestina si dedicò alla rimunerativa pesca di questi molluschi.

Fig. 38 - Installazioni di pietra di una tintoria dell'antico Israele.

Il centro tessile di Betsabea, nel sud di Giuda, era celebre per il bisso, la tela di lino finissimo candeggiato. « Dieci camicie di bisso, » dice un'iscrizione del potente re assiro Asarhaddon. Hebron e Kirjath-Sepher godevano gran fama per le loro tintorie. Grandi bacini di pietra e installazioni a forma di caldaie con tubi di entrata e di uscita, scavati in questi luoghi, si rivelarono fabbriche di colori. Nel Tell Bei Mirsim, l'antica Dabir, si arrivò a praticare la tecnica della tintura a freddo.

« *Mi fabbricherò una vasta casa...* » dice Geremia, 22, 14 « *... e fa i soffitti di cedro e li dipinge col minio.* » Si coloravano le pareti, si tingevano le pietre dei mosaici e i tessuti, il cuoio e il legno, si dipingevano le labbra, le gote e le palpebre delle belle donne... « *Come nastro di cremisi son le tue labbra... qual metà di melagrana son le tue gote...* » « *La chioma del tuo capo come porpora di re...* » « *La fragranza dei tuoi unguenti sorpassa tutti gli aromi,* » canta il re Salomone nel suo Cantico dei Cantici (4, 3; 7, 5; 4, 10), uno dei più bei canti d'amore del mondo. In forma altamente poetica menziona il gusto d'abbellirsi d'Israele, i segreti artifici di toletta delle sue donne. I loro profumi e belletti, gli unguenti e le tinture per i capelli, scelti, costosi e raffinati, coi migliori ingredienti che il mondo può offrire, farebbero onore anche oggi alla pregiata cosmesi d'Europa e d'oltreoceano.

I profumi erano utilizzati da tempi immemorabili; le resine aromatiche non solo erano altamente apprezzate nei servizi del culto

per incensare i templi, ma venivano usate anche nella vita quotidiana, in casa, nei vestiti, nei capelli e... nel letto.

« *Ho preparato coi fiocchi il mio letto, l'ho addobbato di tap-
pezzerie ricamate di Egitto; ho profumata la mia camera di mirra,
aloè e cinnomomo* » (Prov., 7, 16 segg.), si legge come monito
contro le arti della seduzione femminile dell'adultera. « *Mirra e aloè
e cassia* (spirano) *dalle tue vesti,* (s'effondono) *dai palagi d'avorio,* »
inneggia il Salmo 44, 9.

I botanici hanno spesso studiato queste descrizioni, apparentemente piene di fantasia, e ricercato gl'ingredienti dei profumi e
l'origine delle tinture. Li scoprirono in fiori delicati e in radici, nei
succhi di alcuni arbusti e di corolle. Alcuni provengono da paesi
stranieri, molti però crescono anche oggi in Palestina.

Dall'India provengono la cassia (*Cinnamomum cassia*), albero
con corteccia somigliante alla cannella, e il calamo (*Andropogon
aromaticus*), chiamato anche zenzero. Attraverso l'Oceano Indiano
venivano esportati agli scali di smistamento delle spezie nell'Arabia
meridionale, e di là, con le carovane, fino alle coste del Mediterraneo.

La cannella lasciava dietro di sè un viaggio molto lungo. Dalla
Cina, sua patria, arrivava innanzitutto in Persia, da qui in India,
dove si acclimatò, e come articolo d'esportazione veniva spedita in
Arabia.

L'incenso si ricava dalla pianta chiamata boswellia. Questa è
oriunda dell'Arabia e della Somalia, come anche la *Commiphora
myrrha,* l'albero della mirra. La culla dell'aloè è l'isola di Socotra,
all'uscita del Mar Rosso, che le diede anche il nome essendo chiamata *Aloë succotrina.*

Circa la provenienza del balsamo sono sorte varie discussioni.
Sembrò che a tale riguardo la Bibbia fosse caduta in errore perchè i
botanici sanno bene che la pianta del balsamo (*Commiphora opo-
balsamum*) cresce soltanto in Arabia! Come poteva quindi affermare
Ezechiele (27, 17) che *quei di Giuda e della terra d'Israele traffi-
cavano teco* (con Tiro) ... *balsamo, miele, olio, resina*?

Avevano ragione tanto i botanici, quanto Ezechiele. I primi
avevano dimenticato di rileggere in Giuseppe, il grande storiografo
ebreo, che fin dai tempi di re Salomone esisteva il balsamo in
Palestina. Le piante si coltivavano soprattutto nei dintorni di
Gerico. Giuseppe risponde anche alla domanda come fossero arri-
vate fin là. Crebbero da semi che si erano trovati tra i doni della
regina di Saba.

Sembra un'affermazione ardita.

Ma vi sono in merito altre testimonianze. Quando i romani invasero la Palestina, trovarono, in realtà, piantagioni di balsamo nella pianura di Gerico. I conquistatori apprezzarono tanto il raro arbusto che ne inviarono dei rami a Roma come segno delle loro vittorie sui giudei. Nel 70 d. C. Tito Vespasiano mandò un incaricato imperiale a sorvegliare le piantagioni, affinchè fossero preservate da ogni danneggiamento. Mille anni dopo, i crociati non trovarono più traccia dei preziosi arbusti. I turchi li avevano trascurati e lasciati morire.

La resina, di cui parla Ezechiele, esiste anche oggi in Palestina. Sono le lacrime bianco-gialle e trasparenti della pianta del pistacchio (*Pistacia lentiscus*). Molto apprezzate per il loro aroma, vengono impiegate anche in medicina. I bambini sacrificano volentieri la mancia per qualche goccia di questa gomma indigena da masticare, alla quale gli antichi attribuivano qualità corroboranti per i denti e il palato.

Fig. 39 - Lavapiedi di pietra con appoggio, maniglie e scarico.

Sono inoltre native della Terra Promessa varie resine odorose menzionate dalla Bibbia: il galbano, lo stacte e lo storace (Esodo, 30, 34), il balsamo e la mirra (Gen., 37, 25). I naturalisti trovarono tutte le spezie bibliche.

I recipienti, spesso preziosi, utilizzati per contenerle furono scoperti dagli archeologi sotto le mura crollate, nelle rovine delle case patrizie e degli edifici reali. Coppe di pietra calcarea, di avorio e talvolta di costoso alabastro, servivano, con dei bastoncini, per mescolare gl'ingredienti aromatici degli unguenti più fini. Le ricette di esperti unguentari erano molto apprezzate. Graziosi flaconcini di terracotta servivano per la conservazione dei profumi. In grandi vasi e boccali si mettevano le spezie odorose con olio d'oliva. L'olio, secondo quanto si sapeva allora, rende i capelli morbidi e la pelle elastica. Perfino i poveri che vivevano nei campi se ne ungevano i capelli e la pelle, anche senza aggiungervi i costosi profumi. In quei tempi si raccoglieva in grandi quantità dagli oliveti.

Le abluzioni con acqua erano una necessità di tutti i giorni e una cosa affatto naturale. Ci si lavava prima e dopo i pasti, all'ospite si lavavano i piedi, e tutti si lavavano prima di andare a letto. Negli scavi si sono trovati bacili di pietra, tinozze per i piedi e tazze d'argilla per tutto il paese, rafforzando così le numerose citazioni della Bibbia a questo riguardo (Gen., 18, 4; 19, 2; Cant., 5, 3; Giobbe, 9, 30; Luca, 7, 44; Marco, 7, 3; ecc.). Liscive a base di piante e di minerali servivano da detersivi e sapone (Ger., 2, 22; Giobbe, 9, 30).

Una borsettina di mirra è il mio diletto per me: sul mio seno riposa (Cant., 1, 12). Si allude alla discreta abitudine delle dame di portare sotto la veste un sacchetto di mirra odorosa. Non mancavano nella toletta nè i bigodini nè le forcelle nè gli specchi (dischi lucidi di metallo ben levigato). Questi tre oggetti importanti per la bellezza femminile facevano parte degli articoli di lusso importati dal Nilo, ove già da molte dinastie erano indispensabili alle mogli dei faraoni.

Per quanto ne condannassero l'uso, i profeti non riuscirono mai a bandire dalle case signorili nè il belletto, nè il ritocco per gli occhi.

Con i grappoli dei gialli e delicati fiori del cipro le donne si ornavano i capelli. Ma apprezzavano molto di più una polvere giallo-rossastra ricavata dalla corteccia e dalle foglie dell'arbusto del cipro. Gli arabi la chiamano « henna ». Con questa si tingevano i capelli e le unghie dei piedi e delle mani. Gli archeologi trovarono con stupore il

Fig. 40 - *Macinino da spezie (a sinistra) e grattugia di pietra per macinare il grano.*

suo lucente colore rosso chiaro come smalto sulle unghie delle mani e dei piedi delle mummie egiziane. I laboratori e le fabbriche di cosmetici continuano ad adoperare anche oggi l'hennè, nonostante tutte le nuove invenzioni che si sono fatte da allora. Le sopracciglia e le ciglia venivano tinte con solfuro di piombo, e il lapislazzuli tritato dava alle palpebre la desiderata ombreggiatura. La cocciniglia polverizzata forniva, esattamente come la moderna matita delle labbra, il rosso cremisi per una bocca seducente.

Dai graziosi flaconcini di profumo, dai barattoli d'avorio per gli unguenti, dai recipienti di mistura e dai vasi di belletto, trovati nelle rovine delle città d'Israele, si può facilmente misurare quanto dura dovette essere la minaccia che il profeta Isaia pronunciò contro questo mondo che tanto amava i colori, i belletti e i profumi:

« E avverrà che invece di profumo vi sarà lezzo; e invece di una cintura una corda; e invece di acconciatura di capelli, calvizie; e invece di una fascia pettorale, un cilicio » (Isaia, 3, 24).

Nell'Antico Testamento si dice che a tavola si stava seduti su sedie, ma nessuno andava a letto nel senso che noi diamo a questa parola. Il letto era un raro mobile di lusso!

I faraoni e i dignitari della loro corte furono i primi ad aver la buona sorte di dormire in un letto. Nella terra del Nilo fu inventato il prototipo di quel mobile del quale oggi non sapremmo far a meno. Esultante di gioia Sinuhe dice al suo ritorno: « Dormii di nuovo in un letto. » Cinquecento anni dopo il letto è ancora una rarità. Infatti quando la principessa mitanna Taduchepa, probabilmente la futura regina Nofretete, va a nozze nella corte egiziana, porta in dote soltanto coperte, per quanto di tessuto prezioso. Il suo palazzo avito non vide mai un letto; di notte si dormiva in terra!

Anche in Israele solo la corte e i benestanti possedevano un mobile tanto prezioso. Il letto dell'uomo semplice era il mantello. In esso si avvolgeva di notte (Es., 22, 27). La giustizia ne teneva conto, in quanto dichiarava sequestrabile questo « letto », ma solo durante il giorno. Per la notte doveva sempre essere restituito (Es., 22, 26). Questo « mantello » era in realtà una coperta di lana che si adattava agli usi più diversi. Oltre a servire come protezione contro il freddo nel senso che noi intendiamo e come giaciglio per la notte, veniva utilizzato anche come tappeto (IV Re, 9, 13; Matt., 21, 7. 8.)

Il letto non fu mai l'ideale mezzo di riposo nè per Israele nè per l'antico Oriente in genere. Era e rimase un mobile straniero. Larga diffusione ebbe invece il suo cugino divano, anch'esso inventato nella « Fertile Mezzaluna », un morbido giaciglio, con soffici cuscini. Una combinazione di cuscini per il giorno, allargati per la notte, fu il modello del nostro « sommier ». Un'invenzione della bombardata Europa centrale e dei piccoli appartamenti del ventesimo secolo fu l'ultimo grido nella moda del mobile tremila anni addietro! Anche Israele conosceva il divano. « *Ti sei assisa sopra un bellissimo letto e fu apprestata una tavola innanzi a te...* » (Ezech., 23, 41).

Noi ci lamentiamo del rumore della nostra èra della tecnica che tanto scuote i nostri nervi e pensiamo con nostalgia agli antichi tempi tranquilli. Si stava meglio in Israele?

Invece del gracidare degli altoparlanti, risuonava di primo mattino dalle case e dalle capanne lo strepito dei mulini di pietra. Alle prime luci del giorno si cominciava a macinare il grano per ridurlo in farina. Questo lavoro spettava alle donne, come oggi macinare il caffè. Senonchè la macinazione del grano era un lavoro

molto più duro e faticoso. Spesso ci volevano due persone per far
girare la pesante pietra.

La minaccia di una lotta contro i rumori, della quale oggi
tanto si parla, sarebbe stata in quelle condizioni qualcosa di terribile. Se cessavano i rumori, era la fame per tutto il paese. Geremia
ne ha la visione nel predire l'esilio babilonese. « *E disperderò da essi
le voci di gioia e di letizia... la voce della mola e il chiaror della
lucerna. / E tutta questa terra, sarà una solitudine e un orrore* »
(Ger., 25, 10. 11).

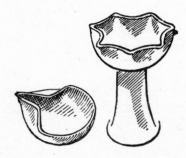

*Fig. 41 - Lampada a olio sem-
plice e lucerna a sette becchi.*

VI

DUE REGNI - DUE RE

Da Roboamo a Joachin

1 - *All'ombra d'una grande potenza che sorge*

Il grande regno crolla — Una fortezza di frontiera fra Israele e Giuda — Napoleone dinanzi alla relazione sulla Palestina del faraone Sesac — Samaria, capitale del nord — Testimonianze del « palazzo eburneo » di Acab — Un misterioso « terzo uomo » — Gli arabi distruggono una stele trionfale della vecchia Moab — Il canto della vittoria di Mesa — Intervento dell'Assiria — L'obelisco nero di Nimrud — Il re Jehu in un bassorilievo degli assiri — Forniture di vino a Geroboamo II — Vano monito del profeta Amos — Il muro di Samaria con 10 metri di spessore.

ED ISRAELE SI STACCÒ DALLA CASA DI DAVIDE. / ... NESSUNO SEGUÌ LA CASA DI DAVIDE, SALVO LA TRIBÙ DI GIUDA (III Re, 12, 19. 20).

IL grande re Salomone muore nel 926 a. C. Con lui, Israele seppellisce il suo sogno di grande potenza. Per sempre! Due generazioni, sotto la guida di due uomini eccezionali e straordinariamene dotati — Davide e Salomone — avevano gettato le fondamenta di questo sogno ambizioso. Ma nell'istante stesso in cui Salomone chiuse gli occhi, divampò nuovamente la vecchia discordia fra le tribù; per inevitabile conseguenza, il grande stato nello spazio Siria-Palesina si sfasciò. Subentrano al suo posto due regni: il regno d'Israele a nord, il regno di Giuda a sud. Un nuovo periodo ha inizio nella storia del popolo biblico.

È il popolo stesso d'Israele che frantuma la sua posizione di

forza e distrugge il grande regno. Così viene tracciata la via che
esso percorrerà lentamente sino all'amara fine: il popolo d'Israele
preda degli assiri, gli abitanti di Giuda preda di Babilonia. Discordi
tra loro, non solo perdono ogni importanza, ma cadono tra le
macine di quelle potenze che nei secoli successivi domineranno la
scena del mondo. Israele e Giuda vengono attirati nel vortice di
grandi conflitti: trecentocinquant'anni dopo la morte di Salomone
entrambi i regni sono scomparsi.

L'ultima volontà di Salomone, comunque, viene attuata: Roboamo, suo figlio, siede per breve tempo sul trono a Gerusalemme,
quale sovrano di tutte le tribù. Le incessanti discordie fra tribù

Fig. 42 - Fortezza di confine di Masfa, tra Giuda e Israele.

accelerano la fine del grande regno sfociando in una guerra civile.
Dieci tribù nel nord si staccano. Geroboamo, un emigrato, ritorna
in tutta fretta dall'Egitto e nel 926 a. C. cinge la corona: diventa
re del regno settentrionale d'Israele. A Roboamo rimane il resto:
il regno meridionale di Giuda con la capitale Gerusalemme (III Re,
12, 19. 20).
     Fra Giuda e Israele non vi è concordia. Molti sono i conflitti
in cui scorre sangue fraterno. Sempre di nuovo divampa la lotta
per il confine. *Tra Roboamo e Geroboamo vi fu guerra continua*
(III Re, 14, 30). Neppure sotto i successori le cose mutano. *Tra
Asa e Baasa, re d'Israele, vi fu guerra durante tutta la loro vita*
(III Re, 15, 16). Giuda costruisce il forte Masfa sulla principale
via che da Gerusalemme porta a nord e più ad est viene rafforzata
Gabaa: *...il re Asa costruì Gabaa di Beniamino e Masfa* (III
Re, 15, 22). E questo diventa il confine definitivo.

Dal 1927 al 1935 una spedizione americana della Pacific School of Religion, guidata da Frederic Badè, mette allo scoperto, 12 chilometri a nord di Gerusalemme, nel Tell en-Nasbe, un'opera muraria eccezionalmente robusta. Sono i resti dell'antica fortezza di confine di Masfa. Il vallo di cinta è largo 8 metri. La possente fortezza testimonia con quanto accanimento infuriasse la guerra civile fra il regno settentrionale e il regno meridionale.

Israele viene stretto in una morsa, nel sud da Giuda, che chiama in aiuto gli odiati filistei, e nel nord dal regno degli aramei, del cui potente aiuto Giuda si era assicurato con un'alleanza (III Re, 15, 18 segg.).

Della lotta d'Israele con questo nemico mortale e più potente sono pieni dei secoli, e l'ininterrotta catena di guerre si spezza solo quando la nuova grande potenza, l'Assiria, sbaraglia gli aramei. Ma con la comparsa dell'Assiria sono contate anche le ore di Israele, anzi di tutt'e due i regni.

Per soprammercato, il paese, in cui è appunto scoppiata la guerra civile, è vittima, per la prima volta dopo generazioni, di un'improvvisa invasione straniera. Dall'Egitto Sesac [1] invade il paese con le sue forze armate e lo pone a sacco. Il bottino maggiore egli lo troverà nell'antica capitale Gerusalemme, *...e portò via i tesori della casa del Signore e i tesori reali e saccheggiò ogni cosa, anche gli scudi d'oro fatti da Salomone* (III Re, 14, 26). Non sono trascorsi vent'anni da quando furono eretti il Tempio e la Casa del Libano, come la Bibbia chiama il palazzo del re, che già queste superbe testimonianze della potenza di Salomone sono spogliate del loro splendore. Per sostituire gli scudi d'oro rubati, *Roboamo fece degli scudi di rame...* (III Re, 14, 27). Ciò suona come un cattivo presagio.

Il primo personaggio europeo che — senza immaginarselo, chè al suo tempo nessuno era ancora in grado di decifrare i geroglifici — vede dinanzi a sè un grande documento del biblico faraone Sesac, è Napoleone Bonaparte, il quale nel 1799, accompagnato da dotti francesi, visita profondamente commosso un imponente centro del culto religioso egiziano a Karnak sulla riva orientale del Nilo, di fronte a Tebe. In mezzo a questo complesso di templi, il più grandioso che mani d'uomo abbiano eretto, 134 colonne alte 23 metri sostengono il tetto di un'aula gigantesca. Sulla parete esterna meridionale risplende sotto l'abbagliante sole del paese del

[1] Faraone Sesonchis I.

Nilo un imponente bassorilievo, che eterna la memoria della razzia del faraone descritta dalla Bibbia.

Il dio Amon, che tiene nella destra la spada a falce, adduce con la sinistra, al faraone Sesonchis I, 156 prigionieri palestinesi legati con corde. Ciascuno di essi rappresenta una città o un villaggio e ne porta il nome biblico. Vi figura anche la città fortificata di Mageddo. Tra i resti di questa città si trovò il nome di Sesonchis I.

La « campagna » di Sesonchis rimane per lungo tempo l'ultima. Solo più di tre secoli dopo l'Egitto è di nuovo in grado di avanzare vecchie pretese di sovranità sullo spazio Siria-Palestina.

Il pericolo mortale per Israele avanza dal nord e si chiama Assiria. Sotto il re Amri (882-871 a. C.), l'Assiria si prepara per la prima volta al balzo. Come una manovra di esercitazione per il caso di pericolo, inizia l'avanzata dalla Mesopotamia verso occidente.

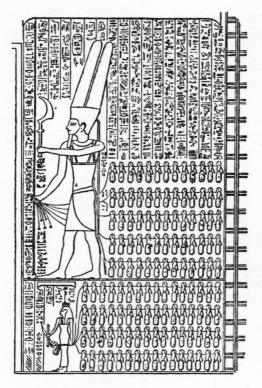

Fig. 43 - Rilievo rappresentante la vittoria del faraone Sesonchis I, il Sesac della Bibbia, nel tempio di Karnak.

« Mossi da Aleppo e attraversai l'Oronte. » Come squillo di tromba suona questa frase di Assurnasirpal II che leggiamo in scrittura cuneiforme. L'Assiria aveva impiegato più di 200 anni per vincere i suoi nemici interni ed esterni in Mesopotamia. Dall'antichissima città di Assur sul Tigri, che porta il nome del suo dio supremo, il popolo semitico degli assiri, avido di conquiste e dotato di grande talento organizzativo, estende il suo dominio su tutti i popoli del paese dei due fiumi. Ora tende al dominio del mondo. Presupposti ne sono la conquista della stretta striscia costiera Siria-Palestina, che sbarra l'accesso al Mediterraneo, il possesso dei porti più importanti e il controllo della principale strada carovaniera e dell'unica valle militare verso l'Egitto.

Queste mire di Assur suggellano il destino della Siria-Palestina.

La narrazione di Assurnasirpal allude con estrema concisione a ciò che ben presto devono aspettarsi anche Israele e Giuda. « Mossi dall'Oronte... conquistai le città... feci una grande carneficina, rasi al suolo, distrussi, arsi col fuoco. Presi prigionieri guerrieri vivi. Li impalai dinanzi alle loro città. In esse mandai a stabilirsi assiri... Nel mare grande lavai le mie armi... »

Con la stessa rapidità con cui era apparso, l'assiro scomparve, carico di « argento, oro, piombo, rame... », i tributi delle città fenicie di Tiro, Sidone e Biblo.

Il re Amri d'Israele è oppresso da un oscuro presentimento. Come quando era semplicemente un generale, anche da re rivela un eccezionale istinto militare. Fra le colline di Samaria compra un monte, e su di esso costruisce una roccaforte: la nuova capitale d'Israele, Samaria (III Re, 16, 24). Egli sa che Israele ne avrà grande necessità.

La scelta del luogo rivela il tecnico, che si lascia guidare da considerazioni strategiche. Samaria è situata sopra una collina isolata, alta circa 100 metri, dai declivi dolci, circondata da un semicerchio di monti più alti, in una valle ampia e fertile. Una sorgente ne fa un luogo ideale per la difesa. Dall'alto, lo sguardo si può spingere verso ovest fino al Mediterraneo.

Re Amri diventa un simbolo per gli assiri. Ancora cent'anni dopo che questa dinastia del regno d'Israele è stata rovesciata, gli assiri nei loro cuneiformi testi chiamano ufficialmente Israele col nome di « casa di Amri ».

Diciotto anni dopo la morte di Amri, l'evento temuto si avvera. Salmanassar III prende di sorpresa Karkemish sull'Eufrate e si dirige verso la Palestina (853 a. C.).

Acab, figlio di Amri ed erede al trono, prevede la violenza dell'urto con la potenza mondiale in ascesa; e la situazione lo fa agire nell'unico modo giusto. Poco tempo innanzi ha vinto il re degli aramei Benedad di Damasco. Invece di fargli sentire la prepotenza del vincitore, lo tratta con insolita magnanimità: *se lo prese sul suo carro, lo chiamò mio fratello,* non solo, ma *fece con lui un patto d'alleanza e lo lasciò partire* (III Re, 20, 33. 32. 34). Trasforma così un nemico in alleato. Il popolo non comprende il suo comportamento, un profeta, anzi, lo biasima. Tuttavia il futuro s'incarica di dimostrare quanto accorto fosse il suo modo di agire. Fu evitata la guerra su due fronti.

« Su navi fatte di pelli di montone attraversai... l'Eufrate in piena... » si legge nel racconto del re assiro Salmanassar III. Le sue truppe del genio erano esperte nel costruire pontoni con pelli di animali gonfiate d'aria.

In Siria gli si oppose una coalizione costituita dalla Siria e dalla Palestina, di cui egli registra accuratamente i contingenti militari. Oltre alle forze armate del biblico Benadad di Damasco e di un altro principe assiro, vi sono « 2000 carri falcati, 10.000 soldati di Ahabbu il sirileo... » Ahabbu il sirileo, che guida il più esiguo dei tre eserciti nemici, è Acab, re d'Israele.

L'alleanza d'Israele con Damasco ha breve durata. Non appena l'assiro ebbe abbandonato il paese, divamparono di nuovo le vecchie inimicizie e Acab perdette la vita nella lotta con gli aramei. *Ma un certo tale tirò a caso col suo arco una saetta ed essa venne a colpire il re d'Israele tra il polmone e lo stomaco... Il sangue della ferita scorreva sopra il carro... Morì adunque il re e venne portato in Samaria... e lavarono il suo carro nella piscina di Samaria, e i cani leccarono il sangue di lui...* (III Re, 22, 34-38).

La Bibbia dedica alla vita di questo re sei capitoli. Non poco della narrazione è stato considerato leggendario, come ad esempio la *casa d'avorio che costruì* (III Re, 22, 39), o il suo matrimonio con una principessa fenicia che introdusse culti stranieri: ... *e prese per moglie Jezabel, figlia di Etbaal, re dei sidoni e andò a servire Baal e ad adorarlo... e piantò un bosco sacro...* (III Re, 16, 31. 33), o la grande siccità nel paese: *Elia... disse ad Acab:* « *Viva il Signore, Dio d'Israele al cui cospetto io sto! Non vi sarà in tutti questi anni nè rugiada, nè pioggia, se non quando io lo dirò* » (III Re, 17, 1).

In realtà si tratta invece di fatti storicamente accertati.

L'antica collina di macerie a Samaria fu esplorata nel corso di due grandi campagne di scavi. Vi operarono, dal 1908 al 1910, gli americani George A. Reisner, Clarence S. Fisher e D. G. Lyon dell'Università di Harvard; dal 1931 al 1935 un gruppo anglo-americano sotto la direzione dell'archeologo inglese J. W. Crowfoot.

Le fondamenta della capitale d'Israele poggiano su terreno vergine. Amri aveva effettivamente acquistato terra nuova.

Nei sei anni in cui egli regnò, la collina, un tempo tranquilla e deserta, dev'essere diventata tutt'a un tratto un cantiere rumoroso. Le grosse pietre quadre delle solide fortificazioni rendono evidenti gli scopi strategici del costruttore. I valli hanno lo spessore di cinque metri. Nell'acropoli, sulla parte occidentale della collina, sono stati portati alla luce fondamenta e muri di un edificio che racchiude un ampio cortile: la residenza del sovrano del regno settentrionale d'Israele.

Dopo Amri risiedette nella città il figlio di lui Acab, il nuovo re. Egli proseguì le costruzioni secondo i piani del padre. Gli edifici sono eseguiti con notevole abilità; vi furono impiegati soltanto grandi blocchi di pietra calcarea, tagliati con cura.

Sgombrando le macerie, gli archeologi sono colpiti dalle innumerevoli schegge di avorio che vi si trovano. Ritrovamenti di avorio non sono nulla di straordinario negli scavi in Palestina. Quasi dovunque s'incontra questo prezioso materiale, ma soltanto in pezzi isolati. A Samaria invece il terreno ne è addirittura lardellato. Ad ogni passo, su ogni metro quadrato di terreno si trovano pezzetti e piastrelle ingialliti o diventati bruni, nonchè frammenti che lasciano ancora riconoscere una magnifica lavorazione: delicati bassorilievi intagliati da maestri fenici.

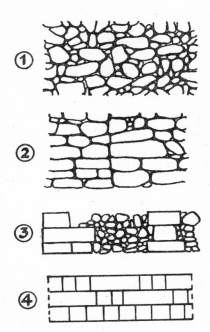

Fig. 44 - 1. Muraglie ciclopiche di Gerico (del tempo dei patriarchi). - 2. Muraglia della fortezza reale Gabaa di Saul (1020 a. C.) - 3. Muraglia della « città dei cocchi » di Salomone a Mageddo (950 a. C.). - 4. Muraglia del palazzo di re Acab, in Samaria (850 a. C.).

Per codesti ritrovamenti non vi è che una spiegazione: il palazzo era la celebre *casa d'avorio* (III Re, 22, 39) del re Acab!

Il sovrano non si era fatto costruire un palazzo interamente di avorio. Chi si è immaginato una cosa simile, naturalmente ha messo in dubbio il passo biblico relativo. Ma con la nuova scoperta, ciò

che è affermato nella Bibbia appare immediatamente plausibile:
Acab aveva fatto adornare le pareti del palazzo con questo stupendo materiale. Di avorio era anche il mobilio.

Nella parte settentrionale dello spazioso cortile del palazzo le
vanghe misero allo scoperto un capace bacino d'acqua; questo deve
essere stato il « lago », dove il carro di guerra di Acab fu ripulito
dalle macchie di sangue del defunto re.

Le prove della verità storica della siccità e di Etbaal di Sidone,
suocero di Acab, ci sono date da Menandro di Efeso, uno storico
fenicio. Il biblico Etbaal veniva chiamato dai fenici Ittobaal e,
ai tempi di Acab, era re della città marittima di Tiro. [2] Menandro
ci racconta della catastrofica siccità che ai tempi del re Ittobaal
colpì la Palestina e la Siria e durò un anno intero.

Sotto il re Joram, figlio di Acab, Israele subisce un'invasione
e una sensibile perdita di territorio.

Gli aramei irruppero nel paese e assediarono Samaria. Una
terribile carestia tormentava il popolo. Re Joram ne considera responsabile il profeta Eliseo, e lo vuol far uccidere. Ma Eliseo profetizza
la fine della carestia per il giorno seguente. *Uno dei capi al cui
braccio si appoggiava il re,* si legge nella Bibbia, mise in dubbio
questa profezia (IV Re, 7, 2).

Questo « capo » ha causato molti rompicapo. La sua funzione
apparve più che enigmatica. Di una carica di corte che portasse
questo nome nessuno sapeva nulla. Commentatori della Bibbia cercarono invano una spiegazione. Finalmente l'indagine filologica trovò
una vaga traccia. La parola ebraica « shlish », tradotta con « capo »,
deriva da « tre ». Ma un ufficiale di terzo rango non è mai esistito. La spiegazione giusta fu trovata quando si esaminarono più
attentamente i bassorilievi assiri.

Ogni carro da guerra era occupato da un gruppo di tre uomini: l'auriga, il guerriero e un uomo che prende posto dietro questi
due. Con le braccia allargate e distese, si teneva saldamente affer-
rato a due brevi cinghie che sono fissate a destra e a sinistra del
carro. In questo modo egli offriva al combattente e al guidatore
davanti a lui la necessaria copertura alle spalle ed evitava loro,
nelle corse selvagge, di venir sbalzati dal carro, quando nel pieno
della battaglia passavano sopra morti e feriti. Questo è il « terzo

2 I cronisti biblici usavano spesso la designazione « sidoni » in genere per
« fenici ».

uomo »; l'inspiegabile *capo al cui braccio si appoggiava il re* era colui che teneva le cinghie nel carro falcato di re Joram.

Sotto Joram, Israele perdette un vasto territorio nella Giordania orientale. Moab in Transgiordania era tributaria d'Israele. Possediamo un'ampia relazione su una spedizione contro Mesa, il ribelle « re degli arieti ». *Ora Mesa, re di Moab, allevava molto bestiame e pagava al re d'Israele centomila agnelli e centomila arieti con la loro lana. / Ma, morto Acab, ruppe il patto, che aveva col re d'Israele* (IV Re, 3, 4. 5). Israele chiama in soccorso il regno di Giuda e il paese di Edom. Decidono di attaccare insieme Moab da sud. La via per giungervi gira intorno al Mar Morto. Fidando nella profezia « *voi non vedrete nè vento, nè pioggia, e questo letto si riempirà d'acqua e berrete voi e le vostre famiglie e le vostre bestie* » (IV Re, 3, 17), gli alleati osano la marcia attraverso l'arido paese. *E dopo aver camminato sette giorni venne a mancare l'acqua per l'esercito e per le bestie che lo seguivano.* Per consiglio di Eliseo, fecero *nel letto di questo torrente fosse e fosse... Il mattino dopo... ecco che le acque scesero per la via di Edom, e la terra fu ripiena d'acqua.* Gli esploratori di Moab notarono la cosa. *I moabiti videro di contro le acque rosse come sangue* (IV Re, 3, 9. 16. 20. 22) e credettero che fosse avvenuta una carneficina tra i nemici. Gli alleati vincono Moab, devastano il paese. *Distrussero le città e, gittando ciascuno pietre, riempirono ogni campo migliore, turarono tutte le fonti di acqua e tagliarono poi tutti gli alberi fruttiferi, in modo che non restarono che le mura di mattone* (IV Re, 3, 25).

Cosa strana, la spedizione vittoriosa finì a questo modo: *che subito si allontanarono da lui e ritornarono nel proprio territorio* (IV Re, 3, 27).

Pareva impossibile controllare l'esattezza di questo racconto biblico.

Nel 1868 il missionario tedesco F. A. Klein va a visitare i luoghi biblici in Palestina. Il suo viaggio lo conduce fra l'altro attraverso la Giordania orientale, attraverso Edom e finalmente a Moab. Durante una cavalcata nei dintorni di Dibon, sul corso medio dell'Arnon, una grande pietra scolpita attira la sua attenzione. La pietra è quasi completamente coperta dalla sabbia gialla. Incuriosito, il missionario scende da cavallo e si china sulla pietra, che appare coperta da una scrittura indubbiamente ebraica antica. Il missionario non crede ai propri occhi! A fatica riesce a drizzare, sotto il cocente sole meridiano, la pietra di pesante basalto. È alta un metro e l'estremo superiore è arrotondato. Klein la ripulisce diligentemente col coltello e il fazzoletto. Appaiono 34 righe di testo.

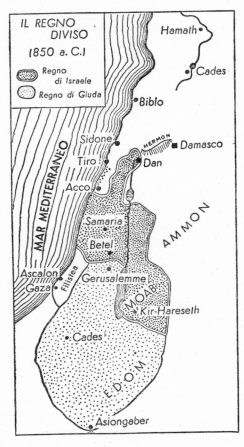

Fig. 45.

Il fortunato archeologo si porterebbe via volentieri il documento di pietra, ma è troppo pesante. Per di più compare d'improvviso una schiera di arabi armati. Gesticolando selvaggiamente essi circondano il missionario, affermando che la pietra è di loro proprietà e chiedendogli un prezzo esorbitante.

Klein ha la sensazione di aver fatto un'importante scoperta ed è disperato. I missionari non hanno mai molto denaro. Invano egli tenta di indurre gli indigeni a più miti consigli. Non gli resta che segnare esattamente su una carta topografica il luogo del ritrovamento. Rinuncia poi a proseguire il viaggio; a cavallo, si reca in fretta a Gerusalemme e ritorna immediatamente in Germania, con l'intenzione di raccogliere la somma necessaria per gli arabi.

Frattanto altri prendono l'iniziativa! Questo fu certo un bene, chè diversamente quel preziosissimo monumento della storia biblica sarebbe forse andato perduto per sempre.

L'esploratore francese Clermont-Ganneau, avendo appreso a Gerusalemme la notizia della scoperta del missionario tedesco, era subito partito per Dibon. Gli occorse tutta la sua capacità di persua-

25 Guerrieri di un regno ittita, presso Karkemish (tardo periodo ittita).

26 *Nel quarto anno del regno di Salomone... s'incominciò ad edificare la casa del Signore...* (III Re, 6, 1). Dal cortile esterno (di fronte in basso) si passa attraverso un portale al cortile mediano, situato più in alto. Attraverso un'altra porta, una scalinata conduce al grande atrio interno, il centro di riunione della comunità dinanzi al tempio e al luogo dove si facevano i sacrifici. All'ingresso del tempio sono collocate due colonne di bronzo chiamate « Jachin » e « Booz » (III Re, 7, 21). Altri scalini conducono a un atrio di dove si accede al recinto più sacro, in fondo al quale, in un ambiente oscuro, è riposta l'Arca santa. (Ricostruzione secondo De Vogüé - XIX sec.).

27 Il prof. W. F. Albright (al centro) e W. Phillips (a sinistra) nella zona del Sinai.

28 Nel regno della regina di Saba una spedizione americana scavò nel 1951, presso l'antica Mareb nello Jemen, un imponente santuario dedicato alla Luna, che si trovava sotto una duna di sabbia alta come una casa.

sione per indurre gli arabi diffidenti a permettergli almeno un accurato esame della scrittura incisa sulla pietra di basalto. Circondato da indigeni armati di fucile, Clermont-Ganneau ricava calchi della superficie. Quando, dopo alcuni mesi, i dotti di Parigi hanno dinanzi agli occhi la traduzione del testo, il governo francese autorizza senza indugio l'acquisto della pietra. Ma chi potrebbe misurare la delusione del francese quando arriva a Dibon con una carovana e fornito del denaro necessario e non trova più la pietra? Soltanto una macchia color nerofumo indica il posto dove essa si trovava. Gli arabi l'avevano frantumata con una mina carica di polvere nera. Per avidità di lucro! Dalla vendita dei vari frammenti agli europei avidi di cose antiche essi si ripromettevano guadagni maggiori.

Che altro può fare Clermont-Ganneau se non andare a caccia dei singoli frammenti del prezioso documento? Dopo molte fatiche e ricerche, dopo un infinito mercanteggiare, egli fortunatamente riesce a riunire tutti i pezzi. Due blocchi più grandi e 18 frammenti più piccoli vengono ricomposti in base al calco, e, ancor prima che il missionario tedesco Klein abbia raccolto la somma necessaria, l'importantissima pietra di Dibon si trova, prezioso nuovo acquisto, nel Museo del Louvre a Parigi.

Sulla pietra è scritto: « Io sono Mesha, figlio di Kemosh, re di Moab... Mio padre fu re di Moab per trent'anni ed io divenni re dopo mio padre; ed eressi questo sommo sacrario di Kemos [3] in Querihoh, [4] un sacrario della salvezza; esso mi salvò da tutti coloro che mi assalirono e mi fece trionfare di tutti i miei nemici. Amri era re d'Israele e oppresse per molti giorni Moab, perchè Kemosh era adirato con la sua terra. Poi gli successe suo figlio, ed anche questi disse: Voglio opprimere Moab! Disse così ai miei giorni, ma io vinsi lui e la sua casa; e Israele andò in rovina per l'eternità... Ho fatto scavare i fossati per Querihoh dai prigionieri d'Israele... »

Questo bollettino della vittoria moabita mette a rumore i circoli scientifici. Molti dotti esprimono addirittura il sospetto che si tratti di una falsificazione. Esperti di tutto il mondo esaminano la pietra e l'iscrizione. Da tutte le indagini risulta incontestabilmente che si tratta di un documento storico, di una relazione che risale al biblico re Mesa di Moab.

---

[3] Kemosh: dio di Moab, sotto il re Salomone adorato anche a Gerusalemme fra le divinità straniere.
[4] Querihoh: residenza del regno di Moab, il biblico Chirhareset (II Re, 3, 25, trad. Diodati).

Si tratta dunque del più antico documento palestinese che ci
sia pervenuto, ed è stato scritto l'anno 840 a. C. nel dialetto moa-
bitico strettamente affine all'ebraico biblico. È veramente una scoperta sensazionale.

Audiatur et altera pars! Si ascolti anche l'altra parte.

Se si vuol essere informati obiettivamente, è sempre consiglia-
bile studiare i bollettini di guerra di entrambi gli avversari. Si ha
maggiore sicurezza di formarsi un quadro più chiaro dello stato dei
fatti. In questo caso particolare la narrazione biblica e il testo di
Moab si completano ottimamente. La stele di Mesa [5] fornisce l'illustrazione che mancava e spiega ciò che nella relazione della Bibbia
rimaneva oscuro. Nel punto decisivo stele e Bibbia concordano: la
campagna terminò con la disfatta del re d'Israele. La Bibbia narra
estesamente i successi iniziali d'Israele, che il re Mesa sottace. La
fine sfavorevole della campagna è accennata solo brevemente dalla
Bibbia, mentre il re Moab esalta la sua vittoria. Entrambi dicono
la verità.

Quanto all'« acqua rossa come sangue » che salvò gli alleati
dal morire di sete durante la marcia attraverso l'arido paese, un
geologo ha trovato la spiegazione naturale. Se a colpi di piccone si
scavano delle conche nel tufo presso il Mar Morto, esse si riempiono
ben presto d'acqua, che filtra dagli altipiani e che deve il suo colore
rossiccio alla natura del terreno. Anche oggi i pastori della Giordania orientale spesso si procurano l'acqua esattamente a questo modo.

« E Israele andò in rovina per l'eternità, » è scritto trionfal-
mente sulla stele di Mesa. Con queste parole si allude al cruento
sterminio della dinastia di Amri sul trono d'Israele. Il re Joram fu
ucciso. Non fu risparmiato un solo membro della dinastia, la quale,
in conseguenza delle nozze del re Acab con la principessa fenicia
Jezabel, aveva favorito l'odiato culto di Baal in Israele (IV Re, 9,
24 segg.; 10, 1 segg.).

I profeti Elia ed Eliseo ordiscono trame affinchè il re venga
rovesciato e nel 841 a. C. il capo militare Jehu, seguace di Geova,
viene unto re d'Israele (IV Re, 9, 1 segg.). I sacerdoti di Baal subi-
scono la sorte della famiglia di Amri: vengono trucidati senza pietà
(IV Re, 10, 25 segg.). Ne consegue la rottura con la Fenicia.

Le notizie sul regno di Jehu sono scarse: *In quei giorni il
Signore cominciò a provare avversione per Israele, e Azael percosse gli*

---

5 Con la parola « stele » si designa una colonna isolata a forma di pila-
stro o anche una pietra sepolcrale dell'antichità.

israeliti in tutti i loro confini... (IV Re, 10, 32). La vera misura delle perdite e delle disfatte apparirà però evidente solo da un passo della Bibbia del tempo di Joacaz, figlio di Jehu: [6] *Di tutto l'esercito non erano rimasti a Joacaz che cinquanta cavalieri, dieci carri e diecimila uomini a piedi, perchè il re di Siria li aveva distrutti e li aveva ridotti come la polvere dell'aia* (IV Re, 13, 7). Il superbo armamento di re Acab si era ridotto da duemila carri da guerra a dieci! Com'era stato possibile?

Un giovane inglese, Henry Layard, in origine giurista e aspirante al posto di addetto diplomatico a Costantinopoli, nel 1845 si imbatte in una fortuna addirittura incredibile. Era partito con appena cinquanta sterline in tasca con l'intenzione di esplorare il Tell Nimrud, un antico cumulo di macerie presso il Tigri. Il terzo giorno scopre resti di un palazzo. Fa scavare un fossato. Soltanto masse di sabbia e ancora nuove masse di sabbia vengono alla luce. Lo scavo ha ormai 20 metri di profondità e Layard deluso deve sospendere i lavori per mancanza di fondi.

Contrariato, egli carica i suoi pochi attrezzi sulle bestie da soma, quando l'eccitato vociare degli indigeni gli fa tendere l'orecchio. Uno gli corre incontro e da lontano gli grida di andare all'estremo limite dello scavo, dove sotto la sabbia giallo-oro traspare qualcosa di scuro. Le vanghe si rimettono frettolosamente al lavoro e portano alla luce un'informe pietra nera dalla forma di un obelisco. Layard la libera amorosamente dall'antichissima sabbia e dal sudiciume. Appaiono bassorilievi, figure e iscrizioni cuneiformi su ciascuna delle quattro facce dell'obelisco.

Ben imballata e custodita come una pupilla degli occhi, la pietra nera risale in un fragile canotto il corso del Tigri, per venir presentata ai non poco stupiti signori dell'ambasciata inglese a Costantinopoli. Le misere cinquanta sterline avevano fruttato interessi insperati. Mai più nella storia dell'archeologia un ritrovamento tanto prezioso è stato ottenuto a prezzo così vile.

Gli ordinatori del Museo Britannico assegnano alla pietra un posto adeguato al suo valore. Migliaia di londinesi e di dotti di tutta l'Europa ammirano l'antichissimo testimone dell'Oriente. La cima dell'obelisco di basalto, alto due metri, è costituita da una torre-tempio a tre gradini. Stupiti, i visitatori osservano i magnifici bassorilievi disposti torno torno in cinque fasce.

[6] 818-802 a. C.

Figure regali stupendamente abbigliate spiccano plastiche sul fondo; alcune si chinano devotamente, sino a toccar il terreno con la fronte, dinanzi a una figura di sovrano. Lunghe colonne di portatori sono cariche dei tesori più preziosi, quali denti d'avorio, balle di cotone ornate di frange e sostenute da stanghe, anfore e ceste colme. Tra gli animali che seguono il corteo spicca un elefante con orecchie stranamente piccole; vi sono dromedari, scimmie, antilopi, perfino un toro selvatico e un misterioso unicorno.

Chi volesse fare il tentativo di interpretare i bassorilievi dovrebbe accontentarsi di mere supposizioni. Perchè nessuno ancora in tutto il mondo è in grado di leggere testi di scrittura cuneiforme. La pietra rimane muta. E gli stessi dotti, in verità, sanno degli assiri solo ciò che ne dice la Bibbia. Agli inizi del secolo XIX anche sumeri e accadi erano semplici nomi senza significato concreto. « Una cassa dal fondo non più grande di un metro quadrato, » scrive Layard, « piena di piccoli cilindri coperti di scrittura, sigilli e frammenti di testi, che non si potevano ancora ordinare sistematicamente: ecco tutto ciò che esisteva allora a Londra dei primordi della Mesopotamia. »

Soltanto dopo anni risulterà dalla traduzione dei testi che l'obelisco nero è un monumento trionfale del re assiro Salmanassar III,[7] contemporaneo e avversario di Acab re d'Israele. Esso magnifica l'ininterrotta catena di sanguinose spedizioni militari.

L'elenco di esse rappresenta una testimonianza assai interessante se messa a riscontro con la tradizione biblica.

Tre volte, nel sesto, nell'undicesimo e nel quattordicesimo anno del suo regno, l'assiro si scontrò nelle sue campagne di conquista in occidente con un'alleanza di re siri e palestinesi. Nella spedizione del suo diciottesimo anno di regno, non gli si oppose più che un solo re. I testi assiri nominano come nemico soltanto il re biblico Azael di Damasco.

Su quelli che erano stati gli alleati del re damasceno Jehu d'Israele, il monumento della vittoria fornisce preziose informazioni.

La seconda fascia di bassorilievi presenta una lunga fila di ambasciatori carichi di oggetti svariati e indossanti tuniche riccamente ornate e berretti a punta. Il testo dice:

« Tributo di Jaua di Bît-Humri: argento, oro, una coppa piena d'oro, nappi d'oro, bicchieri d'oro, secchi d'oro, pezzi di piombo, scettri per il re e legni di balsamodendro ricevetti da lui. »

« Jaua di Bît-Humri » non è altri che il re Jehu d'Israele. Gli

---

7 858-824 a. C.

assiri chiamavano Israele « Bît-Humri » che significa « Dinastia Amri ».

Questo accenno proveniente dal Tigri offre la chiave per intendere le cause delle perdite subite dal regno settentrionale d'Israele sotto la sovranità di Jehu.

I tributi vengono pagati soltanto da chi si sottomette volonta-

Fig. 46 - Tributo del re Jehu a Salmanassar III.

riamente; il nemico vinto viene depredato. Jehu si era staccato da Damasco ed aveva portato doni all'assiro. Per la loro infedeltà verso il vecchio alleato, per aver tradito Damasco, Jehu e suo figlio Joacaz e soprattutto il popolo d'Israele dovettero pagare un amaro scotto. Non appena l'assiro ebbe volto le spalle alla Siria, Azael di Damasco iniziò contro Israele una guerra di distruzione. Con quale risultato ce lo dice la Bibbia: *In quei giorni il Signore cominciò a provare avversione per Israele e Azael percosse gli israeliti in tutti i loro confini... / li aveva ridotti come la polvere dell'aia, quando si batte il grano* (IV Re, 10, 32; 13, 7).

... DORMITE IN LETTI D'AVORIO E VI CROGIOLATE SOTTO LE MOLLI COLTRI; CHE VI NUTRITE DI CARNE D'AGNELLINI DI LATTE E DEI PIÙ SCELTI VITELLI DELL'ARMENTO; / CHE CANTATE AL SUON DELLA CETRA E PENSATE DI AVERE STRUMENTI MUSICALI COME DAVID! / BEVONO A COPPE IL VINO E SI PROFUMANO DI UNGUENTO SOPRAFFINO... (Amos, 6, 4-6).

La circostanza che l'Assiria dopo Salmanassar III abbia una serie di sovrani deboli concede ai due regni d'Israele e di Giuda ancora una volta un momento di respiro; ma non più di tanto, poichè l'Assiria è sconvolta da agitazioni interne. Israele e Giuda possono godere dall'825 al 745 a. C. di un periodo di pace.

Per quarant'anni governa Giuda Ozia, il lebbroso. Su Israele regna Geroboamo II.[8] Sotto il suo regno Israele rifiorisce, diventa ricco, si abbandona al lusso, e la classe superiore vive spensieratamente, avida, corrotta, viziosa. Corrucciato, il profeta Amos fa udire i suoi moniti, stigmatizza quella sfrenata vita di piaceri.

Rapporti di archeologi, laconiche notizie di spedizioni confermano e illuminano gli ammonimenti del profeta. In Israele, sopra e intorno al cumulo di macerie dell'antica Samaria, dormivano le

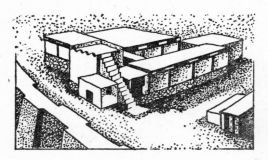

testimonianze della ricchezza e dell'abbondanza dei decenni dopo l'800 a. C., durante il regno di Geroboamo II. Il palazzo reale di Samaria celava ancora una notevole quantità di graziose tavolette d'argilla scritte con inchiostro e nero di china. Su 63 lettere d'accompagnamento di importanti forniture di vino e di olio, destinate alla corte

Fig. 47 - Casa di un nobile a Mageddo al tempo dei re (ricostruzione).

reale, firmano quali mittenti gli amministratori dei beni della corona di Geroboamo II, fittabili e impiegati che già disponevano di una notevole abilità calligrafica.

Allo stesso periodo risale anche una quantità di belle opere di avorio scolpito, in parte preziosamente incrostate d'oro e di pietre dure e ornate di polvere di vetro colorata. Presentano motivi mitologici presi in prestito dall'Egitto, come Arpocrate sul fiore di loto o figure di divinità quali Iside e Horus o cherubini. Dovunque, in terra d'Israele furono costruiti in quel periodo depositi di provviste e granai che accoglievano l'eccedenza di beni e di merci d'ogni specie.

Quale la causa del repentino cambiamento, dell'improvvisa ricchezza?

Pochi decenni prima in Israele si conduceva una vita misera. Un passo del cronista dei quarantun anni di regno di Geroboamo II contiene la chiave della spiegazione: *Egli restituì i confini d'Israele*

_____
[8] 787-747 a. C.

dall'entrata di Emat fino al mare del deserto... (IV, Re, 14, 25).
Il « mare del deserto » significa il Mar Morto. Di nuovo il regno si
estende fino alla Giordania orientale e — come ai tempi di Davide
e di Salomone — fino alla Siria.

Intorno all'800 a. C. la conquista di Damasco per opera degli
assiri aveva annientata la potenza degli aramei e perciò — sembra
un'ironia del destino — aveva eliminato il nemico mortale d'Israele.
Israele afferrò l'occasione di riconquistare i territori da lungo tempo
perduti; volse la situazione a proprio favore, sicchè, grazie ai tributi della Giordania orientale, in Israele affluì nuova ricchezza.

Dure e annunciatrici di sventure suonano in quei giorni di fallace
floridezza le parole del profeta Amos: *Sciagurati voi... che ponete
la vostra fiducia nel monte di Samaria... voi, segregati pel cattivo
giorno, e che vi accostate al soglio dell'iniquità... Per modo che ora
se ne andranno in esilio alla testa degli esiliati e così sarà tolta via
la chiassosa conventicola dei voluttuosi* (Amos, 6, 1. 3. 7). Vane
parole, chè sorde sono le orecchie. Soltanto re Geroboamo non
deve essersi fidato della pace e forse le parole ammonitrici del profeta trovarono risonanza nel suo cuore. In ogni caso egli rafforzò
febbrilmente la già ben munita fortezza della residenza Samaria.

L'inglese J. W. Crowfoot scoprì ciò che Geroboamo aveva preparato in previsione del peggio. Samaria fu cinta da un duplice
vallo; le mura già formidabili vennero ancora rafforzate nella parte
settentrionale dell'acropoli, dove Samaria doveva essere più facilmente vulnerabile. Crowfoot mette allo scoperto un ciclopico baluardo. Misura ma teme di essersi sbagliato. Misura ancora una
volta. Non c'è dubbio: il muro, di pietre saldamente commesse, ha
lo spessore di 10 metri.

.2 - *La fine del regno settentrionale d'Israele*

Il soldato Ful diventa Tiglath-Pileser III — Governatori assiri in Israele — Samaria resiste per tre anni — Il console Botta alla ricerca di Ninive — Un re borghese inaugura il primo museo assiro — Caccia di documenti al lume di luna — La biblioteca di Assurbanipal — Un popolo viene deportato.

FUL / RE DEGLI ASSIRI / VENNE NEL PAESE... (IV Re, 15, 19).

Lapidarie, spassionate, fredde sono le parole che annunciano l'ora della rovina del regno settentrionale d'Israele.

La morte di Geroboamo II costituisce il preludio dell'ultimo atto. Nello stesso anno, 747 a. C., chiude gli occhi anche Ozia, re di Giuda. Dopo una breve anarchia Manaem diviene re di Samaria. Nel 745 a. C. sale al trono assiro un soldato di nome Pulu, che in seguito si chiamerà Tiglath-Pileser III.[1] Egli è il primo di una schiera di tiranni brutali, che conquistano quello che era sino allora il regno più grande dell'antico Oriente. Loro meta sono la Siria, la Palestina e, pietra angolare del mondo antico, l'Egitto. Israele e Giuda cadono pertanto sotto il dominio di uno stato militarista al quale la parola pace ispira disprezzo e i cui despoti e legioni apprezzano solo tre cose: marciare, conquistare, opprimere.

Della Siria settentrionale Tiglath-Pileser III annette i paesi che si trovano sulla costa del Mediterraneo, costringe popoli indipendenti a diventare province assire e stati trbutari. Dapprima Israele si sottomette volontariamente: *E Manaem gli diede[2] mille talenti d'argento, perchè lo aiutasse a consolidare il suo regno. / Manaem fece sborsare questo denaro a tutti i potenti e ricchi d'Israele, cinquanta sicli d'argento a testa, da dare al re degli assiri. Se ne andò*

---

1 745-727 a. C.
2 Ful: Tiglath-Pileser III.

allora il re degli assiri e non si fermò nel paese (IV Re, 15, 19. 20).

« Ho riscosso tributo da Manaem di Samaria, » registra Tiglath-Pileser III negli Annali.

Mille talenti corrispondono a circa 460 milioni di lire. 50 sicli a testa imposti « a tutti i potenti e ricchi d'Israele » sono circa 26.000 lire. L'economista e lo statistico ne deducono che ci devono essere stati in Israele 60.000 benestanti!

Re Manaem è vittima dell'illusione che il patto col tiranno e il

Fig. 48 - Tiglath-Pileser (con arco e spada) assedia una fortezza. Gli arieti smantellano le mura. In fondo, uomini impalati.

tributo volontario siano il male minore. Ma ciò provoca l'ira del suo popolo. L'indignazione per le imposte assire fomenta congiura e assassinio. L'aiutante Facea uccide il figlio ed erede di Manaem e s'impadronisce del potere. Di colpo il partito antiassiro determina la futura politica del regno settentrionale.

Rasin, re di Damasco, prende l'iniziativa. Sotto la sua direzione viene richiamata in vita la lega difensiva degli stati aramaici contro l'Assiria. Vi partecipano stati fenici e arabi, città filistee ed edomiti. Anche Israele aderisce all'alleanza. Soltanto il re Acaz del regno meridionale di Giuda vi rimane ostinatamente estraneo, malgrado Rasin e Facea tentino di costringerlo con la forza ad entrare nella

lega. *In quel tempo Rasin, re di Siria, e Facea, figlio di Romelia,
re d'Israele, vennero per combattere contro Gerusalemme. Ma pur
avendo assediato Acaz, non riuscirono a vincerlo* (IV Re, 16, 5).

Messo così alle strette, il re di Giuda chiede soccorso ... *Acaz
mandò messaggeri a Teglatfalasar, re degli assiri, per dirgli: « Io
sono tuo servo e tuo figlio; vieni e salvami dalle mani del re di
Siria e dalle mani del re d'Israele che si sono collegati contro di
me. »* / *E avendo raccolto tutto l'oro e l'argento che potè trovarsi
nella casa del Signore e nei tesori del re, lo mandò in regalo al re
degli assiri* (IV Re, 16, 7. 8).

« Ho riscosso tributo da Jauhazi (Acaz) di Giuda, » registra
ancora l'assiro.

Ed ora accadde ciò che doveva accadere. Ciò che sappiamo
degli ulteriori eventi lo dobbiamo a due grandi fonti d'informazione storica: alla Bibbia e alle tavole di pietra e di terracotta in
scrittura cuneiforme, sulle quali — a mille chilometri di distanza
dalla scena dei fatti — venne redatta la « relazione ufficiale » delle
peripezie della lotta. Più di 2500 anni i documenti giacquero nei
sontuosi palazzi sul Tigri, finchè la sagacia di studiosi non li riportò
alla luce e non li tradusse. Essi ci presentano di nuovo, in forma
singolare, il racconto biblico. La Bibbia e i monumenti assiri concordano perfettamente nella descrizione di quegli avvenimenti così
disastrosi per il regno settentrionale d'Israele. Il cronista dell'Antico Testamento li registra spassionatamente; lo storiografo assiro,
con una crudeltà che scende ai particolari più impressionanti:

IV Libro dei Re	Testo di Tiglath-Pileser III
Salì infatti il re degli assiri in Damasco, la devastò e ne trasferì gli abitanti a Cirene, e uccise Rasin (IV Re, 16, 9).	« Impalai vivi i loro nobili e mostrai lo spettacolo al loro paese. Ne abbattei i giardini e gli innumerevoli frutteti. Asse-diai e conquistai la città di Re-son (Rasin) della terra di Dama-sco. Portai via 800 persone e le loro proprietà. Distrussi le cit-tà di 16 distretti di Damasco, come se vi fosse passato un di-luvio. » (Dalla « Campagna in Occi-dente », 734-733 a. C.)

Durante il regno di Facea, re di Israele, venne Teglatfalasar, re di Assur e prese... Asor, il paese di Galaad, la Galilea e tutta la terra di Neftali, e ne trasferì gli abitanti in Assiria (**IV Re, 15, 29**).

« Bot-Omri (Israele), le cui città nelle mie spedizioni precedenti avevo incorporato tutte nel territorio del mio paese, e avevo lasciato solo la città di Samaria... La vasta Naphtali aggiunsi al territorio del paese di Assiria. Imposi ad essa come governatore un mio funzionario. Portai in Assiria il paese di Bot-Omri, tutte le sue genti e i loro patrimoni. » (Dalla « Spedizione in Occidente » e dalla « Spedizione contro Gaza e Damasco », 734-733 a. C.)

Osea... tese insidie contro Facea... e lo uccise, e regnò in sua vece... (**IV Re, 15, 30**).

« Rovesciarono il loro re Pekah e io insediai Osea come re sopra di essi. » (Dalla « Spedizione contro Gaza e Damasco ».)

Allorchè si ritirano di nuovo dalla Palestina, le orde guerriere assire lasciano Israele mortalmente ferito, atterrato, decimato dalle deportazioni, salvo un piccolo lembo del regno settentrionale. Ad eccezione di Samaria, tutte le città vengono annesse allo stato del vincitore; il paese è suddiviso in province, nelle quali i governatori e i funzionari assiri amministrano con durezza.

Di Israele non rimane che uno staterello, un minuscolo punto sulla carta geografica: i monti di Efraim con capitale Samaria. Là vive Osea.

Il regno meridionale di Giuda viene risparmiato, per il momento. Ma deve pagare tributi a Tiglath-Pileser III.

Il colosso militare assiro tiene nel suo duro pugno la « Fertile Mezzaluna », dalle rive del Golfo Persico, dalle catene dei monti della Persia fino all'Asia Minore, dalla pianura del paese dei due fiumi attraverso il Libano e l'Antilibano fino alla Palestina. Soltanto la capitale Samaria, nel lontano sud-ovest, dell'estensione di sette ettari e mezzo, con pochi chilometri quadrati di campi di grano e orzo, non è stata occupata.

Da questo lembo di terra viene lanciato ad Assur il guanto di sfida!

Dopo la morte di Tiglath-Pileser III il re Osea cospira con l'Egitto. Egli rifiuta agli assiri il tributo annuo. Salmanassar V,[3] il successore di Tiglath-Pileser III, reagisce immediatamente. *Avendo poi scoperto il re d'Assiria che Osea, volendosi ribellare, aveva mandato messaggeri a Sua, re d'Egitto,[4] per non pagare al re d'Assiria i tributi, che ogni anno era solito inviare, lo assediò e, dopo averlo vinto, lo mise in carcere* (IV Re, 17, 4). Dell'organizzazione dell'odiato sistema terroristico faceva parte — già allora — un'estesa rete di spie e delatori.

Oltre che a Samaria, la sorte di Damasco tocca all'ultimo resto del regno settentrionale d'Israele ... *Nell'anno nono di Osea, il re di Assiria prese Samaria e trasferì Israele prigioniero in Assiria...* (IV Re, 17, 6).

Tre anni la piccola piazzaforte montana aveva resistito con coraggio leonino alla schiacciante superiorità del nemico (IV Re, 17, 5).

Testi cuneiformi narrano che Salmanassar V morì improvvisamente durante l'assedio di Samaria. Ma il suo successore Sargon II[5] continuò la lotta. « Nel mio primo anno di regno, » vantano gli Annali di Sargon, « assediai e conquistai Samaria... feci trasferire 27.290 persone che là vivevano. »

La scoperta delle iscrizioni di Sargon, avvenuta più di cento anni fa, somiglia a una storia romanzesca del favoloso paese dei califfi. Tuttavia, essa è una pietra miliare dell'archeologia. Infatti essa segna l'ora della nascita dell'assiriologia, i cui impressionanti ritrovamenti sono proprio quelli che conferiscono autentico contenuto storico a molti racconti biblici.

Ancora non era stata inventata l'automobile, l'illuminazione elettrica era ancora sconosciuta, ancora dalle distese di sabbia non si ergevano le armature di ferro dei pozzi di petrolio, ancora Mossul aveva l'aspetto multicolore e mutevole di una città delle Mille e una notte. Non mancavano nè i bazar, nè gli harem, nè un califfo in carne ed ossa. Si era ancora in pieno antico Oriente, sebbene si fosse nel 1840.

---

3 727-722 a. C.
4 Sua, sovrano d'Egitto, di nome Sewe, chiamato dagli assiri Sib'e.
5 721-705 a. C.

Come un alito di fuoco si libra l'estate sulla città dai sottili, bianchi minareti e dalle strette, sudicie strade argillose. Per un europeo questo calore è snervante, insopportabile. Paul-Émile Botta, il nuovo agente consolare francese, sfugge a quel caldo di serra tutte le volte che gli è possibile, e va a respirare un po' d'aria libera cavalcando lungo il Tigri. Ma ben presto egli si sente attratto da alcune aride colline che sorgono sulla riva opposta del Tigri. Ciò non ha nulla a che fare con i consueti compiti di un agente consolare. Ma *monsieur* Botta è un uomo colto. Ha seguito con molto interesse una dotta controversia, scoppiata a causa di un nome: Ninive! Nessuno è in grado di dire dove si trovasse questa città. Ipotesi si oppone a ipotesi. Una di queste indica la regione di Mossul. Aggirandosi fra le gobbe di sabbia bruno-gialla sull'altra riva del fiume, Botta nota numerosi frammenti di mattoni. Si tratta di modesti frammenti, insignificanti. Nondimeno egli vi accenna in una lettera che invia a Parigi. In risposta riceve uno scritto da *monsieur* Hohl, segretario della Société Asiatique, che lo incoraggia a esaminare con maggior attenzione il terreno.

Botta assume a proprie spese una squadra d'indigeni. Nei tipici canotti rotondi del Tigri passano sulla riva opposta per scavare i cumuli di terreno.

A questo primo tentativo da parte di un europeo moderno di attaccare l'antica Ninive e di strapparle i suoi segreti rimane negato il successo. Botta fa scavare su parecchi pendii. Si scava per parecchie settimane, ma il risultato è nullo. Botta si rende conto di sprecare il suo denaro e, deluso, interrompe la spedizione privata, iniziata con tanto entusiasmo.

Forse non si sarebbe più curato di ulteriori ricerche in questa regione, se non fosse venuto a sapere qualche cosa che gli infonde nuovo slancio. A Khorsabad, villaggio distante 11 chilometri a nord, sembra che degli arabi, occupati nei lavori agricoli, abbiano trovato delle grandi colonne!

Nei primi giorni del marzo 1842 Botta si trova sul posto coi suoi operai. Comincia il lavoro del piccone. In quello stesso giorno si imbattono in un'opera muraria, nelle pareti di una grande costruzione.

Botta è più che felice, benchè in quel momento non intuisca ancora di aver risolto un problema storico e scientifico di prim'ordine. Il muro era una parte del primo gigantesco palazzo assiro che, dopo millenni di sonno, doveva ritornare alla luce. In quel momento nacque l'assiriologia. E la prima cosa che si presentò a questa nuova scienza fu, come vedremo subito, un errore.

Ancora una volta la scienza francese dimostrò la sua sicurezza istintiva. L'Académie des Inscriptions, informata in gran fretta

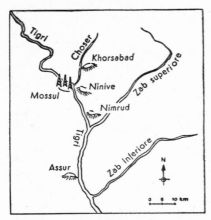

Fig. 49 - Monticelli di macerie delle residenze dei sovrani assiri sul Tigri.

da Botta, riesce ad ottenere che il governo metta subito a disposizione i mezzi finanziari occorrenti. Dapprima non si tratta di un grosso importo, ma il franco oro è ben apprezzato in Oriente. Il Sultano concede il permesso di intraprendere gli scavi.

Incredibilmente cavillose sono le difficoltà fatte a Botta dalle autorità locali di Mossul. Ora gli scavi a trincea fanno nascere il sospetto che si tratti di opere militari; ora i primitivi ricoveri dei membri della spedizione fanno pensare ad accantonamenti per truppe. Sembra che il grande scavo debba venir impedito con qualunque mezzo. Più di una volta Botta è costretto a chiedere aiuto a Parigi, e la diplomazia francese deve intervenire.

Malgrado tutto, vengono liberate dalla sabbia parti di grandiosi palazzi.

Eugène N. Flandin, un noto disegnatore francese, specializzato in antichità, aveva ottenuto dal Louvre l'incarico che oggi spetterebbe al fotografo di una spedizione. La sua matita mise fedelmente in carta ciò che veniva via via messo allo scoperto. I disegni furono raccolti in un magnifico volume e la grandiosa opera ricevette, come coronamento, il titolo superbo: *Le monument de Ninive*. Botta infatti era convinto di aver trovato nei pressi di Khorsabad la biblica città di Ninive. Ma questo era un errore.

Se egli, sulle colline di fronte a Mossul, dove due anni prima, scoraggiato, aveva sospeso i lavori, avesse fatto scavare ancora pochi centimetri in profondità, avrebbe fatto la grande scoperta della sua vita. Così il merito di aver trovato Ninive spetta a Henry Layard, che nel 1845, per incarico del governo inglese, intraprese gli scavi nel punto dove Botta aveva rinunciato.

Layard s'imbattè, per così dire al primo colpo di vanga, nei muri dei grandiosi palazzi di Ninive.

Ciò che Botta aveva liberato dalla terra presso Khorsabad era la possente rocca di Sargon, la residenza del re assiro Sargon II. Ma questo risultò soltanto più tardi. Se Botta avesse saputo leggere le tavole serbate nel suolo presso Khorsabad, non sarebbe mai caduto in errore. « Dur-Sharrukin », « castello di Sargon », si leggeva in scrittura cuneiforme, la quale però nel 1842 non era stata ancora definitivamente decifrata. La chiave della traduzione trovò la riprova soltanto quindici anni dopo.

Nel 1857 gli inglesi Rawlinson e Hincks e il franco-tedesco Oppert traducono in modo identico un testo, indipendentemente uno dall'altro. La decifrazione della scrittura cuneiforme assira è pertanto assicurata.

Nell'ottobre 1844, le tavole in bassorilievo e i testi degli Annali conservati da Botta insieme con statue e blocchi di colonne iniziarono un viaggio avventuroso. Partito da Khorsabad, il prezioso carico scese beccheggiando su barche e zattere il corso del Tigri. A Basra sul Golfo Persico il carico prezioso fu trasferito sulla « Cormoran », che ben presto partì per l'Europa. Parigi visse un momento sensazionale che attirò l'appassionato interesse sia di vasti strati della popolazione, sia degli eruditi.

Nelle magnifiche sale create nel Louvre da Percier e Fontaine, il « re borghese » Luigi Filippo, in una cerimonia solenne, il primo maggio 1847 consegnò al pubblico la collezione delle prime testimonianze attinenti ai racconti biblici. Così venne fondato il primo museo assiro del mondo.

Le colline dell'antica Ninive donarono al mondo la più importante collezione di documenti dell'antichità.

La storia della scoperta non fu disgiunta da qualche amarezza per la Francia. Quando cominciarono le esplorazioni inglesi, anche i francesi si erano riservati una parte delle colline.

Nell'ambito degli scavi inglesi venne alla luce un palazzo gigantesco; vi si identificò la storica, biblica Ninive. Ma che cosa dormiva dall'altra parte, nel settore francese? L'archeologo Rassam colse a volo un'occasione favorevole. Approfittò dell'assenza del suo capo, il direttore degli scavi Rawlinson, e dell'argentea luce lunare, per intraprendere un'abusiva escursione sul terreno riservato alla Francia. Di primo acchito scoprì il palazzo di Assurbanipal con la celebre biblioteca di questo sovrano, la più famosa dell'antico Oriente. 20.000 tavole in scrittura cuneiforme passarono al Museo Britannico.

Esse contengono la sostanza storica e spirituale del paese dei due fiumi, dei suoi popoli, regni e destini, delle sue civiltà e religioni, fra cui la storia del diluvio universale dei sumeri e l'epopea di Gilgamesh.

Un libro della storia del nostro mondo, fino allora chiuso e misterioso, si aprì d'un tratto pagina per pagina. Sovrani, città, guerre e storie, di cui gli uomini non avevano avuto notizie se non dall'Antico Testamento, si svelarono come fatti reali.

Frattanto si è dimenticato che cosa desse l'impulso alle emozionanti esplorazioni e scoperte: senza la Bibbia non si sarebbero forse mai iniziate quelle ricerche!

Verso la metà del secolo passato si sono ritrovati Ninive, il castello di Sargon, e nel Tell Nimrud anche il *Cale* della Genesi, che *Nemrod edificò* (Gen., 10, 11). Ma passarono decenni, prima che l'immensa quantità di testi cuneiformi, decifrati e tradotti, fosse accessibile a una cerchia più vasta. Soltanto alla svolta del secolo furono pubblicate alcune opere riassuntive, compilate da eruditi, con la traduzione di una parte dei testi, fra cui gli Annali dei sovrani assiri Tiglath-Pileser, e altri concernenti il « soldato Ful », Sargon, Sanherib e Asarhaddon, noti dall'Antico Testamento.

Da allora queste opere costituiscono in tutto il mondo parte integrante delle biblioteche universitarie e di stato, di istituti e di seminari. Una eccezionale miniera di notizie, diligentemente studiate, di cui si valgono storici, assiriologi, studenti di teologia, ossia specialisti. Ma chi altri legge quei testi, chi altri li conosce? E pensare che, anche a tener conto solo dei bassorilievi, si potrebbe aggiungere alla Bibbia tutta una serie di illustrazioni storiche interessantissime!

I documenti assiri contengono una quantità di cose interessanti e chiarificatrici che comprovano la verità storica della Bibbia. Botta trovò nel castello di Sargon presso Khorsabad le relazioni del re sulle sue spedizioni in Siria e Palestina e sulla conquista della Samaria in Israele.

« ... Nel mio primo anno di regno assediai e conquistai Samaria. » Re Sargon II regnò dal 721 al 705 a. C. Il regno settentrionale d'Israele crollò pertanto nell'anno 721 a. C. (IV Re, 17, 6).

29 Verso il 925 a. C., uno scolaro di Gazer incise, come esercizio di scrittura, queste regole agricole su una pietra calcarea. Questo scritto, il più antico della Palestina, indusse lo stato d'Israele a intraprendere a Gazer la coltura del lino.

30 Recipienti d'avorio per unguenti, in forma di anatre sull'acqua, mostrano l'abilità artistica dei gioiellieri di Ugarit nel copiare gli ambiti modelli egiziani.

31 « *In quel giorno il Signore toglierà via lo sfoggio delle calzature, e le lunette, e le collane ed i monili, e i braccialetti e le tiare* » (Is., 3, 18. 19), ammoniva il profeta Isaia nell'VIII sec. a. C. — 2680 anni dopo, il direttore degli scavi francesi nel « Porto Bianco » dichiarava, riferendosi ai pendagli d'oro qui riprodotti: « Nei testi di Ras-Shamra noi troviamo non solo menzionati questi ciondoli, ma anche gli ornamenti che Geova, nel citato passo di Isaia, vuole togliere, un giorno, alle vanitose figlie di Sion. »

« Gente dei paesi, prigionieri di guerra nelle mie mani feci abitare in essa. Imposi come governatori miei funzionari e li costrinsi a tasse e a tributi, come gli assiri, » si legge della conquista della Samaria negli Annali. L'Antico Testamento descrive la tattica sradicatrice, adottata anche in questo caso da dittatori spietati, praticata dagli assiri allora per la prima volta in grande stile: *Il re d'Assiria fece venire abitanti da Babilonia, da Cuta, da Ava, da Emat e da Sefarvaim e li stabilì in luogo dei figli d'Israele nelle città di Samaria; essi presero possesso della Samaria e si stabilirono in quella città* (IV Re, 17, 24).

Molte decine di migliaia di persone furono cacciate con la violenza dalla loro patria, relegate in paesi stranieri, mentre i vuoti vennero riempiti con deportati da altre regioni.

Era chiaro lo scopo: le peculiarità nazionali, quindi la volontà di resistenza, dovevano essere distrutte. La « Fertile Mezzaluna » fu sconvolta, i popoli vennero frammischiati; un vario accostamento di razze e di culti si trasformò in un miscuglio.

La sorte di Samaria non fu diversa. La sua composita popolazione si chiamerà più tardi « samaritana ». « Samaritano » diventa una parola ingiuriosa ed esprime repulsione. Sia in senso nazionale che in senso religioso i samaritani diventano oggetto di disprezzo: *perchè i giudei infatti non s'affiatarono coi samaritani* (Giov., 4, 9). Solo Gesù racconterà la parabola del *samaritano misericordioso*, trasformando così una parola offensiva in un concetto di pratico amore del prossimo (Luca, 10, 30 segg.).

Il popolo del regno settentrionale e, con esso, il reame, furono sommersi e, assorbiti dalla popolazione in paesi stranieri, non riaffiorarono mai più nella storia. Tutte le ricerche volte a trovare dove siano andate a finire le dieci tribù che avevano abitato la Samaria non hanno approdato a nulla.

3 - Giuda sotto il giogo di Assur

*Speranze alla morte di Sargon — Un impiastro di fichi risana re
Ezechia — Una sperimentata ricetta dell'Oriente antico — Merodac-Baladan — Amico dei giardini e ribelle — Riarmo segreto in
Giuda — Acquedotto attraverso le rocce di Gerusalemme — Un'i-
scrizione descrive la costruzione di un traforo ordinata da Ezechia
— La sorte di Lachis su un bassorilievo di pietra — Tracce
di carri armati assiri sulle rovine — Una ritirata misteriosa —
Erodoto parla del re e del topo — Starkey scopre una tomba
di appestati — Asarhaddon descrive come giunse al trono.*

PER QUESTO IO PIANGERÒ E FARÒ LAMENTI, ANDRÒ SPOGLIATO
E NUDO, MANDERÒ URLA DOLENTI COME LE FIERE, E GEMITI COME
GLI STRUZZI. / PERCHÈ LA SUA PIAGA È DISPERATA, È PENETRATA
FINO IN GIUDA, HA TOCCATO LA PORTA DEL MIO POPOLO FINO IN GERU-
SALEMME (Michea, 1, 8. 9).

In Giuda più di uno si sarà probabilmente compiaciuto della
rovina del fratello nemico. Sopraffatto dal dolore, il profeta Michea è assalito però da un terribile timore alla notizia. Egli
intuisce che il colpo che ha fatto scempio della Samaria sarà in-
ferto un giorno anche a Giuda, alla città di Gerusalemme. A quel
tempo era re di Giuda Ezechia, [1] e *fece in tutto ciò che è giusto
al cospetto del Signore...* (IV Re, 18, 3). Da quando il padre di
Ezechia, nel 733 a. C., si era sottomesso volontariamente a Tiglath-Pileser III, Giuda era diventato uno stato vassallo, i cui
tributi venivano diligentemente registrati a Ninive. Ezechia non
aveva intenzione di continuare sulla strada di suo padre. Con lui
salì al trono la reazione. *Si ribellò al re di Assiria* (IV Re, 18, 7).
Ezechia non è una testa calda, bensì un uomo intelligente,

1 725-697 a. C.

freddamente calcolatore e lungimirante. Egli sa con esattezza che il suo proposito significa per lui e per il suo popolo un giuoco quanto mai pericoloso e pieno di rischi. A soli cinquanta chilometri di distanza da Gerusalemme risiede a Samaria il governatore assiro, che, sospettoso, lo tiene d'occhio. Un passo sconsiderato, un cenno a Ninive — ed Ezechia sarebbe subito detronizzato e gettato in catene. Il trono non è che un feudo. Perciò Ezechia procede con la massima prudenza e circospezione; *e in tutte le sue imprese si comportò con saggezza* (IV Re, 18, 7).

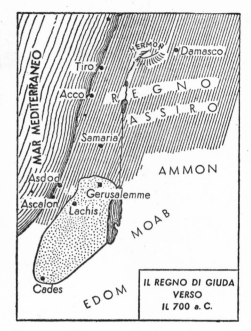

Fig. 50.

Ad Azoto, stato filisteo pure oppresso, scoppiano disordini antiassiri. Questo fatto provoca la formazione di una lega contro gli oppressori venuti dal Tigri.[2] Ezechia intravede una prospettiva favorevole per il suo piano. Simpatizza con la lega, ma ufficialmente non vi prende parte. Egli tratta in segreto.

Gerusalemme riceve in questo tempo la strana visita di uomini d'alta statura da *oltre i fiumi d'Etiopia* (Isaia, 18, 1). Sono ambasciatori etiopici. In Egitto regnava allora Shabaca, un faraone etiopico.

Alle agitazioni di Azoto l'assiro si oppone con la forza delle armi. Un « turtanu », un generalissimo, si avvicina con un esercito. *Nell'anno che il Tartan venne contro Azoto, mandato da Sargon, re degli assiri, e diede l'assalto alla città e la prese...* (Isaia, 20, 1).

Sulle pareti della rocca di Sargon i cronisti della corte descrissero questa spedizione punitiva nel modo seguente « ...Azoto... assediai e conquistai... I suoi dèi, la sua donna, i suoi figli, le sue figlie, ogni avere, il tesoro del suo palazzo insieme con la gente del suo paese presi come bottino. Ripopolai quelle città... »

2 713 a. C.

La lega antiassira si era già disciolta all'avvicinarsi dagli assiri. Il territorio di Azoto divenne una provincia assira.

A re Ezechia non accadde nulla, benchè il suo nome fosse sulla lista nera. Spie assire avevano scoperto il suo giuoco, informando esattamente Sargon II anche sulle trattative segrete di Ezechia col paese del Nilo, come si deduce dal testo inscritto sul frammento di un prisma:

Fig. 51 - Il re assiro Sargon II e il suo tartan (bassorilievo di Khorsabad).

« Filistea, Giuda, Edom e Moab, che progettavano ostilità, infamie senza numero... le quali, per rendermelo nemico, portavano al faraone, al re dell'Egitto... i loro doni in omaggio e gli chiedevano alleanza... »

Nel 705 a. C. si diffonde fulmineamente la notizia che fa sorgere nuove speranze di liberazione dal giogo: Sargon è stato assassinato! Dovunque nella « Fertile Mezzaluna », nelle province assire e negli stati vassalli cominciano complotti, consultazioni, trattative.

In quel tempo Ezechia si ammalò di malattia mortale (IV Re, 20, 1).

Ciò, proprio in quel momento di febbrile attività politica, rappresentava un grosso guaio. Molti stati in Siria e in Palestina guardavano infatti all'intelligente re di Giuda pieni di speranza.

Che cosa si può fare per guarire Ezechia dal suo grave male? *Isaia disse*: « *Portatemi una massa di fichi.* » *Portata che fu, la pose sulla piaga del re e lo curò* (IV Re, 20, 7).

Il corso del mondo è talvolta ricco di strani paralleli e nessi. Così anche nel caso di questa terapia biblica.

Presso il porto di Ras Shamra nella Siria settentrionale archeologi francesi scavarono nel 1939 le rovine della città marittima fenicia di Ugarit, trovandovi frammenti di un antichissimo libro veterinario, contenente prescrizioni per il trattamento di cavalli ammalati e infermi. Il capo delle scuderie del re di Ugarit ha fatto registrare nel trattato, intorno al 1500 a. C., cure sperimentate come questa: « Se un cavallo ha la testa gonfia o il naso ferito, prepara un unguento di fichi e uva passita, mescolati con farina di avena e liquido. La mistura è da versare nelle froge del cavallo. »

Per ogni malattia esiste una precisa ricetta. I rimedi principali sono costituiti da piante e frutti, come senape e liquirizia. Non mancano neppure consigli per il trattamento di cavalli che mordono o — quale moderno allevatore o proprietario di scuderie lo sa? — che nitriscono troppo. A quei tempi, in certe circostanze, il nitrire poteva essere fatale. I cavalli venivano impiegati soltanto per la guerra e per la caccia. Un gruppo di carri da guerra, per quanto ben mascherato in un'imboscata, poteva essere tradito da un improvviso nitrito. E così durante la caccia.

I rimedi elencati sono sperimentati da tempi immemorabili presso i popoli dell'antico Oriente. Si tratta di sostanze medicamentose che possono venir usate con successo anche per l'uomo. Ne fa parte anche il rimedio particolarmente raccomandato nel libro di veterinaria, la « debelah », una specie di focaccia di fichi pressati. Proprio una « debelah » prescrisse il profeta a Ezechia contro il tumore che lo affliggeva. E con successo: dopo tre giorni il re era guarito.

Della farmacopea biblica che in gran parte era costituita da rimedi naturali, molto è andato perduto o è stato dimenticato nel corso della storia. Ma non poco è stato silenziosamente trasmesso da generazione a generazione. Medici svizzeri prescrivono ancora oggi fichi tagliati a pezzetti e bolliti nel latte contro certe forme di ascessi. La « debelah » ricorda inoltre una medicina araba. Un liquido glutinoso ricavato da sciroppo d'uva si chiama in lingua indigena « dibis ».

IN QUEL TEMPO BERODAC-BALADAN [3] FIGLIO DI BALADAN, RE DI BABILONIA, MANDÒ UNA LETTERA E REGALI AD EZECHIA, POICHÈ AVEVA INTESO CHE ERA STATO AMMALATO (IV Re, 20, 12).

Ciò era tra sovrani una consuetudine e faceva parte delle buone maniere nell'antico Oriente. Si mandavano doni e ci s'informava della salute del « fratello ». Nelle tavole d'argilla di El-Amarna se ne legge spesso.

Per Merodac-Baladan [4] la malattia di Ezechia però era soltanto un ben gradito pretesto per entrare in contatto col re Ezechia. La vera ragione di questi gesti di cortesia era riposta in questioni di alta politica.

---

[3] Qui erronneamente Berodac-Baladan. Altrove (Is. 39, 1), in lezione corretta, Merodac-Baladan.
[4] Chiamato in Babilonia « Marduk-aplaiddin ».

Merodac-Baladan, re di Babilonia, fu a lungo, per i lettori della Bibbia come per i dotti, una figura misteriosa. Ormai è accertato che egli era una personalità molto importante al suo tempo; è noto qualcosa anche delle sue abitudini personali. Era, ad esempio, un grande amico dei giardini, o per meglio dire, degli orti e dei frutteti, dove coltivava indivie, barbabietole, cetrioli, timo, coriandolo, zafferano, pesche e nespole. Egli descrisse le varie specie di piante e la loro coltivazione; fu pertanto il compilatore di una orticultura pratica, come con loro grande meraviglia scopersero gli archeologi.

A prescindere dal suo amore personale per il giardinaggio, Merodac-Baladan, come re e come babilonese, fu il più accanito e fiero nemico di Ninive. Nessun altro sovrano nella « Fertile Mezzaluna » ha per decenni tanto incalzato gli assiri, combattendoli duramente, e ha ordito intrighi così tenacemente contro gli oppressori del Tigri al pari di lui.

La morte di Sargon per mano di un omicida chiamò subito in scena anche Merodac-Baladan. Di questo tempo è anche la visita dei suoi ambasciatori a Ezechia. Ciò che fu discusso in realtà durante la visita ufficiale di congratulazioni si legge tra le righe. *Ezechia si consolò tutto all'arrivo di quei messaggeri e mostrò loro il luogo dove stavano gli aromi, l'oro, l'argento... e tutto ciò che poteva avere nei suoi tesori...* (IV Re, 20, 13). Il profeta Isaia si esprime anche più chiaramente (Isaia, 39, 2). Un riarmo segreto, febbrili preparativi per il giorno X, per il grande desiderato duello con Assur, procedevano a pieno ritmo; Ezechia... *riparò tutto il muro che era stato distrutto, costruì torri sopra di esso e fabbricò un secondo muro al di fuori; restaurò Mello nella città di Davide e fece armature e scudi d'ogni sorta* (II Paral., 32, 5).

Le fortificazioni di Gerusalemme vengono rafforzate e munite per un duro assedio, il vecchio muro di cinta viene riattato, le brecce vengono chiuse, si erigono torri. Nella parte settentrionale della città, dov'era il punto più facilmente vulnerabile, viene aggiunto un secondo muro esterno. Ezechia fa perfino *demolire le abitazioni per fortificare le mura* (Isaia, 22, 10). Ma le sue precauzioni non sono ancora complete. *Il resto delle azioni di Ezechia e tutte le sue imprese, come abbia fatto la piscina e l'acquedotto ed introdotto le acque nella città, non è stato forse scritto nelle Cronache dei re di Giuda?* (IV Re, 20, 20).

La Cronaca integra: *Fu questi quell'Ezechia che turò la*

*fonte superiore delle acque di Gion e le deviò sotto terra verso oc-
cidente della città di Davide...* (II Paral., 32, 30).

Gerusalemme, l'antica città di Davide, ha molti luoghi segreti.
Pellegrini di tutto il mondo, giramondo di tre confessioni, cristiani,
ebrei e maomettani vi si recano in
pellegrinaggio. Di rado uno degli
innumerevoli visitatori si spinge
sino a quel buio luogo opprimente fuor delle mura, sprofondato
sotto le rumorose strade della città,
il quale porta eloquente testimonianza di durissimi tempi passati,
pieni di paura e di minaccia. Questo luogo era caduto in oblìo. Fu
scoperto per caso nel 1880. Mostra ancora evidenti tutte le tracce di una fretta febbrile.

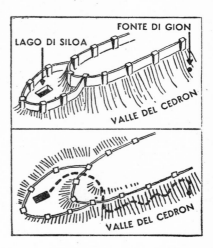

*Fig. 52 - Il grande traforo di Siloa
del re Ezechia in Gerusalemme.*

Davanti alla città, dove a sud-
ovest i pendii scendono dolcemente verso la valle del Cedron, si
specchia una piccola superficie
d'acqua tranquilla, cinta da un
muro. È il lago di Siloa. Due ra-
gazzi arabi giocavano nei pressi e uno di loro cadde nell'acqua.
Nuotando con tutte le sue forze approdò alla riva opposta, ove sopra il lago si erge una parete rocciosa. D'un tratto si trovò nel
buio più fitto; spaurito si mosse a tastoni e scoprì uno stretto corridoio.

Il nome del ragazzo arabo è caduto in dimenticanza, ma non
il suo racconto. Attenendosi a questo, si scoperse un vasto traforo
sotterraneo.

Uno stretto andito largo 60 centimetri e alto solo un metro
e mezzo è aperto nella pietra calcarea. Lo si può percorrere soltanto calzando stivali di gomma e procedendo curvi. A chi vi s'inoltra, l'acqua giunge alle ginocchia. Per mezzo chilometro si procede
a svolte e inavvertitamente si sale. Il canale finisce poi alla fonte
di Maria, che fornisce acqua a Gerusalemme dalle epoche più remote. Ai tempi biblici si chiamava « fonte di Gion ».

Durante l'esplorazione del canale, i tecnici notarono sulla parete, al lume delle fiaccole, parole in ebraico antico.

L'iscrizione, incisa nella roccia a pochi passi dall'ingresso presso il lago di Siloa, dice: « È finito il traforo. E questa fu la storia del traforo: Quando ancora gli operai levavano il piccone gli uni verso gli altri, e mentre dovevano essere traforate ancora tre braccia, si udì uno gridare all'altro che vi era un'apertura nella roccia a destra e a sinistra. E il giorno che il traforo fu compiuto un operaio incontrò l'altro, piccone contro piccone. Allora le acque fluirono dalla sorgente nel lago per milleduecento braccia, e cento braccia era lo spessore della roccia sul capo degli operai che lavoravano. »

Il governo turco, avanti la prima guerra mondiale, fece staccare l'iscrizione. Ora è esposta nel Museo di Costantinopoli.

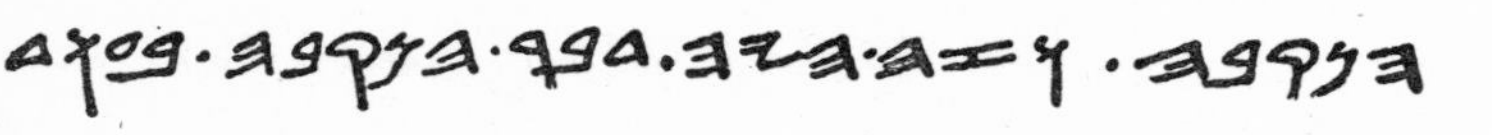

Fig. 53 - « ...il traforo. E questa fu la storia del traforo: quando ancora... » (inizio dell'iscrizione di Siloa).

Questa fu la costruzione dell'acquedotto del re Ezechia.

Durante un assedio l'approvvigionamento d'acqua è il problema capitale. I fondatori di Gerusalemme, i jebusei, avevano spinto la galleria d'ingresso attraverso il monte giù fino alla fonte di Gion; Ezechia ne incanalò, attraverso il monte, fino alla parte settentrionale della città, l'acqua che diversamente sarebbe fluita nella valle del Cedron. Il lago di Siloa si trova entro il secondo muro di cinta da lui costruito.

Il tempo urgeva; truppe assire potevano comparire da un giorno all'altro davanti alle porte di Gerusalemme. Perciò gli operai si misero all'opera da ambo i lati. Le tracce del lavoro dei picconi, come è detto nell'iscrizione, s'incontrano.

È da notare che il corso del canale nella roccia forma due grandi curve a S. Perchè gli operai non scavarono la galleria sotterranea partendo dal Lago Siloa e dalla fonte di Gion lungo la via più breve, ossia in linea retta? Il faticoso lavoro sarebbe stato compiuto in minor tempo; dei 512 metri di lunghezza ne sarebbero stati risparmiati 217.

Nel paese si tramanda di bocca in bocca una vecchia storia, che pretende di sapere perchè si dovettero fare quei rigiri. Tra la fonte e il lago sembra che si trovino, profonde nella roccia, le tombe dei re Davide e Salomone.

Alcuni esploratori vollero indagare su questa strana spiegazione della credenza popolare, controllarono, percotendole sistematicamente, le pareti nello stretto e umido traforo, scavarono pozzi.
Invano.

Nell'anno decimoquarto [5] *del re Ezechia, Sennacherib, re
di Assiria, salì contro tutte le città fortificate di Giuda e le espu-
gnò* (IV Re, 18, 13).

Agli stati di Siria e di Palestina rimasero quattro anni di
tempo per le loro misure di sicurezza. I governatori assiri furono
cacciati. Venne creata una forte lega. I re di Ascalon e di Ecron
si allearono con Ezechia, e l'Egitto promise il suo aiuto in caso di
complicazioni belliche.

Al nuovo sovrano assiro Sanherib [6] tutto ciò non rimane naturalmente celato. Ma egli aveva le mani legate. Dopo l'uccisione
del suo predecessore Sargon, nella parte orientale del regno scop-
piò una ribellione. La forza di propulsione della rivolta era Merodac-Baladan. Non appena Sanherib alla fine del 702 a. C. ridi-
ventò padrone della situazione nel paese dei dui fiumi, egli mosse
verso occidente e sconfisse in una sola campagna i piccoli stati ribelli.

Tutto Giuda viene occupato dalle truppe di Sanherib; Ezechia
si rinchiuse a Gerusalemme. Delle fortezze di confine soltanto Lachis continuò ad opporre resistenza. Sanherib fece attaccare da
tutte le truppe d'assalto questa fortissima piazzaforte.

Chi voglia rivivere plasticamente, drammaticamente fin nei
particolari, la terribile lotta per la conquista di Lachis, deve fare
una visita al Museo Britannico di Londra. Qui hanno trovato posto gli imponenti bassorilievi modellati da testimoni oculari, per ordine di Sanherib, 2650 anni or sono. Sir Henry Layard scavò questi gioielli dal Tell Nimrud.

Sulle torri e sui parapetti della fortezza di Lachis con le sue
alte e solide mura i difensori giudei combatterono con indomabile
accanimento. Rovesciavano sugli attaccanti una pioggia di frecce,
facevano rotolare giù pietre, scagliavano fiaccole incendiarie: le
bombe incendiarie dell'antichità. Chiaramente si distinguono i volti,
i capelli crespi, le corte barbe. Soltanto pochi portano elmi o altro
a protezione del capo o del corpo.

Ai piedi del muro gli assiri attaccano con estrema violenza e
con tutte le armi. Sanherib impiegò tutti i mezzi d'assalto di cui

[5] Qui la cronologia biblica si sbaglia di 10 anni. È l'anno ventiquattro.
[6] 705-681 a. C.

disponeva. Ogni assiro è armato fino ai denti; ciascuno porta corazza ed elmo. I genieri hanno costruito scarpate di terra e pietre
e di alberi abbattuti. Macchine d'assedio — i primi carri armati
del mondo — si lanciano su queste piste contro le mura. Sono

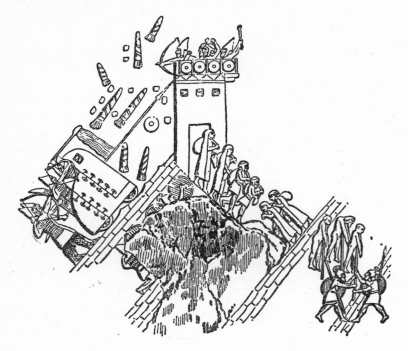

Fig. 54 - L'assalto degli assiri a Lachis, nel 701 a. C.

munite sul davanti di uno sperone che sporge come una canna di
cannone. L'equipaggio consiste in tre uomini. Protetto da una
cupola, lancia frecce un arciere. Un guerriero dirige l'ariete, sotto i
cui colpi violenti si frantumano le pietre e i mattoni delle mura.
Il terzo uomo versa con un ramaiuolo acqua sulla macchina e spegne le fiaccole incendiarie. Sono all'opera contemporaneamente
parecchie unità di carri armati. Gallerie sotterranee vengono scavate nel monte sotto le fondamenta delle mura. Protetta dai carri
avanza la fanteria: gli arcieri, parte in ginocchio, parte curvi, coperti da uno scudiere. I primi uomini e donne fatti prigionieri vengono portati via. Corpi inanimati pendono da travi appuntite. Sono
gli impalati.

James Lesley Starkey, un archeologo inglese, liberò le mura della fortezza di Lachis. Vi si vedono ancora oggi chiaramente i fori e le brecce prodotti dai carri assiri.

In mezzo alla mischia, al frastuono dell'assedio per la conquista della fortezza al confine di Giuda, risuonò un ordine di Sanherib: *Mandò poi il re d'Assiria al re Ezechia da Lachis a Gerusalemme Tartan, Rabsaris e Rabsace con una forte armata...* (IV Re, 18, 17).

Ciò significava l'attacco a Gerusalemme.

Gli storiografi del re assiro scrissero anche ciò che avvenne allora. Sopra un prisma esagonale di argilla, trovato nei mucchi di macerie di Ninive, si legge: « Ed Ezechia di Giuda che non si era sottomesso al mio giogo... lo rinchiusi come un uccello in gabbia in Gerusalemme, sua capitale. Preparai contro di lui trincee e chi uscì dalla porta della città venne punito per il suo delitto. Le sue città, che avevo saccheggiato, furono da me separate dal suo paese... »

Ora doveva veramente seguire la notizia della caduta di Gerusalemme, della conquista della capitale. Ma il testo prosegue: « Egli però, Ezechia, fu abbattuto dalla paura dello splendore del mio dominio... Egli mi fece mandare a Ninive 30 talenti d'oro... un pesante tesoro, nonchè le sue figlie, le sue dame di palazzo, i cantori e le cantatrici. E per consegnarmi i suoi doni e rendermi onore, inviò il suo ambasciatore. »

Questa è la relazione, boriosamente gonfiata, di un semplice pagamento di tributo, null'altro.

Il re d'Assiria comandò allora ad Ezechia, re di Giuda, di dargli trecento talenti d'argento e trenta talenti d'oro (IV Re, 18, 14).

Immediatamente i testi assiri passano dalla descrizione dell'evento bellico al versamento del tributo di Ezechia. Nello stesso momento in cui tutto il paese era ormai conquistato e l'assedio di Gerusalemme, l'ultimo punto di resistenza della ribellione, era in pieno corso, avvenne qualcosa d'inatteso: Sanherib — cinque minuti prima delle dodici — troncò l'attacco. Soltanto qualcosa di veramente straordinario poteva averlo indotto a interrompere la lotta. Che cosa poteva essere accaduto?

Mentre le relazioni assire tacciono al riguardo, la Bibbia dice: *Quella notte l'angelo del Signore venne e colpì negli accampamenti degli assiri centottantacinquemila uomini. Quando si levò il mattino, Sennacherib, re degli assiri, visti tutti quei corpi morti, si allontanò / e fece ritorno a Ninive, dove rimase* (IV, Re, 19, 35. 36).

Erodoto di Alicarnasso, il più famoso viaggiatore dell'antichità, storiografo e compilatore del primo Baedeker, ci aiuta a sciogliere l'enigma. L'amico di Pericle e di Sofocle, nato verso il 500 a. C., possedeva un vivo senso per tutto ciò che di strano vi è negli uomini e nei popoli. Come un questionario personificato, durante i suoi viaggi attraverso l'antico Oriente egli si informava di tutto ciò che gli appariva interessante e ignoto. In Egitto ebbe una lunga conversazione con un sacerdote del tempio che confidò al greco avido di sapere una storia singolare.

In Egitto un sacerdote, che disprezzava la classe dei guerrieri, divenne re quando Sanherib con un grande esercito mosse contro il paese del Nilo. I guerrieri egiziani però, che erano stati trattati con disprezzo dal re, rifiutarono d'impugnare le armi. Il re-sacerdote era corso allora tutto disperato nel tempio. Lì aveva appreso che la divinità gli sarebbe venuta in aiuto. Allora il re, seguito non da guerrieri, ma da merciai, artigiani e da gente del mercato, si era accinto ad affrontare Sanherib. Sui passi del paese « si era riversato di notte sui loro avversari uno sciame di topi campagnoli... avevano roso le faretre e gli archi, anche le corregge degli scudi, sicchè, il giorno seguente, privi di armi i nemici fuggirono, mentre molti vennero uccisi. Perciò ora, » così terminano le informazioni di Erodoto, « questo re sta nel sacrario di Efesto con in mano un topo, il quale dice per iscritto: " Guardami e resta incolume. " »

Fig. 55 - Il re Sanherib sul trono, dinanzi a Lachis conquistata (particolare di un dipinto sulla campagna bellica).

Per quanto sembri oscuro il senso di questa leggenda del culto, il suo nocciolo è storico.

Il topo, per i popoli dell'antichità — come si vede anche nella Bibbia (I Re, 6, 5) —, aveva il medesimo significato del ratto nel medio evo. È il simbolo della peste!

Al margine della città di Lachis l'archeologo Starkey trovò nell'anno 1938 una prova impressionante: una fossa comune scavata nella roccia, contenente 2000 scheletri umani, indubbiamente gettativi dentro in gran fretta.

L'epidemia deve aver infierito in modo davvero disastroso tra i guerrieri assiri.

Il dramma della spedizione era finito e Gerusalemme si era salvata ancora una volta. Ma, tutt'intorno, il paese di Giuda presentava un aspetto terribile. *« E sarà lasciata la figlia di Sion, »* lamenta il profeta Isaia, *« quale un frascato in una vigna, quale una capanna in un cocomeraio, come una città smantellata. / Disertata è la vostra terra, le città vostre arse dal fuoco, il vostro paese... divorato dagli stranieri e resterà desolato come in una devastazione nemica »* (Isaia, 1, 8, 7).

Fig. 56 - *Accampamento assiro del tempo di Sanherib in un bassorilievo di Ninive.*

Soltanto il pensiero della meravigliosa salvezza della città di Davide infonde nel popolo duramente provato nuova speranza e nuovo coraggio.

Senza esitare, il popolo si dedica con tutte le sue forze alla ricostruzione che, non disturbata da Ninive, si svolge molto rapidamente.

Sanherib infatti non tornerà mai più, perchè i due anni successivi sono pieni delle campagne e delle battaglie del despota di Mesopotamia.

Sanherib muore poi, come suo padre Sargon, per mano omicida. *Mentre era in adorazione nel tempio di Nesroc, suo dio, Adramelec e Sarasac suoi figliuoli lo colpirono di spada e se ne fuggirono nel paese degli armeni e Assaradon suo figlio regnò invece di lui,* riferisce concisamente e obiettivamente la Bibbia (IV Re, 19, 37).

Asarhaddon stesso, il successore al trono, narra per esteso e in modo pittoresco i giorni turbolenti che seguirono a Ninive: « Una perfida aspirazione s'impadronì dei miei fratelli... Essi si ribellarono. Per esercitare il potere reale uccisero Sanherib. Come un leone m'infuriai, il mio animo fremette... »

Malgrado il freddo intenso, tra neve e ghiaccio, egli si mette in moto, senza esitare, nell'undicesimo mese dell'anno 681 a. C., per abbattere i suoi nemici. « Quei ladri del trono... fuggirono in un paese sconosciuto. Raggiunsi la riva del Tigri, feci balzare le mie truppe attraverso il largo Tigri come oltre un canale. Nell'Ad-dar[7] ...entrai in Ninive... gioiosamente. Mi sedetti gaio sul trono di mio padre. Soffiava il vento australe... le cui folate sono favorevoli all'esercizio del potere reale... Io son Asarhaddon, il re del mondo, il re d'Assiria... il figlio di Sanherib... »

---

[7] Il dodicesimo mese.

4 - I culti corruttori di Canaan

Gli « orrori dei pagani » — Due parole dei profeti — Filone di Biblo, testimonio — Il Padre della Chiesa Eusebio non trova fede — Un contadino che ara s'imbatte in Ugarit — Fine di una potente città marittima — Schaeffer scava presso la « testa di finocchio » — La biblioteca nell'abitazione del sacerdote — Tre dotti decifrano un alfabeto sconosciuto.

MANASSE AVEVA DODICI ANNI, QUANDO COMINCIÒ A REGNARE, E NE REGNÒ IN GERUSALEMME CINQUANTACINQUE... / EGLI SI DIPORTÒ MALE AL COSPETTO DEL SIGNORE, ABBANDONANDOSI ALL'IDOLATRIA DELLE GENTI, CHE IL SIGNORE AVEVA STERMINATO DINANZI AI FIGLI D'ISRAELE (IV Re, 21, 1. 2).

« Idolatria delle genti, » dice la relazione ufficiale. Isaia, il più grande profeta e contemporaneo del re Manasse [1], si esprime più chiaramente quando con amarezza si lagna: « *Ahimè, come s'è prostituita la città fedele, piena di rettitudine!* » (Isaia, 1, 21). Al pari di Isaia, anche tutti gli altri profeti elevano attraverso i secoli, dura e inconfondibile, sempre la stessa rampogna che sembra così mostruosa al lettore della Bibbia.

Come un filo rosso l'accusa corre attraverso molti libri dell'Antico Testamento, accompagnando le alterne vicende dei figli d'Israele.

Essa risuona dal tempo in cui, dopo una lunga peregrinazione nel deserto, verso il 1230 a. C. Israele raggiunse il Giordano... (Num., 25, 1. 2). Riecheggia dal tempo dei Giudici... (I Re, 2, 22). Si riode all'epoca dei due regni, di Giuda... (IV Re, 14, 23. 24), come pure al tempo del regno settentrionale d'Israele... (Osea, 4, 13. 14).

[1] 696-642 a. C.

Non ammutolisce neppure negli anni della prigionia presso le acque di Babilonia nel sesto secolo a. C... (Ez., 16, 16).

Ancora millecinquecento anni dopo che i libri biblici furono introdotti in Europa, il loro contenuto fu spiegato al popolo esclusivamente da sacerdoti e monaci, perchè erano scritti in greco, latino ed ebraico. Soltanto nel medio evo, quando le prime traduzioni stampate poterono essere acquistate da ognuno, quando a poco a poco innumerevoli persone lessero la Bibbia, queste vi incontrarono brani che le spaventarono. Nella Bibbia si parlava di prostitute! È naturale che ciò fosse pressochè incomprensibile a gente le cui case e abitazioni si trovavano ancora sotto la protezione di cattedrali e chiese tendenti verso il cielo.

Che cosa poteva sapere l'uomo dell'Occidente, per il quale Dio « era una forte rocca », dei culti del paese dove la Bibbia un giorno era stata scritta? Le crociate avevano portato molte notizie orrende riguardanti i selvaggi e pagani saraceni; ma cose scandalose sino a quel punto non si erano mai udite!

I profeti e i cronisti dovevano apparire uomini che nel loro zelo per Geova e nella loro ira contro i culti stranieri si erano proprio spinti un po' troppo oltre. Da questo rimprovero la Bibbia non si liberò fino ai giorni nostri.

Vi è un testimonio laico di ciò che la Bibbia definisce « idolatria delle genti ». Filone di Biblo, un dotto fenicio, vissuto cento anni prima di Cristo, aveva raccolto ricco materiale nella sua patria e scritto la *Phoinikika,* la « Storia fenicia ». Essa si occupa, risalendo fino al più remoto passato, degli eventi storici nelle città di mare e nelle repubbliche costiere di Canaan e descrive inoltre le divinità, le mitologie e i culti fenici. Come fonte attendibile della sua opera, Filone di Biblo nomina il già citato sacerdote fenicio Sanchuniathon, che visse nel XII sec. a. C. Allorchè un giorno, a causa di un terremoto, le colonne coperte d'iscrizioni del tempio di Melikertes a Tiro crollarono, Sanchuniathon ne copiò ciò che vi era stato scritto in tempi remotissimi.

Il vescovo Eusebio di Cesarea in Palestina scoprì nel 314 d. C. gli scritti di Filone di Biblo e ne diede notizia. Parecchie cose, soprattutto la mitologia e i culti, parvero così orripilanti, che ci si rifiutò di prendere per moneta buona le degenerazioni sessuali a cui si accennava.

Sopra i baal di Canaan stava al primo posto il dio El. Sua sposa era Ashira, una dea che viene menzionata anche nella Bibbia. El sposò le sue tre sorelle, delle quali una era Astarte. Col

Nei riti per i vivi svolgeva una grande parte la mandragola. Gli antichi cananei ed i fenici attribuivano a questa radice carnosa proprietà afrodisiache. Credevano che possedesse la virtù di suscitare l'amore e di guarire la sterilità.

Crudeli e selvagge sono Astarte e Anath, in pari tempo dee della fecondità e della guerra. L'epopea di Baal rinvenuta a Ugarit descrive così la dea Anath: « Con forza mieteva gli abitanti della città; uccise il popolo della costa del mare; distrusse gli uomini dell'Oriente. » Spinse gli uomini nel suo tempio e chiuse le porte, affinchè nessuno potesse fuggire. « Gettò sedie sui giovanetti, tavoli sui guerrieri, panche sui robusti guerrieri. » Diguazzava nel sangue fino alle ginocchia, anzi fino al collo. Ai suoi piedi giacevano teste umane, sopra di lei volavano di qua e di là mani umane come cavallette. Si legava le teste delle sue vittime come ornamento sulla schiena, se ne appendeva le mani alla cintura. « Il suo fegato s'ingrossava per le grandi risa, il suo cuore esultava di gioia, il fegato di Anath era pieno di tripudio. » « Quando era soddisfatta », si lavava le mani nel sangue umano, per dedicarsi di nuovo ad altre cose.

Anath è sorella e sposa di Baal, il dio delle tempeste e delle piogge. Suo simbolo è la testa di toro. Baal feconda il bestiame sui pascoli con la pioggia, affinchè diventi grasso. Si preoccupa anche della riproduzione di esso. Quando, nell'avvicendamento delle stagioni, egli muore e viene sopraffatto, « come il toro sotto il coltello del sacrificatore », questi compiti vengono assunti da suo figlio.

A Ugarit il prof. Schaeffer trova anche piccole immagini e amuleti di Astarte. Sono di argilla e oro e rappresentano la dea nuda. Serpenti e colombe, famosi nell'antico Oriente per la loro fecondità, sono i suoi simboli.

Le dee della fecondità venivano adorate soprattutto sulle montagne e sulle alture. Qui si erigevano loro gli altari, si piantavano i « sacri pali », alberi sotto i quali si svolgevano i riti, come dice ripetutamente la Bibbia: *Poichè si edificarono altari e statue e boschi sacri sopra ogni alta collina e sotto ogni albero fronzuto* (III Re, 14, 23). Sul genere degli atti « rituali » non c'è dubbio da quando si effettuarono gli scavi a Ugarit.

Fig. 58 - Piastrina d'oro con la dea della fecondità.

Solo da quando i risultati delle ricerche scientifiche sugli dèi di Canaan e i culti della Fenicia sono a nostra disposizione, possiamo misurare appieno quale immensa lotta morale ebbero a sostenere i figli d'Israele.

Quanto grande era per un semplice popolo di pastori la tentazione, quanto pericolosi erano gli allettamenti! Più di una volta i culti di Baal avevano preso piede, si erano spinti fino al tempio di Geova, fino al tabernacolo.

Senza la sua severa legge morale, senza la fede in un solo Dio, senza le dominanti figure dei suoi profeti, Israele non avrebbe mai potuto trionfare delle seduzioni di Baal, dei riti di prostituzione delle dee della fecondità, degli altari e dei boschi sacri.

E questo era il motivo dei « passi scandalosi ». A causa delle documentazioni, non era qui lecito sottacerlo.

5 - *Ninive, la potenza mondiale, crolla*

Assurbanipal saccheggia Tebe — Impero dal Nilo al Golfo Persico — Il « grande e glorioso Asenafar » — Caccia grossa con arco e frecce — La potenza assira si estingue — Nella morsa di due potenze — Medi e caldei si armano — Orde di sciti in Palestina — Ninive distrutta — Respiro di sollievo nella « Fertile Mezzaluna » — Errore di copiatura nel testo biblico — Una scoperta di Gadd a Londra — Il principe ereditario Nebukadnezar di Babilonia.

SEI TU FORSE MEGLIO DELLA POPOLOSA NO-AMON, COLLOCATA IN MEZZO AI FIUMI... / L'ETIOPIA ERA LA SUA FORZA E L'EGITTO... / MA ANCH'ESSA FU CONDOTTA IN ESILIO IN ISCHIAVITÙ, I SUOI BAMBINI FURONO SFRACELLATI AI CANTI DI TUTTE LE STRADE... (Naum, 3, 8-10).

Nel 663 a. C. gli assiri riportarono il più grande trionfo di tutta la loro storia. Re Assurbanipal[1] conquistò No-Amon, la capitale dell'Egitto superiore, che, secondo Omero, aveva cento porte e fino allora era ritenuta impenetrabile. I greci la chiamavano Tebe. Questo avvenimento suscitò immenso scalpore nel mondo dell'antico Oriente, dalla « Fertile Mezzaluna » fino in Grecia. Gli assiri saccheggiarono la metropoli, i cui templi contenevano smisurate ricchezze. « Tutta la città conquistai... argento, oro, pietre preziose, tutte le proprietà del suo palazzo, vesti variopinte, lini, magnifici cavalli, schiavi e schiave, due grandi obelischi di bronzo lucente del peso di 2500 talenti, le porte del tempio levai dal loro posto e le portai in Assiria. Un immenso bottino d'inestimabile valore condussi meco da Tebe, » dice trionfante Assurbanipal.

La macchina bellica assira aveva fatto *tabula rasa* della città dei templi sul Nilo. Gli scavi confermarono pienamente la catastro-

---

[1] Sardanapalo dei Greci. (*N.d.T.*)

fe descritta dal profeta Naum e dal conquistatore stesso. La metropoli dell'Egitto superiore non si rimise mai più da tale disastro.

Dopo questa spedizione il mondo d'allora giaceva ai piedi degli assiri. Dal corso superiore del Nilo ai monti dell'Armenia e alla foce dell'Eufrate i popoli erano soggiogati e gli stati abbassati a vassalli.

Non appena l'Assiria ebbe raggiunto l'apice del potere, subito

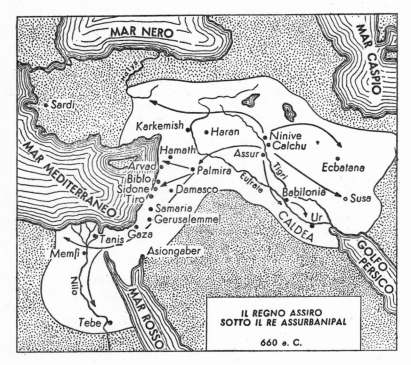

Fig. 59.

la forza del grande regno cominciò a paralizzarsi. Assurbanipal non è più un conquistatore e un generalissimo della statura di suo padre Asarhaddon, per non parlare del suo potente nonno Sanherib. Assurbanipal, il « grande e glorioso Asenafar » (Esd., 4, 10), ha già altri interessi.

Dopo la lunga serie di tiranni macchiati di sangue, questo assiro si è conquistato per primo un merito inapprezzabile. Egli fece copiare le grandi opere della letteratura accadica, alla quale appartiene la grande epopea babilonese della creazione del mondo; fece compilare dizionari e grammatiche delle varie lingue che venivano parlate nel suo gigantesco impero. La biblioteca da lui fondata a Ninive è la più grande e importante di tutto l'antico Oriente. Senza questa preziosa collezione, l'umanità sarebbe molto più povera per quanto riguarda il patrimonio d'idee e la poesia risalenti ai primissimi tempi della « Fertile Mezzaluna ».

Tuttavia, la natura selvaggia di questo ultimo importante rampollo delle dinastie di sovrani assiri non era totalmente domata. Accanto all'arte e alla letteratura egli amava la caccia. Assurbanipal è il gran cacciatore di belve nel vero senso della parola e i suoi successori in questa attività difficilmente gli potrebbero stare a pari. Non con l'aereo o con la jeep corazzata a 100 chilometri all'ora, non col fucile a cannocchiale che, da sicura distanza, dove nessun colpo di zampa o di dente d'elefante minaccia, permette il tiro mortale, questo grande cacciatore dell'antichità affronta le fiere. Sui magnifici e vivaci grandi rilievi, trovati nei suoi palazzi sul Tigri, egli va a caccia su un leggero carro a due ruote o anche solo a cavallo, con freccia ed arco, con uno spiedo a mano. « 30 elefanti, 257 animali selvaggi, 370 leoni, » conta, secondo i testi cuneiformi, la sua superba battuta.

« *Guai alla città di sangue... cadaveri senza fine, corpi che fanno inciampo caduti l'uno sull'altro...* » (Naum., 3, 1. 3).

Così il profeta Naum annuncia la fine di Ninive, la fine dell'impero di secolare tirannia sanguinosa.

Con la morte di Assurbanipal [2] inizia improvviso e rapido il crollo. Le nuove grandi potenze degli indoariani e dei semiti attanagliano la struttura gigantesca e si suddividono tra loro l'enorme bottino.

A nord-est fra le montagne dell'Iran era sorto il regno dei medi. Allora « assunse il potere Ciassare », scrive Erodoto, « il quale riunì sotto di sè tutta l'Asia al di là dell'Halys.[3] Riunì quindi tutti coloro sui quali esercitava il dominio e mosse contro Ninive, per impadronirsi di questa città.

A sud-est del paese dei due fiumi, gli assiri dovevano fronteggiare il secondo minaccioso nemico. Dal margine della regione a sud della foce dell'Eufrate, dove si trovava anche « Ur della Caldea », erano penetrate tribù semitiche e avevano apportato al vecchio re-

[2] 626 a. C.
[3] Oggi: Kizil Irmak. (*N.d.T.*)

gno intorno a Babele forze fresche. Si chiamavano « caldei ». Merodac-Baladan, che un secolo prima aveva fatto parlare di sè e per decenni aveva creato ad Assur gravi difficoltà, era stato uno di loro.

Frattanto i suoi compatrioti erano riusciti a invadere tutto il paese in sempre nuove ondate. Nel 625 a. C. un caldeo s'impadronisce del dominio della parte meridionale della Mesopotamia. Nabopolassar diventa re e fondatore del nuovo regno babilonese. Anche i caldei conoscono soltanto un meta: l'annientamento dell'Assiria.

Mentre nel nord e nel sud le due potenze stanno in agguato per assestare all'Assiria il colpo mortale, irrompe dallo spazio caucasico nella « Fertile Mezzaluna » un'orda selvaggia, avanza attraverso la Media e inonda il regno assiro: sono gli sciti. Saccheggiando e incendiando, essi irrompono dalla Mesopotamia, oltre la Palestina, sino ai confini dell'Egitto.

Attraverso la pianura costiera sul Mediterraneo si precipitano in corsa sfrenata gl'indomabili cavalieri sciti. Una fama terribile li precede. Gli abitanti di Giuda devono averli veduti dai loro monti; il profeta Sofonia prevede rabbrividendo ciò che dovrà avvenire: *Perchè Gaza sarà distrutta, Ascalon disertata, Azoto espulsa in pieno meriggio e Accaron rasa al suolo... La sera si coricheranno nelle case di Ascalon...* (Sof., 2, 4. 7).

« Mossero contro l'Egitto, » narra Erodoto, « e quando furono nella Siria palestinese venne loro incontro Psammetico,[4] e con regali e preghiere li trattenne dall'avanzare ulteriormente. E allorchè gli sciti ritirandosi giunsero nella città sira di Ascalon, alcuni pochi rimasti indietro saccheggiarono il santuario dell'Afrodite Urania. Quegli sciti che si erano dati al saccheggio del santuario di Ascalon e i loro discendenti di ogni tempo furono colpiti dalla dea con una malattia femminile. »

Dopo un decennio, i cavalieri asiatici sono svaniti di nuovo come un brutto sogno.

In Palestina il ricordo degli sciti rimase conservato nel nome di una città. L'antica Betsan diventò Scitopoli.

Medi e neobabilonesi avanzano allora da due lati, nello stesso tempo da nord e da sud, contro gli assiri. Assur, la potente città e roccaforte sul Tigri, cade per prima nel 614 a. C. « Il re di Babilonia e il suo esercito, accorsi in aiuto dei medi, non giunsero in

---

[4] Psammetico I, 663-609 a. C.

tempo per partecipare alla battaglia. Il re di Babilonia e Ciassare [5] guardarono insieme le rovine della città, » si legge in un'iscrizione reale neobabilonese, « e conclusero un patto d'amicizia e d'alleanza... Grande, smisurato bottino fecero nella città, trasformarono la città in un cumulo di rovine e di macerie. »

Nel 612 a. C., gli alleati medi e neobabilonesi attingono la mèta: dopo una « terribile battaglia la città venne conquistata »; Ninive cadde vittima della distruzione! *Egli stenderà la sua mano verso settentrione e sterminerà gli assiri; e ridurrà Ninive a solitudine, a luogo disabitato e come un deserto*, aveva detto il profeta Sofonia (2, 13), ed ora ciò si avverava. Era distrutta e bruciata Ninive, la città che per secoli, con le spedizioni di conquista e con le occupazioni, con la tortura, il terrore e le deportazioni in massa, aveva procurato all'antico mondo soltanto sangue e lacrime.

La « Fertile Mezzaluna » diede un respiro di sollievo. Gioirono i popoli tormentati; nuove speranze germinarono.

Anche in Giuda.

Già quando, dopo la morte di Assurbanipal, l'odiato colosso assiro fu scosso dai primi tremiti dell'impotenza, il re Josia [6] aveva senza indugio soppresso i culti di stato stranieri a Gerusalemme. Ciò era più che un atto di opposizione religiosa. Significava chiaramente respingere la situazione di vassallaggio, di cui gli dèi imposti da Ninive erano il simbolo. Con queste divinità imposte, *anche i maghi e gli indovini e le figure degli idoli e tutte le immondezze e abominazioni, che erano in Giuda e Gerusalemme, furono tolte da Josia* (IV Re, 23, 24). Josia bandì anche i culti di Canaan (IV Re, 23, 7).

Le riforme di Josia prepararono il terreno a un nuovo sentimento religioso e nazionale, che all'annuncio della caduta di Ninive sfociò in un vero tripudio di libertà.

Del tutto inatteso si verifica frattanto un evento che di nuovo minaccia di distruggere ogni cosa... *Il faraone Necao, re d'Egitto, salì contro il re d'Assiria, verso il fiume Eufrate, e il re Josia mosse contro di lui e venne ucciso in Mageddo, non appena Necao lo vide* (IV Re, 23, 29). Questo testo biblico è un esempio classico di come un'unica parola possa travisare completamente il senso di una narrazione. Qui la preposizione « contro » è erroneamente usata e bolla

---

[5] Re dei medi.
[6] 639-609 a. C.

il re Josia come complice degli odiati tiranni. Deve essere accaduto
che la parola «contro» fu erroneamente copiata. In realtà il
faraone Necho [7] andò in soccorso dell'assiro, dunque «incontro».
Soltanto in virtù di un ritrovamento casuale l'assiriologo C. I.
Gadd scoprì questo storico sbaglio di trascrizione.

E il luogo del ritrovamento, del tutto al di fuori della cornice
archeologica, fu un museo. Gadd tradusse nel 1923 al Museo
Britannico di Londra un brano di scrittura cuneiforme, molto dete-
riorato, che anni prima era stato scavato nel paese dei due fiumi.

Eccone il testo: «Nel mese di Du'uz (giugno-luglio)[8] il re
d'Assiria raccolse un grande esercito egiziano e mosse contro Harran, per conquistarla... Fino al mese di Ulul (agosto-settembre) egli
combattè contro la città, ma non conseguì nulla.»

Il «grande esercito egiziano» era l'armata del re Necho.

Dopo la caduta di Ninive, resti delle truppe assire si erano ritirati nella Mesopotamia settentrionale. Il loro re intraprese il disperato tentativo di riconquistare di là il territorio perduto. A tale
fine era accorso in suo aiuto il faraone Necho. Ma quando, dopo
due mesi di lotta, non potè essere presa neppure la città di Harran,
Necho si ritirò.

La comparsa delle truppe egiziane in Palestina fece sorgere
in re Josia la decisione d'impedire a qualunque costo agli egiziani
di prestare un aiuto armato agli odiati assiri. Così avvenne che
contro l'esercito egiziano molto superiore di forze si mettesse in marcia la piccola armata giudaica, che presso Mageddo incontrò una
tragica fine. «Necho,» scrive Erodoto, «vinse anche i siri [9] in una
battaglia a Magdolo.[10]»

Sulla via del ritorno in Egitto il faraone Necho si atteggia
a signore della Siria e della Palestina. In Giuda dà un esempio
per non lasciare alcun dubbio da chi ormai dipenda il paese.
Joacaz, figlio e successore di Josia, viene privato della dignità reale
e portato come prigioniero al Nilo (IV Re, 23, 31-34). In vece sua
Necho mette sul trono un altro figlio di Josia, Eliacim, di cui
muta il nome in Joachim (IV Re, 23, 34).

Del faraone Necho gli egittologi non possono, sino ad oggi,
presentare alcun inno di trionfo. «La veste in cui egli compì pro-

[7] Il Necao della Bibbia.
[8] 609 a. C.
[9] Giuda.
[10] Mageddo.

prio queste gesta,» apprese Erodoto centocinquant'anni dopo da sacerdoti egiziani, egli la consacrò al tempio di Apollo a Mileto in ringraziamento della partecipazione di mercenari greci alla sua campagna. Nel paese vinto fece erigere soltanto una stele, che porta il suo nome in scrittura geroglifica. Frammenti della stele sono rimasti a Sidone.

Già quattro anni dopo, nel 605 a. C., il sogno di Necho di esercitare l'egemonia sull'«Asia», come l'avevano sempre chiamata i suoi predecessori, era svanito.

Mentre in Palestina egli riscuoteva ancora i tributi, in altro luogo era già stata presa una decisione riguardo alle sue «conquiste». Dopo la vittoria comune, medi e neobabilonesi si erano suddivisi il regno degli assiri. I medi si annessero il nord e il nord-est, la Babilonia il sud e il sud-est. Di conseguenza, la Siria-Palestina cadde in mano di Nabopolassar. Divenuto frattanto vecchio e non essendo più in grado di sostenere fatiche, egli inviò il principe ereditario caldeo, suo figlio Nebukadnezar, a prendere possesso dei nuovi paesi.

Necho intraprese bensì un tentativo di respingere il nemico, ma questo tentativo fallì miseramente. A Karkemish, nella stessa regione dove quattro anni prima aveva voluto prestare soccorso all'ultimo re assiro, Necho fu sconfitto sanguinosamente nel famoso passaggio dell'Eufrate che porta dalla Mesopotamia verso la Siria.

Necho in fuga si ritirò attraverso la Palestina, schernito e disprezzato dal profeta Geremia. *Faraone, re d'Egitto è ruinato; egli ha lasciata passar la stagione... La voce di esso uscirà, a guisa di quella della serpe...* (Geremia, 46, 17. 22 - traduzione Diodati).

Dopo la fuga vergognosa Giuda non rivide più Necho. *Il re d'Egitto non uscì più dal suo territorio, poichè il re di Babilonia si era impadronito di tutto quello che era appartenuto al re egiziano dal fiume d'Egitto sino all'Eufrate* (IV Re, 24, 7). Il principe ereditario caldeo non potè sfruttare pienamente la vittoria riportata a Karkemish. Poichè durante la battaglia lo raggiunse la notizia della morte di suo padre, dovette ritornare a Babilonia. Negli anni seguenti Nebukadnezar,[11] assunta la successione al trono, fu trattenuto nel proprio paese da più importanti affari di governo.

---

11 605-562 a. C.

Così a Giuda fu per un certo tempo risparmiata una nuova occupazione; era completamente abbandonato a se stesso.

Su quanto si svolse a Giuda intorno alla fine del sesto secolo mancano relazioni contemporanee particolareggiate. Neppure la Bibbia chiarisce quando, ad esempio, i caldei apparvero per la prima volta nel paese, e da quando pretesero tributi. I re neobabilonesi a differenza dei loro predecessori, gli assiri, non lasciarono annali. Iscrizioni su edifici, giunte sino a noi, accennano appena agli avvenimenti storici.

6 - Gli ultimi giorni di Giuda

Prima deportazione — Re Joachin nelle liste di corte a Babi-
lonia — Scoperta negli scantinati del Museo di Berlino — Se-
conda spedizione punitiva — Blocchi d'appunti di argilla —
Tragica morte di Starkey — La tecnica incendiaria dei genieri
babilonesi — Tabula rasa per gli archeologi.

IN QUEI GIORNI NABUCODONOSOR, RE DI BABILONIA, ASCESE, E
JOACHIN GLI FU SOGGETTO PER TRE ANNI (IV Re, 24, 1).

All'inizio del sesto secolo a. C. si compie il disastroso evento
che in pochi anni cancella per sempre dalla storia dell'antico
Oriente il popolo di Giuda. Con un ritmo che non lascia respiro,
il minuscolo stato vassallo sul Giordano e i suoi abitanti sono
colpiti dagli avvenimenti che causano a Giuda il più amaro periodo
di dolore e sfociano nell'esilio e nella deportazione a Babilonia.

All'inizio stanno il rifiuto del pagamento di tributi e l'insurre-
zione contro i nuovi feudatari. Nel 597 a. C. scoppia in Giuda
una ribellione aperta. Re Joachim ... *si ribellò contro di lui* (IV Re,
24, 1).

Da principio Nebukadnezar non interviene personalmente.
Forse la cosa non gli parve abbastanza importante; in un grande
regno sommosse locali non sono una rarità. Si limitò dapprima
ad inviare uomini di Moab, di Ammon e di Siria, ai quali diede
come rinforzo regolari truppe caldee. Ma poichè sembrava che
non venissero a capo della situazione, Nebukadnezar stesso corse
a Giuda.

Egli si trovava già con notevoli forze armate sulla via della
Palestina, quando d'improvviso morì Joachim. Gli successe sul
trono il figlio Joachin che *aveva diciotto anni quando cominciò*
a regnare e regnò in Gerusalemme tre mesi... / Venne poi Nabu-

codonosor, re di Babilonia, coi suoi servi per espugnarla... / e condusse prigionieri tutti quei di Gerusalemme... / E trasportò in Babilonia anche Joachin... (IV Re, 24, 8. 15).

Nel 597 a. C., come dice la Bibbia, vengono deportati a Babilonia re Joachin e i suoi congiunti. Ma chi mai potrebbe controllare la veridicità dell'affermazione dopo duemilacinquecento anni? Tuttavia, poco prima dell'alba del XX secolo, si presentò all'indagine un'occasione per apprendere qualcosa di preciso su ciò che era accaduto della famiglia reale giudaica.

Nell'anno 1899 la Società Orientale Germanica organizza sotto la direzione dell'architetto prof. Robert Koldewey una grande spedizione che ha per meta « Babil », la famosa collina di rovine sull'Eufrate. La spedizione impiega nelle ricerche un tempo incredibilmente lungo; in 18 anni mette allo scoperto la più celebre metropoli dell'antichità, la residenza di Nebukadnezar. Scopre anche una delle sette meraviglie del mondo, cioè i « giardini pensili », tanto decantati da successivi viaggiatori greci, e l'« Etemenanki », la leggendaria torre di Babele. Nel palazzo di Nebukadnezar e nel contiguo portale di Ishtar vengono alla luce innumerevoli iscrizioni.

Ma fra gli eruditi le scoperte suscitano una certa delusione. All'opposto delle precise annotazioni di sovrani assiri, nelle quali sono storicamente fissati spesso anche nomi e destini di re israeliti e giudaici, quelle neobabilonesi non informano che di avvenimenti religiosi e architettonici del loro tempo. Non contengono, ad esempio, nessun dato sugli eventi di Giuda.

Trent'anni dopo che agli straordinari ritrovamenti di « Babil » è stato assegnato il loro posto in archivi e musei, ecco venire alla luce a Berlino una serie di documenti eccezionali provenienti dalle immediate vicinanze del portale di Ishtar.

Sull'isola del museo, circondata dalle acque della Sprea, nel cuore della capitale tedesca, era stata ricostruita la meravigliosa porta di Ishtar di Babilonia nella grande sala luminosa del Museo Imperatore Federico. Minacciosi e sinistri i corpi dei leoni di un giallo luminoso si ergevano in lunga serie sulle lucide mattonelle di colore azzurro scuro che pavimentavano la strada delle processioni in onore di Marduk.[1] Come un giorno sull'Eufrate, essa guidava ora gli stupiti visitatori del secolo ventesimo alla porta mo-

---

[1] Dio di Babilonia.

numentale, ornata di draghi e buoi selvatici e consacrata alla dea Ishtar.

Mentre al piano superiore, nella sala, visitatori di tutto il mondo si fermavano profondamente impressionati dinanzi all'alto risplendente portale a due battenti e, come in tempi remoti Nebukadnezar, camminavano sulla strada della processione, negli scantinati del museo circa 300 tavole d'argilla in scrittura cuneiforme attendevano la decifrazione.

I collaboratori di Koldewey le avevano trovate negli edifici annessi al palazzo di Nebukadnezar in prossimità del portale di Ishtar. Numerate e imballate in casse, insieme a montagne di piastrelle smaltate di vari colori con bassorilievi di leoni, draghi e buoi selvatici, esse iniziarono il lungo viaggio verso Berlino, dove un caso capriccioso volle che le antiche tavole, sempre imballate, fossero poste, presso la Sprea, a pochi metri sotto il portale d'Ishtar, quasi esattamente come a Babilonia.

L'assiriologo E. F. Weidner si accinse dopo il 1933 all'esame delle tavole e dei frammenti negli scantinati del Museo Imperatore Federico. Poi li tradusse pezzo per pezzo. Non contengono che elenchi di corte, ricevute dei depositi reali di provvigioni, registrazioni di antichi funzionari, insomma scritti attinenti esclusivamente alla vita quotidiana.

Nondimeno Weidner si reca imperterrito giorno per giorno nella cantina sotto il portale di Ishtar e instancabilmente traduce.

Il suo monotono lavoro viene inaspettatamente vivificato in modo inaudito. Sotto tutta quella congerie amministrativa Weidner trova d'improvviso annotazioni preziose dell'antico funzionario.

In quattro diverse ricevute riguardanti distribuzioni di viveri, dove è registrato fra l'altro anche eccellente olio di sesamo, egli s'imbatte in un familiare nome biblico: « Ja'-u-kinu »... È Joachin!

Un errore è escluso, perchè Joachin viene designato nella sua piena dignità di « re del (paese di) Giuda ». La ricevute babilonesi di argilla portano inoltre come data il tredicesimo anno di regno del re Nebukadnezar. Ciò equivale all'anno 592 a. C., dunque a cinque anni dopo la caduta di Gerusalemme e dopo la deportazione. L'intendente babilonese degli approvvigionamenti ha inoltre registrato in tre casi cinque figli del re, che sono affidati alla sorveglianza di un servo dal nome giudaico di « Kenaiaj ».

Quali altri destinatari delle razioni provenienti dai magaz-

zini di Nebukadnezar figuravano « otto persone del paese di Giuda », che probabilmente appartenevano al seguito del re, fra cui
un giardiniere di nome Salam-ja-a-ma.

Joachin, re deportato di Giuda, è vissuto con la famiglia e il
seguito a Babilonia nel palazzo di Nebukadnezar; ciò si può dedurre dalla scoperta di Weidner e così va integrato il testo biblico
del IV Libro dei Re. *E il suo vitto gli fu somministrato in perpe-*
tuo dal re di Babilonia, come veniva assegnato giornalmente, fino
al dì della morte per tutto il resto della sua vita (Geremia,
52, 34).

Avvenne pertanto che nell'anno nono del suo regno, nel
mese decimo, ai dieci del mese, Nabucodonosor, re di Babilonia,
venne con tutto il suo esercito contro Gerusalemme... / e la città
restò chiusa... fino all'undicesimo anno del re Sedecia (IV Re,
25, 1. 2).

Dall'imprigionamento di Joachin e dalla prima deportazione
a Babilonia sono trascorsi undici anni. È scoccata pertanto l'ora
che suggella la fine di Giuda.

L'ultima scena nella tragedia di questo piccolo popolo offre
un esempio classico del modo in cui la relazione biblica e il risultato delle indagini illuminino da lati differenti il medesimo evento,
e di quanto siano esatte, accanto al ragguaglio ufficiale nel IV Libro
dei Re e nella Cronaca, anche le indicazioni dei profeti. Geremia
dipinge con brevi tratti situazioni verificatesi nell'agitato e opprimente corso degli ultimi giorni, e le sue parole, attraverso i ritrovamenti fatti nella Palestina d'oggi, vengono convalidate in modo
sbalorditivamente preciso e storicamente autentico.

Dopo la prima conquista di Gerusalemme nell'anno 597 a. C.,
Nebukadnezar lasciò sopravvivere Giuda come stato vassallo. Al-
l'imprigionato Joachin successe sul trono lo zio Mattania, al quale il re dei caldei impose il nome di Sedecia. Come si deduce da
Geremia, 13, 19, il territorio dello stato fu impiccolito: *Le città*
del mezzodì sono bloccate e non c'è chi le riapra (Geremia,
13, 19).

Nonostante il recente ricordo della deportazione dei fratelli,
delle amare esperienze di un secolo e mezzo e della disperata sorte del regno settentrionale d'Israele, la volontà di resistere non è
tuttavia spenta.

Ben presto si odono voci che incitano contro Babilonia e annunciano la riconquista del territorio perduto (Geremia, 28, 1-4). Il

profeta Geremia leva la sua voce ammonitrice, ma sono i circoli antibabilonesi che trovano sempre maggiore ascolto. Essi sobillano il popolo e acquistano influenza anche sul re, privo d'energia e di animo vacillante. Si allacciano rapporti con gli stati vassalli confinanti. Presso il re Sedecia di Gerusalemme ha luogo un incontro degli « ambasciatori » di Edom, Moab e Ammon, come pure delle città marittime di Tiro e Sidone (Ger., 27, 3).

Il fatto che nel 588 a. C. salisse sul trono un nuovo faraone, Apries,[2] ha senza dubbio influito fortemente a decidere la sollevazione (Ger., 44, 30). Il nuovo sovrano dell'Egitto deve aver dato a Giuda assicurazioni di aiuto militare, perchè *anche Sedecia si ribellò al re di Babilonia* (IV Re, 24, 20).

Nel *decimo mese* (IV Re, 25, 1) dello stesso anno 588 a. C. — era *l'anno nono* del regno di Sedecia — Nebukadnezar, partito da Babilonia, appare alla testa di un forte esercito. Fulmineamente si svolge la spedizione punitiva contro Giuda ribelle.

Le divisioni caldee, costituite da fanteria, veloci schiere di cavalieri e unità di carri da guerra, infrangono ogni resistenza. Salvo la capitale Gerusalemme e le fortezze di confine Lachis e Azeca nel sud, l'intero paese è infine sottomesso.

Gerusalemme, Lachis e Azeca sono decise a combattere sino all'estremo: *Or l'esercito del re di Babilonia combatteva contro Gerusalemme e contro tutte le città di Giuda che erano rimaste, contro Lachis e contro Azeca, essendo rimaste della città di Giuda, queste che erano piazze forti* (Geremia, 34, 7).

Impressionanti testimonianze presentano alla posterità l'ultima fase della lotta disperata.

A 30 chilometri a sud-ovest di Gerusalemme s'interna profondamente tra i monti di Giuda la verde valle di Elach. Il « bosco di quercie », come dice Lutero, fu il teatro del duello del giovane Davide con il gigante filisteo Golia (I Re, 17, 19 segg.).

Ancora scorre e rumoreggia tra le querce il torrente, nel quale Davide scelse *cinque pietre ben pulite* per la sua fionda (I Re, 17, 40).

Dolcemente salgono i pendii a un'altezza di 300 metri, formando una cresta. Di lassù lo sguardo spazia oltre i campi di grano e gli oliveti dell'antica pianura filistea sino al Mediterraneo che risplende argenteo all'orizzonte occidentale. In questa

---

[2] 588-568 a. C. Da Geremia chiamato « Hophra » o Efree.

località l'inglese dott. Frederick J. Bliss identificò in una cittadella con otto robuste torri l'antica Azeca, una delle piazzeforti
non conquistate. Esattamente a 20 chilometri a sud le rovine di
Lachis albergano testimonianze ancor più preziose. L'archeologo
J. L. Starkey con la spedizione Wellcome-Marston nel terzo decennio del secolo le strappa alle macerie della formidabile porta
d'accesso alla città, dove più accanitamente infuriò la battaglia.
Una serie di 18 *ostraca,* cocci d'argilla coperti di scrittura, con-

tengono notizie di forti
esterni, di punti d'os-
servazione e d'appoggio
delle truppe giudaiche
che ancora resistono;
sono blocchi d'appunti
del *decimo mese* del
588 a. C. che sono de-
stinati a « Jaush », il
« comandante della for-

*Fig. 60 - Il forte di Lachis, in Giudea, con doppia
muraglia e porta con triplice difesa (ricostruzione).*

tezza ». Le comunicazioni scarabocchiate in fretta rendono palese in
ogni riga l'inaudita tensione precedente al crollo. Una di queste ultime informazioni del testimonio oculare suona: « Possa Geova far
udire al mio Signore buone notizie proprio ora... seguiamo le stazioni
di segnalazione di Lachis, i segnali che ha dato il mio signore, ...non
vediamo più gli avvisi di Azeca. » Questo messaggio informa il comandante Jaush di Lachis della caduta di Azeca. Nebukadnezar poteva ormai ritirare le truppe dei genieri per dare l'assalto alla penul-
tima fortezza.

Dopo sei faticose campagne di scavi, gli archeologi britan-
nici della spedizione Wellcome-Marston riescono finalmente, nel
gennaio 1938, a procurarci notizie circa la terribile fine di Lachis.

È l'ultimo successo che corona la vita d'esploratore del celebre
scavatore di Lachis, James Lesley Starkey. Durante i disordini
scoppiati nel paese egli viene ucciso dagli arabi, a quarantadue
anni, sulla via da Lachis a Gerusalemme, nelle vicinanze di
Hebron, in seguito a un tragico scambio di persona. Nel corso del
lungo periodo degli scavi gli era cresciuta una lunga barba e gli
arabi l'avevano preso per un ebreo!

Nel 701 a. C. le truppe d'assalto del re assiro Sanherib avevano attaccato le mura di Lachis con carri armati muniti di ariete.
Le truppe specializzate di Nebukadnezar adottarono una tecnica
del tutto diversa, per costringere alla resa la città.

L'esame dello strato della distruzione effettuata dai babilonesi dà, con grande stupore di Starkey, un solo risultato: cenere. Cenere in quantità incredibile. Alcune falde hanno uno spessore di molti metri, ed ancora oggi — dopo 2526 anni — sono più alte delle massicce mura della fortezza. I genieri di Nebukadnezar erano specialisti della tecnica incendiaria, veri maestri nel far divampare fuochi giganteschi!

Essi trascinarono sul posto tutto il legname disponibile, denudarono di boschi e di alberi i dintorni di Lachis, spogliarono le colline per miglia, e dopo aver ammucchiato tutto il materiale combustibile a grande altezza dinanzi alle mura, vi diedero fuoco. Le loro asce abbatterono anche numerosi oliveti; infatti lo strato di cenere conteneva noccioli d'oliva carbonizzati in quantità incalcolabile.

Giorno e notte le fiamme gigantesche salirono al cielo, chiudendo le mura in un anello di fuoco. Senza posa gli assedianti aggiungevano sempre nuova legna, finchè nel calore infernale le pietre scoppiarono e le mura cedettero.

Poi cadde anche Lachis; resisteva ancora soltanto Gerusalemme, sulla quale ormai si poteva concentrare tutta la forza militare dei babilonesi. L'impeto della nuova tecnica incendiaria era però escluso. Infatti, tutti gli alberi intorno a Gerusalemme erano stati abbattuti ai tempi dei patriarchi e della conquista di Giosuè, salvo intristiti boschetti e cespugli (Gios., 17, 15-18). Gerusalemme fu quindi resa matura per la caduta mediante i classici ordigni di speronamento e d'assedio.

Per 18 mesi Gerusalemme venne assediata ed eroicamente difesa: *E la città restò chiusa, cinta da fosse, fino all'undicesimo anno del re Sedecia* (IV Re, 25, 2):

Benchè già da tempo la fame infuriasse nella città ed esigesse le sue vittime, ciò che faceva resistere gli assediati era la disperata speranza di un aiuto dall'Egitto.

Questa speranza parve adempiersi, perchè i babilonesi d'improvviso si ritirarono. *L'esercito di faraone poi aveva varcato la frontiera d'Egitto e i caldei che assediavano Gerusalemme, ricevutone l'annunzio, si erano ritirati da Gerusalemme* (Ger., 37, 4). Venne allora realmente, come accenna anche Erodoto, dal paese del Nilo un esercito del faraone Apries. La sua direttiva di marcia non era però Gerusalemme; Apries avanzava per acqua e per terra contro le città marittime fenicie.

Gli archeologi trovarono, in frammenti di monumenti egiziani, prove della sua presenza in quel tempo a Tiro e a Sidone.

Così avvenne ciò che aveva predetto Geremia: *Ecco che l'esercito di faraone che è uscito in vostro soccorso ritornerà nel suo territorio d'Egitto* (Ger., 37, 6). Dopo pochi giorni il nemico stava di nuovo davanti a Gerusalemme; l'assedio fu continuato con accanimento; non era più possibile impedire il crollo.

Essendosi fatta una breccia nelle mura della città, tutti i combattenti se ne fuggirono la notte, per la via della porta che sta tra i due muri presso l'orto del re (IV Re, 25, 4).

In base ai risultati degli scavi, si può oggi senza fatica ricostruire la via della fuga degli assediati.

Re Ezechia aveva fatto restaurare e rafforzare verso sud le vecchie fortificazioni della città di Davide mediante un secondo muro (II Paral., 32, 5), i cui resti sono stati liberati dalle macerie.

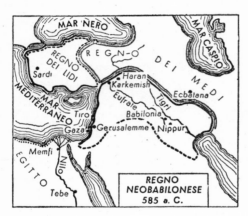

Fig. 61.

Al momento in cui il nemico entrò nella città attraverso una breccia aperta nella muraglia, i difensori si ritirarono anzitutto nella sua parte meridionale, doppiamente cintata, e soltanto al calar della notte fuggirono attraverso una porta esterna, dirigendosi oltre le colline, verso Gerico. Re Sedecia fu preso e i suoi figli *vennero uccisi alla presenza di lui ed egli ebbe cavati gli occhi* (IV Re, 25, 7): dura legge marziale babilonese per i traditori. Ripetutamente è confermato dai bassorilievi il crudele castigo mediante l'accecamento.

Gerusalemme cade vittima del saccheggio; il palazzo reale e il tempio vengono incendiati; le mura della città e le fortificazioni abbattute. L'ordine della distruzione fu impartito a *Nabuzardan, capo dell'esercito* (IV Re, 25, 8), un gran visir, che nella relazione babilonese appare sotto il nome di « Nebu-seri-idinnam ». Nell'anno 578 a. C. fu deportata di nuovo parte della popolazione (IV Re, 25, 11). Nebukadnezar annientò la casa reale di Davide che aveva regnato ininterrottamente per quattro secoli. Il paese di Giuda divenne una provincia babilonese. I sopravvissuti intrapresero dai loro nascondigli tra i monti una sorta di lotta partigiana, della quale cadde vittima il governatore Gedalja, insediato da Babilonia. La rappresaglia per questa uccisione consistette nella terza deportazione, l'ultima (Ger., 52, 30). Piccoli gruppi di ebrei riuscirono a sottrarvisi fuggendo in Egitto (IV Re, 25, 26; Ger., 43, 7). Il sipario della storia calò sopra un paese spopolato. Le tribù israelitiche si dispersero in tutte le direzioni.

Contro la tradizione biblica della deportazione in esilio hanno elevato obiezioni vari dotti, quali gl'inglesi S. A. Cook e C. C. Torrey. A loro parere non è mai esistita una deportazione in massa dal paese di Giuda; soltanto alcune personalità in vista sarebbero state trascinate nella prigionia babilonese.

Gli scavi hanno comprovato proprio l'opposto. Dal 1926 in poi fu riportato alla luce, totalmente o in parte, un notevole numero di città e di fortezze in Giuda e fu indagata con grande intelligenza la cronologia della distruzione o dello spopolamento. « I risultati, » scrive il prof. Albright, « sono univoci e convincenti: molte città furono distrutte al principio del IV secolo a. C. e mai più ripopolate; altre vennero distrutte a quell'epoca e abitate di nuovo, in parte, poco più tardi; altre ancora furono distrutte e ripopolate soltanto dopo un lungo periodo di abbandono. Non vi è un solo caso noto di una città di Giuda abitata ininterrottamente durante l'epoca dell'esilio. » I babilonesi hanno distrutto e spopolato Giuda in modo duraturo; in una parola: per l'archeologia hanno fatto tabula rasa!

Seicentocinquant'anni dopo che i figli d'Israele guidati da Giosuè ebbero messo piede nella Terra Promessa, nessuno dei loro discendenti viveva più nel paese. Le parole di minaccia e di monito si adempirono; l'annunziato giudizio di Dio si era avverato. *Per questo così dice il Signore... / le città di Giuda ridurrò in una solitudine senza più nessuno che le abiti* (Ger., 34, 17. 22).

Finita è la storia dei figli d'Israele. Incomincia la storia degli ebrei.

VII

DALL'ESILIO AL REGNO DEI MACCABEI

DA EZECHIELE A GIOVANNI IRCANO

1 - *La grande scuola dell'esilio*

Saggio consiglio del profeta Geremia — La ditta Murashu e Figli, di Nippur — Tasso d'interesse del venti per cento - Contadini e allevatori di bestiame si trasformano in commercianti — Koldewey riporta alla luce Babilonia — Un piano regolatore come quello di New York — La più grande città del mondo antico — La torre di Babele alta novanta metri — Camera di commercio sul « lungo Eufrate ».

FABBRICATEVI CASE E ABITATELE, COLTIVATE ORTI E CIBATEVI DEI LORO PRODOTTI... PROCREATE... E CRESCETE COSTÌ E NON VOGLIATE RIMANERE POCHI DI NUMERO. / E CERCATE LA PACE DELLA CITTÀ NELLA QUALE VI HO FATTO EMIGRARE... (Ger., 29, 5-7).

Così scriveva il profeta Geremia da Gerusalemme ai più vecchi, ai sacerdoti, ai profeti, a tutto il popolo che, per ordine di Nebukadnezar, era stato trasferito a Babilonia.

Seguendo il suo ponderato consiglio, essi cercarono e trovarono « la pace della città »; e non se la passarono male. L'esilio a Babilonia non era paragonabile con la dura esistenza dei figli d'Israele sulle rive del Nilo, a Fitom e a Ramesse, ai tempi di Mosè. Ad eccezione di pochi casi, non vi era faticoso servizio obbligatorio. Sull'Eufrate non si parla di fabbricare mattoni; da notare che Babilonia disponeva delle più grandi fabbriche di mattoni del mondo d'allora. Perchè in Mesopotamia non si costruì mai come sotto Nebukadnezar.

Chi seguì il consiglio di Geremia si trovò bene; alcuni anzi si trovarono molto bene. Una famiglia che aveva raggiunto una certa posizione lasciò ai posteri i suoi documenti d'affari, su polverose tavolette d'argilla. « Murashu e Figli » — Banca internazionale — Assicurazioni, affittanze e prestiti — Mobili e immobili — Sede amministrativa a Nippur, filiali in tutte le piazze: ecco la ditta celebre e rinomata, i *Lloyds* della Mesopotamia!

Sì, i Murashu — *displaced persons* provenienti da Gerusalemme — dopo il 587 a. C. avevano raggiunto a Nippur una brillante situazione. Divennero un'« antica ditta » della città: ancora ai tempi dei persiani la loro ditta era notissima in Mesopotamia. I « documenti d'affari » di « Murashu e Figli » sono ricchi di particolari istruttivi sulla vita dei deportati; vi si trovano registrati nomi, professioni, proprietà.

Dotti dell'Università di Pennsylvania scoprirono una parte degli atti conservati nell'antica casa commerciale della ditta giudaica a Nippur. Si trovavano in grandi recipienti d'argilla che, secondo le prescrizioni di sicurezza di quei tempi, erano chiusi accuratamente con bitume. Non soltanto gli assiriologi si rallegrarono dei testi tradotti.

Negli uffici di « Murashu e Figli » ferveva una grande attività; per oltre centocinquant'anni essi godettero l'alta stima dei loro clienti, si trattasse di fittabili di grandi aziende agricole e di sezioni di canali, come di schiavi. Chi non sapeva scrivere, quando, dopo lunghe trattative, si giungeva alla solenne sottoscrizione dell'atto, poneva in calce al documento, anzichè il suo nome, l'impronta dell'unghia del dito. Ciò corrispondeva allora, presenti i testimoni, alla croce, la « firma » degli analfabeti del nostro tempo.

Un giorno si presentarono da « Murashu e Figli » tre gioiellieri... « Elil-aha-iddina, Belsunu e Hatin parlarono a Elil-nadin-sum, figlio di Murashu, così: " In quanto all'anello d'oro con lo smeraldo incastonato, garantiamo per la durata di venti anni che lo smeraldo non si staccherà dall'anello d'oro. Il giorno in cui, prima del termine di venti anni, lo smeraldo uscisse dall'anello d'oro, Elil-aha-iddina, Belsunu e Hatin pagheranno ad Elil-nadin-sum un risarcimento di 10 mine d'argento. " » Il contratto è firmato da sette persone. Prima del nome del notaio, l'argilla mostra tre impronte di unghia. Sono le firme dei tre gioiellieri analfabeti.

L'ebreo esiliato Mannudannijama andò da « Murashu e Figli », per concludere un contratto d'appalto per un ragguardevole gregge di bestiame: « 13 vecchi montoni, 27 montoni di due anni, 152 grosse pecore gravide, 40 montoni di un anno, 40 agnelli di un anno, un vecchio becco, un becco di due anni... in complesso 276 capi grandi e piccoli ”bianchi” e ”neri”... verso consegna... Per il pascolo, la cura e la sorveglianza di detto bestiame minuto garantisce Mannudannijama... Nippur, il 25 Ulul... Firmato: unghia del dito di Mannudannijama. »

Alla banca venivano versate anche cauzioni per i debitori in prigione; la ditta aveva reparti specializzati per tutti i vari casi della vita!

Il tasso d'interesse era del 20%; non era stato introdotto da Murashu: era il tasso consueto del tempo.

« Murashu e Figli » possono valere come esempio della professione particolare dei figli d'Israele dal tempo dell'esilio in poi. Quella del commerciante, del negoziante, divenne per loro la professione per eccellenza e rimase tale fino ad oggi. Nella loro patria non erano esistiti che contadini, coloni, allevatori di bestiame ed anche artigiani. La legge d'Israele non conosceva disposizioni per il commercio, che era estraneo alla popolazione. La parola « cananei » era per loro identica a « merciaio », « mercante », i cui peccati venivano abbondantemente sferzati dai profeti. « *Efraim è un cananeo, egli ha in mano bilance false, egli ama far torto,* » tuonava Osea [1] (Os., 12, 8).

Questo mutamento delle consuete occupazioni con una professione sino ad allora disprezzata fu — e ciò è compreso assai di rado — una prova di intelligenza. Infatti, la nuova professione, accanto alla tenace fedeltà all'antica religione, fu veramente la salvezza dell'esistenza d'Israele come popolo. Se fossero rimasti contadini e coloni, dispersi nel paese straniero, si sarebbero imparentati con individui di altre razze e, assorbiti in poche generazioni, si sarebbero ben presto estinti come popolo. La nuova professione li obbligava a trattenersi in centri più o meno grandi, dove potevano costruire una comunità a sè stante e dedicarsi al loro culto. Ciò conferiva loro coesione e assicurava loro la possibilità di sopravvivere.

I figli d'Israele non avrebbero potuto desiderare un luogo di tirocinio migliore. Fra le città e le metropoli di tutto il mondo, che diventarono patria dei senza patria, Babilonia, quale centro inter-

---

[1] Qui citiamo la Bibbia tradotta da Giov. Diodati. *(N.d.T.)*

nazionale del commercio, dell'industria e del traffico, era la scuola migliore. La metropoli, le cui rovine dopo 2500 anni lasciano intuire ancora la potenza e la grandezza d'allora, non aveva pari nel mondo antico.

A 100 chilometri a sud dell'affaccendata Bagdad il deserto è stato tutto sconvolto e frugato. Sin dove giunge l'occhio, si estende un groviglio di fossati, mucchi di rovine e gallerie, che testimoniano della campagna degli archeologi tedeschi, protrattasi per 18 anni, dal 1899 al 1917, durante la quale il prof. Robert Koldewey riuscì a riportare alla luce del giorno la leggendaria Babele della Bibbia.

A meno di quarant'anni dopo gli scavi, la località presenta ora un aspetto triste e caotico. Il vento e la sabbia del deserto ricoprono lentamente, ma inesorabilmente, il gigantesco scheletro dell'antica metropoli. Soltanto in un punto si ergono ancora un paio di torri massicce dai contorni ben distinti. I loro muri, un tempo di maioliche colorate, sono ora nudi. Qui, presso il portale di Ishtar, cominciava la lunga via della processione. Dove essa terminava, dall'altra parte della città, sorge un enorme cumulo di macerie: è ciò che resta di una delle più antiche opere architettoniche del mondo antico, la torre di Babele.

Splendore e lusso, potenza e grandezza della città che *ha peccato contro il Signore* (Ger., 50, 14) sono caduti vittime della distruzione, sono scomparsi. E mai più la città fu abitata. Poteva adempirsi in modo più completo il presagio del profeta Isaia?

E quella Babilonia tanto gloriosa fra i regni, orgoglioso vanto dei caldei, sarà, come Sodoma e Gomorra, sovvertita dal Signore. / Non sarà mai più abitata e non riedificata pel volgere di generazioni e generazioni...

Ma le bestie quivi si accovacceranno, quelle case saranno piene di serpentacci, ivi avranno la loro dimora gli struzzi, ivi le irsute fiere vi faranno la ridda... e nei loro templi deliziosi vi saranno le civette... (Isaia, 13, 19-22).

Da tempo ormai hanno abbandonato quel luogo anche i serpenti, le civette e soprattutto gli struzzi. Se ne è allontanato perfino il possente Eufrate, nelle cui acque si specchiavano un giorno le paurose mura e la gigantesca torre. Il fiume si è cercato un nuovo letto. Soltanto alcune palme in lontananza segnano il suo corso. La piccola colonia araba di « Babil » conserva nel suo nome il ricordo della superba città; ma essa si trova ad alcuni chilometri di distanza, a settentrione delle rovine.

« Fermata di Babilonia », si legge in arabo e in inglese sul cartello della stazione della ferrovia di Bagdad che, alcune centinaia di metri lontano dalle colline, lascia scendere i visitatori, ormai diventati rari, per un'escursione attraverso le deserte rovine bruno-gialle. Qui regna il sepolcrale silenzio di un completo isolamento.

Le rovine custodivano tesori preziosi di documenti d'incomparabile valore; grazie ad essi è possibile alla posterità farsi un quadro esatto del tempo dell'esilio degli ebrei, che fu insieme il periodo del massimo fiorire di Babilonia.

« Non è questa la grande Babilonia che io ho edificata a sede del regno, col vigore della mia potenza, a gloria della mia maestà? (Dan., 4, 27).

Queste parole che Daniele mette in bocca al re Nebukadnezar non esagerano. Nessun sovrano del passato ha costruito con tanta assiduità. Di cose guerresche, di conquiste e di campagne si parla poco. In primo piano sta sempre l'attività di Nebukadnezar costruttore. Centinaia di migliaia di mattoni portano il suo nome, e di molti edifici sono rimasti conservati i progetti. Babilonia superava in realtà tutte le città dell'antico Oriente; era più grande di Tebe, di Memfi e di Ur, più grande perfino di Ninive.

« La città interna, piena di edifici a tre e quattro piani, è attraversata da strade diritte, sia in una direzione che nella trasversale che conduce al fiume. » Così l'aveva vista Erodoto. Il piano della città di Babilonia ricorda i rettifili delle grandi città americane.

Provenendo dalla Palestina, non esclusa la superba Gerusalemme, i deportati conoscevano soltanto vie strette e tortuose, o, piuttosto, vicoli. A Babilonia invece impararono a conoscere strade larghe e diritte come viali tracciati col tiralinee. Ognuna di esse portava il nome di uno degli dèi del pantheon babilonese. Vi erano la via Marduk e la via Zababa sulla riva sinistra del fiume. Incrociavano ad angolo retto le vie del dio della Luna Sin e di Enlil, il « Signore del mondo ». Sulla riva destra si stendeva da est a ovest la via Adad che tagliava la via del dio del sole Shamash.

Babilonia non era soltanto la metropoli del traffico, ma anche dei culti, come risulta da un'iscrizione: « Esistono in complesso a Babilonia 53 templi dei grandi dèi, 55 cappelle di Marduk, 300 cappelle per le divinità della Terra, 600 per le divinità del Cielo,

180 altari per la dea Ishtar, 180 per gli dèi Nergal e Adad e 12
altri altari per i vari dèi. »

Simile politeismo con tanti culti e riti, che giungevano fino
alla prostituzione palese, devono aver conferito alla città, secondo
i nostri odierni concetti, un aspetto addirittura da fiera annuale.

« Ma il più brutto costume dei babilonesi è il seguente, » dice
scandalizzato Erodoto (I, 199): « Ogni donna del paese deve se-
dersi nel santuario di Afrodite e congiungersi una volta nella sua
vita con un estraneo... E soltanto quando si è congiunta ed ha compiuto il suo ufficio verso la dea, può ritornare a casa; d'allora in
poi nessun dono è sufficiente a conquistarla. Ma tutte quelle che
sono dotate di bellezza e di alta statura si sbrigano presto; le brutte,
invece, aspettano molto tempo senza poter adempiere la legge;
alcune devono attendere per un periodo di tre o quattro anni. »

Agli ebrei in esilio le abominevoli tentazioni e seduzioni che
a Babilonia facevano parte della vita quotidiana rimasero impres-
se indelebilmente nella memoria. Attraverso i secoli, fino ai tempi
di Cristo, la metropoli lussuosa fu per loro *Babilonia la grande,
la madre delle meretrici e delle abominazioni della terra* (Apoc.,
17, 5). Il concetto di « Babilonia peccaminosa » è nel vocabolario di
tutte le lingue.

Gli esploratori tedeschi dovettero sgomberare 30.000 metri cubi
di macerie, prima di portare alla luce una parte del tempio di
Marduk sull'Eufrate. L'edificio, incluse le costruzioni annesse, mi-
surava 450 metri per 550 metri. Di fronte al tempio si elevava lo
Ziggurat, la torre del sacrario di Marduk.

« *Su via, facciamo dei mattoni, e cociamoli al fuoco.* » *Usarono
mattoni per sassi, bitume per cemento* / *e dissero:* « *Su via faccia-
moci una città, ed una torre la cui cima arrivi al cielo; e rendiamo
famoso il nostro nome* » (Gen., 11, 3. 4).

Perfino la tecnica muraria indicata dalla Bibbia per la costruzione della torre di Babele corrisponde ai risultati dell'indagine.
Come le ricerche confermano, nella costruzione soprattutto delle
fondamenta furono impiegati realmente solo mattoni asfaltati. Ciò
era evidentemente necessario per la sicurezza dell'edificio in base
alle « prescrizioni dell'autorità edile ». In vicinanza del fiume dovevano essere infatti prese in considerazione le regolari piene e la
costante umidità del terreno. Le fondamenta e le opere murarie
venivano perciò rese impermeabili e resistenti con « bitume », vale
a dire con asfalto.

Ragguagli sulla costruzione si trovano nel Genesi e sono di data anteriore al tempo dei patriarchi. Abramo visse, come si potè rilevare da ritrovamenti di Mari, nel secolo XIX a. C. Una contraddizione? La storia della torre, *la cui cima arrivi al cielo*, indica tempi remotissimi. Più di una volta fu distrutta e ricostruita. Dopo la morte di Hammurabi gl'ittiti tentarono di radere al suolo la formidabile costruzione. Nebukadnezar l'ha solo restaurata.

Sette gradini, « sette lastre di pietra », torreggiavano uno sopra l'altro. La tavoletta di un « architetto » trovata nel tempio dice chiaramente che la lunghezza, la larghezza e l'altezza di ognuna sono uguali e che soltanto le terrazze avevano misure diverse. La lunghezza laterale delle fondamenta importa, secondo le indicazioni, poco più di 89 metri. Gli archeologi ne hanno misurati 91,5. Di conseguenza la torre deve avere avuto un'altezza di quasi 90 metri.

Anche la torre di Babele era al servizio di un culto oscuro. Ne riferisce Erodoto: « Sull'ultima torre [2] vi è un grande tempio, e nel tempio è steso un grande e comodo cuscino per giacervi sopra, e davanti si trova un tavolo d'oro. Vi è dentro anche una statua, ma nessuna eretta; nè vi pernotta alcuno tranne una donna che il dio si sceglie fra la popolazione, come dicono i caldei, i sacerdoti di questo dio. Gli stessi affermano una cosa che stento a credere, che cioè il dio medesimo visiti il tempio e si riposi sopra il cuscino, come avviene nella Tebe egiziana, secondo i racconti degli egiziani; perchè pure là dorme una donna nel sacrario dello Zeus tebano... »

Nelle strade e nelle piazze fra i templi, le cappelle e gli altari, fiorivano gli affari, si esercitava il commercio. Processioni solenni, carovane con pesanti carichi, carri di mercanti, sacerdoti, pellegrini, trafficanti si mescolavano in ondeggiamenti rumorosi e pittoreschi. Riti religiosi e affari si toccavano così davvicino nella vita quotidiana babilonese, che spesso s'inserivano vicendevolmente gli uni negli altri, come nei templi. Che cos'altro avrebbero potuto fare i sacerdoti di tutti i sacrifici, di tutte le decime — che giornalmente erano deposti sugli altari e molti dei quali erano esposti a facile deperimento — se non convertirli rapidamente in danaro? Come a Ur, anche a Babilonia le amministrazioni dei templi disponevano di propri magazzini e negozi. Per impiegare vantaggiosamente gli introiti, venivano fatte funzionare perfino vere e proprie banche.

---

[2] Il gradino più alto.

Dinanzi alle duplici mura, così larghe « che una quadriga poteva corrervi intorno », [3] si trovavano le « camere di commercio ». Sulla riva del fiume venivano fissati i prezzi e stabiliti i valori di scambio per i beni che arrivavano con le navi. « Karum », vale a dire la banchina, si chiamava a Babilonia il luogo che noi chiamiamo « Borsa ». Con la banchina, con la borsa, l'Occidente accettò anche i sistemi dei pesi e delle misure del centro commerciale di Babilonia!

Per quanto gli ebrei fossero riusciti a trovare « il meglio della città », per quanto nella città di Babilonia avessero potuto imparare molto a pro delle generazioni future, allargare il loro orizzonte e migliorare il loro tenore di vita, giovando così per molti riguardi ai futuri discendenti, la nostalgia della lontana piccola patria sul Giordano rimase viva nei loro cuori. Non riuscivano a dimenticare la città di Davide, la loro Gerusalemme! « *Sui fiumi di Babilonia, là sedemmo e piangemmo, ricordandoci di Sion!* » (Salmo 136). Non è una frase vuota. Infatti, a migliaia si misero sulla faticosa via del ritorno. Ricostruirono la città distrutta e il tempio di Geova. Senza l'ardente desiderio della patria perduta ciò non sarebbe mai avvenuto.

3 Erodoto.

2 - Il sole dell'antico Oriente si spegne

Il mondo antico verso il 500 a. C. — Ultimi bagliori prima del tramonto — Ritorno al passato — Nabonid restaura edifici antichissimi — Il primo museo del mondo a Ur — I grandi regni semitici scompaiono — Nascita dell'Occidente.

ECCO L'AFFLIZIONE USCIRÀ DA NAZIONE IN NAZIONE E UN GRAN TURBINE SORGERÀ DALLE ESTREMITÀ DELLA TERRA (Ger., 25, 32).

L'orologio del mondo sta per segnare l'anno 500 a. C. L'antico Oriente porta sulle spalle più di tre millenni. I popoli della « Fertile Mezzaluna » e del Nilo sono invecchiati; la loro capacità creativa è esaurita; hanno adempito il loro compito e si avvicina il tempo in cui scompariranno dallo scenario della storia.

Il sole dell'antico Oriente sta per tramontare, e i suoi popoli hanno un confuso presentimento della notte imminente.

Nelle generazioni esauste guizza l'ultima fiammella d'energia; ancora una volta esse raccolgono le loro forze. Dall'Egitto alle terre del Tigri e dell'Eufrate dilaga una suprema reazione contro lo sprofondare nel nulla. Si ricordano forse, volgendo lo sguardo al passato, della parte di protagonisti recitata nel teatro del mondo? Quasi parrebbe. I loro sovrani volgono il pensiero ai grandi esempi di un passato pieno di splendore e si illudono di poter arrestare l'inevitabile con nuove velleità di potenza.

I faraoni Necho e Apries si sforzano di riconquistare la Siria e la Palestina. Il Regno Antico e le sue « campagne contro l'Asia » rimangono il sogno della XXVI dinastia.[1] Vengono co-

1 663-525 a. C.

struite grandi flotte e si fa il tentativo di riattare il vecchio canale fra il Nilo e il Mar Rosso.

Anche se le nuove velleità di potenza restano sterili e alle armi è negato il successo, tuttavia l'imitazione dei modelli offerti dal grande periodo dei costruttori delle piramidi esercita un influsso vivificante in altri campi. Pittori e scultori copiano le opere dei loro grandi predecessori. Nomi di faraoni del III millennio vengono incisi su nuovi scarabei. Vengono riadottati antichissimi titoli gerarchici e di corte, la macchina amministrativa e burocratica viene per così dire ricaricata « all'antica ».

Un fenomeno simile avviene nella Fenicia, sulla costa mediterranea. Nell'814 a. C. viene fondata Cartagine quale colonia nordafricana della città di Tiro. In questo periodo la potenza commerciale marittima fenicia ha raggiunto il suo apice. Dal Mar Nero allo stretto di Gibilterra essa possiede filiali commerciali e basi militari sulle sponde del Mediterraneo. Cento anni dopo, i greci sono già i successori alla testa del commercio mondiale. Il sacerdote Sanchuniathon scrive la storia della Fenicia e riceve dal re l'incarico di copiare iscrizioni e testi antichi, di cui Filone di Biblo si servirà poi come fonte storica.

Con Assurbanipal[2] il regno degli assiri arriva al culmine della sua potenza, estendendosi dal Golfo Persico fino all'Egitto superiore. La tigre dell'antico Oriente è sazia, e il sovrano di quel formidabile popolo di conquistatori si fa raffigurare sotto una pergola di viti sdraiato su morbidi cuscini, mentre gli viene offerta una coppa di vino. La sua passione è di mettere insieme la prima raccolta di antichità, la più grande biblioteca del mondo antico. Per suo ordine si fruga nei magazzini di vecchi templi alla ricerca di documenti perduti. I suoi scribi eseguiscono copie di migliaia di tavolette dei tempi del grande Sargon I (2350 a. C.). Questa passione divenne mania in suo fratello Shamash-shum-ukin di Babilonia, che giunse a far trascrivere nell'antichissima lingua dei sumeri perfino gli avvenimenti a lui contemporanei.

Anche Nebukadnezar,[3] l'ultimo grande sovrano sul trono di Babilonia, è tormentato dalla nostalgia dei tempi più remoti. I suoi cronisti di corte devono compilare iscrizioni nell'antica lingua babilonese, che nessuno sa più parlare nè leggere. L'architettura e la letteratura raggiungono sotto i caldei un nuovo periodo di fioritura.

2 669-626 a. C.
3 605-562 a. C.

L'osservazione del cielo fa progressi imprevisti al servizio dell'astrologia. Si riesce a determinare in anticipo le eclissi solari e lunari. Nella scuola astronomica babilonese vengono iniziate verso il 750 a. C. registrazioni concernenti i corpi celesti, che continuano poi senza interruzione per oltre 350 anni, la più lunga serie di osservazioni astronomiche che si conosca. I calcoli superano per esattezza quelli degli astronomi europei fino al secolo XVIII inoltrato.

Nabonid[4] fu forse il primo archeologo del mondo. Quest'ultimo re babilonese fece scavare i luoghi del culto e i templi crollati, decifrare e tradurre antiche iscrizioni. Egli rinnovò, come dimostrano i ritrovamenti presso il Tell al Muqayyar, la sgretolata torre a gradini di Ur.

La principessa Bel-Shalti-Nannar, sorella del biblico Baldassarre, era animata dagli stessi interessi di suo padre Nabonid. Woolley scoprì, in un edificio annesso al tempio di Ur in cui essa fungeva da sacerdotessa, un museo in piena regola con pezzi ritrovati in stati della Mesopotamia meridionale; e senza dubbio fu quello il primo museo del mondo. Essa aveva persino accuratamente registrato la sua collezione, pezzo per pezzo, sopra un cilindro d'argilla, che costituisce, secondo le parole di Woolley, la « più antica guida di museo che si conosca ».

Soltanto un popolo — suddiviso in molte parti e a quell'epoca disperso molto oltre la « Fertile Mezzaluna » — non si lascia impigrire dalla sazietà. I figli d'Israele, discendenti dei patriarchi, ardono di speranza, hanno una meta ben determinata. Lungi dal lasciarsi sommergere, essi trovano la forza di portarsi in salvo attraverso nuovi millenni, fino ai nostri giorni.

Durante 1500 anni dalla « Fertile Mezzaluna », il più antico centro di cultura e di civiltà fin dall'epoca della pietra, si diffuse per l'umanità la luce più chiara. Verso il 500 a. C. le tenebre calano insensibilmente, ma ineluttabilmente, sui paesi e sui popoli che portano in sè il seme di tutto ciò che avverrà, sia pure in altri paesi.

Un nuovo albore spunta già dai monti dell'Iran; vengono i persiani. I grandi stati semitici e l'Egitto hanno adempiuto al loro compito storico; il periodo più importante e decisivo della giovane

---

4 555-538 a. C.

umanità aiutò a preparare il terreno su cui doveva fiorire l'Occidente, l'Europa.

Dal più estremo lembo sudorientale del continente la luce si propaga sempre più verso ovest. Dalla Grecia a Roma, e poi, attraverso la barriera delle Alpi, attraverso l'Europa occidentale, su fino alla Scandinavia e alle isole britanniche. *Ex oriente lux!*

Sulla sua strada fioriscono in pochi secoli nuove culture e civiltà, l'arte raggiunge insperate altezze di bellezza e d'armonia, l'intelligenza umana, nella filosofia e nelle scienze naturali dei greci, attinge vertici che erano rimasti ignoti all'antico Oriente.

Sulla sua via la luce porta seco anche il molteplice, multicolore retaggio dell'antico Oriente, dall'utile sistema dei pesi e delle misure su su fino all'astronomia; e reca insieme la scrittura, l'alfabeto, e la Bibbia.

3 - *Ciro, re dei persiani*

COSÌ DICE IL SIGNORE A CIRO MIO UNTO, CHE HO PRESO PER
LA DESTRA PER ASSOGGETTARE A LUI LE NAZIONI, E FAR VOLTARE
LE SPALLE AI RE, APRIRE DAVANTI A LUI LE PORTE E SCHIUDERE
I SERRAMI (Isaia, 45, 1).

Sette anni dopo la morte di Nebukadnezar, nel 555 a. C.
sale sul trono babilonese Nabonid, il « primo archeologo ». Sarà
l'ultimo sovrano originario del paese dei due fiumi. Infatti avvenimenti nell'altipiano iranico indicano che la storia universale si
avvia rapidamente verso un grande sconvolgimento.

Già cinque anni dopo l'avvento al trono di Nabonid comincia, col dominio dei persiani, una nuova èra. I medi — che,
dopo la caduta di Ninive nel 612 a. C., sono divenuti, insieme ai
babilonesi, eredi del crollato regno assiro — vengono all'improvviso soggiogati dal vicino popolo persiano, già loro vassallo. Il re
dei medi, Astiage, è vinto dal proprio nipote, Ciro.

I grandi dell'antichità solevano annunziare la loro venuta in
un modo particolare; spesso essi uscivano già, per le singolari circostanze della loro nascita, dalla consueta cornice contemporanea.
Così la sorte di Ciro fu determinata da due sogni straordinari.
Dovunque nell'antico Oriente essi passavano di bocca in bocca e
giunsero così anche alle orecchie di Erodoto, che narra:

« Astiage... ebbe una figlia, alla quale diede il nome di Mandane. Nel sonno parve ad Astiage che essa facesse tanta acqua
da riempirne la città, da inondare anzi tutta l'Asia. Allora sottopose la visione notturna a quelli tra i suoi magi che avevano

l'arte d'interpretare i sogni e si spaventò sentendone spiegare da essi ogni particolare. Poichè Mandane era già in età da marito, egli, per paura del sogno, non la diede in sposa a un medo, bensì a un persiano di nome Cambise...

« Quando poi Mandane era sposata già da un anno a Cambise, Astiage ebbe un'altra visione. Gli parve che dal grembo di sua figlia crescesse un ceppo di vite e che i tralci di questo coprissero tutta l'Asia. Sottopose il sogno agli interpreti e mandò a rilevare sua figlia, che era vicina al parto, dal paese dei persiani. Quando essa fu di ritorno, egli la sorvegliò, deciso ad uccidere il frutto del suo corpo; perchè, in base alla visione da lui avuta, i magi intenditori di sogni gli avevano predetto che il rampollo della figlia sarebbe diventato re in sua vece. Appunto perciò Astiage stava in guardia, e quando nacque Ciro fece chiamare Arpago che apparteneva alla sua famiglia e del quale fra tutti i medi si fidava di più... A costui disse Astiage: " Prendi questo bambino partorito da Mandane, portalo a casa tua e uccidilo..." »

Arpago, però, non ebbe il coraggio di eseguire l'incarico, nè lo ebbe un bovaro, al quale trasmise l'ordine. E Ciro rimase in vita.

Non soltanto la nascita e la giovinezza di Ciro sono circonfuse di leggenda. Questo figlio d'un re della schiatta persiana degli Achemenidi ha più d'ogni altro principe del mondo antico eccitato la fantasia dei popoli. Senofonte magnificò la fondazione del suo impero con un intero romanzo, la *Ciropedia*.

La Bibbia lo ricorda quale apportatore di luce. La sua ascesa incomparabilmente rapida e brillante non è macchiata da nessun atto di violenza. La sua politica intelligente e liberale ne fa una delle figure più simpatiche dell'antico Oriente. Nulla ricorda in lui la dispotica efferatezza dei precedenti sovrani orientali.

La persona di Ciro si affaccia alla luce della storia nel 550 a. C. In questo anno egli conquista Ecbatana, la capitale del regno dei medi. Il suo regale nonno Astiage è costretto ad andare in esilio. Ciro fonde la Media col regno dei persiani. Contro il vincitore concludono un'alleanza Babilonia, la Lidia in Asia Minore e Sparta. Il re dei lidi Creso — il suo nome è ancora oggi usato proverbialmente per indicare grande ricchezza — attacca il persiano. Ciro conquista la capitale Sardi [1] e lo vince.

La via che conduce a Babilonia è libera e Babele giace allettante dinanzi a lui.

Sul terreno di questa situazione potè germogliare una storia

1 A 80 km. ad est di Smirne.

misteriosa e inquietante, che — tramandata dalla Bibbia — ha eccitato vivamente la fantasia dei popoli occidentali:

Baltassar fece un gran convito a mille persone delle più cospicue: e ognuno secondo l'età beveva... / Tracannavano vino e inneggiavano ai loro dèi d'oro, d'argento, di bronzo, di ferro, di legno e di pietra. / Ad un certo punto apparvero delle dita come d'una mano umana che scriveva dirimpetto al candelabro, sulla superficie della parete della sala regia... / La sua faccia allora cominciò a cangiare e i suoi pensieri lo misero in turbamento, si sentì sciogliere la compagine delle reni e battere insieme le ginocchia... / E disse ai sapienti di Babilonia: « Chiunque leggerà quella scrittura e mi dichiarerà il suo significato sarà rivestito di porpora, avrà una collana d'oro al collo e sarà il terzo del mio regno » (Dan., 5, 1. 4. 7). « Mane, tekel, fares », dicevano le celebri parole sulla parete. Esse significano: « *Dio ha computato il tuo regno e l'ha fatto cessare; sei stato librato sulla bilancia e trovato scarso; il tuo regno è stato diviso e dato ai medi e ai persiani* » (Dan., 5, 25-28).

Quando Giuseppe in Egitto chiarì al faraone il sogno delle sette vacche grasse e delle sette magre e quello delle spighe, divenne il secondo uomo del regno, cioè gran visir.

Che cosa significava la promessa di « essere il terzo del mio regno » come ricompensa a chi avrebbe spiegato il misterioso scritto? Questa indicazione della Bibbia era incomprensibile e trovò la sua spiegazione soltanto con l'aiuto dell'archeologia.

Chi fosse Baldassarre è oggi chiarito in base ai testi in scrittura cuneiforme dettati dal suo stesso padre. Egli non era, come dice il Libro di Daniele (5, 2), figlio di Nebukadnezar, bensì di Nabonid, che in un'iscrizione dice: « E nel cuore di Baldassarre, mio figlio primogenito, frutto delle mie reni, poni il timore della tua eccelsa divinità, affinchè non commetta peccato ed a sufficienza goda la ricchezza della vita. »

È chiaro, quindi, che Baldassarre era principe ereditario e perciò il secondo uomo di Babilonia, e appunto per questo non poteva offrire che il terzo posto in ordine gerarchico.

La storia del convito di Baldassarre e della scrittura sulla parete rispecchia con la chiaroveggenza del profeta una situazione politica che veniva maturando a quel tempo: nel 539 a. C. Ciro mosse contro Nabonid e l'esercito babilonese fu vinto. Le ore dell'ultimo gran regno di Mesopotamia erano contate.

« *Scendi e siedi nella polvere, vergine figlia di Babilonia, siedi in terra; non c'è più trono per la figlia dei caldei* » (Is., 47, 1). Un anno dopo la battaglia il re dei persiani Ciro fa il suo ingresso nella sottomessa Babilonia.

Ittiti, cassiti, assiri avevano già spesso riservato alla città gigantesca la medesima sorte. Questa conquista, tuttavia, esce dalla solita cornice; nei metodi di guerra dell'antico Oriente è senza esempio. Questa volta non s'innalzano dietro le mura diroccate le colonne di fumo degli incendi; nessun tempio, nessun palazzo vien raso al suolo; nessuna casa è saccheggiata, nessuno viene trucidato o impalato. Il cilindro d'argilla di Ciro racconta:

« Quando entrai pacificamente in Babilonia e fra tripudio e gioia stabilii nel palazzo dei principi la sede del dominio, Marduk, il grande iddio del luogo, accattivò i cuori dei babilonesi, mentre io mi facevo premura ogni giorno di adorarlo. Le mie numerose truppe s'aggiravano pacificamente in Babilonia e in tutta la Sumeria e l'Accadia non permisi ad alcuno di spargere il terrore. Di buon grado mi presi cura dell'interno di Babilonia e di tutte le sue città. Liberai gli abitanti di Babilonia dal giogo che loro non s'addiceva. Restaurai le loro dimore cadenti, dissipai la loro angoscia... Io sono Ciro, il re di tutti, il grande e potente sovrano, re di Babilonia, re di Sumeria e di Accadia, re delle quattro regioni del mondo... »

Le ultime frasi fanno quasi apparire che il cronista biblico avesse conosciuto il testo del cilindro d'argilla. *Questo comanda Ciro, re dei persiani: « Il Signore Dio del cielo diede a me tutti i regni della terra... »* (II Paral., 36, 23).

Che i sovrani iscrivessero sul loro vessillo la tolleranza, anche quella del culto, era un fatto straordinario che per la prima volta distinse il re dei persiani.

Dopo il suo ingresso in Babilonia Ciro fa ripristinare subito le immagini e i reliquari delle divinità nazionali. Egli si « preoccupa della quotidiana adorazione del dio principale della città », Marduk. Nella città di Ur si comporta allo stesso modo. Sopra un cilindro d'argilla rotto, trovato tra le rovine, lo stesso Ciro dice:

« Sin, colui che illumina il cielo e la terra, col suo cenno favorevole pose nelle mie mani le quattro regioni del mondo. Io riportai gli dèi nei loro altari. »

La sua tolleranza favorì anche gli ebrei. Dopo molti decenni d'esilio, poteva finalmente realizzarsi il loro desiderio più ardente.

4 - *Ritorno a Gerusalemme*

Ciro concede la libertà — La carovana dei 42.000 — La sua importanza storica — Difficile inizio tra le macerie — Tomba solitaria a Pasàrgada — L'impero persiano dal Nilo all'India — Ricostruzione del tempio — Duncan trova l'opera di Neemia — Solo uno stato sacerdotale — Provincia persiana durante due secoli — Monete di Giuda con la civetta d'Atene.

L'ANNO PRIMO DEL RE CIRO, IL RE CIRO HA DECRETATO CHE SI RIEDIFICHI LA CASA DI DIO IN GERUSALEMME, AL SUO LUOGO, PER IMMOLARVI LE VITTIME; E CHE SE NE GETTINO LE FONDAMENTA CAPACI DI REGGERE UN'ALTEZZA DI SESSANTA CUBITI, ED UNA LARGHEZZA PURE DI SESSANTA CUBITI (I Esdra, 6, 3).

Il ritorno a Gerusalemme è dunque permesso. Il testo dell'editto reale è compilato in aramaico, la nuova lingua ufficiale amministrativa dei persiani. L'autenticità di questo decreto riportato nel libro di Esdra, cap. 6, fu provata chiaramente dall'indagine.

Si tratta di un atto di riparazione. Che i persiani si sentissero i successori dei babilonesi risulta anche dalle condizioni stipulate: « *...le spese saranno pagate della casa del re. / Ma anche i vasi d'oro e d'argento del tempio di Dio, che Nabucodonosor portò via dal tempio di Gerusalemme e trasportò in Babilonia, siano restituiti e rimessi nel tempio di Gerusalemme al loro luogo, che è di stare nel tempio di dio* » (I Esdra, 6, 4. 5).

L'esecuzione dell'ordine fu affidata dal gran re Ciro al governatore Sassabasar [1] (I Esdra, 5, 14), un principe giudeo e probabilmente membro della casa di Davide.

È comprensibile che cinquant'anni dopo la deportazione non

---

[1] Si suppone che « Sassabasar » sia Senesser, quarto figlio di Jeconia, figlio di re Joachin (I Paral., 3, 16. 17).

tutti approfittassero del permesso di ritornare nel paese dei padri.
Era pur sempre un rischio abbandonare la ricca terra di Babilonia,
dove avevano preso piede e la maggior parte di essi era cresciuta, per prendere la dura via verso le macerie di un paese devastato. Nondimeno, dopo lunghi preparativi, si riunì nella primavera del 537 a. C. una lunga carovana per intraprendere la
marcia alla volta dell'antica patria. *Tutta la moltitudine, come
un sol uomo, era di quarantaduemilatrecentosessanta; / senza contare, i loro servi e serve, che erano settemilatrecentotrentasette, fra
i quali ducento cantori e cantatrici. / I loro cavalli settecento-
trentasei, i muli duecentoquarantacinque; / i cammelli quattrocen-
totrentacinque; gli asini seimilasettecentoventi* (I Esdra, 2, 64-67).

Sullo spostamento di questa immensa moltitudine non abbiamo testimonianze nè dall'Antico Testamento nè da altre fonti di
quell'epoca. Ma non occorre eccessiva fantasia per immaginare come
le lunghe carovane, con sacerdoti e cantori, portatori di some, donne e bambini, risalissero lentamente il corso dell'Eufrate.

Da Babilonia alla remota Gerusalemme la distanza da superare è di 1300 chilometri, con l'incessante compagnia di una
lieve nebbia di sabbia mulinante! Un giorno essi passano per la
località dell'antica Mari. Poi giungono al punto dove il fiume Belikh, sul cui corso inferiore è situata Haran, sbocca nell'Eufrate.

E, da qui, i reduci seguono lo stesso sentiero percorso 1400
anni prima da Abramo quando dal paese dei suoi padri si recò a
Canaan passando per Damasco, ai piedi dell'Hermon, fino al lago
di Genezarèth; e viene il giorno in cui, dalle brune sommità dei
monti della Giudea, appaiono dinanzi a loro le desolate rovine della
città di Sion. Gerusalemme!

Non occorre sottolineare l'importanza storica di quest'avvenimento anche per la posterità!

« Perchè con questa marcia verso Gerusalemme marciò anche l'avvenire del mondo, » giudica la scienziata e pedagoga americana Mary Ellen Chase, che dal 1926 tiene lezioni in istituti superiori sul tema: *La Bibbia come opera letteraria.* « Senza di essa
non avremmo neppure avuto una Bibbia, come noi la conosciamo
— una Bibbia, una fede giudaica, una cristianità e molti secoli di
civiltà occidentale. Se non ci fosse stato un ritorno a Gerusalemme,
Giuda avrebbe condiviso senza dubbio, almeno nelle grandi linee,
la sorte d'Israele, si sarebbe mescolato con l'Oriente, perdendo
infine la sua unità di popolo. »

Ben presto, dopo l'arrivo a Gerusalemme, furono gettate con grande entusiasmo le fondamenta per il nuovo tempio; ma poi l'opera rimase in sospeso (I Esdra, 5, 16). Il grande ardore dei ricostruttori si smorzò rapidamente; troppo dura e penosa era la vita nel paese spopolato, dove le case crollate non offrivano che un misero ricetto. Vi s'aggiungeva la preoccupazione per il pane quotidiano, sicchè ciascuno dapprima *è stato sollecito della sua casa* (Agg., 1, 9). Troppo urgevano i bisogni di ciascuno.

Fig. 62 - *Tomba di Ciro.*

La ricostruzione procedeva lentamente. Gli abitanti tornati per primi erano poveri e, come dimostrano le suppellettili trovate negli scavi, erano certo ben pochi. Questi oggetti dimostrano chiaramente quanto dovettero essere duri quei primi tempi.

Ciro, il liberatore, muore nel 530 a. C. durante una campagna nell'est e viene sepolto nella sua residenza di Pasàrgada presso Persepoli.[2] La sua reggia era formata da diversi padiglioni staccati; ciascuno di questi si trovava in mezzo a un magnifico giardino e il complesso era cinto da alte mura.

Sul pendio meridionale di una lunga catena si erge ancora tre le erbacce dell'altipiano, fin dai tempi di Ciro, una piccola e modesta costruzione. Sei lastroni di pietra formano i gradini che conducono a un angusto locale, sul cui ingresso, in giorni remoti, un'iscrizione diceva: « O uomo, chiunque tu sia e in qualunque momento tu venga, poichè io so che verrai — io sono Ciro, e conquistai un impero mondiale per i persiani. Non invidiarmi questa poca terra che ricopre il mio corpo. »

Invano! La cameretta di pietra, nella quale un sarcofago d'oro racchiudeva le spoglie mortali del grande persiano, è oggi altrettanto vuota quanto lo spazio sopra l'ingresso che portava l'iscrizione. Talora dei pastori passano indifferenti con i loro greggi davanti a questo luogo dimenticato, attraversando come in tempi remoti l'ampio altipiano ancora dominato dal leone.

A Ciro succede il figlio Cambise II.[3] Sotto di lui la Persia,

[2] A 50 km a nord-est di Sciras, nella Persia meridionale, oggi centro della fabbricazione dei tappeti.
[3] 530-522 a. C.

con la conquista dell'Egitto, diventa il più grande impero che il mondo abbia mai visto, estendendosi dall'India fino al Nilo.

Soltanto sotto il suo successore Dario I,[4] quasi vent'anni dopo la posa delle fondamenta, si pone definitivamente mano alla riedificazione del tempio di Gerusalemme. A richiesta del satrapo d'oltre Eufrate, che è il funzionario preposto all'amministrazione della

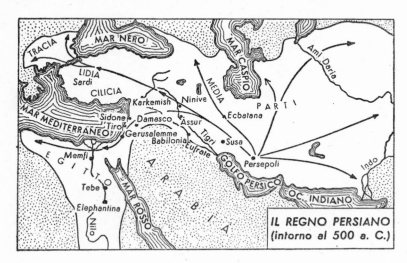

Fig. 63.

Giudea, Dario I conferma esplicitamente l'editto di Ciro. Lo scambio di corrispondenza ufficiale con la corte persiana a questo riguardo si può trovare nel Libro di Esdra (5, 6; 6, 12).

Sulla storicità di questi documenti non sussiste più alcun dubbio. Numerosi altri testi della stessa epoca dimostrano in quale misura Dario I, al pari dei suoi predecessori, favorisse in ogni modo i culti non solo in Palestina, ma anche in Asia Minore e in Egitto.

Così suona l'iscrizione del medico egiziano Usahor: « E mi diede ordine il re Dario — vita in eterno! — di andare in Egitto... affinchè insediassi di nuovo il numero dei sacri scribi del tempio e facessi rivivere ciò che era andato in rovina... »

A Gadata, amministratore dei suoi domini, Dario scrive palesemente risentito, rimproverandolo aspramente per il suo atteggiamento di fronte ai sacerdoti del santuario di Apollo a Magne-

4 522-486 a. C.

sia: « Vengo a sapere che non ti attieni in tutto alle mie prescrizioni. Tu ti occupi, è vero, delle mie terre trapiantando coltivazioni d'oltre Eufrate nel territorio dell'Asia Minore. Lodo la tua intenzione e ti assicuro la viva gratitudine della corte reale. Ma per il fatto che tu non tieni nel dovuto conto il mio atteggiamento rispetto agli dèi, se non cambi strada, io ti farò sentire un giorno l'ira che hai suscitato in me. Tu hai, infatti, obbligato i giardinieri sacri ad Apollo a pagare un'imposta e lavorare terra non consacrata, in dispregio dei sentimenti dei miei antenati verso il dio che ha parlato ai persiani... »

Gli sforzi dei reduci si limitano per molti anni esclusivamente alla costruzione del tempio di Gerusalemme, che, iniziata nell'ottobre-novembre del 520 a. C., viene ultimata il 12 marzo 515 a. C. [5]

Per le mura della città aspettano fino al secolo seguente. Soltanto sotto Neemia, che nel 444 a. C. viene insediato dal re di Persia Artaserse I [6] quale governatore autonomo della Giudea, essi avviano i lavori delle mura che vengono portati a compimento in uno spazio di tempo straordinariamente breve. *Fu dunque compiuta la muraglia... in cinquanta giorni* (II Esdra, 6, 15). Una nuova costruzione in cinquanta giorni: davvero incredibile! Neemia stesso racconta che *rimirava le mura di Gerusalemme in rovina e le sue porte consunte dal fuoco* (II Esdra, 2, 13). I bastioni furono dunque soltanto riparati, e ciò doveva essere fatto in fretta, perchè le tribù confinanti, soprattutto i samaritani, volevano impedire con tutti i mezzi le nuove opere di fortificazione di Gerusalemme. Gli ebrei dovevano sempre stare all'erta; *metà dei giovani lavorava, e metà stava pronta a battaglia* (II Esdra, 4, 16).

Non diversamente avviene nei lavori di costruzione che eseguiscono i contadini, operai e pastori nell'odierno stato d'Israele.

Le brecce frettolosamente colmate e le fenditure riparate nei bastioni attestano l'urgenza e la febbrile concitazione con cui furono compiuti i lavori. L'archeologo inglese J. Garrow Duncan rimise in luce parti delle mura sulla piccola collina sud-orientale al di sopra della sorgente di Gihon. Nella sua relazione si legge:

« Le pietre sono piccole, non sgrossate, informi e disuguali.

---

5 Zacc. 1, 1: *Nel mese ottavo dell'anno secondo del regno di Dario* = ottobre-novembre del 520 a. Cr. (inizio della costruzione); I Esd. 6, 15: *Il giorno terzo del mese di Adar* (babil. Addaru), *l'anno sesto del regno di Dario* = 12 marzo del 515 a. C. (fine della costruzione).

6 465-424 a. C.

Ve ne sono alcune addirittura minuscole, che sembrano appena schegge staccate da blocchi più grandi, quasi che si adoperasse ogni sorta di materiale a portata di mano. Le grandi spaccature e cavità sono colmate di un grossolano impasto di malta e di piccoli frammenti di pietra... »

La ricostruzione del tempio e dell'antica città di Davide indica chiaramente che Israele si rende conto che i tempi del regno sono irrevocabilmente passati e che soltanto l'intima unione nella comunità religiosa può garantire la sopravvivenza del piccolo popolo, comunque possano svolgersi gli eventi politici. Fu così che

Fig. 64 - *Marca di un'anfora trovata a Giuda con l'iscrizione « Gerusalemme ».*

Fig. 65 - *Moneta di Giuda con Zeus e la civetta d'Atene (epoca persiana).*

essi crearono i luoghi sacri come centro per gli ebrei abitanti nella nativa Giudea e per quelli sparsi in tutto il mondo. Il « sommo sacerdote » del nuovo tempio di Gerusalemme divenne il capo supremo di tutto Israele. Il piccolo stato sacerdotale di Palestina non ebbe più una parte degna di rilievo sugli avvenimenti mondiali dei secoli successivi. Israele voltò le spalle alla politica.

Col consenso persiano la « legge di Dio » diventa impegnativa per Israele e per tutti gli ebrei in genere, come è tramandato espressamente nel I Libro di Esdra (7, 23-26).

Questa testimonianza della Bibbia è corroborata da un altro documento di quel tempo.

Nell'anno 1905 tre atti, scritti su papiro, vengono scoperti nell'isola di Elephantina, folta di palme, che si trova presso la prima cateratta del Nilo, in vicinanza della diga di Assuan. Sono scritti in lingua ufficiale aramaica e risalgono all'anno 419 a. C. Uno di essi è una lettera pasquale del re persiano Dario II con un'istruzione riguardante il modo di solennizzare la festa di Pesach.[7]

---

[7] Pasqua ebraica. (*N.d.T.*)

Destinataria della lettera era la colonia militare ebraica di Elephantina. Quale mittente firma Hananja, « relatore per le questioni ebraiche alla corte del governatore persiano in Egitto ».

Per due secoli i persiani esercitano la sovranità su Gerusalemme. Sembra che la storia d'Israele non abbia subito oscillazioni in quest'epoca. Nè la Bibbia ne dà notizia, nè gli strati di macerie rivelano alcunchè di essenziale su questo lungo periodo. Non si è trovata, infatti, alcuna traccia di grandi costruzioni e di oggetti dell'artigianato negli scavi archeologici dello strato corrispondente. Cocci di semplici utensili domestici comprovano soltanto quanto fosse misera a quel tempo la vita nella Giudea. Tuttavia, nel corso del IV secolo a. C. compaiono monete che recano orgogliosamente la scritta « Yehud », « Giuda ». Evidentemente i persiani avevano concesso al sommo sacerdote il diritto di coniare monete d'argento. Secondo il modello delle dramme attiche, sono ornate delle immagini di Zeus e della civetta di Atene. Una prova della forza con la quale — molto prima di Alessandro Magno — seppero affermarsi dovunque in Oriente il commercio e l'influsso greci.

5 - *Sotto l'influenza ellenica*

Alessandro Magno in Palestina — Una diga nel mare costringe alla resa Tiro — Torri d'assedio alte cinquanta metri — Alessandria, la nuova metropoli — I tolomei occupano la Giudea — Settantadue dotti traducono la Bibbia — I cinque Libri di Mosè in greco — Nell'isola di Faro nacque la Septuaginta — Uno stadio sotto il tempio — Il sommo sacerdote nella palestra — Gli atleti ebrei suscitano scandalo.

OR AVVENNE CHE ALESSANDRO FIGLIO DI FILIPPO, MACEDONE, PRIMO A REGNARE IN GRECIA, USCITO DALLA TERRA DI CETIM,[1] DOPO AVER SCONFITTO DARIO RE DI PERSIA E DEI MEDI, INGAGGIÒ MOLTE BATTAGLIE, PRESE TUTTE LE FORTEZZE... (I Macc., 1, 1).

A poco a poco il centro della potenza politica si sposta nel quarto secolo a. C. dalla «Fertile Mezzaluna» verso Occidente. Preludio di questo sviluppo decisivo per il mondo furono già un secolo prima due famose battaglie, in cui i greci fermarono i persiani invasori. A Maratona (491 a. C.) sconfissero le armate persiane di Dario I. A Salamina davanti ad Atene vinsero undici anni dopo (480 a. C.) la flotta persiana.

A Isso, in prossimità dell'odierno porto nord-siriano di Alessandretta, i greci, con la vittoria di Alessandro Magno[2] sul re persiano Dario III,[3] s'impadroniscono nel 333 a. C. della direzione degli affari mondiali del loro tempo.

La prima meta d'Alessandro è l'Egitto. Con un esercito di 32.000 soldati a piedi e 5000 a cavallo, il giovane ventiquattrenne muove verso sud, scortato per mare da una flotta di 160 navi. Due

1 Significa, in generale, le regioni mediterranee, come la Macedonia e la Grecia.

2 336-323 a. C.

3 336-331 a. C.

volte viene trattenuto lungo la costa siro-palestinese. La prima volta a Tiro. La città fenicia, ben fortificata e protetta da alte e robuste mura, sorveglia la costa da una piccola isola.

Alessandro compie qui un vero miracolo di tecnica militare, facendo costruire attraverso il mare una diga lunga 600 metri fino all'isola in cui si trovava Ti-

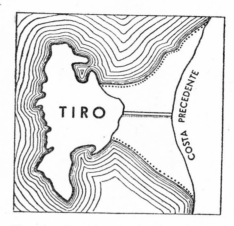

ro. Per proteggere i lavori si devono impiegare degli scudi mobili, le cosiddette « testuggini ». Nondimeno la costruzione della diga è disturbata seriamente da un'incessante gragnuola di proiettili. Frattanto i genieri fabbricano sulla costa veri mostri, le « elepoli »; sono torri d'artiglieria mobili a molti piani sovrapposti. Accolgono i reparti d'arcieri e l'artiglieria leggera. Un ponte levatoio sulla parte frontale di queste macchine belliche rende possibile sferrare attacchi di sor-

Fig. 66 - Diga lunga 600 metri costruita da Alessandro Magno per espugnare Tiro.

presa contro le mura nemiche. Sono le più alte torri d'assedio mai impiegate nella storia militare. Hanno 20 piani e con i suoi 50 metri d'altezza la piattaforma superiore sovrasta di molto le più alte muraglie.

Quando queste torri mostruose, dopo una preparazione di sette mesi, cominciano ad avanzare, muovendosi lente e pesanti sulle loro ruote verso Tiro, la sorte della piazzaforte marittima, ritenuta imprendibile, è decisa.

La seconda volta è costretto a fermarsi a Gaza, l'antica città filistea. Ma questo assedio dura soltanto due mesi. Poi, la via al paese del Nilo è libera.

Soprattutto l'assedio di Gaza nella Palestina sud-occidentale non può essere sfuggito agli ebrei. Il rumore delle truppe accampate o in marcia, sulla costa al disotto delle loro colline, deve essere giunto fino a loro. Tuttavia la Bibbia non fa il minimo accenno a questi avvenimenti, e neppure al periodo della dominazione mondiale greca, durata quasi un secolo e mezzo. La sua storiografia non va oltre la fine dei regni d'Israele e di Giuda e la creazione dello stato sacerdotale sotto sovranità persiana. Soltanto con l'inizio delle lotte dei maccabei essa entra di nuovo in particolari storici.

Di quel tempo, però, si occupò lo storiografo ebreo Giuseppe Flavio in una narrazione, non riferita dalla Bibbia, della campagna del conquistatore greco attraverso la Siria-Palestina. Dopo aver

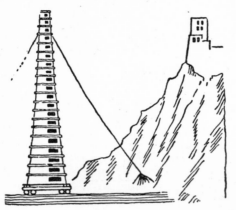

Fig. 67 - Torre d'assedio trasportabile, alta 50 metri, utilizzata da Alessandro Magno.

preso la fortezza di Gaza, vi si legge, Alessandro Magno andò a Gerusalemme. Il popolo e il sommo sacerdote Jaddua lo accolsero con molti onori. Alessandro offrì al tempio un sacrificio e concesse agevolazioni al popolo.

Alessandro, trattenuto già per nove mesi dalla resistenza di Tiro e di Gaza, non trovò probabilmente il tempo per fare una deviazione fino a Gerusalemme. Dopo la caduta di Gaza egli si affrettò a raggiungere per la via più breve l'Egitto, affidando la conquista dell'interno del paese al suo generale Parmenio, che s'impadronì, infatti, senza difficoltà, del territorio. Soltanto la residenza del governatore della provincia di Samaria dovette essere presa con la violenza. Per castigo vi venne stabilita una colonia macedone.

Sembra che Gerusalemme e la provincia di Giudea si siano sottomesse senz'altro al nuovo dominatore. Comunque nessuna fonte sinora conosciuta accenna menomamente a una resistenza dello stato sacerdotale.

La visita di Alessandro a Gerusalemme è forse soltanto una leggenda, che contiene, tuttavia, un elemento di verità, in quanto è una prova eloquente del fatto che anche il conquistatore greco tollera le norme di vita in vigore nello stato sacerdotale di Giuda e lascia indisturbata la comunità religiosa.

Ciò corrisponde esattamente a quanto l'indagine ha confermato. Nella Giudea di quell'epoca non si trovano tracce di una conquista greca nè di una occupazione.

dopo la morte del padre. I conflitti culminarono nello smembramento dell'impero in tre regni.

Il regno macedone nel nord della Grecia.

Il regno dei seleucidi che si estendeva dalla Tracia attraverso l'Asia Minore e la Siria sino ai confini dell'India. Come capitale di questo secondo stato successore, di gran lunga il più grande,

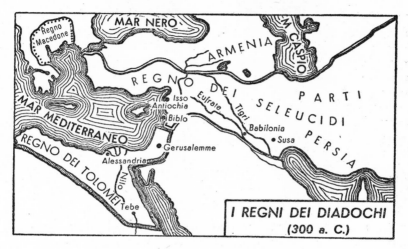

Fig. 68.

venne fondata Antiochia sull'Oronte inferiore, nella Siria settentrionale. Quasi tutti i sovrani seleucidi aggiunsero al proprio il nome di questa città: Antioco.

Il terzo regno fu quello dei tolomei sul Nilo, con capitale Alessandria. Era retto da una dinastia, la cui ultima rappresentante, Cleopatra, gode attraverso i tempi di una certa fama, perchè seppe far girare la testa a contemporanei eminenti quali Cesare e Antonio.

Il primo sovrano di questa dinastia fu Tolomeo I.

Già da generale Tolomeo entrò nel 320 a. C. in Gerusalmme. L'annessione dello stato sacerdotale di Giuda al regno dei tolomei ellenistici assunse un significato maggiore di un nuovo mutamento di padroni. Fu piuttosto il primo passo sulla via della realizzazione di ciò che la Bibbia dice nel Genesi con circonlocuzione molto espressiva: *« Iddio ingrandisca Iafet; abiti questi nei tabernacoli di Sem... »* (Gen., 9, 27).

Secondo il Genesi Noè ebbe tre figli: Sem, Cam e Iafet, i progenitori di tre razze. Da Sem hanno origine i semiti, da Cam i camiti; essi vivono in Africa. I discendenti di Iafet, invece, sono, secondo le loro sedi indicate con grande precisione dalla Bibbia, di razza ariana. Tra essi vengono espressamente nominati quelli della terra di Cetim, che sono i greci.

Due sovrani straordinariamente lungimiranti, Tolomeo I e suo figlio Tolomeo II Filadelfo, fanno della loro capitale, Alessandria, un vivaio della civiltà e della scienza elleniche, la cui fama si diffonde ben oltre i confini del regno e la rende un risplendente centro d'attrazione anche per gli emigranti dal paese di Giuda. In questo crogiuolo essi si compenetrano a fondo della bellezza della lingua greca, che sola permette loro di godere degli enormi progressi del pensiero e dello spirito umani, la lingua internazionale della scienza e del commercio, la lingua di decine di migliaia d'israeliti rimasti senza patria.

La nuova generazione non conosce più la sua lingua materna, l'ebraico. Non riesce più a seguire, durante l'uffizio divino nella sinagoga, la parola di Dio. Perciò va maturandosi nella diaspora egiziana la decisione di tradurre le scritture ebraiche. Verso il 250 a. C. viene compiuta la versione della Thorà in greco, fatto d'incommensurabile portata per l'umanità occidentale.

Per gli ebrei di Egitto la traduzione della Bibbia in lingua greca fu una così incalcolabile fonte di progresso, che la leggenda se ne impadronì. L'avvenimento è entrato in un libro apocrifo di Aristea d'Alessandria.

Il secondo sovrano tolomaico Filadelfo[4] ebbe l'ambizione di possedere una raccolta dei più bei libri del mondo. Il bibliotecario disse un giorno al sovrano di aver riunito in 995 volumi la migliore letteratura di tutti i popoli. Ma, soggiunse, i libri più grandi di tutti, i cinque Libri di Mosè, non vi erano compresi. Di conseguenza Tolomeo II Filadelfo aveva inviato al sommo sacerdote alcuni messi per chiedere una copia di questi libri e pregarlo allo stesso tempo di mandargli anche degli uomini in grado di tradurli in greco. Il sommo sacerdote esaudì la preghiera e mandò, oltre alla copia della Thorà, 72 scribi eruditi e saggi. Grandi feste furono organizzate in onore degli uomini di Gerusalemme, della cui sapienza e saggezza il re e i suoi cortigiani molto si stupirono. Dopo le feste, essi si accinsero al difficilissimo compito loro affidato, per il quale

---

[4] 285-246 a. C.

non esistevano nè un modello, nè un dizionario. Essi lavoravano, ciascuno solo nella propria cella che dava sul mare, nell'isola di Faro dinanzi ad Alessandria, ai piedi di una delle « sette meraviglie del mondo », il colossale faro alto 180 metri che Tolomeo II aveva fatto erigere quale segnale luminoso a lunga portata per la navigazione. Allorchè i dotti ebbero compiuto il lavoro e confrontarono le versioni, tutt'e settantadue concordavano alla lettera. La traduzione greca della Bibbia venne perciò chiamata *Septuaginta,* che significa « i Settanta ».

Ciò che fino allora era stato pubblicato soltanto nel tempio, nell'antico linguaggio e per un solo popolo, divenne d'un tratto accessibile e comprensibile a uomini di altra lingua e d'altra razza. La porta fino allora gelosamente chiusa venne così spalancata... nei « tabernacoli di Sem ».

L'appartenenza della Giudea al regno dei tolomei durò più di cent'anni. Poi, i seleucidi di Antiochia conseguirono con la forza la tanto desiderata espansione verso il sud. Dopo la vittoria riportata su Tolomeo II in una battaglia presso le sorgenti del Giordano nel 195 a. C., Antioco III, detto il Grande, prese possesso della Palestina e la Giudea mutò così ancora una volta di padrone.

A poco a poco la semenza straniera germogliò anche nello stato sacerdotale. I molteplici e permanenti influssi della mentalità greca, che erano penetrati nel popolo fin dalla campagna di conquista di Alessandro, acquistavano sempre maggior vigore.

Allorchè *Antioco l'illustre... prese a regnare nell'anno centotrentasette del regno dei greci* (I Macc., 1, 11), *...Giasone ambiva il sommo sacerdozio... si mise a tirare i suoi connazionali ai costumi dei gentili...* (II Macc., 4, 7. 10).

Ardì infatti di istituire un ginnasio sotto la stessa cittadella e di mettere nei lupanari i giovinetti migliori. / Questo non era già il principio ma una conseguenza e un accrescimento del modo di vivere gentilesco e straniero, dovuto alla nefanda ed inaudita scelleratezza dell'empio falso sacerdote Giasone. / Talmente che i sacerdoti non attendevano agli uffici, correvano a prender parte a' giuochi della palestra, alle sue illecite attrattive, ed agli esercizi del disco (II Macc., 4, 12-14).

La « casa dei giuochi » — così tradusse Lutero — non era altro che uno stadio. Perchè dunque tanto strepito per un campo sportivo? Esercizi ginnici a Gerusalemme, discoboli e velocisti nella Città Santa, sembrano innovazioni molto audaci; ma perchè Geova avrebbe dovuto corrucciarsene, e come mai un sommo sacerdote poteva essere tacciato di empietà soltanto per questo?

Tra lo sport di oggi e quello di allora esiste una piccola, ma essenziale differenza. Essa non è costituita dagli esercizi in sè, che da oltre 2000 anni sono rimasti uguali. La differenza consiste nell'abbigliamento. Secondo il modello olimpico, i giuochi venivano praticati in completa nudità. Il corpo poteva essere « ricoperto » soltanto da un sottile strato di olio!

Già la nudità doveva venir considerata da tutti i bigotti della Giudea come una provocazione. Essi credevano fermamente nella corruttibilità della natura umana sin dalla giovinezza e nella peccaminosità del corpo. Sarebbe stato inconcepibile che le esercitazioni sportive in vista del tempio, a solo pochi passi dal Santissimo, non venissero considerate un grave affronto e non provocassero una veemente opposizione. Secondo relazioni del tempo, il sommo sacerdote Giasone fece costruire lo stadio nel cuore di Gerusalemme, al margine dell'altura del tempio, nella « Valle ».[5]

Ma l'orrore non bastava ancora. Non passò molto tempo che gli atleti ebrei si resero colpevoli di una grave infrazione della legge: *Abolirono il segno della circoncisione* (I Macc., 1, 15).

Il sentimento greco della bellezza e la circoncisione degli atleti giudei mostrata in pubblico erano due cose inconciliabili. Eccetto a Gerusalemme, dove tutti erano come loro, i campioni ebrei suscitavano irrisione e scherno, anzi ripugnanza, quando comparivano nelle gare all'estero. Di *giuochi quinquennali* a Tiro informa la stessa Bibbia (II Macc., 4, 18).

Era la seconda volta che la nudità entrava nella Giudea come una grande tentazione. La nudità era stata la spiccata caratteristica delle dee della fecondità di Canaan; la nudità era ora esibita dagli atleti negli stadi, che si andavano erigendo in tutto il paese. Si attribuiva, allora, un significato molto più profondo agli esercizi fisici che non allo sport nel senso odierno. Erano giuochi rituali, consacrati agli dèi stranieri, Zeus e Apollo, dei greci. La reazione del giudaismo ortodosso a questa nuova autentica minaccia non poteva non essere molto energica.

I nuovi padroni del paese, i seleucidi, ne offrirono ben presto l'occasione.

---

5 In Giuseppe Flavio si legge *Tyropöon,* « (valle) dei caciai ».

6 - Per la libertà della fede

Un funzionario delle imposte saccheggia Gerusalemme — Culto di Zeus nel tempio — La sommossa dei maccabei — Battaglia di elefanti presso Betlemme — Gli americani trovano Betsura — Monete di Antiochia tra le macerie — Forniture di vini da Rodi — Pompeo prende d'assalto Gerusalemme — La Giudea diventa una provincia romana.

E, PRESI CON MANI SCELLERATE GLI ARREDI SANTI CHE DA ALTRI RE E CITTÀ ERANO STATI POSTI AD ORNAMENTO ED ONORE DEL TEMPIO, INDEGNAMENTE LI MANEGGIAVA E CONTAMINAVA (II Macc., 5, 16).

Re Antioco IV, [1] detto Epifane, saccheggia e profana, nel 168 a. C., il tempio di Gerusalemme. Saccheggiare templi era addirittura il suo mestiere, come attestarono dei contemporanei. Polibio, storiografo greco, osserva nella sua *Storia universale* in quaranta volumi che Antioco IV « spogliò la maggior parte dei santuari ».

Il tesoro del tempio non bastò però al seleucide. Egli mandò, inoltre, il suo più alto funzionario delle tasse, Apollonio, con una forza armata a Gerusalemme. Costui *saccheggiò la città, la dette alle fiamme, e ne distrusse le case e le mura di cinta. / E menarono in ischiavitù le donne ed i fanciulli, e s'impadronirono degli armenti* (I Macc., 1, 33. 34; II Macc., 5, 24 segg.).

Nulla di quanto un popolo può sperimentare di terribile e di umiliante nelle alterne vicende della sua storia era stato risparmiato a Israele nel passato. Ma mai fino allora, nè sotto gli assiri, nè sotto i babilonesi, aveva ricevuto un colpo simile alla disposizione emanata da Antioco Epifane allo scopo di annientare la fede

[1] 175-163 a. C.

d'Israele. *Il re per mezzo di corrieri mandò lettere a Gerusalem-me ed a tutte le città di Giuda, ordinando che seguissero le leggi dei gentili del paese* » (I Macc. 1, 46).

Nel tempio di Geova fu introdotto il culto di Zeus Olimpio. Per tutte le pratiche del culto giudaico, i sacrifici tradizionali, il shabbath e la circoncisione venne comminata la pena di morte. Le Sacre Scritture furono distrutte. Fu la prima persecuzione religiosa della storia!

Ma Israele dette a tutto il mondo l'esempio di come un popolo che non voglia rinnegare se stesso può e deve reagire a simili violenze fatte alla sua coscienza.

Caratteri deboli che avrebbero preferito la via della minor resistenza non mancavano, naturalmente, neppure allora. Molti però *elessero piuttosto morire, che macchiarsi con cibi immondi* (I *Macc.*, 1, 65). Finchè l'inflessibile ardore religioso di un vegliardo lanciò nel paese la fiaccola della ribellione.

Modin era il nome di una piccola località a 30 chilometri da Gerusalemme, al margine occidentale dei monti di Giuda, oggi la borgata di el-Medieh. Qui viveva il « sacerdote Matatia » con i suoi cinque figli. Allorchè i funzionari di Antioco giunsero anche a Modin, per costringere gli abitanti *ad immolare, bruciare incensi, e rinnegare la legge di Dio,* Matatia si rifiutò energicamente di obbedire all'ordine, e quando scorse *un giudeo farsi avanti, sotto gli occhi di tutti, per sacrificare agl'idoli... arse di zelo secondo il precetto della legge. Si fece addosso a quell'uomo e l'uccise sull'ara; uccise in pari tempo anche il messo del re Antioco... e rovesciò l'altare* (I Macc., 2, 1-25), dando così il primo impulso alla resistenza aperta, alla lotta per la vita e la morte in difesa della libertà della fede, alle *guerre dei maccabei.*

Matatia riesce a fuggire con i suoi figli. In nascondigli tra i monti e nelle caverne essi raccolgono una schiera di correligionari, assieme ai quali conducono un'accanita guerriglia contro le autorità. Alla morte di Matatia diventa capo suo figlio Giuda, detto Maccabeo (cioè « martello »).

Sui monti di Giuda i ribelli conquistano i loro primi successi. Sono veramente ammirevoli. La piccola schiera, inesperta e male armata, vince le truppe d'occupazione bene addestrate e numericamente superiori. Betoron, Emmaus e Betsura vengono occupate. I seleucidi si ritirano, finchè giungono rinforzi da Antiochia. Giuda Maccabeo libera nel 164 a. C. Gerusalemme e ristabilisce l'antico ordine nel tempio. L'altare viene riedificato e vengono offerti sacrifici a Geova come nel passato (I Macc., 4, 34 segg.).

In spedizioni militari che si spingono sempre più lontano oltre i confini della Giudea, Giuda Maccabeo giunge in Galilea, nella Giordania orientale, dove vivono israeliti che si mantengono fedeli alla comunità religiosa. Avanzando verso Idumea, nella Giudea meridionale, egli assedia e distrugge l'antica Hebron. La costante fortuna delle armi di Giuda Maccabeo costringe Antioco V Eupatore, [2] figlio di Epifane, ad intervenire con un grande esercito. Nella battaglia decisiva, che ha luogo 10 chilometri a sud-ovest di Betlemme, presso Betzacara, [3] i seleucidi impiegano i loro elefanti da guerra, affiancati da reparti di cavalleria. Sopraffatti da questa immensa superiorità di forze, i maccabei soccombono. Discordie intestine obbligano i vincitori a concludere la pace a condizioni imprevedutamente vantaggiose per i vinti. Le ordinanze emanate da Antioco IV Epifane nell'anno 167 a. C. perdono la loro validità, viene garantito il libero esercizio del culto e la comunità religiosa in Gerusalemme è di nuovo riconosciuta (I Macc., 6, 30 segg., 58 segg.). Le mete della ribellione giudaica sono raggiunte.

Ma non basta; i maccabei accanto alla libertà religiosa mirano anche all'indipendenza politica. I successori di Giuda Maccabeo, i suoi fratelli Gionata e Simone, scatenano di nuovo la lotta che Simone termina nel 142 a. C., quando la Siria concede infine ai giudei anche la libertà politica (I Macc., 15, 1 segg.).

Una fortezza, che sta al centro dei combattimenti e cambia più volte possessore, è Betsura. I risultati degli scavi corrispondono alla situazione storica riferita nel primo Libro dei Maccabei.

La località a suo tempo tanto disputata si chiama oggi Chirbet et-tubeka. Essa domina l'antica strada da Gerusalemme ad Hebron, al confine tra la Giudea e l'Idumea situata più a sud. Nel 1931 gli archeologi americani W.F. Albright e O.P. Sellers trovano qui una grande quantità di monete. Centoventisei, su un totale di oltre trecento, portano impressi i nomi di Antioco Epifane e Antioco Eupatore.

La collina porta ancora le fondamenta di una poderosa fortezza, nella quale si possono chiaramente distinguere tre periodi di costruzione. Dello strato inferiore, il più antico, sono rimasti sol-

[2] 163-162 a. C.
[3] Oggi Bet iskarje.

tanto frammenti, che risalgono all'epoca persiana. La costruzione sovrapposta ha carattere orientale e fu elevata da Giuda Maccabeo nei primi tempi della vittoriosa sollevazione. *Munì anche Betsura, di modo che il popolo* (d'Israele) *avesse una difesa contro gl'idumei* (I Macc., 4, 61).

Dopo la battaglia degli elefanti presso Betzacara, Antioco V Eupatore fece occupare la fortezza al confine. *Il re dunque s'impadronì di Betsura, e vi pose a guardia un presidio* (I Macc., 6, 50).

Anche le truppe dei seleucidi hanno lasciato inconfondibili tracce del loro soggiorno. Nelle macerie delle mura erette da Giuda Maccabeo gli archeologi hanno potuto riconoscere avanzi della bettola militare. Con la razione di viveri veniva distribuito a quei soldati il vino, pregiato succo delle viti delle colline della Grecia. Albright e Sellers poterono leggerne persino i luoghi di provenienza sui manichi di anfore trovati tra i cocci sparpagliati in grande quantità tutto intorno. Un negoziante di vini di Rodi dev'essere stato il fornitore principale.

Ciò avveniva nel 162 a. C. Un anno dopo i seleucidi fecero fortificare nuovamente Betsura. Sopra le rovine delle mura dei maccabei sorse una nuova cittadella con opere murarie di tipo ellenistico. Il loro generale Bacchide fece guarnire alcune città della Giudea *e fortificò Betsura... ponendovi guarnigioni e vettovaglie* (I Macc., 9, 50).

La tradizione biblica termina con l'uccisione di Simone, fratello di Giuda Maccabeo. La direzione spirituale e politica della Giudea, insieme con la carica di sommo sacerdote, passa a Giovanni, figlio di Simone. Fu chiamato Giovanni Ircano, e fece coniare monete con la scritta: « Il sommo sacerdote Giovanni e la comunità dei giudei », oppure: « Il sommo sacerdote Giovanni capo della comunità dei giudei. »

La storiografia deve alle diligenti annotazioni di Giuseppe Flavio precise notizie anche su questo Maccabeo e sui suoi successori. [4]

Attraverso una serie ininterrotta di guerre essi spingono, secondo un piano preciso, sempre più avanti i confini della Giudea.

---

4 Giuseppe li chiama secondo il loro antenato, il padre di Matatia, « asmonei » (*Bellum Judaicum* I, 1. 3).

Sotto Alessandro Janneo[5] la sfera del loro dominio è già estesa quasi all'intero territorio dei due regni d'Israele e di Giuda di un tempo.

Col passar del tempo, i seleucidi divenivano avversari sempre meno temibili. Mancava loro la forza di opporsi anche ai maccabei, da quando Roma — incontestata dominatrice del Mediterraneo occidentale fin dalla sconfitta di Annibale di Cartagine[6] — ebbe allargata la sua potenza, al di là della Grecia, fin nell'interno dell'Asia Minore.

Attraverso il regno dei seleucidi, il generale romano Pompeo avanza verso la Palestina. Dopo un assedio di tre mesi le legioni romane, nel 63 a. C., entrano in Gerusalemme, e la Giudea diventa una provincia romana.

È la fine dell'indipendenza politica d'Israele.

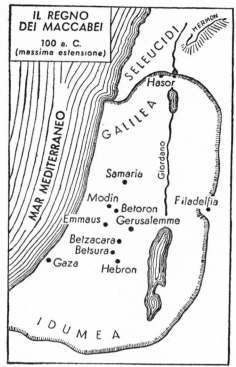

Fig. 69.

DAL NUOVO TESTAMENTO

I

GESÙ DI NAZARETH

1 - *La Palestina sul Mare nostrum*

Provincia dell'impero romano — Città greche nelle terre del Giordano — Il Nuovo Testamento — Un'antica mistificazione — Censimento ogni quattordici anni — Il governatore Quirinio.

MA QUANDO I TEMPI FURONO MATURI, DIO MANDÒ SUO FIGLIO... (Gal., 4, 4).

NELL'AMPIA corona di paesi intorno al « Mare nostrum », dall'Africa del Nord e dalla Spagna ai lidi dell'Asia Minore, impera la volontà della nuova signora del mondo: Roma. Dopo la scomparsa dei grandi regni semitici della « Fertile Mezzaluna », anche la Palestina è inserita nel nuovo mondo e nei suoi destini. Le truppe romane d'occupazione impongono la volontà di Roma in un paese retto e sfruttato da uomini nominati da Roma.

La Grecia aveva dato la sua impronta alla vita dell'impero romano, la civiltà romana era in larga misura di origine greca, e il greco era la lingua internazionale che univa tutti i popoli assoggettati.

Chi attraversava in quei tempi la Palestina poteva credere di trovarsi in Grecia. Nella Giordania orientale vi erano città prettamente greche. Le « dieci città » [1] dei Vangeli (Mt., 4, 25; Mc., 5, 20;

1 In greco « Decapolis ».

7, 31) erano ricalcate sul modello di Atene; possedevano templi consacrati a Zeus e ad Artemide; avevano il loro teatro, il loro foro a colonne, il loro stadio, la loro palestra e i loro bagni. Sia per l'architettura, sia per la vita dei loro abitanti, erano greche anche Cesarea, la capitale di Pilato a sud del monte Carmelo sul Mediterraneo, Sefori, situata pochi chilometri a nord di Nazareth, Tiberiade sul lago di Genezareth, Cesarea di Filippo, edificata ai piedi dell'Hermon e così pure Gerico. Soltanto le molte città e località minori, sia in Galilea, sia in Giudea, avevano conservato nell'architettura il loro carattere giudaico. In queste comunità visse e operò Gesù, e nessun passo dei Vangeli accenna che egli avesse mai soggiornato in una città greca.

Il modo di vestire dei greci e molti costumi della vita ellenica già da tempo, all'epoca di Gesù, avevano fatto la loro apparizione nelle comunità giudaiche. Così, ad esempio, gli abitanti di Galilea e di Giudea portavano abiti eguali a quelli che si vedevano ad Alessandria, Roma o Atene. L'abbigliamento consisteva in tunica e mantello, scarpe o sandali, cappello o berretto come copricapo. Il mobilio comprendeva un letto, e il costume greco di mangiare sdraiati era generalmente diffuso.

L'Antico Testamento comprende, a partire dai tempi dell'esodo dall'Egitto sotto Mosè, un periodo di quasi 1200 anni, e contando dall'epoca dei patriarchi, quasi due millenni. Il Nuovo Testamento, invece, comprende uno spazio di tempo minore di cento anni. Dall'inizio dell'opera di Gesù alla fine della storia degli Apostoli trascorrono poco più di trent'anni. L'Antico Testamento riflette per la maggior parte la storia avventurosa del popolo d'Israele; nel Nuovo Testamento sono descritte soltanto la vita e le testimonianze di un ristretto numero di persone; si impernia tutto sulla dottrina di Gesù, dei suoi discepoli e degli Apostoli.

L'archeologia non può fornirci ampie testimonianze sul mondo del Nuovo Testamento, perchè la vita di Cristo non offre nulla che potesse lasciare su questa terra tracce materiali: nè palazzi reali, nè templi, nè guerre di conquista, nè città e paesi dati alle fiamme. Gesù conduceva un'esistenza pacifica, e insegnava il verbo di Dio. I ricercatori considerarono come loro compito la ricostruzione del suo ambiente, l'identificazione dei luoghi in cui visse, operò e morì. Rimaneva, tuttavia, agli studiosi una meravigliosa guida nelle loro ricerche. Nessun avvenimento in tutta la storia greco-romana, nessun manoscritto di un autore classico è stato tramandato ai posteri in una varietà di esemplari antichi che possa lontanamente paragonarsi a quella delle scritture del Nuovo Testamento. Il loro numero si eleva a migliaia, e i più antichi e venerandi tra essi sono posteriori soltanto di pochi decenni ai tempi di Cristo.

GENEALOGIA DI GESÙ CRISTO, FIGLIO DI DAVIDE, FIGLIO DI ABRAMO (Matt., 1, 1.).

Chi ebbe la disavventura di leggere Houston Stewart Chamberlain — come milioni di persone in Europa, soprattutto in Germania, negli scorsi decenni — potè formarsi un'opinione diversa. Questo scrittore, figlio di un generale inglese e genero di Riccardo Wagner, scrisse un libro che ebbe innumerevoli edizioni: *Le basi del XIX secolo*. Fra l'altro, egli vi presentava la « scoperta sensazionale » che Gesù era nato da padre ariano. Chamberlain addusse addirittura delle « prove » e si richiamò a « fonti storiche ».

Esistono queste fonti? Che cosa dicono? Donde provengono?

Vi è tutta una serie di racconti che risalgono ai primi due secoli della nuova èra e furono riportati e diffusi dai nemici dei cristiani, dagli ebrei e dai pagani. Vi si incontra con particolare frequenza soprattutto il nome d'un personaggio che vi svolge una parte essenziale. Anche nel Talmud, il più importante libro di religione del giudaismo postbiblico, se ne parla. Una volta questo nome è « ben Pandera », un'altra « ben Pantera » o anche « ben ha-Pantera ».

Secondo un'informazione trasmessa di bocca in bocca, il pagano Celso pretendeva di aver udito, verso il 178, un ebreo dire testualmente: « Miriam (cioè Maria) fu ripudiata da suo marito, falegname di mestiere, dopo averla convinta d'adulterio. Nella sua vergogna ella vagò da un luogo all'altro e diede alla luce segretamente Gesù, il cui padre era un guerriero di nome Panthera. » Nel Talmud il nome di costui diviene « ben Pandera » o anche « Gesù ben Pandera ». In un punto del Talmud babilonese si parla del « druido Pandera ». Vi s'incontra inoltre il seguente passo: « In Pumbedita si diceva: " S'tath da ", cioè fu infedele a suo marito » (Sabbat, 104b; Sanhedrin, 67a).

« Pandera » sarebbe stato uno straniero, un legionario romano.

Come nacquero tali dicerie?

I cristiani parlavano di Gesù come del « Figlio della Vergine ». Gli ebrei si aggrapparono volentieri a questo appiglio per dare al mistero una interpretazione calunniosa. « Parthenos » significa in greco « vergine ». La parola « Parthenos » fu travisata. In segno di scherno gli ebrei chiamarono il Figlio della Vergine « ben ha-Pantera », che nella loro lingua significava « figlio della pantera ».

Col tempo, l'origine di questo epiteto fu dimenticata. Neppure gli ebrei sapevano più che Gesù, nei loro stessi circoli, era stato per dileggio chiamato così dall'attributo di sua madre. In questo modo la denominazione derisoria di « Pantera », e quindi anche la sua spiegazione calunniosa, assunsero più tardi tutt'altro significato.

Nell'Oriente un figlio non porta mai il nome di sua madre e viene, invece, sempre chiamato col nome del padre. Di conseguenza « Pantera » o « Pandera » fu ritenuto il nome del padre di Gesù. Tutti sapevano, infatti, che la madre di Gesù si chiamava « Miriam », Maria. Ma « Pantera » o « Pandera », come nome ebreo, era sconosciuto. Il portatore di tale nome doveva quindi essere stato uno straniero, comunque non un ebreo. E quali stranieri potevano trovarsi nel paese al tempo in cui Miriam diede alla luce il figlio? La risposta era facile: i romani. Alle soglie dell'èra cristiana la Giudea pullulava di legionari romani.

Questo modo di spiegare e travisare la denominazione di « ben Pandera » riusciva inoltre molto gradito alle tendenze anticristiane degli ebrei ortodossi. Pareva fatto apposta per mantenere le distanze dal « sacrilego » e per qualificarlo come non ebreo.

Alla luce dell'indagine cristiana ed anche ebraica non si può non accusare H. St. Chamberlain di essere rimasto vittima di false informazioni ebraiche nel suo tentativo di « comprovare » la discendenza non giudaica di Gesù Cristo. Egli si lasciò mistificare da storielle satiriche, da una deliberata falsificazione del Talmud babilonese. Del resto, la medesima cosa accadde anche ad Ernst Haeckel, l'autore degli *Enigmi dell'universo*.

I Vangeli identificano Gesù, quanto alla discendenza, come *figlio di Davide*. Ciò è detto in modo preciso e non lascia adito a discussioni su una sua possibile origine pagana. L'apostolo Paolo, grande convertitore di pagani, e l'evangelista Luca, egli stesso nato pagano, non avrebbero scorto, certo, nessun svantaggio in una discendenza pagana di Gesù e non avrebbero mancato di menzionarla almeno una volta.

IN QUEI GIORNI USCÌ UN EDITTO DI CESARE AUGUSTO PER IL CENSIMENTO DI TUTTO L'IMPERO. / QUESTO PRIMO CENSIMENTO VENNE FATTO MENTRE CIRINO ERA GOVERNATORE DELLA SIRIA... /

ANCHE GIUSEPPE SALÌ DALLA GALILEA, DALLA CITTÀ DI NAZARETH, IN GIUDEA, ALLA CITTÀ DI DAVIDE, CHIAMATA BETLEM, PERCHÈ ERA DELLA CASA E DELLA FAMIGLIA DI DAVID, / PER DARE IL NOME INSIEME A MARIA, SUA PROMESSA SPOSA CHE ERA INCINTA... (Luca, 2, 1-5).

I censimenti non sono affatto un'invenzione della statistica moderna. Fin da tempi remotissimi essi servivano, come oggi, a due semplici scopi. In primo luogo fornivano i dati per il servizio militare, in secondo luogo, per le imposte. A Roma premevano soprattutto queste ultime nei paesi sottomessi.

Senza i tributi esterni, con la sola ricchezza della madrepatria, Roma non si sarebbe mai potuta permettere il lusso dei suoi ammiratissimi palazzi e giardini, nè la sua vita sontuosamente dissipatrice, nè il suo costoso apparato amministrativo. I governatori romani potevano mostrarsi munifici offrendo al popolo gratuitamente « panem et circenses ». Il grano per il pane lo forniva l'Egitto. E le imponenti arene per i giuochi venivano costruite da schiavi con denari provenienti dai tributi.

Il « census », come il censimento era chiamato ufficialmente, aveva luogo nell'impero romano ogni quattordici anni, tanto per i « cives romani », cioè i cittadini di Roma, quanto per la Spagna e la Gallia, per l'Egitto, la Siria e la Palestina.

« Il governatore Cirino » è quel senatore P. Sulpicio Quirinio che si trova menzionato nei documenti romani. L'imperatore Augusto apprezzava molto le straordinarie attitudini sia militari, sia amministrative di quest'uomo venuto dal nulla, nato da una modesta famiglia presso Tusculo, sui colli Albani, soggiorno prediletto delle nobili famiglie romane.

Quirinio venne nel 6 d. C. quale legato in Siria. Assieme a lui Roma mandò Coponio con funzioni di primo procuratore in Giudea. Tra il 6 e il 7 d. C. essi eseguirono un censimento, ma non può trattarsi di quello menzionato dall'evangelista Luca, perchè a quel tempo Gesù aveva già più di dieci anni. Secondo il racconto biblico il censimento ordinato dall'imperatore Augusto avrebbe invece avuto luogo all'incirca nell'anno di nascita di Cristo.

Poteva essersi sbagliato fino a tal punto il medico Luca?

Per lungo tempo così parve. Soltanto il frammento di un'iscrizione romana, trovato presso Antiochia, portò alla sorprendente constatazione che Quirinio era già stato un'altra volta in Siria in qualità di legato dell'imperatore Augusto, e precisamente al tempo del proconsole Saturnino.

Allora era investito, però, di compiti prettamente militari. Egli dirigeva i combattimenti contro gli omonadensi, una tribù nella catena del Tauro, nell'Asia Minore. Quirinio aveva stabilito in Siria la sua sede ufficiale ed il suo quartier generale fra il 10 e il 7 a. C.

2 - *La stella di Betlemme*

Un'ipotesi di Origene — La cometa di Halley sopra la Cina — Le osservazioni di Keplero a Praga — La tavola astronomica di Sippar — Relazione di astronomi di Babilonia — Calcoli di astronomi moderni — Gelo di dicembre a Betlemme.

NATO GESÙ IN BETLEMME DI GIUDA, AL TEMPO DEL RE ERODE, ALCUNI MAGI, VENUTI DALL'ORIENTE, GIUNSERO A GERUSALEMME / E CHIESERO: « DOV'È IL NATO RE DEI GIUDEI? PERCHÈ NOI ABBIAMO VEDUTO LA SUA STELLA IN ORIENTE E SIAMO VENUTI PER ADORARLO. » (Matt., 2, 1. 2).

Spedizioni internazionali di astronomi sono per l'uomo cose a cui da tempo è abituato. Nel 1954 in Svezia ci fu addirittura un'invasione di questi esperti del firmamento. Scienziati di tutti i paesi della terra, muniti di strumenti speciali e di apparecchi di misurazione, affluirono in Scandinavia, per osservare un'eclissi solare. Il viaggio dei Magi dall'Oriente in Palestina può essere stato qualcosa di analogo?

Da secoli il racconto dell'evangelista Matteo sulla stella del Messia non ha cessato di eccitare la fantasia degli uomini. Intenditori e profani ci hanno fatto sopra le loro riflessioni e ne è risultata una vasta letteratura. Ogni luce in movimento sulla volta celeste, e anche molte pure creazioni della fantasia, vennero spacciate per la « stella di Betlemme ».

Che debba essersi trattato di un fenomeno celeste di natura del tutto particolare il testo biblico lo fa capire indubitabilmente. I fenomeni celesti sono di competenza degli astronomi, e da questi possiamo dunque attenderci una spiegazione rispondente alle cognizioni moderne. A chi prenda in esame l'accendersi d'un subitaneo splendore nel firmamento, si presentano, a prescindere dalle stelle filanti, solo due ipotesi: una cometa o una nuova stella, in termine tecnico una « nova ».

Simili ipotesi sono state formulate già da molti secoli. Così, ad esempio, scriveva Origene, teologo vissuto verso il 200 d. Cr. ad Alessandria: « Ritengo che la stella apparsa ai Magi nell'Oriente sia stata un nuovo astro, senza nulla in comune con quelli che ci si mostrano nel firmamento o nell'atmosfera più bassa. Presumibilmente fu come una di quelle meteore che sogliono comparire di tanto in tanto e che i greci distinguono chiamandole, secondo la loro forma, ora comete, ora travi infocati, ora stelle caudate, ora botti, e con altri nomi ancora. »

Comete luminose solcanti talvolta con la loro coda una buona metà dello spazio celeste, hanno sempre turbato profondamente gli animi, perchè erano ritenute annunciatrici di eventi gravi. Non fa quindi meraviglia se questo spettacolo tra i più belli offerti dal firmamento si sia collegato con l'idea della stella dei Magi dell'Oriente. Gli artisti si impadronirono di questo bel motivo, cosicchè in molte rappresentazioni di presepi, e in quadri della nascita di Cristo, si vede una risplendente cometa sopra la stalla di Betlemme.

Scavi e ritrovamenti di scritti hanno apportato un materiale meravigliosamente preciso riguardo agli eventi astronomici dei millenni passati. Sono così disponibili rilevamenti e osservazioni di greci, romani, babilonesi, egiziani e cinesi.

In seguito all'uccisione di Cesare, poco dopo gli idi di marzo del 44 a. C., apparve una cometa intensamente luminosa. Nell'anno 17 prima dell'èra volgare apparve repentinamente un'altra cometa fulgidissima, che sarebbe rimasta visibile per un'intera notte nei paesi mediterranei. Un nuovo fenomeno del genere è segnalato nell'anno 66 d. C., poco prima del suicidio di Nerone.

Dal periodo intermedio ci è pervenuta ancora un'altra segnalazione compilata con la massima esattezza da astronomi cinesi. Nell'enciclopedia *Wen-hsien-thung-khao* del dotto cinese Ma Tuanlin si legge a questo riguardo:

« Nel primo anno dell' (imperatore) Yven - yen, nel settimo mese, il giorno di Sin-uei (25 agosto) fu scorta una cometa nel settore del cielo Tung-tsing (accanto a My dei Gemelli). Passò attraverso gli U-Tschui-Heu (Gemelli), uscì dagli Ho-su (Castore e Polluce) e diresse il suo corso verso settentrione e poi nel gruppo Hien-yuen (Testa del Leone) e nella casa Thaiuei (Coda del Leone)... Il cinquantaseiesimo giorno essa tramontò con il Drago Azzurro (Scorpione). In complesso la cometa fu osservata per 63 giorni. »

L'esauriente rapporto dell'antico astronomo cinese contiene la prima descrizione della famosa cometa di Halley, quella formidabile stella caudata che ricompare regolarmente ogni 76 anni in prossimità del sole. L'ultima volta essa si mostrò negli anni 1909-1911. Nel 1986 la terra godrà di nuovo il raro spettacolo. Essa infatti si attiene strettamente al suo orario nel grandioso movimento ellittico attraverso lo spazio cosmico. Ma non è sempre e dovunque ugualmente ben visibile. Fu perciò un avvenimento importante per gli astronomi quando la cometa potè venir osservata in tutti i particolari con molta precisione. Dalla regione del Mediterraneo, dalla Mesopotamia e dall'Egitto non si ebbe, invece, per quell'epoca, alcuna menzione di un corpo celeste tanto luminoso e impressionante.

La stessa cosa vale per le « stelle nuove ». Queste novae sono corpi astrali, che, in seguito a un'esplosione atomica, liberano improvvisamente grandi masse di materia. Il loro splendore, che supera la luminosità di tutte le altre stelle, è così intenso, così straordinario, che sempre ne fu data notizia. Verso l'inizio della nuova èra si parla soltanto due volte dell'accensione di una nuova stella, nel 134 a. C. e nel 173 dell'èra cristiana. Nessuna delle molte fonti e tradizioni antiche fa menzione di una fulgida cometa o di una nuova stella nel cielo del Mediterraneo intorno all'anno zero.

Poco prima del Natale, il 17 dicembre 1603, il matematico imperiale e astronomo di corte Giovanni Keplero, seduto nello Hradschin di Praga che domina dall'alto la Moldava, osserva con un modesto telescopio l'avvicinamento di due pianeti. « Congiunzione » chiamano gli scienziati la posizione di due astri rispetto alla Terra, quando il loro grado di longitudine è uguale. Talora due pianeti si accostano tanto, che appaiono come un'unica stella più grande e più luminosa. In quella notte Saturno e Giove si danno un appuntamento cosmico nella costellazione dei Pesci.

Tornando a calcolare i suoi appunti, Keplero ricorda d'un tratto una relazione del rabbino-scrittore Abarbanel, in cui si accennava a un influsso straordinario che astrologi ebrei attribuivano proprio a quella costellazione. Il Messia sarebbe apparso durante una congiunzione di Saturno e Giove nella costellazione dei Pesci.

Era possibile che la congiunzione al tempo della nascita di Cristo fosse stata uguale a quella osservata da Keplero nel Natale dell'anno 1603?

Keplero rifece ripetutamente i calcoli. Era scienziato e pseudo-scienziato, astronomo e astrologo, seguace di quella teoria che già il Codice Giustinianeo aveva equiparato al veneficio. Il risultato fu una triplice congiunzione in uno stesso anno. Secondo il calcolo astronomico, essa sarebbe avvenuta l'anno 7 a. C. Secondo le tabelle astronomiche, doveva trattarsi del 6 a. C. Keplero si decise per l'anno 6 a. C. e fece perciò risalire la concezione di Maria all'anno 7 a. C.

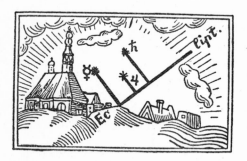

Fig. 70 - Congiunzione di Mercurio, Giove e Saturno, del dicembre 1603, secondo Keplero.

Della sua affascinante scoperta diede notizia in una serie di libri, ma quello spirito illuminato, fondatore delle leggi planetarie che portano il suo nome, si smarrì alla fine troppo nel regno della mistica. Di conseguenza l'ipotesi kepleriana fu respinta per lungo tempo e cadde infine nell'oblio. Soltanto nel XIX secolo gli astronomi se ne ricordarono. Ma mancava la possibilità di una chiara dimostrazione scientifica.

Questa dimostrazione fu data dalla scienza del nostro secolo.

Nel 1925 l'erudito tedesco P. Schnabel decifrò annotazioni neobabilonesi in scrittura cuneiforme di un celebre istituto tecnico dell'antica scuola di astrologia di Sippar, in Babilonia. Tra una serie innumerevole di semplici dati d'osservazione egli trova una notizia riguardante la posizione dei pianeti nella costellazione dei Pesci. Giove e Saturno vi sono segnati diligentemente per un periodo di cinque mesi. Riferito il calcolo al nostro tempo, si tratta dell'anno 7 prima della nascita di Cristo!

Archeologi e storici devono ricostruire faticosamente il quadro di un'epoca attraverso lo studio di testimonianze frammentarie che vanno dai documenti ai resti di edifici, ai singoli ritrovamenti. Per l'astronomo moderno le cose sono più semplici. Egli può girare a ritroso, come gli aggrada, le lancette dell'orologio del mondo, fissare nel planetario il cielo stellato, come appariva millenni or sono, nell'anno, nel mese, addirittura nel giorno desiderato. Allo stesso modo può stabilire esattamente la posizione degli astri nel passato.

Nell'anno 7 prima dell'èra volgare Giove e Saturno s'incontrarono effettivamente nei Pesci, e ciò avvenne, come scoprì Keplero, tre volte. Calcoli matematici fecero inoltre risultare che questa triplice congiunzione dei pianeti dovette essere visibile in modo particolarmente favorevole nella regione del Mediterraneo. La tabella dei tempi dell'incontro dei pianeti si presenta, nei dati offerti dai moderni calcoli astronomici, nel modo seguente:

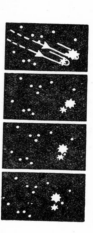

Verso la fine del mese di febbraio nell'anno 7 a. C. la costellazione si affacciò all'orizzonte. Giove uscì dall'Acquario per accostarsi a Saturno nei Pesci. Poichè il Sole a quell'epoca stava pure nel segno dei Pesci, la sua luce copriva la costellazione. Il 12 aprile i due pianeti effettuavano il loro oriente eliaco a una distanza di 8 gradi di longitudine nella costellazione dei Pesci. « Eliaco » l'astronomo chiama il primo sorgere visibile di un astro insieme col Sole nel crepuscolo mattutino.

Fig. 71 - Terza congiunzione di Giove e Saturno, del 4 dicembre dell'anno 7 a. C., nella costellazione dei Pesci.

Il 29 marzo, ben visibile per due ore nel cielo mattutino, apparve la prima congiunzione con una differenza di 0 gradi di longitudine e di 0,98 gradi di latitudine nel 21° grado dei Pesci.

La seconda congiunzione avvenne il 3 ottobre nel 18° grado della costellazione dei Pesci.

Il 4 dicembre si presentò per la terza ed ultima volta la congiunzione dei pianeti Giove e Saturno, ora nel 16° grado dei Pesci. Alla fine di gennaio dell'anno 6 a. C. il pianeta Giove passò poi dai Pesci all'Ariete.

« *Abbiamo veduto la sua stella in Oriente* » (Matteo, 2, 2), suonava secondo la Bibbia la dichiarazione dei tre Magi. Sagaci critici del testo scoprirono che le parole « in Oriente » suonano nell'originale « en tae anatolae ». Questa è in greco la forma del singolare; in un altro passo il concetto « Oriente » viene espresso come « anatolai », quindi nel plurale. Ma alla forma singolare

« anatolae » sembra essere stato attribuito un significato astronomico del tutto speciale, in quanto si sarebbe indicata con essa
l'osservazione dello spuntar mattutino dell'astro, cioè il cosiddetto
sorgere eliaco.

Ove si seguisse codesta critica del testo, la traduzione — nel
linguaggio tecnico degli esperti d'astronomia — sarebbe chiaris-
sima:

« Nei raggi dell'aurora abbiamo veduto apparire la sua stella. » E ciò avrebbe corrisposto esattamente ai dati di fatto astronomici.

Ma a che sarebbe servita l'antica spedizione scientifica dei tre
Magi in Palestina, se è provato che il fenomeno era visibile anche
in Babilonia?

In Oriente, gli osservatori del cielo, essendo astrologi, attribuivano a ogni stella un significato particolare. Secondo il concetto
caldeo, la costellazione dei Pesci era il segno dell'Occidente, delle
terre sul Mediterraneo; secondo la tradizione giudaica, era il segno
d'Israele, il segno del Messia. La costellazione dei Pesci sta alla
fine di un vecchio e all'inizio di un nuovo corso del Sole. Nulla di
più ovvio, quindi, che scorgere in essa il segno della fine di un'èra
e dell'inizio di un'altra!

Giove era considerato presso tutti i popoli e in tutti i tempi
la stella della fortuna e della regalità. Secondo l'antica tradizione
giudaica, Saturno avrebbe protetto Israele; Tacito lo identifica col
Dio degli ebrei. L'astrologia babilonese considerava il pianeta ornato di anelli come stella speciale dei vicini paesi Siria e Palestina.

Dall'epoca di Nebukadnezar molte migliaia di ebrei vivevano in Babilonia. Alcuni di essi avranno certo studiato alla scuola
di astrologia di Sippar. Un incontro di eccezionale splendore come quello di Giove con Saturno, protettore degli ebrei, nella costellazione del « Paese d'Occidente », del Messia, deve aver commosso profondamente gli astrologi ebrei. Infatti, secondo l'interpretazione astrologica, esso pronosticava la comparsa di un potente re
nella terra d'Occidente, nella terra dei loro padri. Assistere personalmente a tale evento, vederlo coi propri occhi: ecco la ragione
del viaggio dei Magi, versati in astronomia, provenienti dal-
l'Oriente.

Il 29 maggio dell'anno 7 a. C. essi osservarono la prima congiunzione dei due pianeti dal tetto della scuola d'astrologia di
Sippar. In quella stagione nel paese dei due fiumi regna già un ca-

lore insopportabile. L'estate non è un periodo adatto per viaggi faticosi e lunghi. Essi sapevano inoltre che la congiunzione si sarebbe ripetuta il 3 ottobre. Come calcolavano le eclissi del Sole e della Luna, così potevano calcolare con esattezza anticipatamente anche questa congiunzione. La circostanza che il 3 ottobre era la data della festa ebraica del gran perdono sarà stata per loro un incitamento a intraprendere il viaggio in quei giorni.

Anche col mezzo di trasporto più rapido, il cammello, la durata del viaggio sulle strade carovaniere doveva essere molto lunga. Se si calcola a circa un mese e mezzo, i Magi dovrebbero essere arrivati a Gerusalemme verso la fine di novembre.

« Dov'è il neonato re dei giudei? Perchè noi abbiamo veduto la sua stella in Oriente e siamo venuti per adorarlo. » / All'udir ciò il re Erode si turbò e con lui tutta Gerusalemme (Matteo, 2, 2. 3). Da parte degli intenditori d'astrologia venuti dall'Oriente non poteva non essere questa la prima e la più naturale domanda, ma è altrettanto naturale che essa non potesse che suscitare spavento. Nella Città Santa, infatti, non si sapeva nulla di scuole d'astrologia.

Erode, l'odiato tiranno, fu preso dalla paura. L'annuncio della nascita di un nuovo re lo faceva tremare per il suo dominio. Il popolo, invece, fu colto da un fremito di gioia, come risulta da altre fonti storiche. Circa un anno dopo la congiunzione astrale sopra descritta, sorse un forte movimento messianico. Lo storico ebreo Giuseppe Flavio segnala che a quel tempo nel popolo circolava la voce che fosse stata decisa da Dio la fine del dominio romano, e che un cenno divino avesse annunciato la venuta di un sovrano ebreo. Erode, insediato dai romani, non era infatti ebreo, ma idumeo.

Erode non esitò. *Adunati i capi dei sacerdoti e gli scribi del popolo s'informò da loro dove il Cristo doveva nascere* (Matteo, 2, 4). Essi si misero a studiare gli antichi libri sacri e trovarono l'accenno nello scritto del profeta Michea, vissuto settecento anni prima nel regno di Giuda: « *E tu, o Betleem Efrata, sei piccola tra le migliaia di Giuda, ma da te mi uscirà colui che sarà dominatore in Israele...* » (Michea, 5, 1).

Allora Erode, fatti venire segretamente a sè i Magi... li mandò a Betleem (Matteo, 2, 7. 8). Poichè il 4 dicembre Giove e Saturno si congiunsero per la terza volta nella costellazione dei Pesci, i Magi *provarono una grandissima gioia* e partirono per

Betlemme; *ed ecco la stella, che avevan visto in Oriente, andar
loro innanzi* (Matteo, 2, 10. 9).

Sulla via verso Hebron, a sette chilometri da Gerusalemme,
si trova il villaggio Bet Lahm, l'antica Bet-Lehem di Giudea. L'antichissima via montana, già percorsa in tempi passati da Abramo,
conduce da nord quasi direttamente verso sud. Durante la loro
terza congiunzione i pianeti Giove e Saturno apparvero uniti come
in un grande astro radioso. Nel crepuscolo della sera erano visibili
in direzione sud, sicchè i Magi dell'Oriente, andando da Gerusalemme a Bet-Lehem, avevano il risplendente astro sempre dinanzi
agli occhi. La stella si muoveva realmente, come tramanda il Vangelo, *loro innanzi.*

Ogni anno milioni di persone nel mondo ascoltano la storia
dei Magi venuti dall'Oriente. La « stella di Betlemme », simbolo
inscindibile dalla notte di Natale, accompagna gli uomini in tutta
la loro vita. Nei lessici e sulle tombe essa trova posto accanto alla
data di nascita.

La cristianità celebra la festa del Natale dal 24 al 25 dicembre.
Astronomi, storici e teologi sono, comunque, concordi nel ritenere
che il 25 dicembre dell'anno zero non sia stata l'autentica data
della nascita di Cristo, nè per l'anno, nè per il giorno. Ne sono re-
sponsabili alcuni errori di calcolo, commessi dal monaco scita Dio-
nigi il piccolo. Questi viveva a Roma e nel 533 ricevette l'incarico di fissare quale doveva essere l'inizio della nuova èra. Ma egli
dimenticò l'anno zero che doveva essere inserito tra l'anno uno
avanti e l'anno uno dopo Cristo. Gli sfuggirono inoltre i quattro
anni in cui l'imperatore romano Augusto aveva regnato sotto il
suo vero nome di Ottaviano.

La tradizione biblica contiene la chiara indicazione: *Nato
Gesù a Betleem di Giuda al tempo di re Erode...* (Matteo, 2, 1).
Chi era Erode, quando visse e regnò è accertato da numerose fonti
contemporanee. Erode fu nominato da Roma re di Giudea nel
40 a. C. Il suo regno cessò con la sua morte l'anno 4 a. C. Gesù
pertanto deve essere nato prima dell'anno 4.

Il 25 dicembre quale festa di Natale è menzionato per la prima volta in un documento soltanto nell'anno 354. Sotto l'imperatore
romano Giustiniano[1] fu riconosciuto come festa legale. Nella scelta

---

[1] 527-565 d. C.

di questo giorno un'antica festività romana ebbe una parte essenziale. Nell'antica Roma il 25 dicembre era il *dies natalis invicti*, il « genetliaco dell'invitto », il giorno del solstizio invernale e altresì l'ultimo giorno dei « Saturnali » che da tempo avevano degenerato in una settimana di carnevale sfrenato durante la quale i cristiani potevano sentirsi particolarmente sicuri da persecuzioni.

Accanto agli storici e agli astronomi possono avere contribuito in modo decisivo a fissare la data di nascita di Gesù anche i meteorologi. Secondo il Vangelo di Luca *...nella stessa regione c'erano dei pastori, che passavano la notte all'aperto e facevano la guardia al loro gregge* (Luca, 2, 8).

Sono state fatte da meteorologi esatte misurazioni della temperatura a Hebron. Questa località al sud dei monti della Giudea ha lo stesso clima della vicina Betlemme. La curva delle temperature segna per tre mesi gelo: in dicembre — 2,8; in gennaio — 1,6; in febbraio — 0,1. I primi due mesi hanno, al tempo stesso, le più forti precipitazioni dell'anno: 147 millimetri in dicembre, 187 in gennaio. Secondo gli accertamenti finora eseguiti, il clima in Palestina non dovrebbe essersi considerevolmente mutato durante gli ultimi 2000 anni; perciò le esatte osservazioni meteorologiche moderne possono servire di base.

All'epoca del Natale a Betlemme regna il gelo, e con una temperatura sotto zero neppure nella Terra Promessa poteva esserci bestiame sui pascoli. Questa constatazione è avvalorata da un rilievo del Talmud, secondo il quale in quella regione le greggi vengono condotte al pascolo in marzo e riportate a casa ai primi di novembre. Il bestiame resta all'aperto quasi otto mesi. Nel nostro periodo natalizio anche in Palestina le bestie rimanevano nelle stalle, e con esse i pastori.

La tradizione nel Vangelo di Luca colloca pertanto la nascita di Cristo prima dell'inizio della stagione invernale, e nel Vangelo di Matteo la menzione della stella risplendente si riferisce all'anno 7 prima dell'era volgare.

3 - La fuga in Egitto

Mataria presso il Cairo — Un famoso orto botanico — Luogo di pellegrinaggio presso la biblica On — Il giardino di balsamine della regina Cleopatra.

UN ANGELO DEL SIGNORE APPARVE IN SOGNO A GIUSEPPE, DICENDOGLI: « LEVATI, PRENDI IL BAMBINO E LA MADRE SUA E FUGGI IN EGITTO. LÀ TI FERMERAI, FINCHÈ IO NON TI AVVISI, PERCHÈ ERODE CERCHERÀ IL BAMBINO PER FARLO MORIRE. » / GIUSEPPE SI ALZÒ, E PRESO DI NOTTE TEMPO IL BAMBINO E LA MADRE DI LUI, RIPARÒ IN EGITTO, / DOVE RIMASE FINO ALLA MORTE DI ERODE (Matteo, 2, 13-15).

Chi fugge all'estero si reca possibilmente dove vivono connazionali. Chi per di più porta seco un lattante darà la preferenza a un luogo subito dopo il confine.

Sulla via dalla Palestina in Egitto, circa 10 chilometri a nord del Cairo, si trova sulla riva destra del Nilo la piccola e tranquilla località di Mataria. Non occorre quindi attraversare il largo fiume. Tra i vasti campi di canne da zucchero occhieggia la cupola della *Sanctae Familiae in Aegypto Exuli*, la « Chiesa della Sacra Famiglia ». Essa fu costruita da gesuiti francesi ai quali le antichissime tradizioni collegate al vicino giardinetto sembrarono motivo sufficiente per erigere il piccolo tempio.

Oggi, come in passato, pellegrini di tutto il mondo aprono la cigolante porta per entrare nel giardino e si fermano davanti al decrepito tronco di un sicomoro,[1] chiamato « l'albero della Santa Vergine ». Nella cavità del suo tronco, come narra una pia tradizione, si sarebbe rifugiata Maria col Bambino Gesù durante la fuga

1 Fico d'India.

dai suoi persecutori. E un ragno avrebbe intessuto sui fuggitivi una tela così spessa che essi non furono scoperti.

Si è molto discusso sulla vera età dell'albero venerando. Le più antiche testimonianze oculari al riguardo risalgono, però, solo a pochi secoli addietro. Un'altra menzione di questo luogo risale in compenso a quasi duemila anni fa.

Il giardino di Mataria era famoso nel medio evo come orto botanico, perchè produceva delle piante che non esistevano in nessun altro posto dell'Egitto. « Alberelli sottili che non sono più alti della cintura d'un cavaliere e somigliano ai rami delle viti selvatiche, » informa l'inglese John Maundeville che li vide durante un viaggio nell'anno 1322. Egli descriveva così le balsamine. Come quei preziosi arbusti fossero venuti in Egitto ce lo dice il dotto storiografo Giuseppe Flavio.

Dopo l'uccisione di Cesare, Marcantonio si recò ad Alessandria. Cleopatra, l'ambiziosa regina d'Egitto, si alleò con lui. Con questa alleanza ella mirava segretamente al ripristino dell'antica potenza dei suoi avi e al riacquisto della Palestina. Più volte ella visitò il paese giudaico e Gerusalemme, e tentò perfino di irretire il re Erode, insediato da Roma, e di trarlo dalla sua parte. Erode era in verità tutt'altro che un misogino, ma era troppo intelligente e sensato per non capire perfettamente che una simile avventura gli poteva procurare l'inimicizia del potente Marcantonio. Tuttavia poco mancò che anche l'aver respinta Cleopatra gli costasse la testa. Troppo profondamente ferita nella sua vanità femminile, ella intrigò, infatti, presso Marcantonio contro Erode e riuscì a far citare il re giudeo ad Alessandria sotto gravi accuse. Cleopatra aveva architettato il suo piano con la massima raffinatezza, ma Erode era ancor più furbo di lei. Egli si presentò a Marcantonio carico di aurei tesori, e riuscì ad ammansire il romano corrompendolo. Era una nuova grave umiliazione per la regina. Ma neppure lei rimase a mani vuote. Erode dovette cederle tutta la preziosa costa della Palestina con le sue città; Marcantonio ne fece dono all'amata come si fosse trattato d'una sua proprietà personale, e vi aggiunse la città di Gerico sul Giordano insieme con le piantagioni circostanti; in vasti giardini profumati vi crescevano le più pregiate piante, germogliate dai semi che un giorno la regina di Saba, come si narra, portò in dono al grande Salomone: le balsamine.

La nuova proprietaria, registrò con molta precisione Giuseppe, se ne portò a casa dei virgulti, che fece piantare intorno al tempio di Eliopoli, la On della Bibbia (Gen., 41, 50). Grazie alle cure di esperti giardinieri ebrei venuti dalla valle del Giordano, le rare e preziose pianticelle attecchirono nella terra del Nilo e vi formarono il famoso orto botanico di Mataria.

Trent'anni dopo, quando Marcantonio e Cleopatra già da tempo si erano tolta la vita in seguito alla battaglia navale perduta presso Azio, in quegli olezzanti giardini Giuseppe, Maria e Gesù avrebbero trovato un rifugio sicuro presso i giardinieri ebrei.

Molti sono gl'indizi che convergono insistentemente verso questo luogo; un giorno forse uno di essi si rivelerà di autentico valore storico.

4 - *A Nazareth in Galilea*

Morte di re Erode — Il « più crudele tiranno » — Agitazioni nel paese — Controllo finanziario a Gerusalemme — Sabino ruba il tesoro del tempio — Varo crocifigge duemila ebrei — La città dei falegnami — Dove crebbe Gesù.

MORTO ERODE, UN ANGELO DEL SIGNORE APPARVE IN SOGNO A GIUSEPPE IN EGITTO / E GLI DISSE: « LEVATI, PRENDI IL BAMBINO E LA MADRE SUA E TORNA NELLA TERRA D'ISRAELE, PERCHÈ SONO MORTI COLORO CHE ATTENTAVANO ALLA VITA DEL BAMBINO. » / MA AVENDO SENTITO CHE IN GIUDEA REGNAVA ARCHELAO, AL POSTO DI SUO PADRE ERODE, NON S'ARRISCHIÒ D'ENTRARVI (Matteo, 2, 19. 20. 22).

Erode morì settantenne nell'anno 4 della nostra èra, trentasei anni dopo che Roma lo aveva proclamato re. Subito dopo la sua morte si sarebbe verificata un'eclisse lunare, la cui data precisa fu calcolata da astronomi moderni: il 13 marzo.

Giuseppe Flavio esprime su di lui un severo giudizio, scrivendone pochi decenni dopo: « Non fu un re, ma il più crudele tiranno che abbia mai governato un paese. Ha assassinato una quantità di persone e la sorte di coloro che lasciò in vita fu così triste che invidiavano la sorte degli uccisi. Non soltanto ha torturato individualmente i suoi sudditi, ma ha maltrattato intere comunità. Per abbellire città straniere ha derubato le proprie e ad altre popolazioni ha fatto doni che venivano pagati col sangue degli ebrei. Al benessere d'un tempo ed agli antichi onorati costumi sono perciò subentrati impoverimento e pervertimento del popolo. Insomma, gli ebrei in pochi anni hanno dovuto sopportare sotto Erode più tribolazioni che i loro antenati nel lungo periodo dall'esodo da Babilonia al ritorno sotto Serse. »

In trentasei anni non passò quasi giorno senza una sentenza di morte.

Erode non risparmiava nessuno, nè la propria famiglia, nè gli amici più intimi, nè i sacerdoti e men che meno il popolo. Nel novero dei suoi assassinî figurano quelli di due mariti di sua sorella Salomè, di sua moglie Mariamme e dei suoi figli Alessandro e Aristobolo. Fece annegare nel Giordano suo cognato e togliere di mezzo sua suocera Alessandra. Due dotti che avevano staccato dalla porta del tempio l'aquila romana d'oro furono bruciati vivi; Ircano, l'ultimo della stirpe degli asmonei, venne ucciso; intere famiglie nobili furono sterminate, molti farisei tolti di mezzo. Cinque giorni prima della sua morte il vegliardo fece ancora uccidere suo figlio Antipatro. E questa non è che una piccola parte dei misfatti di colui che fu detto « una belva in veste di sovrano ».

Nel ributtante ritratto di quest'uomo s'inquadra perfettamente la strage degl'innocenti di Betlemme attribuitagli dalla Bibbia (Matteo, 2, 16).

Dopo l'assassinio di Antipatro, Erode, sul letto di morte, designa per testamento come successori tre dei suoi figli più giovani: Archelao come erede del regno, Erode Antipa e Filippo come tetrarchi, sovrani di Galilea e Perea, di una parte della Giordania orientale, nonchè del territorio a nord-est del lago di Genezareth. Archelao viene riconosciuto re dalla propria famiglia ed acclamato dalle truppe mercenarie di Erode: germani, galli e traci. Ma nel paese, all'annuncio della morte del despota, scoppiano sommosse di una violenza senza precedenti nel popolo ebreo. Nell'avvampante odio contro la stirpe degli erodiani si mescola l'indignazione contro i romani.

Anzichè canti funebri per Erode risuonano lamentazioni per le sue vittime innocenti. Il popolo esige che venga espiata la morte degli eruditi Jehuda ben Sarifa e Matatia ben Margolot, che furono arsi come torce umane. Archelao risponde inviando truppe a Gerusalemme. In un solo giorno 3000 individui vengono massacrati. Il cortile del tempio è colmo di cadaveri. Questo primo atto di Archelao svela di colpo il suo vero carattere: il figlio di Erode, per crudeltà ed ingiustizia, non era da meno del padre.

Il testamento aveva però ancora bisogno dell'approvazione dell'imperatore Augusto. Perciò uno dopo l'altro si recano a Roma Archelao ed Erode Antipa. Nello stesso tempo cinquanta anziani, come ambasciata d'Israele, corrono da Augusto per chiedergli la liberazione da quella tirannide. In assenza degli erodiani le agitazioni assumono proporzioni anche maggiori. A garanzia dell'ordine viene dislocata a Gerusalemme una legione romana. Per disgrazia, mentre perdurano i tumulti, giunge un odiato romano, Sabino, il procuratore finanziario di Augusto. Noncurante di tutti i moniti, egli s'insedia nel palazzo di Erode e si occupa del controllo delle imposte e dei tributi della Giudea.

Per l'ufficio divino settimanale affluiscono nella Città Santa masse di pellegrini; avviene uno scontro sanguinoso. Sulla piazza del tempio divampa una lotta accanita. Volano pietre sulle truppe romane. Queste danno fuoco ai loggiati, penetrano nel tempio e rubano tutto ciò che trovano. Sabino stesso alleggerisce il tesoro del tempio di 400 talenti, ma deve barricarsi in fretta e furia nel palazzo.

Da Gerusalemme la ribellione si diffonde in tutto il paese come un incendio nella brughiera. I palazzi reali in Giudea, dopo il saccheggio, vengono distrutti dalle fiamme. Il governatore della Siria accorre con un potente esercito romano, rafforzato da truppe chiamate da Beirut e dall'Arabia. Non appena le forze armate compaiono dinanzi a Gerusalemme, i ribelli si danno alla fuga, ma vengono inseguiti e fatti prigionieri in massa.

Duemila uomini muoiono crocifissi.

Il governatore di Roma in Siria, che ne diede l'ordine, s'iscrisse nel libro della storia per una disastrosa sconfitta che subì nell'anno 9 d. C. Era Quintilio Varo. Trasferito dalla Siria in Germania, perdette la battaglia della Selva di Teutoburgo.

Questa era la paurosa situazione, allorchè Giuseppe, venendo dall'Egitto, *udì che in Giudea regnava Archelao, al posto di suo padre Erode*. Perciò *non s'arrischiò d'entrarvi*.

E andò ad abitare in una città, chiamata Nazaret... (Matteo, 2, 23).

Molti studiosi e scrittori hanno esaltato a gara la bellezza del luogo in cui Gesù passò l'infanzia e la giovinezza. San Geronimo chiamò Nazareth il « fiore di Galilea ». La moderna Nazareth è una piccola località di 8000 anime. Sotto i portici delle vie e viuzze un numero sorprendente di falegnami esercitano il loro mestiere in botteghe e laboratori aperti. Qui vengono fabbricati gioghi di legno per buoi, aratri e altri arnesi d'ogni genere, di quelli che usavano allora, come ora, i piccoli coltivatori.

Come ai tempi di Gesù, le donne, con le brocche in equilibrio sulla testa, vanno ad attingere l'acqua da un pozzo ai piedi della collina, dove scaturisce una piccola sorgente. Ain Maryam, « Fonte di Maria », si chiama da tempi immemorabili questa fonte, l'unica della zona.

L'antica Nazareth ha lasciato numerose tracce. Era situata un po' in su della località attuale, a 400 metri d'altezza, come un mucchio di casette d'argilla, una delle quali apparteneva al falegname Giuseppe.

Come Gerusalemme, anche Nazareth è circondata da monti. Ma quanto contrastante il carattere dei due paesaggi, quanto diversi i loro contorni, la loro atmosfera! Sulla montuosa Giudea sembrano incombere minaccia e tristezza. È lo scenario imponente e severo di un mondo che generò il profeta, il combattente alieno da ogni compromesso che oppone la propria volontà a quella del mondo intero, che tuona contro ogni iniquità, contro l'immoralità, contro la distorsione della legge, che minaccia ai popoli la resa dei conti e predica il ritorno delle nazioni al retto sentiero.

Pieni di pace e dai contorni dolci sono invece i dintorni di Nazareth. Giardini e campi circondano la cittadina con i suoi contadini e artigiani. Boschetti di palme dattilifere, fichi e melograni, rivestono le colline circostanti d'un verde ridente. I campi sono coltivati a grano e orzo, i vigneti danno eccellente uva, lungo le prode e le strade vi sono dappertutto fiori lussureggianti.

Questo è il paesaggio della semina e della raccolta, che ispirò a Gesù le molte, belle parabole, le immagini del frumento e della malerba, del granellino di pepe, della vigna e dei gigli del campo.

Tuttavia l'antica Nazareth non era totalmente appartata dal vasto mondo. Dinanzi ad essa serpeggiava la strada militare dei romani proveniente dal nord attraverso i monti della Galilea, e pochi chilometri a sud un'antica pista carovaniera raggiungeva l'animata via commerciale Damasco-Egitto attraverso la piana di Jezrael.

5 - *Giovanni Battista*

Giuseppe Flavio testimonio — Un illecito matrimonio tra cognati — Ordine d'arresto di Erode Antipa — Il forte Machero a Moab — Nella cella della morte — La principessa Salomè — Cafarnao sul « mare » — Rovine nel boschetto di eucalipti — Il luogo dove Gesù insegnava.

ALLORA GESÙ ARRIVÒ DALLA GALILEA AL GIORDANO, A GIO-
VANNI, PER ESSERE DA LUI BATTEZZATO (Matt., 3, 13).

Con questo avvenimento Gesù si stacca per la prima volta dalla natia Nazareth. Dopo gli anni dell'infanzia e della giovinezza, dei quali non ci è stato tramandato quasi nulla, egli inizia la sua attività pubblica. *Gesù aveva circa trent'anni quando cominciò il suo ministero* (Luca, 3, 23).

Giovanni predicava e battezzava nella bassa del Giordano a sud di Gerico, dove il noto guado attraversa il fiume, quindi entro la giurisdizione di Erode Antipa, il tetrarca insediato da Roma.

Della vita di Giovanni, oltre al battesimo di Gesù, è nota al mondo intero soprattutto la sua tragica fine. Egli fu decapitato.

Il pio Battista, che compare nella svolta decisiva della vita di Gesù, è veramente vissuto? Il contemporaneo Giuseppe Flavio scrive che Giovanni era un uomo nobile, « che esortava gli ebrei alla perfezione e li incitava a praticare la giustizia tra loro e la devozione a Dio e a riunirsi per ricevere il battesimo. Poichè la gente veniva da tutte le parti, Erode cominciò a temere che l'influenza di un simile uomo potesse provocare una rivolta. In seguito a questo sospetto di Erode, Giovanni fu messo in catene, mandato nel forte Machero e là decapitato. »

Poichè Erode, avendo fatto arrestare Giovanni, l'aveva chiuso in prigione, a causa d'Erodiade... (Matteo, 14, 3; Marco, 6,

17; Luca, 3, 19), così i Vangeli menzionano l'arresto di Giovanni. Ma sui retroscena Giuseppe Flavio sa anche questa volta qualcosa di più preciso.

Durante un viaggio a Roma Erode aveva conosciuto la moglie di suo fratello, Erodiade, e se n'era innamorato al punto da offrirle la sua mano. Erodiade accettò e portò con sè nella reggia una sua figlia, Salomè.

Poichè queste nozze fra cognati erano contrarie alla Legge di Mosè, Giovanni Battista le aveva — secondo i Vangeli — severamente biasimate, delitto questo che, a giudizio dell'indignata Erodiade, poteva essere espiato soltanto con la morte.

Grazie a Giuseppe Flavio conosciamo esattamente il luogo in cui si svolse la tragedia: il forte Machero, una delle numerose fortezze che Erode il Grande aveva fatto costruire in Palestina.

Machero, dove Giovanni dovette lasciare la vita, è situato in mezzo a un aspro, cupo scenario sulla sponda orientale del Mar Morto. Nessuna strada collega col resto del mondo quel luogo solitario. Dalla valle del Giordano si procede per stretti sentieri verso sud nella desolata e squallida regione montuosa dell'antica Moab. Per le valli aride, profondamente incassate, non passano che rare famiglie beduine con le loro greggi che brucano la grama, ispida erba.

Non lontano dal fiume Arnon un possente cocuzzolo sovrasta le gobbe degli altri monti. La sua vetta spazzata dai venti è ancor oggi cosparsa di rovine. El Mashnaka, il « palazzo sospeso », è il nome che i beduini danno alla ormai deserta altura su cui sorgeva il forte Machero. Lontano, verso settentrione, si può riconoscere a occhio nudo quella parte della valle del Giordano dove Giovanni battezzava il popolo e in cui fu arrestato.

Fino ad oggi nessun archeologo ha affondato la vanga nelle rovine di El Mashnaka, e poche sono le persone che hanno visitato quel luogo solitario. Sotto la cima la parete rocciosa è profondamente incavata in un punto. Da qui, attraverso angusti corridoi, si giunge in una vasta caverna che talora offre ricetto ai nomadi e alle loro greggi quando sono sorpresi da improvvisi temporali tra i monti di Moab. Nelle pareti accuratamente scavate si può riconoscere facilmente la primitiva prigione sotterranea della fortezza. Sotto queste cupe volte fu tenuto Giovanni Battista dopo il suo arresto; qui fu decapitato.

Chi sente parlare della decapitazione di Giovanni, la collega

subito mentalmente col nome di Salomè e pensa anche senza voler-
lo a quella figlia di Erodiade che, per desiderio della madre, avrebbe chiesto ad Erode, come premio per la propria danza, la testa
di Giovanni. Oscar Wilde scrisse un dramma, *Salomè*, Riccardo
Strauss trasse argomento dalla storia della principessa giudaica per
la sua famosa opera e perfino Hollywood si servì della storia di Salomè per uno dei suoi film monumentali.

Ma sarebbe vano cercare nel Nuovo Testamento il nome di
questa principessa. La Bibbia non ne fa il minimo cenno. Nel racconto della fine di Giovanni Battista si legge soltanto: *figlia di Erodiade* (Marco, 6, 22).

Il nome della « figlia di Erodiade » fu tramandato da Giuseppe Flavio. La sua effigie fu tramandata alla posterità grazie a
una monetina sulla quale è rappresentata con suo marito Aristobolo.
La moneta porta inoltre impressa la leggenda: « Del re Aristobolo,
della regina Salomè ». Salomè doveva essere ancora molto giovane
quando Giovanni Battista fu decapitato; all'incirca di diciannove
anni.

GESÙ, UDITO CHE GIOVANNI ERA STATO MESSO IN PRIGIONE, SI
RITIRÒ NELLA GALILEA / E, LASCIATA NAZARETH, VENNE AD ABITARE
A CAFARNAO, SULLA RIVA DEL MARE, AI CONFINI DI ZABULON E DI
NEFTALI (Matteo, 4, 12. 13).

Nel breve periodo di attività di Gesù, che, secondo gli evan-
gelisti Matteo e Luca, non durò più di un anno e mezzo, uno stesso
luogo figura sempre al centro della scena. Matteo (9, 1) lo chiama
una volta *la sua città*: Cafarnao, sul lago di Genezareth.

All'estremità settentrionale del lago, non lontano dal punto
dove le acque del Giordano vi si gettano gorgogliando precipitose,
vi è una piccola insenatura. Tra il verde cupo d'un boschetto
di eucalipti balena il bianco di alcune lastre di pietra davanti alle
quali s'innalzano quattro colonne. Ciuffi d'erba crescono rigogliosi
tra il lastrico sconnesso del cortile, colonne infrante e blocchi di
basalto con intagli ornamentali sono sparpagliati all'intorno. Di
quello che fu l'ingresso non rimangono che i larghi gradini di una
scalinata, ultimi avanzi di una sinagoga un tempo magnifica. È
tutto quello che ci resta a testimonianza della biblica Cafarnao.

Nel 1916 gli archeologi tedeschi H. Kohl e C. Watzinger scoprirono, nascoste sotto il pietrame e coperte di erbacce, frammentarie vestigia dell'antico edificio. I francescani ricostruirono con

le rovine una parte dell'antica facciata. Le pareti del tempio originario erano costituite di bianca pietra calcarea; da tre parti esso era circondato da alti colonnati. Dalla sala interna, di 25 metri per 15, adorna di fregi marmorei rappresentanti palme, tralci di vite, leoni e centauri, lo sguardo spaziava attraverso una grande finestra al di là dell'ampia distesa del lago, verso il sud, dove, dietro il profilo azzurro pallido dei monti, si nasconde Gerusalemme.

I due scavatori erano convinti di aver trovato il tempio di Cafarnao dell'epoca di Cristo. Ma in tutta la Palestina non esiste più neppure una sinagoga di quell'epoca. Allorquando i romani, in due sanguinose battaglie, rasero al suolo Gerusalemme e gli abitanti dell'antico paese si disseminarono nel mondo intero, anche le case di Dio furono distrutte.

Questa costruzione sorse soltanto intorno al 200 d. C., sulle rovine e le fondamenta di quella sinagoga nella quale, il sabato, Gesù era spesso presente ed insegnava. *Vennero in Cafarnao; e subito, in giorno di sabato, Gesù entrato nella sinagoga si mise ad insegnare* (Marco, 1, 21).

La maggior parte degli abitanti della cittadina di Cafarnao viveva della ricchezza naturale del lago; case e capanne in gran numero si addossavano piacevolmente ai ridenti pendii o circondavano la sinagoga. Il giorno in cui si recò da Nazareth a Cafarnao, Gesù compì il primo passo decisivo per la proclamazione della sua dottrina: *Passando lungo il mare di Galilea, vide Simone e Andrea, fratello di lui, mentre gettavano in mare le reti, poichè erano pescatori. / Gesù disse loro: «Venite dietro a me e vi farò pescatori d'uomini»* (Marco, 1, 16. 17). Un'altra coppia di fratelli, Giacomo e Giovanni, egli la trovò occupata a riparare le reti. Le prime persone che ascoltarono le sue parole, accettarono la sua dottrina e divennero i suoi discepoli, erano uomini semplici, pescatori di Galilea.

Spesso Gesù sale dal lago sui monti di Galilea, predica in molte città e villaggi, ma ritorna sempre nella cittadina di pescatori; essa rimane il centro della sua attività. Quando poi un giorno egli abbandona Cafarnao e, accompagnato da dodici discepoli, si reca a Gerusalemme, questo è il suo ultimo viaggio.

6 - *Viaggio a Gerusalemme, processo e crocifissione*

Giro attraverso il paese ad est del Giordano — In casa del pu-
blicano a Gerico — Panorama dal monte degli Olivi — Arresto
sul monte degli Olivi — I « bastoni » dei sommi sacerdoti — Il
procuratore Ponzio Pilato — Vincent scopre il « litostroto » —
Flagellazione nel cortile della fortezza Antonia — La « più cru-
dele pena di morte » — Corona di spine — Una bevanda che
stordisce — Paralisi cardiaca, causa della morte — Il « cruri-
fragium » affretta la fine — Tomba isolata sotto la chiesa del
Santo Sepolcro — Tacito menziona Cristo — La testimonianza
di Svetonio.

POI, PRESI IN DISPARTE I DODICI, DISSE LORO: « ECCO, NOI SA-
LIAMO A GERUSALEMME, E SI ADEMPIRÀ TUTTO QUANTO FU SCRITTO
DAI PROFETI INTORNO AL FIGLIUOL DELL'UOMO (Luca, 18, 31).

Di tutte le vie percorse da Gesù nella sua vita una può essere
seguita con precisione: il suo ultimo viaggio attraverso la Palestina, il cammino da Cafarnao a Gerusalemme.

È un lungo giro. La comunicazione più breve tra la Galilea
e la Città Santa conduce attraverso i monti della Samaria esattamente verso sud. Il sentiero procede sulle alture, passando davanti
alle cime del Garizim e dell'Ebal, dove giace l'antica Sichem, e
continua attraverso Bethel fino nel cuore della Giudea, lungo l'antichissima strada dei monti, già percorsa un giorno da Abramo con
la sua famiglia e le greggi.

Tre giorni dura questo viaggio a piedi dalla Galilea a Gerusalemme.

Anche Gesù avrebbe scelto l'itinerario attraverso la Samaria (Luca, 9, 51-56). Ma poichè gli era nota l'avversione dei samaritani per gli ebrei, gli parve poco probabile che avrebbero
consentito alla piccola schiera di passare. Per averne certezza man-

dò avanti i giovani Giacomo e Giovanni. E infatti i samaritani non vollero accordare il permesso.

Perciò Gesù e i suoi discepoli andarono *nei confini della Giudea, oltre il Giordano* (Marco, 10, 1), dove la via segue il corso del fiume proprio al centro della larga e calda vallata, rivestita di rigoglioso verde soltanto lungo le sponde, su cui crescono boschetti di tamerici e pioppi, con piante di ricino e di liquirizia. Nella solitudine e nel silenzio si procede attraverso le *magnificenze del Giordano* (Zaccaria, 11, 3; Geremia, 12, 5). Infatti la valle, nella quale per nove mesi all'anno regna l'afa tropicale, è poco popolata.

Per l'antico guado, che già offrì un sicuro passaggio ai figli d'Israele condotti da Giosuè, Gesù attraversa il Giordano e giunge a Gerico (Luca, 19, 1). Questa non è più da un pezzo la ben munita città dell'antico Canaan. A sud della collina si stende una modernissima città costruita da Erode il Grande, gioiello dell'arte architettonica greco-romana. Ai piedi della cittadella era sorto un magnifico palazzo. Tra lo splendore abbagliante di candidi colonnati si potevano ammirare un teatro, un anfiteatro scavato nel monte, un ippodromo. In giardini lussuosi, riboccanti di fiori, zampillavano i più bei giuochi d'acqua. Davanti alla città spandevano il loro profumo le più preziose piantagioni di tutti i paesi del Mediterraneo, le piantagioni di alberi balsamici, mentre vasti palmeti offrivano frescura e ombra.

Gesù pernotta, lontano da tale magnificenza, presso il publicano Zaccheo, a Gerico (Luca, 19, 2 segg.). Non aveva potuto evitare quel centro di vita greco-pagana, perchè la via per Gerusalemme passava di lì.

La distanza tra Gerico e Gerusalemme è di trentasette chilometri. E per tutto il percorso un polveroso sentiero serpeggia tra ripide pareti montane, quasi prive di vegetazione, alte 1200 metri. Contrasti più crudi di quelli offerti da questo breve tratto di strada s'incontrano difficilmente altrove. Dalla vegetazione paradisiaca e dall'insopportabile calore del sole tropicale sulle rive del Giordano si passa, senza transizione, all'aria frizzante di cime nude e inospitali.

Questo cammino, che sembra un avviamento alla fine, Gesù lo percorre con i suoi discepoli una settimana prima della festa di Pesach. È il periodo in cui gli ebrei affluiscono di lontano per celebrare la ricorrenza nella Città Santa.

Sul punto più alto, e perciò quasi alla fine del viaggio, spunta dietro alla vetta del monte degli Olivi, come per incanto, la Città

Santa. Quale impressione avesse suscitato in Gesù e nei discepoli la vista di Gerusalemme si rileva da descrizioni dell'epoca.

« Chi non vide Gerusalemme nel suo splendore, non ha mai ammirato, in tutta la vita, una bella e grande città; e chi non vide l'edificio del secondo tempio, non ha mai contemplato in vita sua costruzione imponente, » scrivono, pieni d'orgoglio, i rabbini ebrei di quel tempo.

L'inglese Garstang ha condensato nelle seguenti frasi il risultato delle ricerche archeologiche sull'antica Gerusalemme: « In nessun'epoca della storia il santuario e la città possono aver offerto una vista più entusiasmante. Il ritmo e l'armonia dell'arte greco-romana che spiccavano così mirabilmente contro il cielo orientale, facevano persino rientrare nell'ombra l'esuberanza architettonica di Erode e portavano l'ordine e il buon gusto nel tradizionale caos della città. »

Le poderose mura si ergono fino a settantacinque metri al di sopra del fondo valle. Dietro i loro merli, si profilano contro il cielo i contorni di imponenti costruzioni emergenti dal groviglio di case, strade e vicoli.

Proprio di fronte al monte degli Olivi si trova subito in primo piano il tempio che per fasto supera tutti gli altri edifici. La sua facciata, alta e larga cinquanta metri e volta verso oriente, è tutta di marmo chiaro. Gli ornamenti sono di oro massiccio. Cortili e vestiboli sono cinti di colonnati. Ma lo splendido coronamento è costituito dal sacrario centrale sfavillante « come un monte coperto di neve », per usare le parole di Giuseppe Flavio.

Immediatamente contro la muraglia nord-occidentale del tempio si eleva sopra una sporgenza rocciosa la fortezza Antonia. Ognuna delle sue quattro possenti torri d'angolo ha 35 metri d'altezza. Un viadotto conduce dal lato meridionale della zona del tempio al palazzo degli asmonei nella città alta. Sulla maggiore altura, entro la cinta urbana, si spiega lungo le mura occidentali la residenza di Erode, anch'essa dominata da tre torrioni, alti 40, 30 e 25 metri, ai quali Erode diede i nomi di Hippicus, Phaseal e Mariamme. Da qui un largo muro s'inoltra in mezzo al mare di case fino alla zona del tempio, dividendo così l'interno della città ancora una volta in due parti.

Le muraglie, i bastioni e le torri ergentisi a sfida intorno e al di sopra del tempio conferiscono alla città l'aria d'una fortezza imprendibile. Chi ne contempla il quadro ha l'impressione di sentirne spirare un soffio di ostinazione, di inflessibilità, di intransigenza. Ed ostinazione, inflessibilità e intransigenza furono proprio le qualità che aiutarono Israele a resistere per più di un millennio contro tutte le potenze del mondo. Ostinazione, inflessibilità e intransigenza causarono, però, un giorno, anche la distruzione di Gerusalemme e la cacciata degli ebrei dalla terra dei padri.

Gesù deve essere stato sopraffatto dal presentimento della futura sorte di questa città. *Quando fu vicino alla città, la guardò e pianse su di lei* (Luca, 19, 41).

DI BUON'ORA, SENZA RITARDO ALCUNO, I PRINCIPI DEI SACERDOTI CON I SENIORI, GLI SCRIBI E TUTTO IL SINEDRIO, FECERO CONSIGLIO, E GESÙ, LEGATO E CONDOTTO VIA, FU CONSEGNATO A PILATO. / PILATO, VOLENDO SODDISFARE LA MOLTITUDINE, LIBERÒ BARABBA, E CONSEGNÒ GESÙ, DOPO D'AVERLO FATTO FLAGELLARE, PER ESSERE CROCIFISSO (Marco, 15, 1. 15).

Le descrizioni del procedimento giudiziario, della condanna e della crocifissione contenute nei quattro Vangeli sono state esaminate con rigore scientifico da numerosi dotti, che vi hanno riconosciuto tradizioni storicamente fedeli sin nei particolari. Gli attori principali del processo contro Gesù sono indicati anche da altre testimonianze, e il luogo in cui ebbe luogo la proclamazione della sentenza fu stabilito con esattezza mediante gli scavi. I singoli eventi nel corso della procedura poterono essere confermati attraverso fonti contemporanee e indagini moderne.

Con l'arresto l'immensa tragedia inizia il suo corso. Gesù, sul monte degli Olivi, ha raccolto intorno a sè nell'orto di Getsemani i suoi discepoli, e *mentre ancora parlava, arrivò Giuda Iscariote, uno dei dodici, accompagnato da una gran turba, armata di spade e bastoni, mandata dai principi dei sacerdoti, dagli scribi e dai seniori* (Marco, 14, 43).

Le « clave » e i « bastoni » dei sommi sacerdoti boetiani, detentori del potere dall'epoca di Erode, sono ricordati da una canzone satirica del Talmud:

> « Guai a me dal casato di Boeto,
>   guai a me dal loro scudiscio!
> Guai a me dal casato di Anan,
>   guai a me dal loro sibilo! »

E termina:

« Sommi sacerdoti sono essi,
tesorieri i loro figli,
magistrati del tempio i loro generi,
e i loro servi vengono con mazze a randellarci! »[1]

Fra i sommi sacerdoti presentati col loro nome, uno è noto: « Annas » è l'Anna dei Vangeli: *Quindi la coorte, il tribuno e le guardie dei giudei afferrarono Gesù, lo legarono / e lo condussero prima da Anna, perchè era suocero di Caifa, che era il sommo sacerdote di quell'anno. / Caifa era quello che aveva dato questo consiglio ai giudei: « Val meglio che un sol uomo muoia per il popolo »* (Giovanni, 18, 12. 13. 14).

Il sommo sacerdote Giuseppe ben Caifa era stato nominato dal procuratore Valerio Grato e mantenne la carica sotto il successore di costui, Ponzio Pilato.[2]

Dopo l'arresto, Gesù fu portato dinanzi al Sinedrio, che allora era la suprema autorità giudaica e riuniva in sè ogni potere spirituale e temporale, fungendo anche da tribunale supremo degli ebrei. La sua sede era situata sotto il tempio, in vicinanza del ponte che conduceva alla città alta.

Quali motivi indussero il Sinedrio a condannare a morte Gesù?

« L'attesa di un futuro re Messia da parte degli antichi profeti ebrei, » scrive il prof. Martin Noth, « si era trasformata durante il lungo tempo della dominazione straniera nella speranza di un liberatore politico; e quanto maggiore era diventata nel paese l'indignazione per l'asservimento a Roma, tanto più si era radicato il sogno di un Messia vincitore dell'odiata potenza straniera. Alla stregua di questo sogno, Gesù di Nazareth non poteva essere l'atteso Messia... Ma se Gesù di Nazareth non era il Messia, il ″ Cristo ″, allora doveva essere un sobillatore e un imbroglione. E se era un sobillatore pericoloso e imbroglione, era necessario eliminarlo, per la sicurezza e l'ordine della comunità religiosa di Gerusalemme... Il fatto che Gesù durante l'interrogatorio si qualificò Messia e perciò, in base alle parole dell'Antico Testamento, figlio di Dio, fu sufficiente per condannarlo a morte come colpevole di palese blasfema. »

Secondo il diritto allora vigente, la sentenza doveva essere ratificata dal procuratore romano, al quale spettava il cosiddetto

---

[1] Giuseppe Ricciotti, *Vita di Gesù Cristo,* Cap. 33. (*N.d.T.*)
[2] 18-36 d. C.

ius gladii. Soltanto lui poteva ordinare l'esecuzione. Procuratore della Giudea era Ponzio Pilato. [3]

Contemporanei come Giuseppe Flavio e Filone d'Alessandria lo descrivono come ricattatore, tiranno, angariatore e uomo corruttibile. « Era crudele e la sua durezza di cuore non conosceva alcuna pietà. Al suo tempo regnavano in Giudea corruzione e violenza, ladrocinio, oppressione, umiliazioni, esecuzioni capitali senza processo e illimitata ferocia. » [4] Ripetutamente e senza possibilità di dubbio gli ebrei dovettero sperimentare l'odio e li disprezzo che Pilato nutriva contro di loro.

Fig. 72 - Moneta del procuratore romano Ponzio Pilato.

Pilato deve subito aver riconosciuto che l'accusato Gesù rappresentava un obiettivo dell'odio attizzato dai farisei. Questo solo avrebbe dovuto costituire per lui un motivo sufficiente per respingere la richiesta e assolverlo. Infatti, sulle prime, lo dichiarò senza esitare innocente. *Pilato disse ai principi dei sacerdoti e alle turbe*: « *Io non trovo colpa in quest'uomo* » (Luca, 23, 4).

Ma la moltitudine convocata e istigata dagli uomini del Sinedrio insiste urlando sulla sua pretesa: « Condanna a morte! » E Ponzio Pilato cede.

Come avvenne che il tirannico nemico degli ebrei Pilato cedette alla loro richiesta?

Il Vangelo di Giovanni contiene una spiegazione decisiva: *Ma i giudei continuarono a gridare*: « *Se lo liberi non sei amico di Cesare! Chi si fa re, si dichiara contrario a Cesare* » (Giovanni, 19, 12).

Per Pilato era una grave minaccia politica, che significava chiaramente: Roma sarà informata del tuo negligente esercizio del potere, dell'assoluzione di un agitatore. « Farsi re » equivaleva a tradire l'imperatore romano; secondo la Lex Julia tale delitto veniva punito con la morte. Pilato si lasciò intimidire dalla precisa minaccia. Non aveva ancora dimenticato che i giudei già una volta l'avevano tradotta in realtà.

Come riferisce Filone d'Alessandria, Ponzio Pilato aveva portato a Gerusalemme gli scudi d'oro col nome dell'imperatore e li

[3] 26-36 d. C.
[4] Filone d'Alessandria, 25 a. C. - 50 d. C.

aveva fatti appendere nel palazzo di Erode situato nel centro della città. Questo gesto era una grave violazione dei diritti garantiti da Roma alla comunità religiosa giudaica, era una provocazione. La preghiera di allontanare di nuovo gli scudi d'oro dalla Città Santa fu da lui sprezzantemente respinta. I giudei si rivolsero allora a Roma e riuscirono a far prevalere il loro buon diritto. L'imperatore Tiberio ordinò personalmente la rimozione degli scudi d'oro. A causa di questo e di altri arbìtri, che erano in contraddizione con la politica coloniale romana, l'autorità di Ponzio Pilato al tempo del processo era già in ribasso a Roma.

Pilato, inteso ciò, fece condurre fuori Gesù e si sedette in tribunale, nel luogo chiamato « litostroto », e in ebraico « gabbata »... / Allora lo consegnò loro, perchè fosse crocifisso (Giovanni, 19, 13. 16).

Del tribunale di Pilato, dove si svolse questa scena, il « lastricato » sfuggì perfino alla distruzione di Gerusalemme dell'anno 70 d. C. La sua scoperta si deve agli annosi lavori dell'archeologo Padre L. H. Vincent. Essa riuscì grazie alle precise indicazioni del Vangelo di Giovanni.

Lithostroton significa « lastricato ». La parola aramaica *gabbata* equivale ad « altura ».

Immediatamente accanto al muro di cinta nord-occidentale del tempio si elevava ai tempi di Cristo, come si è già detto, la possente fortezza Antonia costruita sopra una sporgenza rocciosa, dunque sopra una « altura ». L'aveva fatta costruire Erode I, che le aveva dato il nome di un suo amico. In essa si era acquartierata la guarnigione romana. Nell'anno 70 d. C., durante la conquista di Gerusalemme, Tito l'aveva fatta radere al suolo. Sulle sue macerie si riprese più tardi a costruire.

Esattamente nel punto in cui si apriva il cortile dell'Antonia, Vincent riuscì a mettere in luce un lastricato di 2500 metri quadrati, costruito al modo romano e che per le sue caratteristiche doveva risalire ai tempi di Gesù.

Qui Gesù stette davanti a Pilato, mentre di fuori tumultuava la folla. Su questo lastricato ebbe luogo anche la flagellazione (Giovanni, 19, 1), che precedeva in tutti i casi la crocifissione, come Giuseppe rileva espressamente a due riprese. Questa terribile pena comportava la denudazione del corpo, che veniva battuto fino a quando la carne non fosse ridotta a brandelli sanguinolenti.

Poi i soldati romani s'impadronirono di Gesù per eseguire la sentenza: la crocifissione. Cicerone la chiama « la più crudele e terribile pena di morte »; Giuseppe ne ha orrore come della « più pietosa di tutte le morti ». Questa pena capitale tipicamente romana non era contemplata dalla prassi penale giudaica.

Già nel tribunale la soldatesca sfoga la sua malvagità su Gesù: *lo vestirono di porpora e, intrecciata una corona di spine, gliela misero in capo* (Marco, 15, 17).

Sulla natura delle spine i botanici non sono riusciti finora a mettersi d'accordo. L'unica cosa accertata è che la *Euphorbia milii Desmoul,* oggi nota in Europa e negli Stati Uniti come la « corona di spine di Cristo », non ha nulla a che fare con la corona di spine della Bibbia. « Questa pianta cresce nel Madagascar e ai giorni di Gesù era del tutto sconosciuta, » assicura il botanico americano Harold Moldenke. Numerosi altri scienziati suppongono che la corona di spine fosse fatta con rami di una pianta detta appunto « spina di Cristo » (*Zizyphus spina Christi*), arbusto alto da tre a cinque metri, con bianchi rami flessibili, le cui foglie hanno alla base due forti spine curve all'indietro. Secondo il botanico G. E. Post, questa pianta cresceva nei dintorni dell'antica Gerusalemme, soprattutto nel luogo dove si sarebbe trovato il Golgota.

La via dal tribunale al Calvario (in ebraico Golgota) era misericordiosamente breve, *perchè il luogo ove Gesù era stato crocifisso si trovava vicino alla città* (Giovanni, 19, 20), presso la strada principale che da nord-ovest portava a Gerusalemme. Un pellegrino di Bordeaux, che nel 333 visitò Gerusalemme, menzionò chiaramente « la piccola collina del Golgota, [5] dove il Signore fu crocifisso ».

E gli offersero da bere vino mirrato; ma egli non ne bevve (Marco 15, 23). Un simile atto di misericordia è più volte menzionato anche in altre occasioni. Così si legge in una antica « baraita » giudaica: « A chi è condotto fuori per essere ucciso, si fa bere un poco di mirra sciolta in un bicchiere di vino, per stordire i suoi sensi... Le donne di Gerusalemme usavano farne generosa offerta. » Moldenke, l'indagatore della flora biblica, commenta a questo proposito: « Il vino mescolato con mirra fu offerto a Gesù subito prima della crocifissione, per alleviare i suoi dolori, come

5 *Monticulus Golgatha.*

47 Lungo il « muro del pianto » si conservano le possenti fondamenta del tempio eretto da Erode, in cui si tratteneva Gesù. Le nove file inferiori dell'antico muro sono fatte di giganteschi blocchi di pietra, molti dei quali misurano 5,5 per 4,5 metri. « *Maestro, guarda che pietre e che fabbrica!* » (Marco, 13, 1).

48 Una riproduzione fotografica della Sacra Sindone di Torino (a destra) fa risaltare nel negativo (a sinistra) un volto umano sul quale si scorgono gonfiori di percosse e tracce di sangue prodotte da punture di spine.

ai tempi in cui l'anestesia non esisteva venivano propinate bevande inebrianti ai pazienti che dovevano subire gravi operazioni. »

Ma Gesù rifiutò la bevanda e sopportò con piena coscienza i patimenti dell'inchiodatura.

Era l'ora terza, quando lo crocifissero (Marco, 15, 25). Secondo la nostra ripartizione del tempo, « l'ora terza » dell'antico Oriente corrisponde alle nove di mattina. *E all'ora nona, cioè* per noi alle ore quindici, si compì la tragedia. *Ma Gesù, mandando un gran grido, spirò* (Marco, 15, 34. 37).

In quale modo morì Gesù? Indagini scientifiche eseguite negli ultimi anni a Colonia hanno tentato di dare una risposta a questa domanda dal punto di vista medico. In un uomo impiccato il sangue s'insacca molto rapidamente nella metà inferiore del corpo. Già nello spazio da 6 a 12 minuti la pressione sanguigna scende alla metà e il battito del polso sale al doppio. Il cuore riceve troppo poco sangue, e ciò causa uno svenimento. L'insufficiente irrorazione sanguigna del cervello e del cuore produce molto presto un collasso ortostatico. La morte sulla croce è dunque una morte per paralisi cardiaca (insufficienza coronaria).

È comprovato che uomini crocifissi sono morti solo dopo due giorni o anche più tardi. Sul trave verticale veniva spesso applicato un piccolo puntello, chiamato « sedile » o anche « cornu ». Se l'impiccato, nella sua sofferenza, di tanto in tanto vi si appoggia, il sangue risale nella metà superiore del corpo e il principio di svenimento scompare. Quando finalmente si voleva porre termine al martirio del crocifisso, si procedeva al « crurifragium »; a colpi di randello gli si spezzavano le ossa sotto le ginocchia. In seguito a ciò, non essendo più possibile un alleggerimento di peso sul sostegno dei piedi, subentrava molto rapidamente la paralisi cardiaca.

Il « crurifragium » fu risparmiato a Gesù. *I soldati perciò vennero e spezzarono le gambe al primo e poi all'altro dei crocifissi con lui. / Ma venuti a Gesù, siccome videro che era già morto, non gli spezzarono le gambe* (Giovanni, 19, 32. 33).

I giudei avevano chiesto a Pilato che venisse applicato il « crurifragium », *siccome era la Parasceve, cioè la vigilia del sabato* (Marco, 15, 42; Luca, 23, 54). Secondo la legge giudaica i crocifissi non potevano rimanere appesi durante la notte (Deut., 21, 23). E alle ore sei cominciava il sabato della settimana di Pasqua, in cui ogni esecuzione era vietata. L'imminenza delle grandi festività rende anche spiegabile la precipitosa fretta dei procedimenti della giornata, l'arresto notturno, la condanna, l'esecuzione della sentenza e la sepoltura entro poche ore.

Bastano appena un migliaio di passi per giungere oggi dall'arco dell'Ecce Homo, dov'era il tribunale di Pilato, alla chiesa del Santo Sepolcro, passando per la stretta Via Dolorosa.

L'imperatore Costantino eresse nell'anno 326 una magnifica torre funeraria sopra la tomba di Gesù allora rimessa in luce. Colonne riccamente ornate sostenevano un tetto di travi dorate, come attestano antichi libri di pellegrini e opere plastiche del primo periodo cristiano. Oggi la chiesa del Santo Sepolcro è tutta un groviglio di cappelle immerse nell'ombra. Ogni confessione cristiana si è creato un angoletto di devozione nel luogo più sacro della cristianità.

Fig. 73 - In una tomba come questa fu deposto Gesù Cristo in Palestina.

Nella cappella del Santo Sepolcro una scala dai gradini consunti conduce in una profonda grotta nella cui parete rocciosa è scavata una tomba lunga due metri: il sepolcro di Cristo?

Più di mille tombe di quell'epoca furono trovate in Palestina: tutte necropoli, tombe di famiglia. Questa tomba, invece, è individuale. Secondo la tradizione dei Vangeli, fu Gesù il primo ad essere inumato in una grande camera mortuaria: *Giuseppe, preso il corpo, lo avvolse in un lenzuolo bianco e / postolo nel sepolcro nuovo che s'era fatto scavare per sè nella roccia, dopo aver rotolata una gran pietra all'ingresso del sepolcro, se n'andò* (Matteo, 27, 59. 60).

Un problema si è sempre ripresentato da allora: com'è possibile che degli eventi di quei giorni non esistano, fuorchè nei libri del Nuovo Testamento, relazioni contemporanee? « La storia universale non si occupò allora minimamente di lui (Gesù di Nazareth), » scrive il professore Martin Noth nella sua notevole *Storia d'Israele*. « La sua comparsa aveva solo per un breve istante messo in agitazione gli animi a Gerusalemme; poi questo episodio appartenne al passato, e ci si dovette preoccupare di nuovo di cose che sembravano più importanti. Eppure con lui un'ultima e definitiva decisione era intervenuta nella storia d'Israele. Solo quando la moltiplicazione dei suoi seguaci era ormai diventata un indiscutibile fenomeno storico di portata mondiale, si è incominciato a far menzione del suo nome. »

Giuseppe Flavio, nelle *Antichità giudaiche*, da lui compilate negli ultimi decenni del primo secolo dopo Cristo, nel ricordare la primitiva comunità cristiana di Gerusalemme, parla di « Gesù, che fu chiamato Messia ».[6] Anche lo storico romano Tacito menziona espressamente Gesù negli *Annales*,[7] per spiegare il nome di « christiani »: « Cristo, dal quale deriva il loro nome, fu condannato a morte dal procuratore Ponzio Pilato al tempo dell'imperatore Tiberio. »

La testimonianza più importante ci è stata conservata, però, dal romano Svetonio,[8] il quale descrive un movimento messianico durante il regno di Claudio, che fu imperatore romano dal 41 al 54. Di lui dice Svetonio, nel suo libro *I dodici Cesari*, che « fece cacciare da Roma i giudei, che facevano gran rumore per Cristo ». Lo scrittore Orosio ricorda che questa cacciata ebbe luogo nel nono anno di regno di Claudio, dunque nel 49 d. C., ciò che attesta l'esistenza a Roma di una comunità cristiana non più tardi di 15-20 anni dopo la crocifissione.

A queste testimonianze romane si aggiunge negli Atti degli Apostoli una conferma sorprendente. Vi è detto, infatti, che quando Paolo venne da Atene a Corinto, vi trovò *un certo giudeo di nome Aquila, oriundo del Ponto, venuto di fresco dall'Italia insieme con Priscilla sua moglie (perchè Claudio aveva ordinato che tutti i giudei se n'andassero da Roma)* (Atti, 18, 2).

---

[6] Ant. Iud. XX 9, 1, 200.
[7] *Annales* XV, 44, (115-117 d. C.).
[8] 65-135 d. C.

7 - La Sindone di Torino.
Una prova scientifica d'autenticità?

Bottino riportato da Costantinopoli — Scoperta in una negativa fotografica — Indagini di medici legali.

PRESERO DUNQUE IL CORPO DI GESÙ E LO AVVOLSERO IN LENZUOLI CON AROMI, SECONDO IL MODO DI SEPPELLIRE IN USO PRESSO I GIUDEI (Giovanni, 19, 40).

Nell'anno 1204, i cavalieri della quarta crociata conquistarono la città di Costantinopoli. Lo storico Robert de Clari parla a questo proposito di un francese, Otto de la Roche, al quale in quell'occasione cadde in mano, come preda di guerra, una tela di lino. La tela, larga m. 1,10 su un lunghezza di 4,36, presentava la particolarità di essere macchiata di sangue e di sudore. Ad un esame più attento, divennero vagamente riconoscibili i contorni di un corpo umano, che doveva essere stato alto circa 1 metro e 80. Otto de la Roche la portò con sè in Francia.

Centocinquant'anni dopo il lenzuolo compare a Besançon, dove viene venerato come il sudario di Cristo. In un incendio, può essere salvato dalle fiamme, ma vi rimangono lievi bruciacchiature. Da questo momento se ne può seguire esattamente la storia.

Allorchè a Milano scoppia la peste, san Carlo Borromeo, allora vescovo di quella città, secondo il voto fatto, va in pellegrinaggio per accogliere il lenzuolo che dal sud della Francia gli viene recato a Torino, dove si trova ancor oggi.

Sembra che fino al V o VI secolo la preziosa tela fosse rimasta a Gerusalemme. Secondo la tradizione, si tratta della tela in cui Giuseppe di Arimatea avvolse il cadavere di Cristo.

Una prova di autenticità storica non può essere fornita in base a queste notizie. Vi s'aggiunga che oltre al lenzuolo di Torino esistono altre due tele che pure si pretende siano servite da sudario a Gesù.

La più celebre è quella della Veronica. La leggenda narra che sulla via della crocifissione ella offrì a Cristo un drappo bianco che le fu restituito con l'impronta del suo volto.

Autentica dovrebbe essere anche l'immagine che fu proprietà del re Abgar V di Edessa. Ma il teologo e storico francese Chevalier trovò negli archivi papali quella che poteva essere considerata la prova contraria, in un documento dell'anno 1389 il cui testo dice che un pittore avrebbe dipinto una tela del genere. Quando ciò fu risaputo s'identificò la Sindone di Torino con una copia di quel pittore. Essa perdette, quindi, agli occhi di quasi tutti gli studiosi interessati, il suo valore di possibile documento contemporaneo.

La questione sarebbe stata pertanto esaurita, se nel 1889 non si fosse riacceso l'interesse per il leggendario lenzuolo.

La tecnica in continuo progresso aveva reso possibile la prima fotografia della Sindone di Torino. Ne risultò una cosa molto strana. Nella negativa la lastra fotografica inverte i toni bianchi e neri delle impronte esistenti sulla tela, facendo risaltare nettamente sullo sfondo scuro un viso d'una misteriosa plasticità.

Tecnici di tutto il mondo studiarono l'impressionante fotografia. Esperti d'arte, ai quali fu mostrata, scoprivano per di più che l'immagine negativa era sbalorditivamente naturale, plasticamente fedele dal punto di vista anatomico. I lineamenti sono, infatti, come in ogni persona, diversi a destra e a sinistra. A questa irregolarità non badavano certamente ancora gli artisti del primo medio evo. Esperienze tentate da pittori fecero risultare che nessun artista era in grado, neppure servendosi di un modello, di ricrearsi nella mente l'immagine negativa di un volto umano fedele alla natura e di dipingerlo.

La Sindone di Torino non poteva essere una falsificazione, in quanto si trattava in ogni caso dell'effettiva impronta di un volto umano. Perfino intenditori d'arte, che assumono un atteggiamento scettico di fronte al lenzuolo, devono convenire che non può essere stato dipinto in negativo, poichè ciò sarebbe impossibile a chiunque.

In seguito a questa emozionante scoperta s'interessarono della tela anche cultori di scienze naturali. Una serie di dotti nei vari

campi tecnici iniziarono le loro ricerche. Dopo studi, esperimenti
e indagini decennali i lavori sono giunti a una fase conclusiva.
Esistono risultati concreti e molto istruttivi. Si tratta di un vero
mosaico di studi infinitamente laboriosi tendenti a risolvere il quesito:

Qual è l'origine della Sindone?

Della formazione dell'impronta di un corpo su tela si occupò
sperimentalmente per primo il professore Vignon di Parigi. Egli
mise a contatto una tela spolverata di aloe col corpo d'un morto.
I tentativi furono tuttavia insoddisfacenti, perchè parvero inevitabili
forti alterazioni della figura. Maggiore successo ebbero gli esperimenti di medici legali italiani, i professori Judica di Milano e Ro-
manese di Torino, i quali si attennero alla relazione biblica che
indicava il metodo giusto: *Nicodemo... venne anch'egli portando
circa cento libbre d'una mistura di mirra e d'aloe. / Presero dunque
il corpo di Gesù, e lo avvolsero in lenzuoli con aromi, secondo il modo
di seppellire in uso presso i giudei* (Giovanni, 19, 39. 40). Una serie
di tentativi dimostrò che il corpo del morto dev'essere incipriato e la
tela spruzzata lievemente con olio aromatico. Impronte non sfor-
mate si hanno soprattutto quando la capigliatura impedisce una
stretta aderenza laterale della tela alla testa. I risultati degli esperimenti italiani presentano la più ampia concordanza.

L'impronta nella Sindone torinese mostra rigonfiamenti sul
viso. Possono provenire da percosse. ... *e gli dettero dei pugni; altri
lo schiaffeggiavano* (Matteo, 26, 67). Sulla fronte e sulla nuca sono
chiaramente riconoscibili macchie di sangue. *E i soldati, intrecciata una corona di spine, gliela posero sul capo* (Giovanni, 19, 2).
Anche sul resto del corpo sono visibili piccoli gonfiori. *Allora Pilato
prese Gesù e lo flagellò* (Giovanni, 19, 1).

Sul corpo si possono inoltre scorgere tracce di sangue. Proviene dalle ferite dei chiodi alle mani e ai piedi e da una ferita
al costato destro. *...Ma uno dei soldati gli aperse il costato con
una lancia e subito ne uscì sangue ed acqua* (Giovanni, 19, 34).

Delle indagini su queste ferite si è occupato con molto zelo
il medico parigino Barbet. Anche qui il risultato fu sbalorditivo.
Le ferite non corrispondono alle rappresentazioni usuali, create
dalla fantasia degli artisti.

La Sindone torinese permette di riconoscere esattamente i
punti dove furono infissi i chiodi: questi non vennero piantati nelle
palme, bensì più sotto, attraverso i polsi. Le rappresentazioni artistiche sono errate dal punto di vista fisico e medico. Anche a tale riguardo un esperimento insolito decise a favore della Sindone.

Il dottor Barbet inchiodò un morto sopra una croce: la ferita del chiodo nella palma si strappa già con un carico di 40 chilogrammi. Nel polso, invece, corre obliquo un largo tendine, abbastanza forte per sostenere il peso del corpo umano.

I medici riconobbero, in base alle tracce delle ferite, che il lenzuolo mostra due specie di sangue. Essi distinsero il sangue che dev'essere fluito quando la persona era ancora in vita — queste tracce si riscontrano sul corpo, alle mani e ai piedi —, e sangue cadaverico presso la ferita laterale nel costato ed anche ai piedi.

Fin qui le scienze naturali. Ma manca ancor sempre la risposta al quesito: *chi* fu il morto che giacque in questo lenzuolo e *quando* vi fu avvolto.

II

DAL TEMPO DEGLI APOSTOLI

1 - *Sulle tracce di Paolo*

Fabbricante di tende di Tarso — Archi trionfali in Antiochia —
La Galazia, provincia romana — Scavi di Wood in Efeso —
Presso il tempio di Artemide — Le rovine della porta davanti a
Filippi — Nell'antica Corinto — Mercato di carne con tubi
refrigeranti — La sinagoga degli ebrei — Prigioniero a Roma.

...E MI SARETE TESTIMONI IN GERUSALEMME, E IN TUTTA LA
GIUDEA E LA SAMARIA, E FINO ALLE ESTREMITÀ DELLA TERRA (Atti,
1, 8).

« **I**O *sono un giudeo di Tarso, cittadino di quella non oscura cit-*
tà di Cilicia. » Così si qualificò Paolo, che a casa sua fabbri-
cava teli da tenda (Atti, 21, 39; 18, 3). Tarso, cittadina di
20.000 anime ai piedi della catena del Tauro nel sud della Turchia,
non ha conservato più nulla del suo antico splendore. Paolo esaltava
con piena ragione la sua città natia; un'iscrizione, infatti, chiama
Tarso « la grande e magnifica metropoli di Cilicia » e il geografo
greco Strabone [1] rileva che a Tarso esiste un'università che potrebbe
gareggiare per importanza con quella di Atene o d'Alessandria. Il
famoso maestro dell'imperatore Augusto, il filosofo Atenodoro, era
nativo di questa città. Di tutto ciò non è rimasta che la fabbricazione di tende. Il materiale lo forniscono, come ai tempi di Paolo,
le greggi di capre dal pelo foltissimo che pascolano sulle montagne
del Tauro, coperte di neve fino a maggio inoltrato.

[1] 63 a. C.-20 d. C.

Lunghi viaggi per mare e per terra, come quelli intrapresi da Paolo, non presentavano ai suoi giorni alcuna difficoltà, o almeno non erano nulla di straordinario. Le strade romane erano nel loro genere quanto di meglio abbia conosciuto perfino l'Europa occidentale finchè, nel XIX secolo, non cominciò la costruzione delle ferrovie. Sull'iscrizione tombale di un mercante della Frigia, nel cuore dell'odierna Turchia, è orgogliosamente rilevato che nel corso della sua vita egli si era recato a Roma ben settantadue volte. Le « strade imperiali », assai frequentate e molto ben tenute, erano provviste di stazioni per il cambio dei cocchi e dei cavalli. Locande e osterie offrivano ai viaggiatori riposo e ristoro. Una polizia speciale garantiva la sicurezza delle strade contro assalti di briganti.

L'eccellente rete stradale nel gigantesco impero — capolavoro tecnico e organizzativo dei romani — e la lingua greca, della quale anche Paolo si poteva servire in tutti i suoi viaggi, contribuirono alla rapida diffusione del cristianesimo, così come la diaspora delle comunità ebraiche con le sue innumerevoli diramazioni. « Gerusalemme è la capitale non solo della Giudea, » si legge in una lettera del re giudaico Erode Agrippa I[2] all'imperatore Caligola, « bensì anche della maggior parte dei paesi del mondo, grazie alle colonie che a suo tempo fondò nei paesi vicini. »

Già nel secolo scorso alcuni studiosi si recarono alla ricerca delle città dell'Asia Minore che suonano così familiari all'umanità cristiana, perchè menzionate negli Atti degli Apostoli e nelle lettere di san Paolo. Dove potevano essere i luoghi ai cui abitanti fu indirizzata la celebre « Lettera ai Galati »?

Nel 1833 Francis V. J. Arundell, cappellano britannico a Smirne, scoprì l'antica *Antiochia di Pisidia* (Atti, 13, 14) nei pressi della città turca di Yalvaç. A nord del Tauro, davanti al maestoso scenario del monte Sultan Dagh, si lanciano a valle grandiosi archi di viadotti. Poco dopo il 1920 alcuni dotti professori dell'Università di Michigan contemplano con ammirazione i resti di monumenti architettonici di eccezionale bellezza. Nel centro dell'antica città le vanghe hanno liberato una larga gradinata sulla quale si aprono tre archi di trionfo. Mirabili bassorilievi narrano le vittorie terrestri dell'Imperatore Augusto; un fregio con Poseidone, tritoni e delfini ricorda la vittoria navale di Augusto presso Azio. Nei quartieri romani vi erano ancora i tavoli da giuoco intorno

2 È il re Agrippa (37-44 d. C.) degli Atti degli Apostoli, 12.

ai quali la soldatesca passava le ore libere. Qui gli archeologi avevano dinanzi agli occhi la spesso nominata Antiochia, dove san Paolo, nel suo primo viaggio missionario, fondò una comunità cristiana (Atti, 14, 21).

Ed essi vennero a Iconio... a Listri, a Derbe e nei paesi all'intorno, e ivi evangelizzavano (Atti, 13, 51; 14, 6).

Conia, cento chilometri a sud-est di Antiochia e stazione principale della ferrovia anatolica, era Iconio, il campo d'azione di san Paolo. Nel 1885 il professore inglese J. R. Sitlington Sterrett rintraccia nei monti, quaranta chilometri più a sud, gli avanzi di un altare. Una spessa lastra di pietra con un'iscrizione latina informa che in questo luogo si trovava una colonia romana; egli riesce a decifrare il nome « Lustra ».[3]

A un giorno di viaggio di là, Sterrett scopre anche l'antica Derbe. Le quattro città Antiochia, Iconio, Listri e Derbe appartenevano, ai tempi di san Paolo, alla provincia romana di Galazia.

Presso l'antica città di Pafo, nell'isola di Cipro, viene alla luce un'iscrizione romana. Vi è nominato quel proconsole Sergio Paolo che gli Atti degli Apostoli definiscono *uomo di molto senno* (Atti, 13, 7). Anche i torbidi avvenuti ad Efeso, come ce li descrive il Nuovo Testamento, assumono, grazie al lavoro di archeologi instancabili, il più plastico rilievo.

Un argentiere di nome Demetrio faceva tempietti di Diana in argento, e procurava gran guadagno agli operai. / Egli li raccolse tutti, uniti con gli altri dello stesso mestiere, e disse loro: « Amici, voi sapete che di questa nostra arte noi viviamo; / ora vedete e udite che questo Paolo sta persuadendo e sviando la moltitudine non solo in Efeso, ma in quasi tutta l'Asia », e fece loro presente che a tutti sarebbe mancato il pane. *« Grande è la Diana degli efesini! »* fu la risposta. *La città fu ripiena di confusione, e tutti d'accordo fecero impeto nel teatro trascinandovi... i compagni di Paolo* (Atti, 19, 24. 29).

Questa tradizione aveva destato nell'architetto inglese J. T. Wood il desiderio di ricercare il tempio di Artemide,[4] tanto famoso nell'antichità. Il Museo Britannico mise a disposizione il danaro occorrente per attuare il suo progetto. Ai primi di maggio del

---

[3] Cioè Listri.
[4] La greca Artemide, dea della caccia, era chiamata Diana dai romani.

1863 Wood approda sulla costa di fronte all'isola di Samo. Se, sostenuto dal suo entusiasmo, non fosse stato così incredibilmente tenace, non avrebbe mai raggiunto la meta. Per sei lunghi anni egli continua imperterrito a moltiplicare e approfondire gli scavi tra gli avanzi di vecchie mura, e sempre invano. Finalmente rovista le rovine dell'antico anfiteatro, il *teatro* del tumulto, e vi trova l'indicazione che gli addita la via giusta.

Un'iscrizione registra diverse statuette di Artemide, d'oro e d'argento, di un peso da due a sei libbre, che, offerte in dono alla dea, avrebbero dovuto essere collocate nel tempio. La vanità del donatore romano condusse Wood senza difficoltà alla meta agognata. Affinchè la più grande quantità di gente possibile ammirasse i suoi doni, egli aveva, infatti, prescritto esattamente la strada che doveva essere percorsa in solenne processione, il giorno natalizio della dea, per portare le immagini dal tempio all'anfiteatro e riportarle poi al loro posto.

Dovevano passare per la porta Magnesia... Wood cercò e scoprì la porta, seguì la via descritta e si trovò, un miglio a nord-est della città, proprio al punto d'arrivo della processione e delle sue perseveranti ricerche.

Sotto una massa di detriti e di terra dello spessore di sette metri, egli si imbatte in un magnifico lastricato, in poderosi tronchi di colonne e grandi capitelli di pietra adorni di sculture: il tempio di Artemide!

Dinocrate, il celebre architetto alessandrino, aveva progettato il santuario, e Alessandro Magno lo fece eseguire con tanta magnificenza che il tempio fu considerato nell'antichità come una delle sette meraviglie del mondo.

Le fondamenta sono lunghe 120 metri e larghe 80. Bianche lastre di marmo ricoprivano il tetto, e cento colonne alte 20 metri segnavano la via verso l'interno del tempio, fastosamente adorno di sculture, dipinti e fregi d'oro.

Trentacinque anni più tardi un connazionale di Wood, David G. Hogarth, scopre sotto l'altare infranto una grande quantità di statue della dea in bronzo, oro, avorio e argento, lavorate da quegli artigiani e operai che, presentendo una minaccia per i loro guadagni nel Vangelo predicato ad Efeso da Paolo, avevano gridato in risposta a Demetrio: « Grande è la Diana degli efesini! »

E... CERCAMMO SUBITO DI PARTIRE PER LA MACEDONIA, TENENDO PER CERTO CHE IL SIGNORE CI AVESSE CHIAMATI LÀ AD AN-

NUNZIARE L'EVANGELO. / PERCIÒ IMBARCATICI A TROADE... (Atti, 16, 10. 11).

Dove un giorno troneggiò la superba Troia, cittadella di Priamo, san Paolo si imbarcò su un veliero per il suo primo viaggio in Europa. Presso la cittadina di pescatori Cavalla[5] egli mise piede sul continente europeo e si diresse sull'antica via Egnatia verso i selvaggi monti della Macedonia, per giungere a Filippi.

Chi non ricorda, udendo il nome di questa città, le parole gravide di minaccia: « Ci rivedremo a Filippi! » dove nel 42 a. C. le legioni di Marcantonio e del giovane Ottaviano riportarono una splendida vittoria su Bruto, l'uccisore di Cesare, e Cassio, che avevano tentato di salvare la repubblica di Roma dalla dittatura? Ma chi pensa mai al fatto che dinanzi alle mura di Filippi san Paolo guadagnò al cristianesimo la sua prima comunità sul suolo europeo?

Seguendo le precise indicazioni degli Atti degli Apostoli, archeologi francesi misero in luce la colonia romana; ritrovarono l'antico foro, i templi e gli edifici pubblici, i colonnati, le vie e piazze lastricate con le tubazioni di scolo dell'acqua piovana ancora intatte. All'uscita occidentale della città una porta ad arco si ergeva sulla via Egnatia che qui costeggiava l'abitato e che, poco dopo, attraversava il rapido corso d'acqua del Gangite. *Venuto il sabato, andammo fuori di porta, presso il fiume, dove pareva che fosse il luogo della preghiera* (Atti, 16, 13). Sulla riva del Gangite san Paolo convertì per prima Lidia, la venditrice di porpora.

Passando per Tessalonica[6] ed Atene, dove predicò solo breve tempo, san Paolo volse i passi verso Corinto.

Mediante draghe viene tagliata una stretta apertura attraverso l'istmo che congiunge il Peloponneso con la terraferma. Si realizza così, nel 1893, ciò che avevano già progettato personaggi dell'antichità, Alessandro Magno e Giulio Cesare. Nel 63 d. C. Nerone aveva, anzi, addirittura iniziato i lavori. Dopo un inno a Nettuno, da lui stesso cantato accompagnandosi con la lira, egli lanciò con una vanga d'oro le prime palate di terra. Gli scavi, ai quali furono adibiti 6000 ebrei della Palestina, vennero però ben presto

---

[5] L'antica Neapolis.
[6] Oggi Salonicco.

sospesi, perchè sorse il timore che un'irruzione d'acqua potesse inondare tutto il Peloponneso.

Tre anni dopo il passaggio della prima nave attraverso il canale, incomincia da parte dell'American School of Classical Studies la ricerca del famoso e importante porto commerciale e scalo marittimo di Corinto, dove le merci dell'antico Oriente e dell'Europa si davano appuntamento. Anche qui gli archeologi seguono le tracce di san Paolo verso i luoghi che, se non fossero muti, avrebbero tante cose da raccontare del suo apostolato.

La via Lechea, proveniente dal porto di ponente, conduceva nel centro dell'antica città di Corinto. Passato il possente arco marmoreo della porta dei propilei, essa sboccava sulla piazza del mercato, l'àgora. A quei tempi si trovava qui, ad ovest della via Lechea, il quartiere degli affari, dinanzi alle cui botteghe i colonnati salivano fino ai gradini del tempio di Apollo. Ciò che suscita una sincera ammirazione negli americani, così amanti dell'igiene, è un ingegnoso sistema di tubature proprio sotto le case confinanti con la piazza del mercato, ampia e splendidamente lastricata. Le tubature portavano evidentemente alle botteghe un continuo flusso di fresca acqua per refrigerare viveri facilmente deperibili. Infatti, un'iscrizione degli ultimi anni di governo dell'imperatore Augusto, qui rinvenuta, parla precisamente di un « mercato della carne ». In queste botteghe i cristiani di Corinto potevano fare senza preoccupazioni i loro acquisti. « *Tutto quello che si vende al mercato, mangiatene senza indagare per quel che riguarda la coscienza,* » consigliava san Paolo alla sua comunità nella Prima Lettera ai Corinti (10, 25).

Sui gradini marmorei dei propilei gli scavatori decifrano su un massiccio architrave di pietra queste parole chiaramente intagliate in lettere greche: « Sinagoga degli ebrei ». Vicino alla via Lechea, al di là dei colonnati, doveva trovarsi la casa nella quale san Paolo proclamava la nuova dottrina. Perchè *ogni sabato ragionava nella sinagoga... e persuadeva giudei e greci* (Atti, 18, 4). Sotto le rovine delle numerose abitazioni nel medesimo quartiere della città si trova con sicurezza la casa di Tito Giusto, che san Paolo frequentava. *La casa di lui era presso alla sinagoga* (Atti, 18, 7).

Gli esploratori trovano infine sulla piazza del mercato una piattaforma rialzata, che un'iscrizione latina identifica come la « rostra », la sede del tribunale. *Essendo poi Gallione proconsole dell'Acaia tutti d'accordo insorsero contro Paolo e lo menarono al tribunale dicendo: « Costui persuade la gente a rendere a Dio un culto contrario alla legge.* » Gallione, però, non volle farsi giudice di queste cose e *li mandò via dal tribunale* (Atti, 18, 12-16).

L'esauriente relazione della scena in tribunale rese possibile di stabilire con esattezza il periodo in cui san Paolo si trattenne a Corinto. Lucius Junius Annaeus Novatus Gallio — così suona il nome completo del proconsole — era il degno rampollo di una famiglia molto ragguardevole. Suo fratello Lucio Anneo Seneca, il grande filosofo e precettore privato di Nerone, gli dedicò due libri.[7] E il poeta Stazio lo chiamò « l'amabile Gallione ».

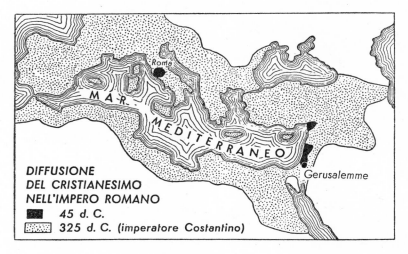

Fig. 74.

Nell'antica Delfi fu ritrovata una lettera dell'imperatore Claudio, dalla quale risulta che Gallione deve aver soggiornato a Corinto dal 51 al 52 d. C. Lo scritto contiene la frase « Come scrisse Lucio Giunio Gallione, mio amico e proconsole di Acaia... »[8] e porta la data del principio dell'anno 52. Secondo un editto di Claudio i funzionari di nuova nomina dovevano partire il primo giugno da Roma per la loro provincia; perciò Gallione dovrebbe essere giunto in Acaia intorno al primo luglio 51. San Paolo, dal suo canto, *si fermò a Corinto un anno e sei mesi, insegnando a tutti la parola di Dio* (Atti, 18, 11), finchè i giudei si ribellarono e lo

---

[7] *De ira* e *De vita beata.*
[8] Il Peloponneso come provincia romana si chiamava Acaia.

trascinarono dinanzi al giudice. Con grande probabilità, pertanto, l'apostolo giunse a Corinto all'inizio dell'anno 50.

Due anni dopo la morte di Cristo sulla croce, il fanatico persecutore dei cristiani Saulo di Tarso[9] si era convertito al cristianesimo. Quasi esattamente trent'anni più tardi il grande apostolo e predicatore della dottrina di Cristo intraprende il suo ultimo viaggio, questa volta come prigioniero. In Giudea governa dal 61 il procuratore Festo; egli manda a Roma Paolo, fatto segno a gravi accuse da Gerusalemme, facendolo scortare dal centurione Giulio (Atti, 27, 1). *A Paolo fu permesso d'abitare da sè, con un soldato che gli faceva la guardia* (Atti, 28, 16).

E Paolo dimorò due anni interi in una casa presa a pigione, e vi riceveva tutti quelli che venivano a trovarlo: / predicava il regno di Dio, e insegnando le cose spettanti al Signore Gesù Cristo con ogni franchezza, senza ostacoli. Con queste parole degli Atti degli Apostoli si tronca la tradizione cristiana.

Nelle persecuzioni dei cristiani, iniziate sotto Nerone, san Paolo muore da martire. Essendo cittadino romano egli non muore, come Pietro, sulla croce, ma è passato a fil di spada.

---

[9] *Chiamato anche Paolo* (Atti, 13, 9). *(N.d.T.)*

49 Il duomo, nella parte sudorientale della città, costruito dagli arabi nel VII secolo dopo la conquista di Gerusalemme, si eleva nel luogo in cui re Salomone prima e più tardi Erode il Grande avevano eretto il tempio.

50-51 Il prelato dr. Kaas (sopra) scoprì sotto l'altare della basilica di San Pietro una colonna (sotto, a sinistra), che dovette appartenere al « trofeo » della tomba di Pietro (ricostruzione sotto, a destra).

2 - *La tomba di Pietro*

L'ippodromo di Caligola — Quando Roma fu incendiata — Il colle Vaticano — Cimitero sulla via Cornelia — L'imperatore Costantino costruisce una chiesa — La nuova basilica — Ritrovamento del Bernini nel 1626 — L'incarico del papa Pio XII — Indagini del dottor Kaas — Scavi sotto la basilica di San Pietro — Il più importante ritrovamento dell'archeologia cristiana.

« ED IO TI DICO CHE TU SEI PIETRO E SOPRA QUESTA PIETRA EDI-FICHERÒ LA MIA CHIESA E LE PORTE DELL'INFERNO NON PREVAR-RANNO CONTRO DI ESSA » (Matteo, 16, 18).

Dopo essere stata conquistata dall'Islam nell'anno 637, la Terra Santa rimase preclusa per lunghi secoli, salvo nel periodo delle cro-ciate, ai cristiani del resto del mondo.

L'unico luogo della terra, fuori dell'Oriente, che ha continuato a diffondere ininterrottamente la tradizione cristiana per quasi due-mila anni e in cui, attraverso una vivente catena, di generazione in generazione, si è conservato il collegamento dai tempi di Gesù e dei suoi discepoli fino ai nostri giorni, è Roma con la basilica di San Pietro.

Chi era Pietro? Come appare la sua personalità nel Nuovo Testamento?

Simone faceva il pescatore a Cafarnao sulla riva del lago di Genezareth. Suo fratello Andrea *lo portò da Gesù / E Gesù... disse*: « *Tu sei Simone, figliuolo di Giona; tu ti chiamerai Cefa* » (Giovanni, 1, 41. 42). Cefa in greco si dice « Petros » e significa pietra. Così egli diventò uno dei primi discepoli di Cristo.

Dopo la morte di Gesù, Pietro fu il primo degli apostoli che convertisse pagani (Atti, 10). Egli divenne il capo della prima co-munità cristiana a Gerusalemme e in Giudea e operò più tardi anche fuori della Palestina. Lo ricordano due lettere ai cristiani in Asia Minore. Nel Vangelo di san Giovanni, in un colloquio fra Gesù e Pietro, si accenna al genere di morte che egli patirà in età avanzata. « *In verità, in verità ti dico: quando tu eri più giovane ti cingevi da solo e andavi dove volevi; ma quando sarai vecchio, tenderai le mani e un altro ti cingerà e ti condurrà dove non vorrai.* » / *Disse questo per indicare con quale morte avrebbe reso gloria a Dio* (Giovanni, 21, 18. 19).

Leggende, tradizioni ecclesiastiche, racconti orali e documenti scritti si allacciano a queste parche indicazioni del Nuovo Testamento nei riguardi di Pietro. Parlano del suo martirio a Roma e nominano il luogo dove riposano le sue ossa: sotto l'altare maggiore della basilica di San Pietro.

Nell'ampio spazio rotondo davanti alla chiesa di San Pietro, ai tempi dei primi cristiani sibilavano le fruste, il suolo tremava sotto gli zoccoli dei cavalli, l'aria era piena di migliaia di voci giubilanti. L'imperatore Caligola [1] aveva fatto costruire qui una pista per le gare dei cocchi, della quale l'unica testimonianza rimasta è l'obelisco eretto sulla piazza, che egli fece venire per mare appositamente dall'Egitto.

Un denso, acre fumo si libra sulla città, lingue di fuoco escono dai palazzi, fiamme avvampano nelle strade e nelle piazze: Roma arde nel luglio dell'anno 64. È stato Nerone, si mormora. Ma Cesare non è a Roma, dimora ad Anzio. Egli si precipita in città, si adopera in ogni modo per spegnere gl'incendi. Non vi riesce abbastanza rapidamente, e allora cerca — per sviare da sè il furore del popolo — qualcuno da poter incolpare di tanta infamia. Capri espiatori sono i cristiani, « una razza di gente con una nuova e dannosa superstizione », come scrive Svetonio, la « setta » alla quale per ignoranza e xenofobia il popolo attribuisce tutte la colpe possibili.

D'allora in poi nel circo dei gladiatori accadono scene spaventose. Nell'arena vengono martirizzati i seguaci di Cristo, schiere di uomini pii vengono inondati di pece e bruciati come torce o messi in croce. Tra essi vi è anche Pietro. Egli viene crocifisso.

Secondo la legge romana, la salma di un condannato a morte spettava ai familiari. Nella stessa notte dell'esecuzione sulla croce il cadavere di san Pietro viene nascosto dai suoi seguaci. Come Gesù

[1] 37-41 d. C.

sul Calvario, viene avvolto in un lenzuolo e portato segretamente, passando dietro il circo, sulla via Cornelia, in un cimitero di gentili. Questo cimitero è situato sul colle Vaticano; la parola latina « vates » significa « profeta » o « indovino ». Qui vi era in tempi remoti un oracolo degli etruschi.

Tra molte altre tombe, anche Pietro trova un luogo di riposo. Sulla tomba dell'apostolo, sant'Anacleto erige il primo santuario. Egli aveva ricevuto da san Pietro la consacrazione a sacerdote e divenne il terzo vescovo di Roma. Chi passava di là poteva vedere il trofeo sulla collina. « Va' al Vaticano o sulla strada di Ostia e troverai i trofei dei fondatori della Chiesa di Roma, » scriveva nel III secolo il sacerdote Gaio.

Benchè fosse pericoloso essere visti in quel luogo, i cristiani scelsero fin da principio la tomba dell'apostolo quale punto di convegno. Gli Atti di san Sebastiano registrano che santa Zoe vi fu arrestata e di là condotta alla tortura. In seguito, anche da altri paesi vengono segretamente a Roma pellegrini, come nell'anno 269 san Marziano con la moglie e i figli dalla remota Persia e san Mauro nel 284 dall'Africa.

Le sofferenze e le persecuzioni finiscono solo sotto Costantino,[2] il primo imperatore cristiano di Roma. Costantino concede al papa Silvestro I di costruire una grande chiesa sulla via Cornelia, sopra l'antica sepoltura di san Pietro e dei primi papi cristiani. La tomba di san Pietro rimane inviolata, e la sua soprastruttura diventa l'altare maggiore. Le pietre per la costruzione sono fornite dall'antico circo di Caligola. La parete settentrionale dell'arena viene inclusa nelle fondamenta della chiesa, la cui parte meridionale si protende fino nel circo.

I lavori di costruzione si protrassero per oltre cinque lustri, dal 326 al 349. Trentacinque gradini conducevano in un vestibolo aperto, ampio e rivestito di marmo, che era cinto da loggiati. Al suo centro, da una vasca dorata, protetta da un coperchio sostenuto da colonne, scaturiva l'argenteo zampillo d'una fontana.

Il coronamento della piazza inondata di sole era la basilica, con l'ombra delle sue cinque navate. Tra una selva di colonne si alzavano 52 altari, sui quali ardevano giorno e notte 700 candele. Dalle pareti e nelle arcate risplendevano mosaici dorati. Sopra la tomba dell'apostolo si incurvava un alto baldacchino. Era uso tra i pellegrini attaccare a una bacchetta fazzoletti o altri piccoli oggetti, e calarli nella tomba fino a sfiorare il sarcofago di

2 306-337 d. C.

san Pietro. Il decano Agiulfo di Tours visitò la chiesa verso l'anno 600. La sua esatta descrizione di ciò che vide è stata conservata.

« San Pietro è sepolto in una chiesa che da tempi remoti si chiama Vaticano. Il suo monumento funebre, che giace sotto l'altare, viene visitato molto di rado. Ma se qualcuno desidera di pregare, i cancelli, dai quali è circondato il posto, vengono aperti. Egli entra al di sopra della tomba, e poi, aperto un finestrino, vi introduce la testa e si concentra nei suoi pensieri. »

Probabilmente la tomba di san Pietro fu un po' per volta interamente murata per preservarla in tempi agitati dalle profanazioni del mondo esterno. Comunque, essa scomparve dalla visuale dei documenti storici e nessuna relazione di quell'epoca ne fa cenno.

Nel corso di oltre 1150 anni l'immenso tetto di legno della basilica si era marcito, e la parete meridionale, sopra l'antico muro del circo, mostrava una pericolosa tendenza a sprofondare: preoccupanti fenomeni d'invecchiamento che rendevano urgente la ricostruzione della chiesa. Nell'anno 1506 il lavoro viene deciso e il Bramante ne fornisce i progetti. Tra gli architetti e i decoratori alcuni portano nomi famosi, come Raffaello e Michelangelo, al quale dal 1547 viene affidata la direzione dei lavori.

Nel 1589, mentre l'architetto Giacomo della Porta sta lavorando al di sopra della tomba dell'Apostolo, si apre inaspettatamente ai suoi piedi una larga spaccatura che permette di spingere lo sguardo in un ambiente a volta. A tale notizia accorrono il papa Clemente VIII e tre cardinali, per osservare il locale alla vacillante luce di una torcia. La volta sormonta una croce d'oro dell'altezza di un uomo. Secondo la tradizione, l'imperatore Costantino e sua moglie Elena l'avrebbero collocata nel 326 sulla tomba di san Pietro. Ancora in presenza di Clemente VIII la fenditura viene di nuovo chiusa.

Il pesante baldacchino a colonne che deve sovrastare al sepolcro esige solide fondamenta. Il Bernini, che nel giugno del 1626 esamina a tale scopo il sottosuolo della cripta, scopre resti di ossa umane; il terreno sul quale poggia la basilica costantina dà ricetto a una quantità di tombe.

Di questa scoperta nulla trapela in pubblico. Tuttavia gli archivi del Vaticano conservano un coscienzioso inventario dei ritrovamenti, compilato da Ubaldi, allora canonico di San Pietro, e rintracciato nel 1891 dal professore Armellini.

« Avanti alla confessione di riscontro al primo fondamento cominciandosi a scavare per il secondo non prima di cinque palmi sotto, si scoperse dal lato un pilo grande, e di grosse lastre, questi poco impedendo il sito necessario per il fondamento, fu pensato che bastasse solamente tagliare et restringere. Tagliato da un capo ci si rimirarono dentro delle ceneri con molt'ossa ed adunate insieme tutte mezz'abbruciate: queste ridussero in memoria quel famoso incendio ne' tempi di Nerone tre anni avanti il martirio di san Pietro, quando accusati falsamente i cristiani di tal incendio e chiamati di tanta colpa rei, diedero particolarmente nel circo appresso gli horti di Nerone i primi spettacoli del martirio. Due delle tombe principali erano scoperte, e ciascuna conteneva due corpi. Le loro teste giacevano in direzione dell'altare. Erano rivestiti di lunghi paludamenti fino alle caviglie, scuri e quasi neri per l'età, ed erano avvolti di fasce come bambini. I corpi erano collocati vicini uno all'altro, con molta cura. Ma questi e tutti gli altri nei feretri si dissolvevano in polvere, non appena venivano toccati o mossi. Nulla tranne alcuni pezzetti di stoffa, resisteva al più lieve tocco. » [3]

Uno schizzo della posizione fece risultare con molta chiarezza che le tombe erano collocate come i raggi d'una ruota, convergenti tutte verso un punto, cioè sotto l'antico altare maggiore.

Sotto la « confessione », salvo i lavori delle fondamenta per le quattro colonne del baldacchino, tutto rimase intatto. Dopo lavori di costruzione durati oltre un secolo la nuova basilica di San Pietro è terminata; la solenne consacrazione avviene nell'anno 1626.

Passano ancora più di trecento anni. Agli inizi del 1949 il papa Pio XII, in occasione di un discorso agli studenti romani, rileva espressamente che la tomba dell'apostolo Pietro si trova sotto il centro della basilica. I suoi ascoltatori conoscono le antiche leggende, ma nessuno tra essi immagina che Pio XII, in questa sua constatazione, si basi sui recentissimi risultati dell'indagine archeologica. Infatti, soltanto una stretta cerchia di esperti ne ha finora notizia.

Per eliminare la possibilità che venissero divulgati risultati prematuri, tutti coloro che ne erano a conoscenza vennero sottoposti alla consegna del più rigoroso silenzio. Finchè non regnasse assoluta chiarezza, piena certezza, corroborata dalle perizie tecniche di

---

[3] Mariano Armellini: *Le Chiese di Roma*, Tip. Vatic., 1891. *(N.d.T.)*

esperti internazionali, finchè non fosse eliminato anche il minimo dubbio circa la reale importanza delle scoperte fatte sotto la basilica di San Pietro, la pubblica opinione non ne doveva essere informata.

« È stata veramente ritrovata la tomba di san Pietro? » suona la voce del papa in un messaggio radiofonico lanciato il 23 dicembre 1950 attraverso l'etere agli ascoltatori del mondo intero. « Sì! » risponde egli stesso.

Il prelato tedesco dottor Ludwig Kaas, professore di storia ecclesiastica, fu l'iniziatore delle esplorazioni sotto la basilica di San Pietro. Forse non sarebbe diventato nè l'uno nè l'altro, se non avesse visto la luce e ricevuto le prime decisive impressioni giovanili a Treviri, la città dove sorse la prima chiesa cristiana, fatta costruire da Elena, la madre dell'imperatore Costantino. Costantino stesso aveva dimorato un certo tempo in quella città. A Treviri gli archeologi si sono imbattuti di continuo, durante gli scavi, in testimonianze dell'antica dominazione romana. Là il dottor Kaas divenne professore di storia ecclesiastica. Poi lasciò la Germania e si trasferì in Vaticano.

Pio XI, il papa che aveva un senso d'umorismo tipicamente milanese, gli affidò il « mondo sotterraneo » della basilica di San Pietro, tutto ciò « che si trovava sotto la superficie ».

Allorchè Kaas ispezionò per la prima volta il suo nuovo regno rimase spaventato dal gran disordine che regnava nella cripta di San Pietro. Incontrò non poche difficoltà per orientarsi nel sotterraneo tra i molti sarcofaghi di pietra e di marmo, le antichissime lapidi funebri e altri resti di sepolcri. Se fin dall'epoca della costruzione della nuova chiesa di San Pietro tutto era andato a finire alla rinfusa nella cripta, le tombe aggiuntevi nei secoli successivi non avevano fatto che accrescere la confusione in cui riposavano qui imperatori e re, ben 144 papi e innumerevoli cardinali e cortigiani.

Non era certo facile mettervi un po' d'ordine: separare il sarcofago del prefetto di Roma dell'anno 359 da quello dell'imperatore tedesco Ottone II, o la rossa tomba di granito dell'unico papa inglese Adriano IV dalla tomba della regina svedese Cristina, il cui volto era coperto da una sottile maschera d'argento, meravigliosamente conservata.

Durante il lungo e laborioso riordinamento di tanto scompiglio, Kaas si convinse che sarebbe stato assai utile esplorare una buona volta a fondo tutto questo silenzioso, perduto regno sotto la basilica.

A Pio XI questa idea non piacque affatto. Ciononostante, fu proprio la sua ultima volontà di riposarsi dell'esistenza terrena possibilmente vicino a Pio X quella che diede l'avvio all'impresa.

Due giorni prima della tumulazione, Kaas cerca nella cripta un posto adatto. Quando fa rimuovere da un muro una pesante lastra di marmo, la parete cede e svela un'antica volta, alla cui vista Kaas esclama involontariamente: « Ma io la conosco! È precisamente quella che ho veduta a Treviri! » Inconfondibile, caratteristica opera muraria dell'architettura delle chiese del primo periodo cristiano.

Incaricato dal nuovo papa Pio XII, egli si accinge nella primavera del 1939 alla prima esplorazione scientifica sotto la chiesa di San Pietro. Avvolta nella più rigorosa segretezza, essa si trasformò in un annoso viaggio di scoperta a ritroso nel passato, fino all'inizio dell'èra cristiana.

Già in precedenza, attraverso ampi studi preparatori, il professor Enrico Iosi, direttore del Pontificio Istituto di Archeologia cristiana, si era convinto che una ricerca della tomba di san Pietro doveva dipartirsi dal livello del pavimento della basilica costantiniana, il che nel corso degli scavi si dimostrò giusto.

I « sampietrini » avevano appena cominciato a lavorare con picconi e vanghe, quando venne in luce un mondo antichissimo, cinconfuso di mistero. La basilica di San Pietro si eleva sopra un grande cimitero del primo secolo cristiano. Passo passo i sampietrini liberano la vasta città dei morti. L'impiego di macchine avrebbe messo in pericolo non solo gli oggetti dissepolti, ma le fondamenta stesse della basilica. Ampi mausolei e belle urne funerarie conservano i resti mortali di romani pagani. In tempi successivi, però, il cimitero servì anche ai cristiani come luogo di sepoltura; i mosaici datano dal terzo secolo: erano i più antichi mosaici che si conoscessero all'epoca di questi lavori. Magnifici sarcofaghi appartengono a secoli posteriori all'èra cristiana.

Molto istruttivo fu altresì il constatare quali difficili lavori dovettero essere compiuti sotto l'imperatore Costantino per mantenere al medesimo livello il pavimento dell'antica basilica a cinque navate e la tomba di san Pietro. Questa circostanza aveva costretto gli architetti ad appoggiare potenti muri di sostegno contro quello che era stato un tempo il declivio della collina Vaticana. Una parte del pendio dovette essere sterrata, l'altra colmata. Poichè una legge vietava la distruzione di tombe, molti mausolei furono privati del loro tetto e riempiti fino all'orlo di terra. Delle mura del circo di Nerone non si trovò più traccia. Ma il monumento sepolcrale di un romano ne indicò l'ubicazione con molta esattezza. L'iscrizione diceva che l'ultima volontà del defunto era stata di venir sepolto vicino al circo.

Man mano che procedevano i lavori, sempre più evidente appariva che la maestosa costruzione è imperniata incontestabilmente su un determinato punto, situato proprio sotto l'altare maggiore. Su questo punto centrale si concentrano ora le ricerche.

Alla profondità di sette metri dal pavimento della basilica, le vanghe, maneggiate con cautela, incontrano sotto l'altare maggiore una cella sepolcrale. Essa rassomiglia ai piccoli mausolei già incontrati in altri antichi sepolcri romani, senonchè è ornata di mosaici cristiani. Uno rappresenta un pescatore con la lenza (san Pietro), un altro il Buon Pastore, un terzo Giona che viene ingoiato dalla balena.

Sul pavimento e sulle pareti pellegrini del II secolo hanno lasciato i loro segni commemorativi: sono grezze lapidi marmoree o tavolette votive con iscrizioni come « santo Pietro prega per noi » o « Pietro, sii l'intercessore della nostra miseria ». Monete provenienti dalla Germania, dalla Gallia, dai paesi danubiani e dall'Oriente slavo, dalla Britannia e dai paesi delle Alpi sono sparpagliate, evidenti doni votivi.

Dentro un muro visibilmente elevato soltanto più tardi, gli esploratori scoprono infine una colonna. Al di sopra della tomba dell'Apostolo, sul pendio della collina del Vaticano, dovette ergersi un « trofeo ». Questa colonna ne è, senza dubbio, un residuo.

Il giorno in cui l'accesso alla tomba di san Pietro è finalmente sgombrato, le guardie chiudono le porte della basilica e Pio XII si reca nella cripta per prendere visione della scoperta d'importanza storica fatta dall'archeologia cristiana.

Molteplici controlli scientifici escludono qualsiasi dubbio di identificazione. Tutti i particolari degli scavi, tutti i punti di riferimento essenziali per l'accertamento della data, vengono riassunti nella relazione sui ritrovamenti e inseriti nel memoriale « Esplorazione sotto la Confessione di san Pietro in Vaticano », stampato in 1500 copie. Soltanto dopo l'esame della relazione da parte di eminenti esperti di tutto il mondo, il pubblico ne ebbe notizia.

Nel memoriale del Vaticano riguardante la tomba di san Pietro manca la menzione di un'urna di argilla cotta che fu trovata nella cella sepolcrale e che conteneva resti di ossa umane: un femore e una tibia, oltre a molti brandelli di stoffa purpurea.

Nell'opera muraria è celato inoltre un ricettacolo senza coperchio, nel quale l'urna entra con la massima precisione, e che evidentemente serviva di nascondiglio per difenderla, in caso di pericolo, da manomissioni.

Una pia tradizione, spesso relegata nel regno delle leggende cristiane, trovò così in Roma la sua conferma storica.

3 - La distruzione di Gerusalemme

Sollevazione — Guerra giudaica — Combattimenti in Galilea — Il generalissimo Tito — Ottantamila romani avanzano — Ordine d'assalto — Parata davanti alle porte — Cinquecento crocifissioni al giorno — Blocco di Gerusalemme — Lo spettro della fame — Cade la fortezza Antonia — Il tempio in fiamme — La città è rasa al suolo — Trionfo a Roma.

SICCOME ALCUNI PARLAVAN DEL TEMPIO, ORNATO DI BELLE PIETRE E DI RICCHE OFFERTE, GESÙ DISSE: / « GIORNO VERRÀ CHE DI TUTTO QUANTO VOI ORA AMMIRATE NON RIMARRÀ PIETRA SU PIETRA, CHE NON SIA DISTRUTTO. » / QUANDO POI VEDRETE GERUSALEMME CIRCONDATA DA ESERCITI ALLORA SAPPIATE CHE LA DESOLAZIONE È VICINA. / PERCHÈ VI SARÀ UNA GRAN MISERIA IN QUELLA TERRA E UNA GRAN COLLERA CONTRO QUEL POPOLO. / PERIRANNO DI SPADA E SARANNO CONDOTTI SCHIAVI FRA TUTTE LE NAZIONI E GERUSALEMME SARÀ CALPESTATA DAI GENTILI (Luca, 21, 5. 6. 20. 23. 24).

Numerose residenze e castelli reali, città, palazzi e templi, edifici, le cui fondamenta furono poste nel primo, secondo e persino nel terzo secolo avanti Cristo, sono stati strappati alla polvere del passato, in cui erano spesso sepolti a diversi metri di profondità grazie a un sapiente e faticosissimo lavoro diretto dalla vigile sagacia degli archeologi. Ma la città e il tempio di Gerusalemme, oggetti di interesse incalcolabile per la posterità, si sottrassero agli sforzi dei ricercatori scomparendo per sempre dalla faccia della terra. Perchè, non più di una generazione dopo la morte di Gesù sulla croce, *nei giorni di vendetta* (Luca, 21, 22) subirono la sorte predetta da Gesù.

Il vecchio Israele, la cui storia non includeva più la parola e l'opera di Gesù, la comunità religiosa di Gerusalemme, che fece condannare e crocifiggere Gesù, ebbero una fine infernale, quasi senza esempio nella storia, nella « guerra giudaica » dal 66 al 70 dopo Cristo.

Sempre più alte si levarono le voci contro l'odiata Roma. Nel partito degli « zeloti », i zelatori, si raccolsero fanatici e ribelli che reclamavano senza tregua l'eliminazione del dominio straniero; ognuno di essi portava un pugnale nascosto sotto la veste. Le loro violenze turbavano il paese. Arbitrarie angherie dei procuratori romani contribuivano ad aggravare la situazione; gli estremisti trovavano un numero sempre maggiore di seguaci.

Il crescente malcontento esplode nel maggio 66 in ribellione, allorchè il procuratore Floro esige 17 talenti del tesoro del tempio. La guarnigione romana è sopraffatta e Gerusalemme cade nelle mani degli insorti. La proibizione, immediatamente decretata, di compiere il sacrificio quotidiano per l'imperatore equivale a un'aperta dichiarazione di guerra alla grande potenza di Roma. La minuscola Gerusalemme lancia temerariamente il guanto di sfida ai piedi dell'« imperium romanum »!

È questo il segnale per tutto il paese; dovunque divampa la rivolta. Floro non padroneggia più la situazione. Accorre in suo aiuto, con una legione e numerose truppe ausiliarie, il governatore della provincia di Siria, C. Cestio Gallo; ma anch'esso è costretto a ritirarsi con gravi perdite. I ribelli dominano il paese.

Nella certezza che Roma passerà al contrattacco con tutte le sue forze, essi fortificano precipitosamente le città, riparano le vecchie mura, nominano comandanti militari. Giuseppe, il futuro storiografo Flavio Giuseppe, viene elevato a comandante supremo della Galilea.

Da parte romana l'imperatore Nerone affida il comando supremo al provetto e brillante condottiero Tito Flavio Vespasiano, che si è già coperto di gloria nella conquista della Britannia. Accompagnato dal figlio Tito, egli irrompe da nord nella Galilea con tre delle sue migliori legioni e con numerose truppe ausiliarie.

Le località sul lago di Genezareth, dove pochi decenni prima Gesù predicava ai pescatori, vedono le prime carneficine. Entro l'ottobre 67 tutta la Galilea è conquistata. Tra la schiera dei prigionieri marcia anche Giuseppe, il comandante supremo. Viene incatenato e, tradotto al quartier generale di Vespasiano, di lì assiste, per ordine di lui, allo svolgimento della campagna. Seimila ebrei sono condotti come schiavi a Corinto per la costruzione del canale.

Nella primavera seguente continua la sottomissione dei ribelli nella Giudea. Nel bel mezzo dei combattimenti giunge una notizia che interrompe momentaneamente la campagna: Nerone è morto di propria mano.

A Roma divampa la guerra civile. Vaspasiano attende lo svolgimento degli eventi. Uno dopo l'altro tre imperatori di scarso valore perdono il potere e la vita. Finalmente le legioni in Oriente agiscono; un anno dopo la morte di Nerone risuona in Egitto, in Siria, in Palestina, dovunque in Oriente, il grido: *Vivat Caesar!* Vespasiano diventa il signore dell'impero romano. Da Cesarea sulla costa palestinese, dove lo raggiunge la notizia, egli si reca immantinente a Roma, affidando a suo figlio Tito l'ultimo atto della guerra giudaica.

Poco prima del plenilunio della primavera del 70, Tito è davanti a Gerusalemme con imponenti forze armate. Per tutte le strade avanzano sulla città colonne come la Giudea non ne aveva mai vedute. Si fanno avanti la quinta, la decima, la dodicesima e la quindicesima legione, accompagnate da cavalleria, truppe del genio ed altre forze ausiliarie, quasi 80.000 uomini.

La Città Santa brulica di uomini; i pellegrini sono affluiti da paesi vicini e lontani per celebrare la festa di Pasqua. Litigi e risse tra gli elementi più fanatici e il partito dei moderati vengono a turbare le pie preghiere; feriti e morti restano sul terreno.

Frattanto i romani si accampano nei dintorni. Una intimazione di resa viene accolta solo con risa di scherno. Tito risponde con l'ordine di attacco. L'artiglieria romana, *scorpiones* a tiro rapido per il lancio di pietre e dardi, e *balistae,* macchine da guerra per scagliare massi, aggiustano i tiri. Ognuno di questi pesanti strumenti bellici proietta pietre del peso di mezzo quintale a una distanza di 185 metri. Dalla parte settentrionale i genieri colpiscono il tallone d'Achille della fortezza. A sud, est e ovest ripidi pendii proteggono il baluardo. Perciò la parte settentrionale è rafforzata straordinariamente con tre potenti cinte di mura. Arieti e catapulte iniziano rombando e tuonando la loro opera di distruzione alle fondamenta. Solo quando pesanti proiettili di pietra si

Fig. 75 - Tecnica romana d'assedio per la conquista di Gerusalemme.

abbattono incessantemente entro la città, quando di giorno e di notte rimbombano i cupi colpi d'ariete, finisce la lotta fratricida nella fortezza. I rivali fanno pace. Dei capi di partito, Simone bar Giora, il moderato, assume la difesa del fronte nord, Giovanni di Ghishala, il fanatico, la difesa della zona del tempio e della fortezza Antonia.

Ai primi di maggio le macchine d'assalto hanno aperto in due settimane una larga breccia nel muro più settentrionale. Dopo altri cinque giorni i romani penetrano anche nella seconda cinta. Un risoluto contrattacco riporta gli assediati in possesso del muro. Passano giorni prima che i romani possano riconquistarlo. Infine il quartiere settentrionale della città è saldamente nelle mani dei romani.

Convinto che Gerusalemme, in vista di tale situazione, si arrenderà, Tito sospende l'attacco. Il grandioso spettacolo di una gran parata militare sotto gli occhi degli assediati dovrebbe indurli alla riflessione e alla ragione.

I romani si spogliano degli abiti guerreschi, ripuliscono fino a renderle brillanti le loro uniformi di gala. I legionari indossano la corazza e il giaco e cingono gli elmi. La cavalleria adorna i cavalli di gualdrappe riccamente decorate e tra acuti squilli di fanfare sfilano diecimila combattenti di Tito che, presenti gli assediati, ricevono il soldo e abbondante vitto. Per quattro giorni, dal mattino al tramonto, rimbomba il passo di marcia delle colonne romane abituate alle vittorie.

Invano. Affollati sul vecchio bastione, nella parte settentrionale del tempio e su ogni tetto, gli uomini restano fermamente ostili. La dimostrazione di forza non serve a nulla: gli assediati non pensano ad arrendersi.

Tito intraprende un ultimo tentativo per farli mutare di parere. Egli manda il loro connazionale prigioniero Giuseppe Flavio, comandante supremo di Galilea, sotto le mura della fortezza.

Alta risuona la voce di Giuseppe:

« Oh uomini dal cuore duro, gettate le armi, abbiate pietà del vostro paese che corre pericolo di sprofondare nel baratro. Guardatevi intorno e mirate la bellezza di ciò che volete tradire. Quale città! Quale tempio! Quali doni di innumerevoli nazioni! Chi oserebbe abbandonare tutto ciò al furore delle fiamme? Vi è uno solo che possa desiderare che tutto ciò sia distrutto? Che cosa di più prezioso potrebbe mai meritare di essere conservato? O voi, creature caparbie, più insensibili delle pietre! »

Con parole commoventi Giuseppe ricorda le grandi gesta del passato, i padri, la storia, la missione d'Israele. Invano: i suoi moniti e le sue preghiere trovano orecchie sorde.

Dalla seconda cinta di mura la lotta ricomincia e investe come una marea la rocca Antonia. Attraverso le vie suburbane il fronte si sposta verso la zona del tempio e la città alta. I genieri costruiscono piste d'attacco, servendosi di tronchi d'albero che le truppe ausiliarie trascinano a tal fine da ogni parte. I romani ricorrono a tutti i mezzi della tecnica d'assedio collaudati dall'esperienza. I lavori preparatori, a causa delle costanti azioni di disturbo degli assediati, costano di continuo considerevoli perdite. A parte le furiose sortite, anche le torri d'assalto di legno, non appena allestite, vengono spesso immediatamente incendiate. Al calar dell'oscurità, intorno all'accampamento romano è tutto un formicolio di figure sospette che da nascondigli, passaggi sotterranei e da sopra le mura si avvicinano strisciando.

Tito ordina misure spietate contro gli affamati che s'aggirano come spettri e contro i disertori. Chi viene colto all'aperto deve essere crocifisso. I mercenari inchiodano giorno per giorno sulle travi, immediatamente davanti alla città, cinquecento transfughi, vagabondi, disgraziati in cerca di cibo. A poco a poco cresce tutt'intorno ai pendii della collina un intero bosco di croci, finchè la mancanza di legname fa cessare questa azione terroristica.

Tutti gli alberi furono sacrificati per fabbricare croci e rampe d'assedio, scale d'assalto e per alimentare i fuochi dell'accampamento. I romani avevano trovato al loro arrivo un paesaggio fiorente. Ora i vigneti, gli orti, la ricchezza di fichi e d'olivi, tutto è sparito, perfino il monte che dagli olivi ha preso il nome non largisce più ombra. Sul paesaggio triste e nudo grava un fetore insopportabile. Gettati dagli assediati oltre i parapetti, si ammucchiano a migliaia

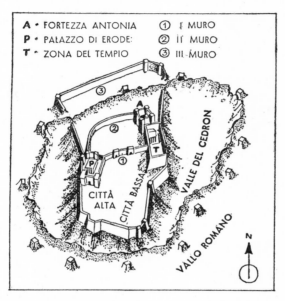

Fig. 76 - Gerusalemme durante l'assedio di Tito nell'anno 70 a. C.

dinanzi alle mura i cadaveri dei morti di fame e dei guerrieri caduti. E chi mai potrebbe dar loro sepoltura secondo l'uso tradizionale?

« Nessuno straniero, che avesse veduto l'antica Giudea e gli incantevoli sobborghi della sua capitale, e ora si fosse trovato di fronte a questa devastazione, » deplorava Giuseppe, « avrebbe potuto trattenere le lagrime e i lamenti per l'orrenda trasformazione. La guerra aveva cambiato tanta bellezza in un deserto. E nessuno che avesse conosciuto in precedenza questi luoghi e li rivedesse d'un tratto ora, sarebbe neppure in grado di riconoscerli. »

Per isolare ermeticamente la città, Tito ordina la costruzione di una *circumvallatio*. Lavorando notte e giorno, viene elevata

53 Il professore G. Lankester Harding ricompone a Gerusalemme i frammenti dell'esemplare dell'Antico Testamento scoperto nel 1949 in una caverna presso il Mar Morto e proveniente dall'epoca di Cristo.

aver tramandato alla posterità cose che le appariranno così diso-
norevoli. Ma troppi ne furono i testimoni ai miei giorni. E inoltre
il mio paese avrebbe ben poco motivo di essermi grato, se avessi
taciuto le miserie che a quel tempo ebbe a soffrire. »

Giuseppe, la cui famiglia patì assieme agli assediati, non rifug-
ge neppure dal descrivere l'inumano episodio che dimostra come
il furore della fame incominciasse ad oscurare la ragione dei
disgraziati.

Elementi estremisti vagavano per le strade in cerca di nutrimento. Da una casa esce odore d'arrosto. Subito gli uomini vi si
precipitano dentro e si trovano davanti a Maria, una figlia della
nobile famiglia Beth-Ezob della Giordania orientale, un casato im-
mensamente ricco. Era venuta in pellegrinaggio a Gerusalemme
per la festa di Pasqua. I fanatici la minacciano di morte, qualora
non dia l'arrosto. Spaventata, la donna consegna agli uomini quanto desiderano. Rabbrividendo essi scorgono un neonato per metà
divorato, la creatura di Maria.

Ben presto non solo tutta la città ne è informata, ma la notizia
trapela, attraverso le mura, fin nell'accampamento romano. Tito
giura che coprirà questo crimine con le macerie di tutta la città.

Molti, per non morir di fame, tentano di fuggire col favore
dell'oscurità, ma vanno incontro a una sorte ugualmente crudele.
Fra le truppe ausiliarie dei romani era corsa la voce che i fuggiaschi
dalla fortezza portassero con sè oro e pietre preziose, inghiotten-
doli nella speranza di preservarli da tentativi di rapina. Se venivano
colti, gli incauti non solo erano messi a morte, ma una sfrenata avidità di preda induceva a sventrarli. In questo modo persero la vita
in una sola notte duemila persone. Tito s'infuria; senza pietà fa
decimare dalla sua cavalleria un'intera unità di truppe ausiliarie;
un ordine del giorno commina la pena di morte per tale crimine.
Ma poco serve; il macello continua clandestinamente.

Frattanto giorno e notte gli arieti martellano le mura dei sobborghi di Gerusalemme. Nuovi trampolini d'attacco vengono costruiti. Tito incita a far presto. Vuole liberarsi dal terribile incubo.

Ai primi di luglio i suoi soldati espugnano la fortezza Antonia.
La rocca, sul cui « lastricato » Gesù di Nazareth ascoltò la sua sentenza di morte, viene spianata sino alle fondamenta. Le sue mura
confinavano col vallo settentrionale del tempio.

Ora l'attacco si estende al complesso del tempio, questo vasto
blocco di edifici, il meglio fortificato con gallerie, balaustrate ed atri.

Il generale in capo esamina la situazione con i suoi ufficiali. Molti sono del parere di trattare il tempio come una fortezza. Tito è contrario. Egli vuol risparmiare, per quanto possibile, il santuario noto in tutto l'impero romano. A mezzo di araldi fa intimare ancora una volta la resa senza lotta. Di nuovo la risposta è negativa. Solo allora Tito dirige le operazioni contro la zona sacra.

Una grandine di pesanti proiettili e una pioggia incessante di frecce si riversano sui cortili. Gli ebrei combattono furibondi e non cedono. Essi hanno fede che Geova accorrerà all'ultimo istante in loro soccorso e proteggerà il suo sacrario. Più di una volta i legionari, su scale d'assalto, raggiungono il ciglio delle mura. Ma ogni volta vengono ricacciati. Catapulte e arieti sono impotenti di fronte a questi baluardi. È impossibile frantumare gl'immensi riquadri di pietra accatastati dal tempo di Erode. Per forzare l'accesso Tito fa appiccare il fuoco alle porte di legno del tempio.

Non appena le porte sono distrutte dalle fiamme, impartisce l'ordine di spegnere l'incendio e di sgombrare la via per l'attacco dei legionari. L'ordine di Tito per l'attacco dispone che il santuario sia rispettato. Ma la notte l'incendio si è propagato raggiungendo il peristilio, e i romani stentano a circoscriverlo. Di questo momento favorevole approfittano gli assediati per sferrare una violenta sortita. In un'implacabile carneficina i legionari ributtano indietro gli ebrei, li premono, li inseguono attraverso i cortili. In un tumulto selvaggio, la marea dei combattenti ondeggia intorno al sacrario. Eccitato, come invasato, « uno dei soldati, senza attendere un ordine e senza lasciarsi sgomentare, anzi quasi incalzato da qualche dèmone, afferrò un'ardente fiaccola incendiaria e, sollevato da uno dei suoi commilitoni, lanciò il fuoco attraverso la finestra dorata che conduceva nei locali attigui al Santissimo ».

Le stanze hanno antichi rivestimenti di legno e contengono, accanto a stoffe facilmente infiammabili usate per i sacrifici, recipienti pieni d'olio santo. Il fuoco comunicato dalle fiaccole incendiarie trova istantaneamente ricco alimento. Tito scorge il divampare delle fiamme e tenta di arginare il propagarsi dell'incendio.

« Allora Cesare[1] diede ordine di spegnere il fuoco, imponendolo ad alta voce ai suoi soldati che stavano combattendo e dando loro un segnale con la mano destra. Ma essi non udirono ciò che egli diceva, benchè gridasse tanto forte... E poichè non era in

---

[1] Tito divenne imperatore romano nell'anno 79.

grado di contenere il furibondo impeto dei soldati e le fiamme avanzavano sempre più, egli penetrò nel recinto sacro del tempio con i suoi comandanti e potè vedere tutto ciò che conteneva... Poichè, tuttavia, le fiamme non avevano ancora raggiunto i locali interni, ma continuavano a divorare quelli situati intorno alla Casa Santa, e Tito supponeva, non senza ragione, che la Casa stessa si sarebbe potuta ancora salvare, accorse in fretta e si sforzò di convincere i soldati a spegnere le fiamme, ordinando a Liberalio, il centurione, e ad uno della propria guardia del corpo, di colpire con bastoni i soldati che si opponevano e di ricondurli alla ragione. Ma non meno grande dell'entusiasmo per Cesare e della paura di contravvenire al suo divieto, erano in essi l'odio per gli ebrei e l'ardore di combatterli.

« Molti si sentivano inoltre stimolati dalla speranza di bottino. Ritenevano che tutte quelle stanze fossero piene d'oro, e vedevano, infatti, che tutto quanto li circondava era di oro puro... Così la Casa Santa s'incenerì senza il consenso di Cesare. »

Nell'agosto dell'anno 70 i legionari romani alzano nella zona sacra degli ebrei le loro insegne e dinanzi ad esse fanno i sacrifici. Benchè mezza Gerusalemme sia nelle mani del nemico, benchè, quasi presagi di nuove sventure, sinistre colonne di fumo s'innalzino ancora dal tempio arso, i fanatici non s'arrendono.

Giovanni di Ghishala riesce a passare con una schiera abbastanza numerosa dalla zona del tempio nella città alta, sulla collina settentrionale. Altri si rifugiano nel palazzo di Erode, al riparo delle robuste torri. Ancora una volta Tito deve impiegare genieri, artiglierie, macchine d'assalto e tutta la sua brillante tecnica d'assedio. In settembre anche queste mura sono prese e conquistati gli ultimi baluardi; la resistenza è definitivamente infranta.

Tra massacri e saccheggi, i vincitori s'impadroniscono della città che aveva loro opposto tenace e accanita resistenza ed era costata tanto sangue e tempo. « Cesare ordinò di radere al suolo l'intera città e il tempio. Lasciò in piedi soltanto le torri di Phasael, Hippicus e Mariamme e una parte delle mura della città ad ovest, queste ultime come accampamento per la guarnigione che vi rimase. »

La legione che restò per sessanta lunghi anni a presidio di quell'orrido luogo portava il contrassegno di « Leg. XF », che significa « Legio X Fretensis ». La sua sede in patria era presso il

Fretum siculum, lo « Stretto di Messina ». Essa lasciò a Gerusalemme e nei dintorni migliaia e migliaia di vestigia della sua presenza. Giardinieri e contadini rinvengono ancora oggi nel terreno frammenti di terracotta con impressi il numero della legione e i contrassegni della galera e del cinghiale.

Le perdite umane degli ebrei sono incredibilmente gravi. Durante l'assedio, secondo le indicazioni di Tacito, si trovavano nella città 600.000 persone. Giuseppe Flavio calcola il numero dei prigionieri, senza contare quelli che furono crocifissi o sventrati, a 97.000; e soggiunge che soltanto da una porta della città furono portati fuori dagli ebrei, nello spazio di tre mesi, 115.800 cadaveri.

Nell'anno 71 Tito esalta agli occhi di Roma la grandezza della sua vittoria su Gerusalemme mediante una grandiosa sfilata trionfale, nella quale, fra 700 prigionieri ebrei, vengono trascinati in ceppi Giovanni di Ghishala e Simone bar Giora. Tra alte grida di giubilo, si vedono portare in trionfo anche due preziosi capi di bottino, entrambi d'oro massiccio: il candeliere a sette bracci e il tavolo dei pani di proposizione, predati nel tempio di Gerusalemme. Essi trovano una nuova collocazione nel tempio della Pace a Roma. Sull'imponente arco di Tito, eretto a ricordo della campagna vittoriosa, si possono vedere ancora oggi i due arredi sacri.

Sul nudo e desolato mucchio di rovine, dove sotto pena di morte nè ebrei nè seguaci di Cristo potevano mettere piede, l'imperatore Adriano[2] stabilisce una nuova colonia romana: Aelia Capitolina. La vista della colonia straniera su terreno consacrato alla civiltà giudaica provoca ancora una volta un'aperta ribellione. Giulio Severo viene richiamato dal suo governatorato in Britannia e trasferito in Giudea, dove infrange anche l'ultimo disperato tentativo degli ebrei, durato tre anni, di riconquistare la libertà. L'imperatore fa poi erigere un ippodromo, due terme e un grande teatro. Sulle masse di macerie del santuario giudaico, sorge, come per dileggio, un monumento a Giove, e dove, secondo la tradizione cristiana, si trovava il sepolcro di Cristo, degli stranieri si recano in pellegrinaggio, su terrazze a gradini, a un sacrario dedicato a Venere!

2 117-138 d. C.

La maggior parte degli abitanti della Terra Promessa che non avevano perduto la vita nella sanguinosa guerra giudaica degli anni dal 66 al 70 e nella sollevazione di Bar-Kochba dal 132 al 135, furono venduti come schiavi. *Periranno di spada o saranno condotti schiavi fra tutte le nazioni.*

Degli anni posteriori al 70 gli archeologi non trovano in Palestina più nulla che possa dare un'idea dell'edilizia d'Israele, e neppure un monumento funerario che porti un'iscrizione giudaica. Le sinagoghe sono state distrutte; anche della Casa di Dio nella tranquilla Cafarnao son rimaste solo macerie. L'inesorabile mano del destino aveva cancellato la parte d'Israele nel concerto delle nazioni.

Ma la dottrina di Gesù, che unisce e conserva i popoli, aveva da tempo iniziato la sua vittoriosa marcia nel mondo.

SIA FATTA LA LUCE

La storia della creazione alla luce della scienza moderna — Alla ricerca del « principio » — L'universo si espande — La fuga delle galassie — Età della crosta terrestre — Da cinque a dieci miliardi di anni — Un discorso di Pio XII.

IN PRINCIPIO, CREÒ DIO IL CIELO E LA TERRA. / LA TERRA PERÒ ERA ERA INFORME E VUOTA, E SULLA FACCIA DELL'ABISSO ERAN TENEBRE, E LO SPIRITO DI DIO SI LIBRAVA SULLE ACQUE. / DISSE DIO: « SI FACCIA LA LUCE. » E LA LUCE FU (Gen., 1. 1-3).

IL concetto di « èra del progresso » riunisce in sè una sconcertante quantità di invenzioni, perfezionamenti e scoperte. L'instancabile spirito di ricerca riuscì a ottenere la disintegrazione della materia. Le nubi di fumo a forma di fungo delle spaventose esplosioni atomiche sono diventate uno spettacolo abituale. Strumenti elettronici sostituiscono centinaia di matematici, ingegneri e impiegati. Impianti robot controllano automaticamente le fabbriche. Da tempo sono stati elaborati progetti per la costruzione di un satellite artificiale, e il fatto che un giorno non lontano un'astronave potrà forse iniziare il primo viaggio nel cosmo non sorprende più l'uomo della strada.

Quando parlano di progresso, i più intendono il progresso tecnico. Però il progresso veramente sconvolgente, autentico, è dato dalle nuove conoscenze e scoperte nell'ambito della fisica, della matematica, dell'astronomia e di molti altri rami del sapere. Nell'intento di trasformare radicalmente il vecchio aspetto del mondo cui eravamo avvezzi, esse hanno aperto orizzonti finora insospettati all'indagine dell'universo, sia nella sfera del piccolo, del microcosmo, come in quella del grande, del macrocosmo.

Nell'èra del progresso fu trovata anche la risposta a un problema che fin dalle origini ha agitato l'umanità nel modo più profondo: l'antichissimo problema della formazione della nostra terra e dell'universo. Ed ecco il fatto sbalorditivo: la risposta della scienza concorda sostanzialmente col meraviglioso quadro della storia della creazione nella Bibbia.

« Come lo furono in passato, saranno sempre assolutamente vani tutti i tentativi di mettere in accordo il nostro racconto biblico della creazione con i risultati delle scienze naturali, » scriveva nel 1902 il dotto tedesco prof. Delitzsch nell'opera *Babel und Bibel*. Non era affatto il solo di tale parere, anzi formulava semplicemente l'opinione della scienza del suo tempo.

Oggi, solo cinquant'anni dopo, questo concetto è superato, e le nuove conquiste e conoscenze della scienza appaiono così incontestabili che perfino la Chiesa non si oppone più ad esse. A Roma, che un giorno condannò un Copernico e un Galilei, avviene ciò che prima sarebbe stato inconcepibile: il più alto dignitario della Chiesa cattolica parla della storia della creazione alla luce della scienza moderna. Dinanzi alla Pontificia Accademia delle Scienze in Vaticano Pio XII mise a raffronto, in un discorso [1] che ebbe la più larga risonanza, le nuove conoscenze dell'indagine con la relazione biblica della creazione.

« Se dunque lo scienziato volge lo sguardo dallo stato presente dell'universo all'avvenire, sia pure lontanissimo, si vede costretto a riscontrare, nel macrocosmo come nel microcosmo, l'invecchiare del mondo. Nel corso di miliardi di anni, anche le quantità di nuclei atomici apparentemente inesauribili perdono energia utilizzabile, e la materia si avvicina, per parlare figuratamente, ad un vulcano spento e scoriforme. E vien fatto di pensare che, se il presente cosmo, oggi così pulsante di ritmi e di vita, non è sufficiente a dar ragione di sè, come si è veduto, tanto meno potrà farlo quel cosmo, su cui sarà passata, a suo modo, l'ala della morte.

« Si volga ora lo sguardo al passato. A misura che si retrocede, la materia si presenta sempre più ricca di energia libera e teatro di grandi sconvolgimenti cosmici. Così tutto sembra indicare che l'universo materiale ha preso, da tempi finiti, un potente inizio, provvisto com'era di un'abbondanza inimmaginabile grande di riserve energetiche, in virtù delle quali, dapprima rapidamente, poi con crescente lentezza, si è evoluto allo stato presente.

---

[1] Discorso tenuto il 22 novembre 1951; testo originale riportato dalla *Raccolta Discorsi e Radiomessaggi del Santo Padre,* vol. XIII, pag. 391. *(N.d.T.)*

« Si affacciano così spontanei alla mente due quesiti:

« È la scienza in grado di dire quando questo potente principio del cosmo è avvenuto? E quale era lo stato iniziale, primitivo dell'universo?

« I più eccellenti esperti della fisica dell'atomo, in collaborazione con gli astronomi e gli astrofisici, si sono sforzati di far luce su questi due ardui, ma oltremodo interessanti problemi.

« Anzitutto, per citare qualche cifra, la quale non altro pretende che di esprimere un ordine di grandezza nel designare l'alba del nostro universo, cioè il suo principio nel tempo, la scienza dispone di parecchie vie, l'una dall'altra abbastanza indipendente, eppure convergenti, che brevemente indichiamo:

« 1. *Il distanziamento delle nebulose spirali o galassie.* L'esame di numerose nebule spirali, eseguito specialmente da Edwin E. Hubble nel Mount Wilson Observatory, portò al significante risultato — per quanto temperato da riserve — che questi lontani sistemi di galassie tendono a distanziarsi l'una dall'altra con tanta velocità che l'intervallo tra due tali nebulose spirali in circa 1300 milioni di anni si raddoppia. Se si guarda indietro il tempo di questo processo dell' "Expanding Universe", risulta che, da uno a dieci miliardi di anni fa, la materia di tutte le nebule spirali si trovava compressa in uno spazio relativamente ristretto, allorchè i processi cosmici ebbero principio.

« 2. *L'età della crosta solida della terra.* Per calcolare l'età delle sostanze originarie radioattive, si desumono dati molto approssimativi dalla trasmutazione dell'isotopo dell'uranio 238 in un isotopo di piombo (RaG), dell'uranio 235 in attinio D (AcD) e dell'isotopo di torio 232 in torio D (ThD). La massa d'elio, che con ciò si forma, può servire da controllo. Per tal via risulterebbe che l'età media dei minerali più antichi è al massimo di 5 miliardi di anni.

« 3. *L'età dei meteoriti.* Il precedente metodo applicato ai meteoriti, per calcolare la loro età, ha dato all'incirca la medesima cifra di 5 miliardi di anni. Risultato, questo, che acquista speciale importanza perchè i meteoriti vengono dal di fuori della nostra terra e, eccetto i minerali terrestri, sono gli unici esemplari di corpi celesti che si possono studiare nei laboratori scientifici.

« 4. *La stabilità dei sistemi di stelle doppie e degli ammassi di stelle.* Le oscillazioni della gravitazione dentro questi sistemi, come l'attrito delle maree, restringono di nuovo la loro stabilità entro i termini da 5 fino a 10 miliardi di anni.

« Se queste cifre possono muovere a stupore, tuttavia anche al
più semplice dei credenti non arrecano un concetto nuovo e diverso da quello appreso dalle prime parole del Genesi: " In principio " vale a dire l'inizio delle cose nel tempo. A quelle parole
esse danno un'espressione concreta e quasi matematica, mentre un
conforto di più ne scaturisce per coloro che con l'Apostolo con-
dividono la stima verso quella Scrittura, divinamente ispirata, la
quale è sempre utile " ad docendum, ad arguendum, ad corri-
piendum, ad erudiendum " (2 Tim., 3, 16).

« Con pari impegno e libertà d'indagine e di accertamento, i
dotti, oltre che alla questione sulla età del cosmo, hanno applicato
l'audace ingegno all'altra già accennata e certamente più ardua,
che concerne lo stato e la qualità della materia primitiva...

« È innegabile che una mente illuminata ed arricchita dalle moderne conoscenze scientifiche, la quale valuti serenamente questo
problema, è portata a rompere il cerchio di una materia del tutto
indipendente e autoctona, o perchè increata, o perchè creatasi da
sè, e a risalire ad uno Spirito creatore. Col medesimo sguardo lim-
pido e critico, con cui esamina e giudica i fatti, vi intravede e riconosce l'opera della onnipotenza creatrice, la cui virtù, agitata dal
potente " fiat " pronunziato miliardi di anni fa dallo Spirito creatore, si dispiegò nell'universo, chiamando all'esistenza con un gesto
d'amore generoso la materia esuberante di energia. Pare davvero
che la scienza odierna, risalendo d'un tratto milioni di secoli, sia
riuscita a farsi testimone di quel primordiale " Fiat lux ", allorchè
dal nulla proruppe con la materia un mare di luce e di radiazioni,
mentre le particelle degli elementi chimici si scissero e si riunirono
in milioni di galassie.

« È ben vero che della creazione nel tempo i fatti fin qui accertati non sono argomento di prova assoluta, come sono invece
quelli attinti dalla metafisica e dalla rivelazione, per quanto concerne la semplice creazione, e dalla rivelazione, se si tratta di creazione nel tempo. I fatti pertinenti alle scienze naturali, a cui Ci
siamo riferiti, attendono ancora maggiori indagini e conferme, e
le teorie fondate su di essi abbisognano di nuovi sviluppi e prove,
per offrire una base sicura ad un'argomentazione, che per sè è
fuori della sfera propria delle scienze naturali.

« Ciò nonostante, è degno di attenzione che moderni cultori di
queste scienze stimano l'idea della creazione dell'universo del tutto
conciliabile con la loro concezione scientifica, e che anzi vi siano
condotti spontaneamente dalle loro indagini; mentre, ancora po-

chi decenni or sono, una tale "ipotesi" veniva respinta come assolutamente inconciliabile con lo stato presente della scienza. Ancora nel 1911 il celebre fisico Svante Arrhenius dichiarava che "l'opinione che qualche cosa possa nascere dal nulla, è in contrasto con lo stato presente della scienza, secondo la quale la materia è immutabile..."

« Quanto diverso e più fedele specchio d'immense visioni è invece il linguaggio di un moderno scienziato di prim'ordine, Sir Edmund Whittaker, Accademico Pontificio, quando egli parla delle suaccennate indagini intorno all'età del mondo: " Questi differenti calcoli convergono nella conclusione che vi fu un'epoca, circa da uno a dieci miliardi di anni fa, prima della quale il cosmo, se esisteva, esisteva in una forma totalmente diversa da qualsiasi cosa a noi nota: così che essa rappresenta l'ultimo limite della scienza. Noi possiamo forse senza improprietà riferirci ad essa come alla creazione. Essa fornisce un concordante sfondo alla veduta del mondo, che è suggerita dalla evidenza geologica, che ogni organismo esistente sulla terra ha avuto un principio nel tempo..." [2]

« Quale è dunque l'importanza della scienza moderna riguardo all'argomento in prova della esistenza di Dio desunto dalla mutabilità del cosmo? Per mezzo di indagini esatte e particolareggiate nel macrocosmo e nel microcosmo, essa ha allargato e approfondito considerevolmente il fondamento empirico su cui quell'argomento si basa, e dal quale si conclude alla esistenza di un " Ens a sè ", per sua natura immutabile. Inoltre essa ha seguito il corso e la direzione degli sviluppi cosmici, e come ne ha intravisto il termine fatale, così ha additato il loro inizio in un tempo di circa 5 miliardi di anni fa, confermando con la concretezza propria delle prove fisiche la contingenza dell'universo e la fondata deduzione che verso quell'epoca il cosmo sia uscito dalla mano del Creatore.

« La creazione nel tempo, quindi; e perciò un Creatore; dunque Dio! È questa la voce, benchè non esplicita nè compiuta, che Noi chiedevamo alla scienza, e che la presente generazione umana attende da essa. È voce erompente dalla matura e serena considerazione di un solo aspetto dell'universo, vale a dire dalla sua mutevolezza; ma è già sufficiente perchè l'intera umanità, apice ed espressione razionale del macrocosmo e del microcosmo, prendendo coscienza del suo alto fattore, si senta sua cosa, nello spazio e nel tempo, e, cadendo in ginocchio dinanzi alla sua sovrana Maestà, cominci ad invocarne il nome. »

[2] *Space and Spirit*, 1946, pagg. 118-119.

Che immensa evoluzione! Fino ad oltre l'inizio del ventesimo secolo, in mancanza dei presupposti, non era stata avanzata alcuna ipotesi scientifica sulla nascita dell'universo, il che però non esclude che già da lungo tempo ci si sforzasse sinceramente di risolvere il grande enigma. Si credeva, anzi, di poter offrire dati concreti.

Nel 1654 l'arcivescovo irlandese Ussher dichiarò che la creazione aveva avuto luogo alle nove del mattino del 26 ottobre dell'anno 4004 avanti la nascita di Cristo, come sarebbe risultato da un attento studio della Sacra Scrittura. Per più di un secolo questa data, coscienziosamente calcolata, fu ritenuta valida. Chi supponeva che il mondo fosse più vecchio era tacciato di eretico.

L'indagine moderna ha calcolato il periodo di tempo trascorso dalla nascita dell'universo. Col discorso di Pio XII, la più alta autorità della Chiesa cattolica conferma il risultato di tale calcolo.

LA RISPOSTA DEI MANOSCRITTI

Una pecorella smarrita — I rotoli monoscritti del Mar Morto — Harding e De Vaux nell'Uadi Qumran — L'arcivescovo Samuel si reca a Chicago — Fisici nucleari aiutano a stabilire la data — Prove del tessuto col metodo C-14 — Il bimillenario Libro d'Isaia — I rotoli manoscritti dell'epoca di Gesù. — Misteriosa marea di documenti — Nella valle delle tombe nere — Concordanza dei testi a distanza di duemila anni.

L'ERBA SI SECCÒ E IL FIORE CADDE, MA LA PAROLA DEL SIGNORE NOSTRO RESTA PER SEMPRE (Isaia, 40,8).

A Muhammad Dib, un pastore beduino della tribù dei Ta' amirech, accadde ciò che era toccato al giovane Saul, il quale si mise in cammino per cercare le asine smarrite da suo padre e conquistò un regno (I Re, 9, 3-10). Muhammad, in una bella giornata di primavera del 1947, perlustrava le spaccature della roccia alla ricerca di una pecorella smarritasi sul margine settentrionale del Mar Morto, quando trovò, senza saperlo, un vero tesoro della tradizione biblica.

Si era aggirato invano per molte ore tra le rupi selvagge che in altri tempi servirono da nascondiglio ad asceti e cospiratori, e non di rado anche a banditi, allorchè, in una parete rocciosa dell'Uadi Qumran, scorse a una certa altezza una fenditura buia. Che la pecorella si fosse rifugiata là dentro? Un sasso ben diretto sibila fendendo l'aria. Ma, invece dell'atteso belato, risponde un cupo rimbombo di caverna. Spaventato, Muhammad Dib fugge e va a chiamare due membri della sua tribù. Cauti essi si avvicinano alla caverna e infine vi s'introducono attraverso la stretta apertura. Con grande stupore scorgono nella penombra della piccola grotta dei vasi d'argilla. Un tesoro! è il loro primo pensiero, e ansiosi i tre

pastori si gettano sui vasi e li spezzano. Ma — quale delusione! —
non vi trovano nè gioielli nè oro nè monete; ne escono soltanto am-
muffiti rotoli di pergamena e papiro, antichissimi, avvolti in pezzi
di tela. Irritati, essi li gettano senz'alcun riguardo in un canto, e
ne pestano alcuni sotto i piedi. Ma poi, d'un tratto, fiutano un possibile affare. Per ogni evenienza prendono alcuni dei rotoli meglio
conservati, per ricavarne all'occasione un po' di denaro. Gli antichi
documenti iniziano così una strana peregrinazione.

Portati di nascosto a Betlemme, i papiri giungono, attraverso il mercato nero, nelle mani di mercanti d'antichità. Colle-
zionisti ebrei e arabi ne acquistano alcuni; un fascio di quattro
rotoli, per una manciata di monete, passa in possesso dell'arcivescovo ortodosso di Gerusalemme, Yeshue Samuel. L'arcivescovo
non ha neppure una vaga idea del prezioso tesoro da lui acquistato, finchè alcuni esperti dell'American School of Oriental Research fanno una visita al convento siriano di San Marco, dove vengono conservati i documenti. Sin dal primo esame gli archeologi
riconoscono in essi dei documenti biblici di data eccezionalmente
antica. Uno dei rotoli, lungo sette metri, contiene il testo ebraico
integrale del Libro di Isaia. Una breve notizia pubblicata dagli
americani in merito al ritrovamento suscita tra gli specialisti del
ramo, in tutto il mondo, il più vivo stupore. Alla domanda, che
si presenta subito, circa la presumibile età delle pergamene e dei
papiri, la risposta può essere data anzitutto dal luogo stesso del ritrovamento.

Con paziente, instancabile cura, viene percorso a ritroso, passo passo, il cammino fatto dai documenti attraverso gli antiquari e
il mercato nero a Betlemme sino agli arabi della tribù dei Ta'
amireh e infine alla caverna nell'Uadi Qumran. Ma l'accesso alla
caverna è precluso, perchè dopo la proclamazione del nuovo stato
d'Israele è scoppiata nel 1948 la guerra arabo-giudaica e l'intera
Palestina non è che un unico focolaio di disordini.

La tenacia di un osservatore belga dell'ONU a Gerusalemme aiuta finalmente a superare tutte le difficoltà. Il capitano Phi-
lippe Lippens ha studiato paleografia all'Istituto superiore di Storia Medievale di Lovanio. Alla fine del 1948 egli prende contatto
con l'inglese Gerald Lankester Harding, direttore delle antichità
ad Amman, la capitale della Giordania. Unendo i loro sforzi, essi
riescono a interessare alcuni ufficiali della legione araba. I 50 chilometri da Amman all'Uadi Qumran non sono per essi che una
breve gita in jeep. Dopo ricerche infruttuose, trovano finalmente,

I PIÙ ANTICHI MANOSCRITTI DEL TESTO BIBLICO
FINORA SCOPERTI

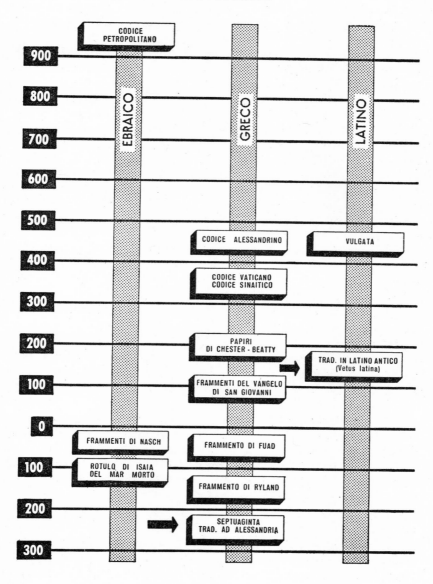

tra le numerose grotte, quella che cercano. All'ingresso della caverna vengono poste sentinelle, in attesa che, nel febbraio 1949, si rechino sul posto G. L. Harding e il Padre domenicano Roland de Vaux, direttore della francese École Biblique et d'Archéologie di Gerusalemme.

Le loro speranze furono però deluse; non trovarono nè rotoli completi, nè vasi interi. Tutto faceva supporre che nel frattempo altri avessero fatto man bassa di propria iniziativa nella caverna misteriosa. Con diligenza esemplare i due esploratori raschiano il terreno letteralmente con le unghie in cerca del più minuscolo residuo di manoscritto o rottame di vaso. I frammenti da essi messi insieme permettono, comunque, alcune importanti induzioni. I vasi sono tutti di stile ellenistico-romano, del periodo dal 30 a. C. al 70 d. C. Su seicento piccoli frammenti di pergamena e di papiro si possono riconoscere ancora annotazioni manoscritte ebraiche del I e del V Libro di Mosè e del Libro dei Giudici. Pezzi del tessuto che era servito ad avvolgere i rotoli integrano lo scarso bottino.

Dietro invito degli americani, l'arcivescovo Yeshue Samuel parte con i suoi rotoli preziosi nell'estate del 1949 per l'America, e li lascia in esame all'Istituto Orientale di Chicago. Tra gli esperti scoppia un violento conflitto di opinioni circa l'età e l'autenticità dei documenti. Per porvi fine, uno di essi propone di ricorrere a un metodo ancora insolito nell'archeologia, cioè di chiedere il parere di uno scienziato atomico. Ciò è tanto più semplice, in quanto vicino all'Istituto Orientale vi è l'Università di Chicago, ove fisici nucleari avevano cominciato a determinare l'età delle sostanze organiche mediante i contatori Geiger. Le prime operazioni di questo genere effettuate dal professore Willard F. Libby nell'Istituto di Fisica nucleare di Chicago erano riuscite sbalorditivamente esatte grazie al metodo di datazione col radiocarbonio, di sua invenzione.

Questo metodo si fonda sul seguente criterio: mediante il bombardamento di raggi cosmici, che penetrano incessantemente dallo spazio cosmico nell'atmosfera terrestre, l'azoto viene trasformato nell'isotopo radioattivo del carbonio 14. Ogni essere vivente — uomo, animale, pianta — assorbe quotidianamente C-14 fino alla sua morte, col nutrimento e con la respirazione. Nel corso di 5600 anni questo carbonio perde metà della sua radioattività originaria. In ogni sostanza organica morta, mediante un sensibilissimo apparato Geiger, si può accertare quanta forza d'irradiazione ha perduto il C-14 in essa contenuto e quindi calcolare quanti anni sono trascorsi dacchè assorbì carbonio l'ultima volta.

L'indagine viene affidata al prof. Libby. Egli prende alcuni pezzi della tela nella quale era avvolto il rotolo di Isaia, e, dopo averli carbonizzati, li introduce in una batteria di tubi Geiger, giungendo a un risultato stupefacente. La tela è fatta di lino, che fu raccolto ai tempi di Cristo! I documenti in essa contenuti devono perciò essere di data anche più antica. Dopo minuziose e lunghe ricerche anche gli studiosi di paleografia giungono in definitiva al medesimo risultato. Il testo di Isaia trovato nella caverna di Qumran, come anche in questo caso il professore W. F. Albright era stato il primo a supporre giustamente, fu scritto effettivamente intorno all'anno 100 a. C.!

Questa scoperta significa ben più che un semplice avvenimento scientifico, per quanto straordinario. Per potersi formare un'idea esatta dell'importanza dei manoscritti del Mar Morto, si deve sapere che il più antico testo della Bibbia ebraica esistente — il cosiddetto testo massoretico (ebr. « massora » = tradizione) redatto da scribi rabbinici — risale soltanto al nono o decimo secolo dopo Cristo. Quali compilazioni principali della Sacra Scrittura lo precedono la traduzione greca della Septuaginta, nonchè la Volgata latina di S. Geronimo (IV sec.). La nostra conoscenza dei testi biblici si basava finora soltanto su queste due versioni e su quella compilazione ebraica molto tarda. Con il rotolo di Isaia trovato nel 1947 presso il Mar Morto possediamo ora un testo biblico ebraico di mille anni più antico. Il fatto meraviglioso e insieme rallegrante è che quell'antichissimo rotolo di Isaia, esattamente come il Libro dei Profeti della Bibbia ebraico-greca, stampata in latino, italiano, tedesco e in altre lingue, ha 66 capitoli e concorda testualmente con la redazione odierna.

Sedici fogli di pergamena, cuciti insieme su una lunghezza di sette metri: tale l'aspetto che deve aver avuto il rotolo del profeta, porto a Gesù nella sinagoga di Nazareth, affinchè ne potesse dare lettura alla comunità. *Gli venne dato il libro del profeta Isaia* (Luca, 4, 16. 17). « Ogni movimento della mano di Gesù di Nazareth ci si è ravvicinato, » scrive il prof. André Parrot, « perchè sul rovescio della pergamena si scorgono ancora le impronte lasciate dalle dita dei lettori. »

Non senza sorpresa, durante ulteriori ricerche nell'Uadi Qumran, si trovarono ancora molte caverne con resti di scritti. Ad esempio, nella « caverna 4 » furono scoperti migliaia di frammenti provenienti da circa trecento opere diverse.

In prossimità delle grotte ci s'imbatte nei resti di una colonia della setta giudaica degli esseni, dove vennero trovate monete risalenti agli anni che abbracciano il periodo dei procuratori romani[1] fino alla guerra giudaica.[2] I membri di questa setta devono aver nascoste le vastissime collezioni di testi biblici per metterle al riparo dalle manomissioni di romani pagani.

Questi recentissimi ritrovamenti, come dichiara il prof. Lankester Harding, « sono l'avvenimento archeologico forse più emozionante dei nostri giorni. Occorrerà il lavoro di un'intera generazione di esegeti della Bibbia per trarre tutto il profitto possibile da questi testi ».

Dopo accurato esame, trentotto rotoli manoscritti risultano contenere il testo di 19 libri dell'Antico Testamento. Sono scritti su pergamena e papiro in ebraico, aramaico e greco.

Dal 1950 vengono portati alla luce in Giordania e in Israele enormi quantità di scritti e di frammenti, risalenti al secondo secolo dopo Cristo. Vengono offerti sottomano, e spesso a prezzi iperbolici, all'Università di Gerusalemme, al Museo delle Antichità di Amman, a istituti, conventi e archeologi. Alcuni arabi, non appena accortisi del valore di quei documenti antichi, hanno organizzato vere e proprie squadre di ricercatori ed esplorano di propria iniziativa, segretamente, i monti vicini al Mar Morto. La caccia agli scritti antichi ha dato luogo a un fiorente mercato nero, contro il quale è impotente anche la vigilanza della polizia.

Con sagace tattica, il Padre de Vaux riesce, poco prima del Natale 1951, a convincere un arabo della tribù dei Ta'amireh ad accompagnarlo a uno dei nuovi luoghi di rinvenimento.

Seguiti da una scorta di polizia della vicina Gerico, De Vaux e Harding si mettono in cammino, partendo dall'Uadi Qumran. Dopo una marcia di tre ore in direzione sud-ovest giungono attraverso un sentiero impervio nell'Uadi Murabba'at, una delle località più desolate della Palestina. All'apparire della colonna, lo scenario spettrale si anima repentinamente. Come per incanto spuntano tra le rocce arabi sgusciati fuori dalle caverne che si aprono nelle pareti del monte, e fuggono precipitosamente oltre le affilate creste. Padre de Vaux conta quarantacinque individui con picconi e vanghe che sbucano da una sola caverna.

---

[1] 6-66 d. C.
[2] 70 d. C.

Già nel gennaio 1952 incomincia l'esplorazione sistematica di queste grotte. In mancanza di altre forze ausiliare in questa regione abbandonata, devono venir ingaggiati alcuni scavatori di frodo arabi. I frammenti dei manoscritti che vengono reperiti sono per la maggior parte documenti in greco, aramaico ed ebraico del secondo secolo dopo Cristo. Uno è un papiro con scrittura ebraica del VI sec. a. C. Tra i testi biblici vengono trovate parti del Genesi, dell'Esodo e del Deuteronomio. Tra molti scritti ebraici De Vaux scopre persino alcune lettere originali del capo della seconda ribellione, avvenuta intorno all'anno 130 dell'èra cristiana. Simon bar Kochba vi impartisce istruzioni ai rivoltosi.

Soltanto una infima parte delle molte nuove testimonianze scritte dei tempi immediatamente anteriori e posteriori a Cristo ha potuto essere finora esaminata e utilizzata. Innumerevoli altre scoperte di documenti accrescono l'abbondanza del materiale. Tutto è ancora in movimento. È possibile che ci attendano nuove scoperte rivoluzionarie che ci permettano di meglio comprendere l'epoca di Cristo e la vita delle primissime comunità cristiane più di quanto fosse sperabile fino a pochi anni or sono.

Dopo i monumenti e le pietre del tempo biblico, dopo le costruzioni, le residenze, i palazzi reali e le fortificazioni della Palestina, dopo le testimonianze egiziane, assire e babilonesi di antichi eventi, alzano ora la loro decisiva voce anche i manoscritti bimillenari.

I loro venerandi testi sono identici a quelli che — tramandati con perfetta fedeltà — figurano nelle nostre Bibbie moderne!

RICOSTRUZIONE SECONDO LA BIBBIA

Pianificazione economica secondo l'Antico Testamento — Le fontane dei patriarchi provvedono ai bisogni delle popolazioni — Il « miele dalla rupe » — Argini di pietra quali collettori di rugiada — Nuovo sfruttamento delle miniere di Salomone — Lavoro di pionieri su modello biblico.

Non vi è dubbio che l'Antico Testamento possiede un'imponderabile forza sia d'ordine storico-morale sia spirituale che sopravvive attraverso i millenni senza subire alcuna menomazione. Che la sua influenza si eserciti anche nel freddo, realistico campo della riorganizzazione economica di un paese è, comunque, un fenomeno senza precedenti.

Fin dall'anno 1948 il più che trimillenario « Libro dei Libri » assume nella ricostruzione del moderno stato d'Israele il ruolo di un consigliere sperimentato. Per lo sviluppo sia economico che industriale le sue tradizioni storicamente esatte si sono dimostrate della massima importanza.

Il territorio del nuovo stato ha una superficie poco superiore ai 20.000 chilometri quadrati. Soltanto per la pianura di Jezrael e i fertili bassipiani presso il lago di Genezareth valeva ancora, fino a un certo punto, nel 1948 l'immagine biblica della Terra Promessa, in cui scorrono *latte e miele*. Vasti territori in Galilea e quasi l'intera zona montuosa della Giudea mostravano un aspetto ben diverso da quello dei tempi biblici. Un malgoverno secolare aveva distrutto perfino gli ultimi ciuffi d'erba. Lo sfruttamento eccessivo di oliveti e ficaie sui fianchi delle colline aveva finito per inaridirli tutti. Ne risultarono a poco a poco una nudità carsica e una grave erosione.

I nuovi colonizzatori inesperti, ai quali per di più il paese era del tutto sconosciuto, trovarono nell'Antico Testamento un aiuto inapprezzabile che facilitò non poche decisioni riguardanti le coltivazioni, il rimboschimento e l'industrializzazione. Non vi è perciò nulla di straordinario se perfino i tecnici la consultano in caso di dubbio.

« Per fortuna la Bibbia ci svela, » dice il perito agronomo dottor Walter Clay Lowdermilk, « quali colture possano prosperare nelle singole zone. Dal Libro dei Giudici sappiamo che i filistei coltivavano cereali, perchè Sansone *legò a coppie le volpi per la coda e nel mezzo vi legò delle fiaccole; poi, accese le fiaccole, lasciò andare le volpi... Esse penetrarono subito nelle messi dei filistei.* Allo stesso modo egli incendiò i loro oliveti; e quando si mise in cammino per far visita alla sua prescelta, passò anche dinanzi a delle vigne (Giud., 15, 4. 5; 14, 5). Tutte queste colture sono ora fiorenti in quelle zone. »

Ogni tentativo di colonizzare il Negev doveva apparire senza prospettive. Perchè a sud dei monti della Giudea, da Hebron sino addentro nell'Egitto, si stende soltanto il deserto, attraversato da valli aride e privo di qualsiasi vegetazione. Misurazioni meteorologiche rilevarono una media annua di precipitazioni atmosferiche inferiore a 150 millimetri. Era un'indicazione scoraggiante.

Con così poca pioggia, nulla può crescere. Ma le relazioni del tempo dei patriarchi la sapevano più lunga. *Partito Abramo di lì verso la regione meridionale, abitò fra Cades e Sur, e venne come straniero in Gerara* (Gen., 20, 1). Il padre dei patriarchi era un pastore; viveva col suo numeroso gregge, e questo aveva bisogno di pascolo e d'acqua.

Un gruppo di esploratori, a cui si erano uniti alcuni geologi, si aggirò per intere settimane tra le desolate dune di sabbia e gli sterili monti rocciosi della Palestina meridionale.[1] E davvero trovò ciò che cercava. Così gli israeliani fecero la medesima cosa che già in altri tempi aveva fatto Isacco. *Ed egli partitosene, per venire al torrente di Gerara ed ivi fermarsi, / fece riaprire gli altri pozzi che i servi di Abramo padre suo avevano scavato* (Gen., 26, 17. 18). Sepolti sotto masse di sabbia, esistono ancora gli antichissimi pozzi e largiscono come sempre dal fondo acqua pura, *acqua viva*, come la chiamarono i servi d'Isacco (Gen., 26, 19).

Intendevano dire acqua potabile, perchè di solito nel Negev — anche questo è risultato frattanto da prospezioni — l'acqua

[1] Il Negev.

sotterranea è salmastra e non bevibile. Come un tempo, si drizzano di nuovo tende nei medesimi posti, intorno ai pozzi d'acqua. Il pozzo dove sostò Agar, la scacciata serva di Abramo, con suo figlio Ismaele (Gen., 21,14-19), fornisce oggi l'acqua a sessanta famiglie di coloni. Ebrei romeni si sono stabiliti su un vicino pendio; la distanza dalla biblica Bersabea è soltanto di un paio di chilometri.

Nella medesima regione vi è qualcos'altro di notevole. I coloni hanno piantato giovani, teneri arboscelli, che si sviluppano magnificamente. « Il primo albero che Abramo piantò nel terreno di Bersabea era un tamarisco, » dichiarò l'esperto forestale israeliano dottor Joseph Weitz. « Seguendo il suo esempio ne abbiamo piantati in questo territorio due milioni. Abramo aveva fatto l'unica cosa saggia che si potesse fare. Il tamarisco, infatti, è uno dei pochi alberi che, secondo le nostre constatazioni, possono crescere nel sud, dove l'annuale precipitazione atmosferica rimane sotto i 150 millimetri. » Anche a questo proposito l'indicazione decisiva la diede la Bibbia: *Abramo piantò un tamarisco* [2] *in Bersabea* (Gen., 21, 33).

Presupposto decisivo per la produttività del paese povero d'acqua è il rimboschimento. Dagli inizi della nuova immigrazione i coloni hanno piantato boschi in Palestina. Nella scelta dei tipi di alberi, come in quella delle regioni adatte, essi si potevano fidare delle annotazioni dei loro progenitori. Allorchè, alcuni anni or sono, sorse la questione se i nudi pendii rupestri nel territorio settentrionale dello stato potessero venir rimboscati, il Libro di Giosuè diede la risposta: *Giosuè disse allora alla discendenza di Giuseppe, Efraim e Manasse: « Siete un popolo numeroso e di grande potenza, non avrete una sola porzione, / ma ve ne andrete ai monti e abbatterete gli alberi... »* (Gios., 17, 17. 18).

Si sapeva che le due tribù erano trasmigrate a nord di Gerusalemme, dalle catene montuose di Bethel attraverso la biblica Sichem ai piedi del Garizim fino alla pianura di Jezrael. « Poichè gli alberi crescono notoriamente meglio in luoghi dove ce ne sono già stati altri, » argomentò il prof. Zohary dell'Università ebraica, « fidiamoci del Libro dei Libri. »

Grossi rompicapo li procurò un accenno molto oscuro che sino a pochi anni fa nessuno era riuscito a comprendere: (Gia-

---

[2] Così nella traduzione Kautzsch. Nella versione italiana: *un bosco.* (*N.d.T.*)

cobbe) *collocò Israele in una terra elevata, perchè si cibasse dei frutti dei campi, perchè gustasse il miele dalla rupe e l'olio dalla pietra più dura* (Deut., 32, 13). La soluzione dell'enigma si trovò nel Negev, dove ci s'imbattè in migliaia di muretti a secco circolari. Tutt'intorno non vi era traccia d'acqua, nè sorgenti, nè falde sotterranee degne di nota. Allorchè fu allontanata coi badili la sabbia, sotto ad essa apparvero antichissimi resti di radici di olivi e di vigne. I muricciuoli di pietre erano serviti agli antenati come preziosi collettori di rugiada.

Il loro sistema dà prova di una stupefacente conoscenza empirica dei processi di condensazione. Le pietre del muretto circolare sono così poco fitte da lasciar passare il vento. In tal guisa precipita su di esse una umidità atmosferica sufficiente per nutrire un olivo o una vite. Entro ogni riparo vi era sempre una sola pianta. Il dolce succo dell'uva fu spesso celebrato in tempi remoti come « miele ». L'olivo fornisce olio. Miele e olio venivano *gustati dalla rupe e dalla pietra più dura.* Anche gl'israeliani moderni sanno apprezzare nel loro giusto valore i piccoli, utilissimi collettori di rugiada per la ricostruzione dell'economia rurale.

Nella seconda metà del 1953 furono ricavate in Israele, per la prima volta, tremila tonnellate di rame. Dove tremila anni fa si trovavano i ricoveri degli operai e degli schiavi di re Salomone, si elevano oggi le nuove abitazioni dei minatori. Lo sfruttamento delle miniere di rame è tuttora redditizio. Il geologo dottor Ben Tor fece stimare nel 1949 la consistenza e il presumibile reddito delle antiche miniere di rame. I tecnici conclusero che esse contengono minerale grezzo sufficiente per ricavarne centomila tonnellate di rame. Secondo le loro valutazioni, le vene emissarie dovrebbero fornire almeno altre duecentomila tonnellate supplementari. *Presso Asiongaber che è vicino ad Ailat, sulle spiagge del Mar Rosso* (III Re, 9, 26) regna da allora un traffico intenso. Jeep e autocarri, sollevando nubi di polvere giallastra, corrono da una parte all'altra e uomini abbronzati dal sole maneggiano picconi e badili. « Dove il minerale è più abbondante, » assicura un ingegnere minerario, « c'imbattiamo sempre in scorie e fornaci dei minatori di Salomone. Spesso si direbbe che gli operai se ne siano appena andati. »

Nell'ufficio della direzione della miniera è appeso un cartello col motto: *Giacchè il Signore Dio tuo t'introdurrà in una buona terra... / le cui pietre son ferro, e nei monti della quale si scavano miniere di rame* (Deut., 8, 7. 9).

L'estrazione del ferro, tuttavia, non è stata ancora ripresa, benchè i giacimenti siano già registrati. Non lungi da Bersabea, quindi esattamente dove vivevano i fonditori di ferro filistei, il dottor Ben Tor osservò pendii pietrosi con venature nero-rossicce, indizio di sedimenti di minerale di ferro. Da ulteriori accertamenti risultò una disponibilità di circa quindici milioni di tonnellate. Si trattava, in verità, di minerali ferrigni di scarso valore, ma in seguito furono scoperti anche minerali eccellenti con ferro puro dal sessanta al sessantacinque per cento.

Un'altra citazione biblica molto nota tornava sempre in mente al freddo uomo d'affari Xiel Federmann. La frase in cui è descritta la distruzione di Sodoma e Gomorra, *...guardò Sodoma e Gomorra, e tutta la terra di quella regione, e vide le faville che ne salivano come il fumo d'una fornace* (Gen., 19, 28), non gli dava pace. Non si riferivano quegli incendi a gas tellurici? Dove c'è gas tellurico, è risaputo da lungo tempo, esistono anche giacimenti di petrolio. Venne fondata una società, e gli esperti inviati al Mar Morto confermarono pienamente la supposizione di Federmann. Il 3 novembre 1953 fu trivellato il primo pozzo di petrolio israeliano.

Più di cinquanta colonie agricole sono sorte tra le località bibliche di Dan e Bersabea. Quasi ognuna di esse dispone di un moderno impianto idrico sopra una sorgente o un pozzo dei tempi remoti. A poco a poco il paesaggio riprende in qualche punto l'aspetto dell'ameno panorama che si legge nell'Antico Testamento.

Duro è il compito che il giovane stato israeliano si è imposto. Ma i suoi sudditi sono fermamente convinti che essi e i loro discendenti — non da ultimo grazie alla Bibbia— ne verranno a capo e che si adempirà ciò che Ezechiele profetò ai figli d'Israele:

E la terra deserta sarà coltivata, quella che una volta agli occhi del passeggero era devastazione, / diranno: Cotesta terra che era incolta è diventata un giardino di Eden (Ez., 36, 34. 35).

APPENDICE

NUOVO TESTAMENTO

BIBLIOGRAFIA

Abel. F.-M.: Géographie de la Palestine I (1933), II (1938), Histoire de la Palestine depuis la conquête d'Alexandre jusqu'à l'invasion Arabe I/II (1952).
Adams, J. M. K.: Ancient Records and the Bible (1946).
Albright, W. F.: Archaeology and the Religion of Israel (1953), Recent Discoveries in Bible Lands (1936), Exploring Sinai with the University of California (1948), Archaeology of Palestine (1954), Von der Steinzeit zum Christentum (1949).
Alt, A.: Die Herkunft der Hyksos in neuer Sicht (1954), Kleine Schriften zur Geschichte des Volkes Israel I/II (1953).
Andrae, W.: Das wiedererstandene Assur (1938).

Bailey, A. E.: Daily Life in Bible Times (1943).
Barrois, A. G., Manuel d'archéologie biblique I/II (1939/53).
Bauer, H., Die alphabetischen Keilschrifttexte von Ras-Shamra (1936).
Begrich, J.: Die Chronologie der Könige von Israel und Juda (1929).
Benzinger, I.: Hebräische Archäologie (1927).
Biblisches Nachschlagewerk, Stuttgarter (1955).
Bittel, K.: Die Ruinen von Bogazköy (1937).
Bittel, K., und R. Naumann: Bogazköy (1938).
Bodenheimer, Fr. S. u. O. Theodor: Ergebnisse der Sinai-Expedition 1927 (1929).
Bossert, H. Th.: Altanatolien (1942).
Breasted, J. H.: The Dawn of Conscience (1933), Ancient Records of Egypt I — V (1906/07), Geschichte Ägyptens (1936).
Budge, W. E. A.: The Babylonian Story of the Deluge and the Epos of Gilgamesh (1920).
Burrows, M.: What mean these Stones? (1941).

Caiger, S. L., Bible and Spade (1936).
Canyon, Fr.: Bible and Archaeology (1955).
Carleton, P.: Burried Empires (1939).
Chamberlain, H. St.: Die Grundlagen des 1ყ. Jahrhunderts (1900).
Chase, M. E.: Die Bibel und der Mensch von heute (1951).
Clay, A. T.: Business Documents of Murashu Sons (1898).
Clemen, C.: Die phönikische Religion nach Philo von Byblos (1939).

Clermont-Genneau, C. S.: La Stèle de Mésa (1887).
Collart: Philippes ville de Macédoine.
Contenau, G.: La civilisation phénicienne (1949), La vie quoditienne à Babylone et en Assyrie (1953), Les civilisations anciennes du Proche Orient (1945), Manuel d'Archéologie orientale I — IV (1927/47).
McCown, C. C.: The Ladder of Progress in Palestine (1943), a. o. Tell en-Nasbeh (1947), I/II.
Crowfoot, J. W., a. o.: The Buildings at Samaria (1942).
Cuneiform Texts: ed. British Museum.

Dalman, G.: Heilige Stätten und Wege (1935), Licht vom Osten (1923), Arbeit und Sitte in Palästina I — VII (1928/42).
Dalmas, G.: Die Talmud. Texte über Jesu (1900).
Davis, J. D.: Dictionary of the Bible (1953).
Davis, J. D. and H. S. Gehman: The Westminster Dictionary of the Bible (1944).
Delitzsch, Fr.: Babel und Bibel (1903).
Dobschütz, E. v.: Die Bibel im Leben der Völker (1954).
Dougherty, R. P.: Nabonitus and Belshazzar (1929).
Duncan, G.: Digging up Biblical History I/II (1931).
Dussaud, R.: Les Découvertes de Ras Shamra et l'Ancien Testament (1941).

Ebeling, E. u. B. Meissner: Reallexikon der Assyriologie I/II (1932/38).
Eberhard, E. G.: Bible-Thesaurus (1953).
Eisfeldt, O.: Handbuch zum Alten Testament (1935), Philister und Phönizier, Der Alte Orient (1930).
Ephesus, Forschungen in Veröffentl. v. Österr. Archäol. Inst. (1937).
Eusebius, Historica ecclesiastica, ed. E. Schwartz (1914), Das Leben von Constantin.

Finegan, J.: Light from the Ancient Past (1954).
Frayzel, S.: A History of the Jews (1952).

Gadd, E.: The Fall of Niniveh (1923).
Galling, K.: Biblisches Reallexikon (1937), Textbuch zur Geschichte Israels (1950).
Gardiner, A. H. and E. Peet: The Inscriptions of Sinai (1952).
Garis-Davies, N. de: The Tomb of Rekh-mi-re at Thebes (1943).
Garstang, J. B. E.: The Story of Jerico (1940).
Gerke, S.: Die christl. Sarkophage d. vorkonstantin. Zeit (1940).
Glueck, N.: The Other Side of the Jordan (1940), The River Jordan (1946).
Goldschmidt, L.: Der Babylonische Talmud (1935).
Gordon, C. H.: The Living Past (1941), Ugaritic Literature (1949).
Götze, A.: Hethiter, Churitter u. Assyrer (1936).
Gressmann, H.: Die älteste Geschichtsschreibung und Prophetie Israels (1921), Altorientalische Texte und Bilder zum Alten Testament (1927).
Gunkel, H., W. Stark u. a.: Die Schriften des Alten Testaments in Auswahl I — VII (1921/25).
Guthe, H.: Bibelatlas (1926), Palästina, Monographien zur Erdkunde 21 (1927).

Harper: Bible Dictionary (1952).
Heitel, A.: The Gilgamesh-Epos and the Old Testament (1953).
Herodots von Halikarnass' Geschichte (1829).
Hogarth, D. G.: Excavations in Ephesus (1908).
Honor, L. L.: Sennacherib's Invasion of Palestine (1926).

International Standard Bible Encyclopaedia (1952).

Jansen, H. L.: Die Politik Antiochus' IV (1943).
Jirku, A.: Die ägypt. Listen palästinens. u. syr. Ortsnamen (1937).
Josephus, Flavius: Altertümer, Jüdischer Krieg.
Junge, P. J.: Dareios I, König der Perser (1944).

Kaufmann, C. M.: Handbuch der christl. Archäologie I — III (1922).
Klausner, J.: Jesus von Nazareth (1950), Von Jesus zu Paulus (1950).
Knopf, Lietzmann, Weinel: Einführung in das Neue Testament (1949).
Knudtzon, J. A.: Die El-Amarna-Tafeln I/II (1908/15).
Koeppel, P. R.: Palästina (1930).
Kohl und Watzinger: Antike Synagogen in Galiläa (1916).
Koldewey, R.: Das wiedererstehende Babylon (1925).
Kraeling, E. G.: Gerasa, City of the Decapolis (1938).
Kugler-Schaumberger: Sternkunde und Sterndienst in Babel (1935).

Laible, H.: Jesus Christus im Talmud (1900).
Layard, A.: Discoveries in the Ruins of Niniveh and Babylon (1853).
Lefebre, G.: Romans et Contes Égyptiens de l'époque Pharaonique (1949).
Lentzen, H. J.: Die Entwicklung der Ziggurat (1942).
Lepsius, C. R.: Königsbuch der alten Ägypter (1858), Denkmäler aus Ägypten
    und Äthiopien (1849/56).
Lietzmann, H.: Petrus und Paulus in Rom (1927).
Loud, G.: Megiddo Ivories (1939), Megiddo II (1948).

Macalister, R. A. S.: Gezer I — III (1912), The excavations of Gezer (1912),
    A Century of Excavations in Palestine (1925).
Mari, Archives royales de, ed. Musée du Louvre I — V.
Meyer, Ed.: Der Papyrusfund von Elephantine (1912), Geschichte des Alter-
    tums I — III (1925/37).
Miller, M. S. and J. L.: Encyclopaedia of Bible Life (1944).
Moldenke, H. N. and A. L.: Plants of the Bible (1952).
Moret, A.: The Nile and Egyptian Civilisation (1927).
Montet, P.: Les nouvelles fouilles de Tanis (1929/32, 1933), Avaris, Pi-Ramsès,
    Tanis (Syria XVII 1936), Tanis (1942).
Morton, H. V.: Through Lands of the Bible (1954), In the Steps of the Master
    (1953).
Moscati, S.: Geschichte und Kultur der semitischen Völker (1953).

Newberry, P. E.: Beni Hasan I (1893).
Noth, M.: Die Welt des Alten Testaments (1953), Geschichte Israels (1954).

Origines: Contra Celsum I, 32.

Orlinski, H. M.: Ancient Israel (1954).
Otto. E.: Ägypten (1953).
Otto, W.: Handbuch der Altertumswissenschaft (1928).

Parrot, A.: Mari une ville perdue (1936), Archéologie mésopotamienne, Les
    Etapes I (1946). Entdeckung begrabener Welten (1954), Studia Mariana
    (1950).
Petrie, Fl.: Researches in Sinai (1906).
Pfeiffer, R. H.: History of New Testament Times (1949), Introduction to the
    Old Testament (1948).
Pingré, M.: Cométographie I (1783).
Plutarch: Das Leben Alexanders.
Post, G. E.: Flora of Syria, Palestine and Sinai (1933).
Pottier, E.: Musée du Louvre, Catalogue des Antiquités Assyrienes n. 165.
Pritchard, J. B.: Ancient Near Eastern Texts relating to the Old Testament
    (1950), The Ancient Near East in Pictures (1954).

Ramsay, W. M.: The Cities of St. Paul (1900).
Reisner, Th., H. and W. O. E. Oesterley: Excavations at Samaria I — II (1924).
Ricciotti, G.: Storia d'Israele I — II (1949).
Riemschneider, M.: Die Welt der Hethiter (1954).
Rowe, A.: The Topographie and the History of Beth-Shean (1930), The Four
    Canaanite Temples of Beth-Shan I (1940).
Rowley, H. H.: The Re-discovery of the Old Testament (1945), The Old
    Testament and Modern Study (1952), From Joseph to Josua (1948).

Sanchuniathon: Urgeschichte der Phönizier.
Schaeffer, C. F. A.: The Cuneiform Texts of Ras Shamra-Ugarit (1939),
    Ugaritica I — II (1939/49).
Scharff, A.: Handbuch der Archäologie I (1939).
Scharff, A., Moortgat, A.: Ägypten und Vorderasien im Altertum (1950).
Schmidt, E. F.: The Treasury of Persepolis and other Discoveries in the Home-
    land of the Achaemenians (1939).
Schnabel, P.: Berossos u. d. babylon.-hellenist. Literatur (1923).
Schott, A.: Das Gilgamesh-Epos (1934).
Sellin, E.: Wie wurde Sichem israelitische Stadt? (1923), Geschichte des israel.-
    jüd. Volkes I — II (1924/32).
Sethe, K.: Die Ächtungstexte feindl. Fürsten, Völker u. Dinge auf altägypt.
    Tongefässscherben d. Mittl. Reiches (APAW 1926, n. 5), Zur Geschichte
    der Einbalsamierung b. d. alten Ägyptern (1934).
Simons, J.: Opgravingen in Palestina (1935).
Soden, W. v.: Leistung und Grenze sumerischer u. babylon. Wissenschaft, Welt
    als Geschichte II (1936), Das altbabylon. Briefarchiv v. Mari, Die Welt
    des Orients (1948).
Speiser, E. A.: Introduction to Hurrian (1941).
Stareky, J. L.: Excavations at Tell ed-Duweir 1933/34 (1934).
Starr, R. F. S.: Nuzi, Report on the Excavations at Yorgan Tepa near Kirkuk
    I — II (1937/39), Nuzi I (1939).
Steindorf, G., K. C. Seele: When Egypt ruled the East (1942).
Strabo: Geographie.

Sukenik, E. L.: Ancient Synagoges in Palestine and Greece (1934), a. o. The Third Wall of Jerusalem (1930).
Svenskt Bibliskt Uppslagsverk (ed. I. Engnell u. A. Fridrichsen, 1948).

Torczyner, H.: Lakish I, The Lakish Letters (1938).

Unger, E.: Babylon, die heilige Stadt (1931).
Ungnad, A.: Reallexikon der Assyriologie (1938), Die neue Grundlage f. d. altoriental. Chronologie (1940).

Vincent, L. H.: Canaan d'après l'exploration récente (1914), Jericho et sa chronologie (1935), L'Archéologie et la Bible (1945).

Watzinger, C.: Denkmäler Palästinas I — II (1933/35).
Weissbach, F. H.: Die Keilschriften der Archämeniden (1911).
Wolff, H. W.: Eine Handbreit Erde (1955).
Wood, J. T.: Modern Discoveries on the Side of Ancient Ephesus (1890).
Woolley, C. L.: Abraham, Recent Discoveries and Hebrew Origins (1936), Ur Excavations V: The Ziggurat and its Surroundings (1939), Ur of the Chaldees (1954).
Wreszinski: Atlas zur ägyptischen Kulturgeschichte I — III (1923/40).
Wright, S. E. and Fl. V. Filson: The Westminster Historical Atlas to the Bible (1953).

RIVISTE

Annual of American Schools of Oriental Research (AASOR), Der Alte Orient (AO), American Journal of Archaeology (AJA), Biblical Archaeologist (BA), Bulletin of the American Schools of Oriental Research (BASOR), Beiträge zur Wissenschaft vom Alten u. Neuen Testament (BWANT), Israel Exploration Journal, Journal of the Society of Oriental Research (JSOR), Zeitschrift des Deutschen Palästinavereins (ZDPV). Revue Biblique (RB), Syria.

FONTI DELLE ILLUSTRAZIONI

André Parrot, « Mari », Ides et Calendes, Neuchâtel, 1 - 5; Historisches Bildarchiv Lolo Handke, Bad Berneck, 6, 10, 11, 45, 46, 48; Ursula Kohn, Hamburg, 7, 8, 19, 20; Paul Popper Ltd., London, 9; F. S. Bodenheimer, Sinai-Exp. 1927, 12; Mr. and Mrs. William B. Terry, Baltimore, 13, 26; American Schools of Oriental Research, New Haven, Connecticut, 14; Oriental Institute, University of Chicago, 15, 42, 44; R. Koeppel, « Palästina », Verlag J. C. B. Mohr, Tübingen, 16; Prof. H. W. Wolff, « Eine Handbreit Erde », Luther-Verlag, Witten/Ruhr, 17; Mr. James L. Kelso, Pittsburgh, 18; Daniel Rops, « Histoire Sainte », Librairie Arthème Fayard, Paris, 21, 24, 25, 34; C. Watzinger, « Denkmäler Palästinas », Hinrichs'sche Buchhandlung, Leipzig, 22, 23; BASOR n. 128, fig. 4, New Haven, Connecticut, 27; W. F. Albright, « The Archaeology of Palestine », Verlag Penguin Books Ltd., Harmondsworth-Meddlesex, 28; University Press, London, 29, 30, 37, 38, 39, 40; Svensk Biblisk Uppslagsverk, Verlag Engnell Friedrichsen, Stockholm, 31, 36; A. Parrot, « Découverte des mondes ensevelis », ed. fr. Delachaux & Niestlé S. A., Neuchâtel, ed. ted. Evangelischer Verlag, Zürich, 32; Louvre, Paris, 33; Trustees of the late Sir Henry S. Wellcome, London, 35; H. V. Morton, « Through Lands of the Bible », Methuen & Co. Ltd., London 1954, 41; Eckard Unger, « Babylon, die heilige Stadt, nach der Beschreibung der Babylonier », W. de Gruyter und Co., Berlin, 1931, 43; Fred Jäger, Köln, 47; Fotoagentur Hecht, München, 49, 50, 51; Popular Science, dic. 1951, Town and Country Photographers, Chicago, 52; Picture Post, London, n. 8/1953, 53. Le carte a colori sono state disegnate da Roland Kohlsaat, Hamburg.

INDICE
DELLE ILLUSTRAZIONI FUORI TESTO

tempio di Medinet-Habu un vero ritratto della fisionomia dei vari popoli.

17. Come Mosè, che con i figli d'Israele si accampò in Cades, i nomadi abbeverano oggi il loro bestiame alla fonte di Ain Qedeis.
18. Le mura della biblica Gerico.
19. Scavi della grandiosa facciata di un sontuoso giardino del re Erode a Gerico.

tra pag. 176 e pag. 177

20. Le « colonne di Salomone » ad Asiongaber.
21. Veduta dello scavo modello nel Tell-el-Mutesellim.
22. Estrazione del rame dopo tremila anni nelle miniere del re Salomone sul Mar Rosso.
23. In Mageddo, edificata da Salomone, furono messe in luce le rovine di una grande scuderia.
24. Ricostruzione delle scuderie di Salomone secondo De Vogüé.

tra pag. 208 e pag. 209

25. Guerrieri di un regno ittita, presso Karkemish.
26. La « casa del Signore » costruita da Salomone.
27. Il prof. W. F. Albright e W. Phillips nella zona del Sinai.
28. Nel regno della regina di Saba una spedizione americana scavò nel 1951 un imponente santuario dedicato alla Luna.

tra pag. 224 e pag. 225

29. Esercizio di scrittura di uno scolaro di Gazer nel 925 a. C.
30. Recipienti d'avorio per unguenti mostrano l'abilità artistica dei gioiellieri di Ugarit.
31. Pendagli d'oro delle vanitose figlie di Sion.

tra pag. 240 e pag. 241

32. Il « capo » che reggeva le cinghie sul carro di Assurbanipal (da un bassorilievo di Ninive).
33. La stele di basalto del biblico re Mesa di Moab.

tra pag. 256 e pag. 257

34. Davanti alla porta della muraglia di Samaria gli esploratori trovarono due sedili di pietra.
35. Sargon II infligge la crudele punizione che la legge marziale assiro-babilonese stabiliva per i traditori.
36. Appunti informativi di un posto d'osservazione giudaico, dell'anno 589 a. C.
37. Il palazzo del re assiro Sargon II a Khorsabad.

tra pag. 272 e pag. 273

38. Botteghe e magazzini su strade rettilinee, del XV sec. a. C.
39. Anfore di vino e di olio rinvenute in perfetto ordine in un magazzino.

INDICE DEI CAPITOLI

FINITO DI STAMPARE
IL 5 DICEMBRE 1956
NELLE OFFICINE GRAFICHE
ALDO GARZANTI, EDITORE
IN MILANO